PRICE 价格评估专业人员资格认证培训系列教材

森林资源资产价格评估相关法律法规政策选编

张　奎／主编

中国市场出版社
China Market Press

图书在版编目（CIP）数据

森林资源资产价格评估相关法律法规政策选编／张奎主编．—北京：中国市场出版社，2013.1

ISBN 978-7-5092-0962-2

Ⅰ．①森… Ⅱ．①张… Ⅲ．①森林资源—资产评估—法规—汇编—中国—资格认证—自学参考资料 Ⅳ．①D922.639

中国版本图书馆 CIP 数据核字（2012）第 250626 号

书　　名：森林资源资产价格评估相关法律法规政策选编
主　　编：张　奎
出版发行：中国市场出版社
地　　址：北京市西城区月坛北小街 2 号院 3 号楼（100837）
电　　话：编辑部（010）68034190　　读者服务部（010）68022950
发行部（010）68021338　68020340　68053489
68024335　68033577　68033539
经　　销：新华书店
印　　刷：高碑店市鑫宏源印刷包装有限责任公司
规　　格：720×1020 毫米　1/16　　35.50 印张　　600 千字
版　　本：2013 年 1 月第 1 版
印　　次：2013 年 1 月第 1 次印刷
书　　号：ISBN 978-7-5092-0962-2
定　　价：75.00 元

价格评估专业人员资格认证培训
系列教材编审委员会

罗咚玲　林建民　周学安　姜乃汉　胡伟民
洪　霞　逄宗玉　郭宏民　热依汗·玉素甫
柴恒忠　徐　强　阎伟和　殷克东　黄建中
黄康钱　梅香雪　龚振山　龚源昌　盛斌杰
崔耀宗　程大选　程华兴　傅永华　湛世坤
惠东海　曾青松　蒋朝胜　雷志斌　赖文达
綦　兴　蔡建辉　薛娟娟

主　　编:杨向群

副 主 编:(按姓氏笔画排序)

万学群　王正军　王海涛　卢在胜　朱桂香
吴　平　陈　孟　张　奎　李秋燕　李景方
杨美荣　杨春贵　姜乃汉　程大选　蒋朝胜

编委会办公室

主　　任:吴　平

副 主 任:燕　彦　李秋燕(常务)　王海涛

编　　辑:李　娜(常务)　李长新　邓　瑶　张　博
孟令嘉　王　颖

《森林资源资产价格评估法律法规政策选编》
编审委员会

主　　编：张　奎

副 主 编：王文祥　刘元直　张惠良

编写人员：于红伟　钱晓光　赵全义

前　言

随着经济体制改革的深化和社会主义市场经济的发展，价格评估行业逐步建立并迅速成长。为了加强价格评估机构资质管理和价格评估人员执业资格管理，规范价格评估机构资质认定行为，规范价格评估人员执业资格认定行为，保障和监督价格评估机构和价格评估人员依法执业，促进价格评估机构逐步建立自律性运行机制，根据《中华人民共和国价格法》、《中华人民共和国行政许可法》和《国务院对确需保留的行政审批项目设立行政许可的决定》，国家发展和改革委员会于2005年发布了《价格评估机构资质认定管理办法》（国家发展改革委令第32号）和《价格评估人员认定管理办法》（国家发展改革委令第33号）。通过开展“双认定”工作，价格评估行业在规范中健康发展，正日益成为一支推动国民经济快速增长的重要力量。

近年来，适应不断发展变化的市场需要，价格评估领域不断拓展，特定领域价格评估市场不断扩大。这既为价格评估行业的发展提供了良好发展机遇，也对价格评估人员素质提高提出了更高要求。因而，培养高层次、跨学科、跨行业复合型人才，成为价格评估行业面临的一项非常紧迫的任务。为了适应形势需要，国家发展和改革委员会价格认证中心印发了《价格评估专业人员资格认证暂行办法》（发改价证审〔2012〕55号），对价格评估专业人员进行资格认证管理。

为了做好价格评估专业人员资格认证工作，国家发展和改革委员会价格认证中心与全国部分省区市价格认证机构、有关行业部门、大专院校、评估机构、相关企业和知名专家学者，共同编写了价格评估专业人员资格认证培训系列教材。首批教材包括5个专业：森林资源资产价格评估、船舶价格评估、海洋资源资产价格评估、二手车和车损价格评估、书画艺术品价格评估。每个专业有6本教材，其中《经济学与价格学基础》、《价格评估学概论》为通用教材，各专业教材包括专业概论、理论与实务、法律法规政策选编、价格评估案例选编。每个专业配均有培训考试大纲。

本套教材力求充分吸收价格评估理论研究的最新成果，全面反映价格评估实践的发展脉络，并将根据价格评估市场的细分变化不断做出丰富和完善。

在教材编写过程中，我们得到了各级价格认证机构、有关行业部门、大专院校、评估机构、相关企业的大力支持，在此，谨表示衷心的感谢！

由于时间紧任务重，同时受制于编者的能力水平，本套教材难免有不足之处，敬请广大读者批评指正。

价格评估专业人员资格认证培训
系列教材编审委员会
2012年11月

目　录

第一部分　法　律

第二部分　法　规

第三部分　部门规章

第四部分　规范性文件及其他

第一部分

法　　律

中华人民共和国环境保护法

（1989 年 12 月 26 日七届全国人大常委会第十一次会议通过
1989 年 12 月 26 日中华人民共和国主席令第 22 号公布）

第一章　总　则

第一条　为保护和改善生活环境与生态环境，防治污染和其他公害，保障人体健康，促进社会主义现代化建设的发展，制定本法。

第二条　本法所称环境，是指影响人类生存和发展的各种天然的和经过人工改造的自然因素的总体，包括大气、水、海洋、土地、矿藏、森林、草原、野生生物、自然遗迹、人文遗迹、自然保护区、风景名胜区、城市和乡村等。

第三条　本法适用于中华人民共和国领域和中华人民共和国管辖的其他海域。

第四条　国家制定的环境保护规划必须纳入国民经济和社会发展计划，国家采取有利于环境保护的经济、技术政策和措施，使环境保护工作同经济建设和社会发展相协调。

第五条　国家鼓励环境保护科学教育事业的发展，加强环境保护科学技术的研究和开发，提高环境保护科学技术水平，普及环境保护的科学知识。

第六条　一切单位和个人都有保护环境的义务，并有权对污染和破坏环境的单位和个人进行检举和控告。

第七条　国务院环境保护行政主管部门，对全国环境保护工作实施统一监督管理。

县级以上地方人民政府环境保护行政主管部门，对本辖区的环境保护工作实施统一监督管理。

国家海洋行政主管部门、港务监督、渔政渔港监督、军队环境保护部门和各级公安、交通、铁道、民航管理部门，依照有关法律的的规定对环境污染防治实施监督管理。

县级以上人民政府的土地、矿产、林业、农业、水利行政主管部门，依照有关法律的规定对资源的保护实施监督管理。

第八条 对保护和改善环境有显著成绩的单位和个人，由人民政府给予奖励。

第二章 环境监督管理

第九条 国务院环境保护行政主管部门制定国家环境质量标准。

省、自治区、直辖市人民政府对国家环境质量标准中未作规定的项目，可以制定地方环境标准，并报国务院环境保护行政主管部门备案。

第十条 国务院环境保护行政主管部门根据国家环境质量标准和国家经济、技术条件，制定国家污染物排放标准。

省、自治区、直辖市人民政府对国家污染物排放标准中未作规定的项目，可以制定地方污染物排放标准；对国家污染物排放标准中已作规定的项目，可以制定严于国家污染物排放标准的地方污染物排放标准。地方污染物排放标准须报国务院环境保护行政主管部门备案。

凡是向已有地方污染物排放标准的区域排放污染物的，应当执行地方污染物排放标准。

第十一条 国务院环境保护行政主管部门建立监测制度，制定监测规范，会同有关部门组织监测网络，加强对环境监测的管理。

国务院和省、自治区、直辖市人民政府的环境保护行政主管部门，应当定期发布环境状况公报。

第十二条 县级以上人民政府的环境保护行政主管部门，应当会同有关部门对管辖范围内的环境状况进行调查和评价，拟订环境保护规划，经计划部门综合平衡后，报同级人民政府批准实施。

第十三条 建设污染环境的项目，必须遵守国家有关建设项目环境保护管理的规定。

建设项目的环境影响报告书，必须对建设项目产生的污染和对环境的影响作出评价，规定防治措施，经项目主管部门预审并依照规定的程序报环境保护行政主管部门批准。环境影响报告书经批准后，计划部门方可批准建设项目设计书。

第十四条 县级以上人民政府环境保护行政主管部门或者其他依照法律规定行使环境监督管理权的部门，有权对管辖范围内的排污单位进行现场检查。被检查的单位应当如实反映情况，提供必要的资料。检查机关应当为被检查的单位保守技术秘密和业务秘密。

第十五条 跨行政区的环境污染和环境破坏的防治工作，由有关地方人民政府协商解决，或者由上级人民政府协调解决，作出决定。

第三章　保护和改善环境

第十六条　地方各级人民政府，应当对本辖区的环境质量负责，采取措施改善环境质量。

第十七条　各级人民政府对具有代表性的各种类型的自然生态系统区域，珍稀、濒危的野生动植物自然分布区域，重要的水源涵养区域，具有重大科学文化价值的地质构造、著名的溶洞和化石分布区、冰川、火山、温泉等自然遗迹，以及人文遗迹、古树名木，应当采取措施加以保护，严禁破坏。

第十八条　在国务院、国务院有关部门和省、自治区、直辖市人民政府规定的风景名胜区、自然保护区和其他需要特别保护的区域内，不得建设污染环境的工业生产设施；建设其他设施，其污染物排放不得超过规定的排放标准。已经建成的设施，其污染物排放超过规定排放标准的，限期治理。

第十九条　开发利用自然资源，必须采取措施保护生态环境。

第二十条　各级人民政府应当加强对农业环境的保护，防治土壤污染、土地沙化、盐渍化、贫瘠化、沼泽化、地面沉降和防治植被破坏、水土流失、水源枯竭、种源灭绝以及其他生态失调现象的发生和发展，推广植物病虫害的综合防治，合理利用化肥、农药及植物生长激素。

第二十一条　国务院和沿海地方人民政府应当加强对海洋环境的保护。向海洋排放污染物、倾倒废弃物，进行海岸工程建设和海洋石油勘探开发，必须依照法律的规定，防止对海洋环境的污染损害。

第二十二条　制定城市规划，应当确定保护和改善环境的目标和任务。

第二十三条　城乡建设应当结合当地自然环境的特点，保护植被、水域和自然景观，加强城市园林、绿地和风景名胜区的建设。

第四章　防治环境污染和其他公害

第二十四条　产生环境污染和其他公害的单位，必须把环境保护工作纳入计划，建立环境保护责任制度；采取有效措施，防治在生产建设或者其他活动中产生的废气、废水、废渣、粉尘、恶臭气体、放射性物质以及噪声振动、电磁波辐射等对环境的污染和危害。

第二十五条　新建工业企业和现有工业企业的技术改造，应当采用资源利用率高、污染物排放量少的设备和工艺，采用经济合理的废弃物综合利用技术和污染物处理技术。

第二十六条 建设项目中防治污染的措施，必须与主体工程同时设计、同时施工、同时投产使用。防治污染的设施必须经原审批环境影响报告书的环境保护行政主管部门验收合格后，该建设项目方可投入生产或者使用。

防治污染的设施不得擅自拆除或者闲置，确有必要拆除或者闲置的，必须征得所在地的环境保护行政主管部门同意。

第二十七条 排放污染物的企业事业单位，必须依照国务院环境保护行政主管部门的规定申报登记。

第二十八条 排放污染物超过国家或者地方规定的污染物排放标准的企业事业单位，依照国家规定缴纳超标准排污费，并负责治理。水污染防治法另有规定的，依照水污染防治法的规定执行。

征收的超标准排污费必须用于污染的防治，不得挪作他用，具体使用办法由国务院规定。

第二十九条 对造成环境严重污染的企业事业单位，限期治理。

中央或省、自治区、直辖市人民政府直接管辖的企业事业单位的限期治理，由省、自治区、直辖市人民政府决定。市、县或者市、县以下人民政府管辖的企业事业单位的限期治理，由市、县人民政府决定。被限期治理的企业事业单位必须如期完成治理任务。

第三十条 禁止引进不符合我国环境保护规定要求的技术和设备。

第三十一条 因发生事故或者其他突然性事件，造成或者可能造成污染事故的单位，必须立即采取措施处理，及时通报可能受到污染危害的单位和居民，并向当地环境保护行政主管部门和有关部门报告，接受调查处理。

可能发生重大污染事故的企业事业单位，应当采取措施，加强防范。

第三十二条 县级以上地方人民政府环境保护行政主管部门，在环境受到严重污染威胁居民生命财产安全时，必须立即向当地人民政府报告，由人民政府采取有效措施，解除或者减轻危害。

第三十三条 生产、储存、运输、销售、使用有毒化学物品和含有放射性物质的物品，必须遵守国家有关规定，防止污染环境。

第三十四条 任何单位不得将产生严重污染的生产设备转移给没有污染防治能力的单位使用。

第五章 法律责任

第三十五条 违反本法规定，有下列行为之一的，环境保护行政主管部门或者其他依照法律规定行使环境监督管理权的部门可以根据不同情节，给予警告或者处以罚款。

（一）拒绝环境保护行政主管部门或者其他依照法律规定行使环境监督管理权的部门现场检查或者在被检查时弄虚作假的。

（二）拒绝或者谎报国务院环境保护行政主管部门规定的有关污染物排放申报事项的。

（三）不按国家规定缴纳超标准排污费的。

（四）引进不符合我国环境保护规定要求的技术和设备的。

（五）将产生严重污染的生产设备转移给没有污染防治能力的单位使用的。

第三十六条 建设项目的防治污染设施没有建成或者没有达到国家规定的要求，投入生产或者使用的，由批准该建设项目的环境影响报告书的环境保护行政主管部门责令停止生产或者使用，可以并处罚款。

第三十七条 未经环境保护行政主管部门同意，擅自拆除或者闲置防治污染的设施，污染物排放超过规定的排放标准的，由环境保护行政主管部门责令重新安装使用，并处罚款。

第三十八条 对违反本法规定，造成环境污染事故的企业事业单位，由环境保护行政主管部门或者其他依照法律规定行使环境监督管理权的部门根据所造成的危害后果处以罚款；情节较重的，对有关责任人员由其所在单位或者政府主管机关给予行政处分。

第三十九条 对经限期治理逾期未完成治理任务的企业事业单位，除依照国家规定加收超标准排污费外，可以根据所造成的危害后果处以罚款，或者责令停业、关闭。

前款规定的罚款由环境保护行政主管部门决定。责令停业、关闭，由作出限期治理决定的人民政府决定；责令中央直接管辖的企业事业单位停业、关闭，须报国务院批准。

第四十条 当事人对行政处罚不服的，可以在接到处罚通知之日起15日内，向作出处罚决定的机关的上一级机关申请复议；对复议决定不服的，可以在接到复议通知之日起15日内，向人民法院起诉。当事人也可以在接到处罚通知之日起15日内，直接向人民法院起诉。当事人逾期不申请复议、也不向人民法院起诉、又不履行处罚决定的，由作出处罚决定的机关申请人民法院强制执行。

第四十一条 造成环境污染危害的，有责任排除危害，并对直接受到损害的单位或者个人赔偿损失。

赔偿责任和赔偿金额的纠纷，可以根据当事人的请求，由环境保护行政主管部门或者其他依照法律规定行使环境监督管理权的部门处理；当事人对处理决定不服的，可以向人民法院起诉。当事人也可以直接向人民法院起诉。

完全由于不可抗拒的自然灾害，并经及时采取合理措施，仍然不能避免造成环境污染损害的，免于承担责任。

第四十二条 因环境污染损害赔偿提起诉讼的时效期间为3年，从当事人知道或者应当知道受到污染损害时起计算。

第四十三条 违反本法规定，造成重大环境污染事故，导致公私财产重大损失或者人身伤亡的严重后果的，对直接责任人员依法追究刑事责任。

第四十四条 违反本法规定，造成土地、森林、草原、水、矿产、渔业、野生动植物等资源的破坏的，依照有关法律的规定承担法律责任。

第四十五条 环境保护监督管理人员滥用职权、玩忽职守、徇私舞弊的，由其所在单位或者上级主管机关给予行政处分；构成犯罪的，依法追究刑事责任。

第六章　附　　则

第四十六条 中华人民共和国缔结或者参加的与环境保护有关的国际公约，同中华人民共和国的法律有不同规定的，适用国际公约的规定，但中华人民共和国声明保留的条款除外。

第四十七条 本法自公布之日起施行。《中华人民共和国环境保护法（试行）》同时废止。

中华人民共和国价格法

（1997 年 12 月 29 日八届全国人大常委会第二十九次会议通过
1997 年 12 月 29 日中华人民共和国主席令第 92 号公布）

第一章 总 则

第一条 为了规范价格行为，发挥价格合理配置资源的作用，稳定市场价格总水平，保护消费者和经营者的合法权益，促进社会主义市场经济健康发展，制定本法。

第二条 在中华人民共和国境内发生的价格行为，适用本法。

本法所称价格包括商品价格和服务价格。

商品价格是指各类有形产品和无形资产的价格。

服务价格是指各类有偿服务的收费。

第三条 国家实行并逐步完善宏观经济调控下主要由市场形成价格的机制。价格的制定应当符合价值规律，大多数商品和服务价格实行市场调节价，极少数商品和服务价格实行政府指导价或者政府定价。

市场调节价，是指由经营者自主制定，通过市场竞争形成的价格。

本法所称经营者是指从事生产、经营商品或者提供有偿服务的法人、其他组织和个人。

政府指导价，是指依照本法规定，由政府价格主管部门或者其他有关部门，按照定价权限和范围规定基准价及其浮动幅度，指导经营者制定的价格。

政府定价，是指依照本法规定，由政府价格主管部门或者其他有关部门，按照定价权限和范围制定的价格。

第四条 国家支持和促进公平、公开、合法的市场竞争，维护正常的价格秩序，对价格活动实行管理、监督和必要的调控。

第五条 国务院价格主管部门统一负责全国的价格工作。国务院其他有关部门在各自的职责范围内，负责有关的价格工作。

县级以上地方各级人民政府价格主管部门负责本行政区域内的价格工作。县级以上地方各级人民政府其他有关部门在各自的职责范围内，负责有关的价格工作。

第二章　经营者的价格行为

第六条　商品价格和服务价格，除依照本法第十八条规定适用政府指导价或者政府定价外，实行市场调节价，由经营者依照本法自主制定。

第七条　经营者定价，应当遵循公平、合法和诚实信用的原则。

第八条　经营者定价的基本依据是生产经营成本和市场供求状况。

第九条　经营者应当努力改进生产经营管理，降低生产经营成本，为消费者提供价格合理的商品和服务，并在市场竞争中获取合法利润。

第十条　经营者应当根据其经营条件建立、健全内部价格管理制度，准确记录与核定商品和服务的生产经营成本，不得弄虚作假。

第十一条　经营者进行价格活动，享有下列权利：

（一）自主制定属于市场调节的价格；

（二）在政府指导价规定的幅度内制定价格；

（三）制定属于政府指导价、政府定价产品范围内的新产品的试销价格，特定产品除外；

（四）检举、控告侵犯其依法自主定价权利的行为。

第十二条　经营者进行价格活动，应当遵守法律、法规，执行依法制定的政府指导价、政府定价和法定的价格干预措施、紧急措施。

第十三条　经营者销售、收购商品和提供服务，应当按照政府价格主管部门的规定明码标价，注明商品的品名、产地、规格、等级、计价单位、价格或者服务的项目、收费标准等有关情况。

经营者不得在标价之外加价出售商品，不得收取任何未予标明的费用。

第十四条　经营者不得有下列不正当价格行为：

（一）相互串通，操纵市场价格，损害其他经营者或者消费者的合法权益；

（二）在依法降价处理鲜活商品、季节性商品、积压商品等商品外，为了排挤竞争对手或者独占市场，以低于成本的价格倾销，扰乱正常的生产经营秩序，损害国家利益或者其他经营者的合法权益；

（三）捏造、散布涨价信息，哄抬价格，推动商品价格过高上涨的；

（四）利用虚假的或者使人误解的价格手段，诱骗消费者或者其他经营者与其进行交易；

（五）提供相同商品或者服务，对具有同等交易条件的其他经营者实行价格歧视；

（六）采取抬高等级或者压低等级等手段收购、销售商品或者提供服务，变相提高或者压低价格；

（七）违反法律、法规的规定牟取暴利；

（八）法律、行政法规禁止的其他不正当价格行为。

第十五条 各类中介机构提供有偿服务收取费用，应当遵守本法的规定。法律另有规定的，按照有关规定执行。

第十六条 经营者销售进口商品、收购出口商品，应当遵守本章的有关规定，维护国内市场秩序。

第十七条 行业组织应当遵守价格法律、法规，加强价格自律，接受政府价格主管部门的工作指导。

第三章 政府的定价行为

第十八条 下列商品和服务价格，政府在必要时可以实行政府指导价或者政府定价：

（一）与国民经济发展和人民生活关系重大的极少数商品价格；

（二）资源稀缺的少数商品价格；

（三）自然垄断经营的商品价格；

（四）重要的公用事业价格；

（五）重要的公益性服务价格。

第十九条 政府指导价、政府定价的定价权限和具体适用范围，以中央的和地方的定价目录为依据。

中央定价目录由国务院价格主管部门制定、修订，报国务院批准后公布。

地方定价目录由省、自治区、直辖市人民政府价格主管部门按照中央定价目录规定的定价权限和具体适用范围制定，经本级人民政府审核同意，报国务院价格主管部门审定后公布。

省、自治区、直辖市人民政府以下各级地方人民政府不得制定定价目录。

第二十条 国务院价格主管部门和其他有关部门，按照中央定价目录规定的定价权限和具体适用范围制定政府指导价、政府定价；其中重要的商品和服务价格的政府指导价、政府定价，应当按照规定经国务院批准。

省、自治区、直辖市人民政府价格主管部门和其他有关部门，应当按照地方定价目录规定的定价权限和具体适用范围制定在本地区执行的政府指导价、政府定价。

市、县人民政府可以根据省、自治区、直辖市人民政府的授权，按照地方定价目录规定的定价权限和具体适用范围制定在本地区执行的政府指导价、政府定价。

第二十一条 制定政府指导价、政府定价，应当依据有关商品或者服务的社会平均成本和市场供求状况、国民经济与社会发展要求以及社会承受能力，实行合理的购销差价、批零差价、地区差价和季节差价。

第二十二条 政府价格主管部门和其他有关部门制定政府指导价、政府定价，应当开展价格、成本调查，听取消费者、经营者和有关方面的意见。

政府价格主管部门开展对政府指导价、政府定价的价格、成本调查时，有关单位应当如实反映情况，提供必需的账簿、文件以及其他资料。

第二十三条 制定关系群众切身利益的公用事业价格、公益性服务价格、自然垄断经营的商品价格等政府指导价、政府定价，应当建立听证会制度，由政府价格主管部门主持，征求消费者、经营者和有关方面的意见，论证其必要性、可行性。

第二十四条 政府指导价、政府定价制定后，由制定价格的部门向消费者、经营者公布。

第二十五条 政府指导价、政府定价的具体适用范围、价格水平，应当根据经济运行情况，按照规定的定价权限和程序适时调整。

消费者、经营者可以对政府指导价、政府定价提出调整建议。

第四章 价格总水平调控

第二十六条 稳定市场价格总水平是国家重要的宏观经济政策目标。国家根据国民经济发展的需要和社会承受能力，确定市场价格总水平调控目标，列入国民经济和社会发展计划，并综合运用货币、财政、投资、进出口等方面的政策和措施，予以实现。

第二十七条 政府可以建立重要商品储备制度，设立价格调节基金，调控价格，稳定市场。

第二十八条 为适应价格调控和管理的需要，政府价格主管部门应当建立价格监测制度，对重要商品、服务价格的变动进行监测。

第二十九条 政府在粮食等重要农产品的市场购买价格过低时，可以在收购中实行保护价格，并采取相应的经济措施保证其实现。

第三十条 当重要商品和服务价格显著上涨或者有可能显著上涨，国务院和省、自治区、直辖市人民政府可以对部分价格采取限定差价率或者利润率、规定限价、实行提价申报制度和调价备案制度等干预措施。

省、自治区、直辖市人民政府采取前款规定的干预措施，应当报国务院备案。

第三十一条　当市场价格总水平出现剧烈波动等异常状态时，国务院可以在全国范围内或者部分区域内采取临时集中定价权限、部分或者全面冻结价格的紧急措施。

第三十二条　依照本法第三十条、第三十一条的规定实行干预措施、紧急措施的情形消除后，应当及时解除干预措施、紧急措施。

第五章　价格监督检查

第三十三条　县级以上各级人民政府价格主管部门，依法对价格活动进行监督检查，并依照本法的规定对价格违法行为实施行政处罚。

第三十四条　政府价格主管部门进行价格监督检查时，可以行使下列职权：

（一）询问当事人或者有关人员，并要求其提供证明材料和与价格违法行为有关的其他资料；

（二）查询、复制与价格违法行为有关的账簿、单据、凭证、文件及其他资料，核对与价格违法行为有关的银行资料；

（三）检查与价格违法行为有关的财物，必要时可以责令当事人暂停相关营业；

（四）在证据可能灭失或者以后难以取得的情况下，可以依法先行登记保存，当事人或者有关人员不得转移、隐匿或者销毁。

第三十五条　经营者接受政府价格主管部门的监督检查时，应当如实提供价格监督检查所必需的账簿、单据、凭证、文件以及其他资料。

第三十六条　政府部门价格工作人员不得将依法取得的资料或者了解的情况用于依法进行价格管理以外的任何其他目的，不得泄露当事人的商业秘密。

第三十七条　消费者组织、职工价格监督组织、居民委员会、村民委员会等组织以及消费者，有权对价格行为进行社会监督。政府价格主管部门应当充分发挥群众的价格监督作用。

新闻单位有权进行价格舆论监督。

第三十八条　政府价格主管部门应当建立对价格违法行为的举报制度。

任何单位和个人均有权对价格违法行为进行举报。政府价格主管部门应当对举报者给予鼓励，并负责为举报者保密。

第六章　法律责任

第三十九条　经营者不执行政府指导价、政府定价以及法定的价格干预措施、紧急措施的，责令改正，没收违法所得，可以并处违法所得五倍以下的罚款；没有违法所得的，可以处以罚款；情节严重的，责令停业整顿。

第四十条 经营者有本法第十四条所列行为之一的，责令改正，没收违法所得，可以并处违法所得五倍以下的罚款；没有违法所得的，予以警告，可以并处罚款；情节严重的，责令停业整顿，或者由工商行政管理机关吊销营业执照。有关法律对本法第十四条所列行为的处罚及处罚机关另有规定的，可以依照有关法律的规定执行。

有本法第十四条第（一）项、第（二）项所列行为，属于是全国性的，由国务院价格主管部门认定；属于是省及省以下区域性的，由省、自治区、直辖市人民政府价格主管部门认定。

第四十一条 经营者因价格违法行为致使消费者或者其他经营者多付价款的，应当退还多付部分；造成损害的，应当依法承担赔偿责任。

第四十二条 经营者违反明码标价规定的，责令改正，没收违法所得，可以并处五千元以下的罚款。

第四十三条 经营者被责令暂停相关营业而不停止的，或者转移、隐匿、销毁依法登记保存的财物的，处相关营业所得或者转移、隐匿、销毁的财物价值一倍以上三倍以下的罚款。

第四十四条 拒绝按照规定提供监督检查所需资料或者提供虚假资料的，责令改正，予以警告；逾期不改正的，可以处以罚款。

第四十五条 地方各级人民政府或者各级人民政府有关部门违反本法规定，超越定价权限和范围擅自制定、调整价格或者不执行法定的价格干预措施、紧急措施的，责令改正，并可以通报批评；对直接负责的主管人员和其他直接责任人员，依法给予行政处分。

第四十六条 价格工作人员泄露国家秘密、商业秘密以及滥用职权、徇私舞弊、玩忽职守、索贿受贿，构成犯罪的，依法追究刑事责任；尚不构成犯罪的，依法给予处分。

第七章　附　　则

第四十七条 国家行政机关的收费，应当依法进行，严格控制收费项目，限定收费范围、标准。收费的具体管理办法由国务院另行制定。

利率、汇率、保险费率、证券及期货价格，适用有关法律、行政法规的规定，不适用本法。

第四十八条 本法自1998年5月1日起施行。

中华人民共和国森林法

（1984年9月20日六届全国人大常委会第七次会议通过
根据1998年4月29日九届全国人大常委会第二次会议
《关于修改〈中华人民共和国森林法〉的决定》修正）

第一章　总　　则

第一条　为了保护、培育和合理利用森林资源，加快国土绿化，发挥森林蓄水保土、调节气候、改善环境和提供林产品的作用，适应社会主义建设和人民生活的需要，特制定本法。

第二条　在中华人民共和国领域内从事森林、林木的培育种植、采伐利用和森林、林木、林地的经营管理活动，都必须遵守本法。

第三条　森林资源属于国家所有，由法律规定属于集体所有的除外。

国家所有的和集体所有的森林、林木和林地，个人所有的林木和使用的林地，由县级以上地方人民政府登记造册，发放证书，确认所有权或者使用权。国务院可以授权国务院林业主管部门，对国务院确定的国家所有的重点林区的森林、林木和林地登记造册，发放证书，并通知有关地方人民政府。

森林、林木、林地的所有者和使用者的合法权益，受法律保护，任何单位和个人不得侵犯。

第四条　森林分为以下五类：

（一）防护林：以防护为主要目的的森林、林木和灌木丛，包括水源涵养林，水土保持林，防风固沙林，农田、牧场防护林，护岸林，护路林；

（二）用材林：以生产木材为主要目的的森林和林木，包括以生产竹材为主要目的的竹林；

（三）经济林：以生产果品，食用油料、饮料、调料，工业原料和药材等为主要目的的林木；

（四）薪炭林：以生产燃料为主要目的的林木；

（五）特种用途林：以国防、环境保护、科学实验等为主要目的的森林和林木，包括国防林、实验林、母树林、环境保护林、风景林，名胜古迹和革命纪念地的林木，自然保护区的森林。

第五条　林业建设实行以营林为基础，普遍护林，大力造林，采育结合，永续利用的方针。

第六条 国家鼓励林业科学研究，推广林业先进技术，提高林业科学技术水平。

第七条 国家保护林农的合法权益，依法减轻林农的负担，禁止向林农违法收费、罚款，禁止向林农进行摊派和强制集资。

国家保护承包造林的集体和个人的合法权益，任何单位和个人不得侵犯承包造林的集体和个人依法享有的林木所有权和其他合法权益。

第八条 国家对森林资源实行以下保护性措施：

（一）对森林实行限额采伐，鼓励植树造林、封山育林，扩大森林覆盖面积；

（二）根据国家和地方人民政府有关规定，对集体和个人造林、育林给予经济扶持或者长期贷款；

（三）提倡木材综合利用和节约使用木材，鼓励开发、利用木材代用品；

（四）征收育林费，专门用于造林育林；

（五）煤炭、造纸等部门，按照煤炭和木浆纸张等产品的产量提取一定数额的资金，专门用于营造坑木、造纸等用材林；

（六）建立林业基金制度。

国家设立森林生态效益补偿基金，用于提供生态效益的防护林和特种用途林的森林资源、林木的营造、抚育、保护和管理。森林生态效益补偿基金必须专款专用，不得挪作他用。具体办法由国务院规定。

第九条 国家和省、自治区人民政府，对民族自治地方的林业生产建设，依照国家对民族自治地方自治权的规定，在森林开发、木材分配和林业基金使用方面，给予比一般地区更多的自主权和经济利益。

第十条 国务院林业主管部门主管全国林业工作。县级以上地方人民政府林业主管部门，主管本地区的林业工作。乡级人民政府设专职或者兼职人员负责林业工作。

第十一条 植树造林、保护森林，是公民应尽的义务。各级人民政府应当组织全民义务植树，开展植树造林活动。

第十二条 在植树造林、保护森林、森林管理以及林业科学研究等方面成绩显著的单位或者个人，由各级人民政府给予奖励。

第二章 森林经营管理

第十三条 各级林业主管部门依照本法规定，对森林资源的保护、利用、更新，实行管理和监督。

第十四条 各级林业主管部门负责组织森林资源清查，建立资源档案制度，掌握资源变化情况。

第十五条 下列森林、林木、林地使用权可以依法转让，也可以依法作价入股或者作为合资、合作造林、经营林木的出资、合作条件，但不得将林地改为非林地：

（一）用材林、经济林、薪炭林；

（二）用材林、经济林、薪炭林的林地使用权；

（三）用材林、经济林、薪炭林的采伐迹地、火烧迹地的林地使用权；

（四）国务院规定的其他森林、林木和其他林地使用权。

依照前款规定转让、作价入股或者作为合资、合作造林、经营林木的出资、合作条件的，已经取得的林木采伐许可证可以同时转让，同时转让双方都必须遵守本法关于森林、林木采伐和更新造林的规定。

除本条第一款规定的情形外，其他森林、林木和其他林地使用权不得转让。

具体办法由国务院规定。

第十六条 各级人民政府应当制定林业长远规划。国有林业企业事业单位和自然保护区，应当根据林业长远规划，编制森林经营方案，报上级主管部门批准后实行。

林业主管部门应当指导农村集体经济组织和国有的农场、牧场、工矿企业等单位编制森林经营方案。

第十七条 单位之间发生的林木、林地所有权和使用权争议，由县级以上人民政府依法处理。

个人之间、个人与单位之间发生的林木所有权和林地使用权争议，由当地县级或者乡级人民政府依法处理。

当事人对人民政府的处理决定不服的，可以在接到通知之日起一个月内，向人民法院起诉。

在林木、林地权属争议解决以前，任何一方不得砍伐有争议的林木。

第十八条 进行勘查、开采矿藏和各项建设工程，应当不占或者少占林地；必须占用或者征用林地的，经县级以上人民政府林业主管部门审核同意后，依照有关土地管理的法律、行政法规办理建设用地审批手续，并由用地单位依照国务院有关规定缴纳森林植被恢复费。森林植被恢复费专款专用，由林业主管部门依照有关规定统一安排植树造林，恢复森林植被，植树造林面积不得少于因占用、征用林地而减少的森林植被面积。上级林业主管部门应当定期督促、检查下级林业主管部门组织植树造林、恢复森林植被的情况。

任何单位和个人不得挪用森林植被恢复费。县级以上人民政府审计机关应当加强对森林植被恢复费使用情况的监督。

第三章　森林保护

第十九条　地方各级人民政府应当组织有关部门建立护林组织，负责护林工作；根据实际需要在大面积林区增加护林设施，加强森林保护；督促有林的和林区的基层单位，订立护林公约，组织群众护林，划定护林责任区，配备专职或者兼职护林员。

护林员可以由县级或者乡级人民政府委任。护林员的主要职责是：巡护森林，制止破坏森林资源的行为。对造成森林资源破坏的，护林员有权要求当地有关部门处理。

第二十条　依照国家有关规定在林区设立的森林公安机关，负责维护辖区社会治安秩序，保护辖区内的森林资源，并可以依照本法规定，在国务院林业主管部门授权的范围内，代行本法第三十九条、第四十二条、第四十三条、第四十四条规定的行政处罚权。

武装森林警察部队执行国家赋予的预防和扑救森林火灾的任务。

第二十一条　地方各级人民政府应当切实做好森林火灾的预防和扑救工作：

（一）规定森林防火期，在森林防火期内，禁止在林区野外用火；因特殊情况需要用火的，必须经过县级人民政府或者县级人民政府授权的机关批准；

（二）在林区设置防火设施；

（三）发生森林火灾，必须立即组织当地军民和有关部门扑救；

（四）因扑救森林火灾负伤、致残、牺牲的，国家职工由所在单位给予医疗、抚恤；非国家职工由起火单位按照国务院有关主管部门的规定给予医疗、抚恤，起火单位对起火没有责任或者确实无力负担的，由当地人民政府给予医疗、抚恤。

第二十二条　各级林业主管部门负责组织森林病虫害防治工作。

林业主管部门负责规定林木种苗的检疫对象，划定疫区和保护区，对林木种苗进行检疫。

第二十三条　禁止毁林开垦和毁林采石、采砂、采土以及其他毁林行为。

禁止在幼林地和特种用途林内砍柴、放牧。

进入森林和森林边缘地区的人员，不得擅自移动或者损坏为林业服务的标志。

第二十四条 国务院林业主管部门和省、自治区、直辖市人民政府，应当在不同自然地带的典型森林生态地区、珍贵动物和植物生长繁殖的林区、天然热带雨林区和具有特殊保护价值的其他天然林区，划定自然保护区，加强保护管理。

自然保护区的管理办法，由国务院林业主管部门制定，报国务院批准施行。

对自然保护区以外的珍贵树木和林区内具有特殊价值的植物资源，应当认真保护；未经省、自治区、直辖市林业主管部门批准，不得采伐和采集。

第二十五条 林区内列为国家保护的野生动物，禁止猎捕；因特殊需要猎捕的，按照国家有关法规办理。

第四章 植树造林

第二十六条 各级人民政府应当制定植树造林规划，因地制宜地确定本地区提高森林覆盖率的奋斗目标。

各级人民政府应当组织各行各业和城乡居民完成植树造林规划确定的任务。

宜林荒山荒地，属于国家所有的，由林业主管部门和其他主管部门组织造林；属于集体所有的，由集体经济组织组织造林。

铁路公路两旁、江河两侧、湖泊水库周围，由各有关主管单位因地制宜地组织造林；工矿区，机关、学校用地，部队营区以及农场、牧场、渔场经营地区，由各该单位负责造林。

国家所有和集体所有的宜林荒山荒地可以由集体或者个人承包造林。

第二十七条 国有企业事业单位、机关、团体、部队营造的林木，由营造单位经营并按照国家规定支配林木收益。

集体所有制单位营造的林木，归该单位所有。

农村居民在房前屋后、自留地、自留山种植的林木，归个人所有。城镇居民和职工在自有房屋的庭院内种植的林木，归个人所有。

集体或者个人承包国家所有和集体所有的宜林荒山荒地造林的，承包后种植的林木归承包的集体或者个人所有；承包合同另有规定的，按照承包合同的规定执行。

第二十八条 新造幼林地和其他必须封山育林的地方，由当地人民政府组织封山育林。

第五章 森林采伐

第二十九条 国家根据用材林的消耗量低于生长量的原则，严格控制森林年采伐量。国家所有的森林和林木以国有林业企业事业单位、农场、厂矿为单位，集体所有的森林和林木、个人所有的林木以县为单位，制定年采伐限额，由省、自治区、直辖市林业主管部门汇总，经同级人民政府审核后，报国务院批准。

第三十条 国家制定统一的年度木材生产计划。年度木材生产计划不得超过批准的年采伐限额。计划管理的范围由国务院规定。

第三十一条 采伐森林和林木必须遵守下列规定：

（一）成熟的用材林应当根据不同情况，分别采取择伐、皆伐和渐伐方式，皆伐应当严格控制，并在采伐的当年或者次年内完成更新造林；

（二）防护林和特种用途林中的国防林、母树林、环境保护林、风景林，只准进行抚育和更新性质的采伐；

（三）特种用途林中的名胜古迹和革命纪念地的林木、自然保护区的森林，严禁采伐。

第三十二条 采伐林木必须申请采伐许可证，按许可证的规定进行采伐；农村居民采伐自留地和房前屋后个人所有的零星林木除外。

国有林业企业事业单位、机关、团体、部队、学校和其他国有企业事业单位采伐林木，由所在地县级以上林业主管部门依照有关规定审核发放采伐许可证。

铁路、公路的护路林和城镇林木的更新采伐，由有关主管部门依照有关规定审核发放采伐许可证。

农村集体经济组织采伐林木，由县级林业主管部门依照有关规定审核发放采伐许可证。

农村居民采伐自留山和个人承包集体的林木，由县级林业主管部门或者其委托的乡、镇人民政府依照有关规定审核发放采伐许可证。

采伐以生产竹材为主要目的竹林，适用以上各款规定。

第三十三条 审核发放采伐许可证的部门，不得超过批准的年采伐限额发放采伐许可证。

第三十四条 国有林业企业事业单位申请采伐许可证时，必须提出伐区调查设计文件。其他单位申请采伐许可证时，必须提出有关采伐的目的、地点、林种、林况、面积、蓄积、方式和更新措施等内容的文件。

对伐区作业不符合规定的单位，发放采伐许可证的部门有权收缴采伐许可证，中止其采伐，直到纠正为止。

第三十五条 采伐林木的单位或者个人，必须按照采伐许可证规定的面积、株数、树种、期限完成更新造林任务，更新造林的面积和株数不得少于采伐的面积和株数。

第三十六条 林区木材的经营和监督管理办法，由国务院另行规定。

第三十七条 从林区运出木材，必须持有林业主管部门发给的运输证件，国家统一调拨的木材除外。

依法取得采伐许可证后，按照许可证的规定采伐的木材，从林区运出时，林业主管部门应当发给运输证件。

经省、自治区、直辖市人民政府批准，可以在林区设立木材检查站，负责检查木材运输。对未取得运输证件或者物资主管部门发给的调拨通知书运输木材的，木材检查站有权制止。

第三十八条 国家禁止、限制出口珍贵树木及其制品、衍生物。禁止、限制出口的珍贵树木及其制品、衍生物的名录和年度限制出口总量，由国务院林业主管部门会同国务院有关部门制定，报国务院批准。

出口前款规定限制出口的珍贵树木或者其制品、衍生物的，必须经出口人所在地省、自治区、直辖市人民政府林业主管部门审核，报国务院林业主管部门批准，海关凭国务院林业主管部门的批准文件放行。进出口的树木或者其制品、衍生物属于中国参加的国际公约限制进出口的濒危物种的，并必须向国家濒危物种进出口管理机构申请办理允许进出口证明书，海关并凭允许进出口证明书放行。

第六章 法律责任

第三十九条 盗伐森林或者其他林木的，依法赔偿损失；由林业主管部门责令补种盗伐株数十倍的树木，没收盗伐的林木或者变卖所得，并处盗伐林木价值三倍以上十倍以下的罚款。

滥伐森林或者其他林木，由林业主管部门责令补种滥伐株数五倍的树木，并处滥伐林木价值二倍以上五倍以下的罚款。

拒不补种树木或者补种不符合国家有关规定的，由林业主管部门代为补种，所需费用由违法者支付。

盗伐、滥伐森林或者其他林木，构成犯罪的，依法追究刑事责任。

第四十条 违反本法规定，非法采伐、毁坏珍贵树木的，依法追究刑事责任。

第四十一条 违反本法规定，超过批准的年采伐限额发放林木采伐许可证或者超越职权发放林木采伐许可证、木材运输证件、批准出口文件、允许进出口证明书的，由上一级人民政府林业主管部门责令纠正，对直接负责的主管人员和其他直接责任人员依法给予行政处分；有关人民政府林业主管部门未予纠正的，国务院林业主管部门可以直接处理；构成犯罪的，依法追究刑事责任。

第四十二条 违反本法规定，买卖林木采伐许可证、木材运输证件、批准出口文件、允许进出口证明书的，由林业主管部门没收违法买卖的证件、文件和违法所得，并处违法买卖证件、文件的价款一倍以上三倍以下的罚款；构成犯罪的，依法追究刑事责任。

伪造林木采伐许可证、木材运输证件、批准出口文件、允许进出口证明书的，依法追究刑事责任。

第四十三条 在林区非法收购明知是盗伐、滥伐的林木的，由林业主管部门责令停止违法行为，没收违法收购的盗伐、滥伐的林木或者变卖所得，可以并处违法收购林木的价款一倍以上三倍以下的罚款；构成犯罪的，依法追究刑事责任。

第四十四条 违反本法规定，进行开垦、采石、采砂、采土、采种、采脂和其他活动，致使森林、林木受到毁坏的，依法赔偿损失；由林业主管部门责令停止违法行为，补种毁坏株数一倍以上三倍以下的树木，可以处毁坏林木价值一倍以上五倍以下的罚款。

违反本法规定，在幼林地和特种用途林内砍柴、放牧致使森林、林木受到毁坏的，依法赔偿损失；由林业主管部门责令停止违法行为，补种毁坏株数一倍以上三倍以下的树木。

拒不补种树木或者补种不符合国家有关规定的，由林业主管部门代为补种，所需费用由违法者支付。

第四十五条 采伐林木的单位或者个人没有按照规定完成更新造林任务的，发放采伐许可证的部门有权不再发给采伐许可证，直到完成更新造林任务为止；情节严重的，可以由林业主管部门处以罚款，对直接责任人员由所在单位或者上级主管机关给予行政处分。

第四十六条 从事森林资源保护、林业监督管理工作的林业主管部门的工作人员和其他国家机关的有关工作人员滥用职权、玩忽职守、徇私舞弊，构成犯罪的，依法追究刑事责任；尚不构成犯罪的，依法给予行政处分。

第七章　附　则

第四十七条 国务院林业主管部门根据本法制定实施办法，报国务院批准施行。

第四十八条 民族自治地方不能全部适用本法规定的，自治机关可以根据本法的原则，结合民族自治地方的特点，制定变通或者补充规定，依照法定程序报省、自治区或者全国人民代表大会常务委员会批准施行。

第四十九条 本法自1998 年7 月1 日起施行。

中华人民共和国防沙治沙法

（2001年8月31日九届全国人大常委会第二十三次会议通过
2001年8月31日中华人民共和国主席令第55号公布）

第一章　总　　则

第一条　为预防土地沙化，治理沙化土地，维护生态安全，促进经济和社会的可持续发展，制定本法。

第二条　在中华人民共和国境内，从事土地沙化的预防、沙化土地的治理和开发利用活动，必须遵守本法。

土地沙化是指因气候变化和人类活动所导致的天然沙漠扩张和沙质土壤上植被破坏、沙土裸露的过程。

本法所称土地沙化，是指主要因人类不合理活动所导致的天然沙漠扩张和沙质土壤上植被及覆盖物被破坏，形成流沙及沙土裸露的过程。

本法所称沙化土地，包括已经沙化的土地和具有明显沙化趋势的土地。具体范围，由国务院批准的全国防沙治沙规划确定。

第三条　防沙治沙工作应当遵循以下原则：

（一）统一规划，因地制宜，分步实施，坚持区域防治与重点防治相结合；

（二）预防为主，防治结合，综合治理；

（三）保护和恢复植被与合理利用自然资源相结合；

（四）遵循生态规律，依靠科技进步；

（五）改善生态环境与帮助农牧民脱贫致富相结合；

（六）国家支持与地方自力更生相结合，政府组织与社会各界参与相结合，鼓励单位、个人承包防治；

（七）保障防沙治沙者的合法权益。

第四条　国务院和沙化土地所在地区的县级以上地方人民政府，应当将防沙治沙纳入国民经济和社会发展计划，保障和支持防沙治沙工作的开展。

沙化土地所在地区的地方各级人民政府，应当采取有效措施，预防土地沙化，治理沙化土地，保护和改善本行政区域的生态质量。

国家在沙化土地所在地区，建立政府行政领导防沙治沙任期目标责任考核奖惩制度。沙化土地所在地区的县级以上地方人民政府，应当向同级人民代表大会及其常务委员会报告防沙治沙工作情况。

第五条 在国务院领导下，国务院林业行政主管部门负责组织、协调、指导全国防沙治沙工作。

国务院林业、农业、水利、土地、环境保护等行政主管部门和气象主管机构，按照有关法律规定的职责和国务院确定的职责分工，各负其责，密切配合，共同做好防沙治沙工作。

县级以上地方人民政府组织、领导所属有关部门，按照职责分工，各负其责，密切配合，共同做好本行政区域的防沙治沙工作。

第六条 使用土地的单位和个人，有防止该土地沙化的义务。

使用已经沙化的土地的单位和个人，有治理该沙化土地的义务。

第七条 国家支持防沙治沙的科学研究和技术推广工作，发挥科研部门、机构在防沙治沙工作中的作用，培养防沙治沙专门技术人员，提高防沙治沙的科学技术水平。

国家支持开展防沙治沙的国际合作。

第八条 在防沙治沙工作中作出显著成绩的单位和个人，由人民政府给予表彰和奖励；对保护和改善生态质量作出突出贡献的，应当给予重奖。

第九条 沙化土地所在地区的各级人民政府应当组织有关部门开展防沙治沙知识的宣传教育，增强公民的防沙治沙意识，提高公民防沙治沙的能力。

第二章　防沙治沙规划

第十条 防沙治沙实行统一规划。从事防沙治沙活动，以及在沙化土地范围内从事开发利用活动，必须遵循防沙治沙规划。

防沙治沙规划应当对遏制土地沙化扩展趋势，逐步减少沙化土地的时限、步骤、措施等作出明确规定，并将具体实施方案纳入国民经济和社会发展五年计划和年度计划。

第十一条 国务院林业行政主管部门会同国务院农业、水利、土地、环境保护等有关部门编制全国防沙治沙规划，报国务院批准后实施。

省、自治区、直辖市人民政府依据全国防沙治沙规划，编制本行政区域的防沙治沙规划，报国务院或者国务院指定的有关部门批准后实施。

沙化土地所在地区的市、县人民政府，应当依据上一级人民政府的防沙治沙规划，组织编制本行政区域的防沙治沙规划，报上一级人民政府批准后实施。

防沙治沙规划的修改，须经原批准机关批准；未经批准，任何单位和个人不得改变防沙治沙规划。

第十二条 编制防沙治沙规划，应当根据沙化土地所处的地理位置、土地类型、植被状况、气候和水资源状况、土地沙化程度等自然条件及其所发挥的生态、经济功能，对沙化土地实行分类保护、综合治理和合理利用。

在规划期内不具备治理条件的以及因保护生态的需要不宜开发利用的连片沙化土地，应当规划为沙化土地封禁保护区，实行封禁保护。沙化土地封禁保护区的范围，由全国防沙治沙规划以及省、自治区、直辖市防沙治沙规划确定。

第十三条 防沙治沙规划应当与土地利用总体规划相衔接；防沙治沙规划中确定的沙化土地用途，应当符合本级人民政府的土地利用总体规划。

第三章 土地沙化的预防

第十四条 国务院林业行政主管部门组织其他有关行政主管部门对全国土地沙化情况进行监测、统计和分析，并定期公布监测结果。

县级以上地方人民政府林业或者其他有关行政主管部门，应当按照土地沙化监测技术规程，对沙化土地进行监测，并将监测结果向本级人民政府及上一级林业或者其他有关行政主管部门报告。

第十五条 县级以上地方人民政府林业或者其他有关行政主管部门，在土地沙化监测过程中，发现土地发生沙化或者沙化程度加重的，应当及时报告本级人民政府。收到报告的人民政府应当责成有关行政主管部门制止导致土地沙化的行为，并采取有效措施进行治理。

各级气象主管机构应当组织对气象干旱和沙尘暴天气进行监测、预报，发现气象干旱或者沙尘暴天气征兆时，应当及时报告当地人民政府。收到报告的人民政府应当采取预防措施，必要时公布灾情预报，并组织林业、农（牧）业等有关部门采取应急措施，避免或者减轻风沙危害。

第十六条 沙化土地所在地区的县级以上地方人民政府应当按照防沙治沙规划，划出一定比例的土地，因地制宜地营造防风固沙林网、林带，种植多年生灌木和草本植物。由林业行政主管部门负责确定植树造林的成活率、保存率的标准和具体任务，并逐片组织实施，明确责任，确保完成。

除了抚育更新性质的采伐外，不得批准对防风固沙林网、林带进行采伐。在对防风固沙林网、林带进行抚育更新性质的采伐之前，必须在其附近预先形成接替林网和林带。

对林木更新困难地区已有的防风固沙林网、林带，不得批准采伐。

第十七条 禁止在沙化土地上砍挖灌木、药材及其他固沙植物。

沙化土地所在地区的县级人民政府，应当制定植被管护制度，严格保护植被，并根据需要在乡（镇）、村建立植被管护组织，确定管护人员。

在沙化土地范围内，各类土地承包合同应当包括植被保护责任的内容。

第十八条 草原地区的地方各级人民政府，应当加强草原的管理和建设，由农（牧）业行政主管部门负责指导、组织农牧民建设人工草场，控制载畜量，调整牲畜结构，改良牲畜品种，推行牲畜圈养和草场轮牧，消灭草原鼠害、虫害，保护草原植被，防止草原退化和沙化。

草原实行以产草量确定载畜量的制度。由农（牧）业行政主管部门负责制定载畜量的标准和有关规定，并逐级组织实施，明确责任，确保完成。

第十九条 沙化土地所在地区的县级以上地方人民政府水行政主管部门，应当加强流域和区域水资源的统一调配和管理，在编制流域和区域水资源开发利用规划和供水计划时，必须考虑整个流域和区域植被保护的用水需求，防止因地下水和上游水资源的过度开发利用，导致植被破坏和土地沙化。该规划和计划经批准后，必须严格实施。

沙化土地所在地区的地方各级人民政府应当节约用水，发展节水型农牧业和其他产业。

第二十条 沙化土地所在地区的县级以上地方人民政府，不得批准在沙漠边缘地带和林地、草原开垦耕地；已经开垦并对生态产生不良影响的，应当有计划地组织退耕还林还草。

第二十一条 在沙化土地范围内从事开发建设活动的，必须事先就该项目可能对当地及相关地区生态产生的影响进行环境影响评价，依法提交环境影响报告；环境影响报告应当包括有关防沙治沙的内容。

第二十二条 在沙化土地封禁保护区范围内，禁止一切破坏植被的活动。

禁止在沙化土地封禁保护区范围内安置移民。对沙化土地封禁保护区范围内的农牧民，县级以上地方人民政府应当有计划地组织迁出，并妥善安置。沙化土地封禁保护区范围内尚未迁出的农牧民的生产生活，由沙化土地封禁保护区主管部门妥善安排。

未经国务院或者国务院指定的部门同意，不得在沙化土地封禁保护区范围内进行修建铁路、公路等建设活动。

第四章　沙化土地的治理

第二十三条　沙化土地所在地区的地方各级人民政府，应当按照防沙治沙规划，组织有关部门、单位和个人，因地制宜地采取人工造林种草、飞机播种造林种草、封沙育林育草和合理调配生态用水等措施，恢复和增加植被，治理已经沙化的土地。

第二十四条　国家鼓励单位和个人在自愿的前提下，捐资或者以其他形式开展公益性的治沙活动。

县级以上地方人民政府林业或者其他有关行政主管部门，应当为公益性治沙活动提供治理地点和无偿技术指导。

从事公益性治沙的单位和个人，应当按照县级以上地方人民政府林业或者其他有关行政主管部门的技术要求进行治理，并可以将所种植的林、草委托他人管护或者交由当地人民政府有关行政主管部门管护。

第二十五条　使用已经沙化的国有土地的使用权人和农民集体所有土地的承包经营权人，必须采取治理措施，改善土地质量；确实无能力完成治理任务的，可以委托他人治理或者与他人合作治理。委托或者合作治理的，应当签订协议，明确各方的权利和义务。

沙化土地所在地区的地方各级人民政府及其有关行政主管部门、技术推广单位，应当为土地使用权人和承包经营权人的治沙活动提供技术指导。

采取退耕还林还草、植树种草或者封育措施治沙的土地使用权人和承包经营权人，按照国家有关规定，享受人民政府提供的政策优惠。

第二十六条　不具有土地所有权或者使用权的单位和个人从事营利性治沙活动的，应当先与土地所有权人或者使用权人签订协议，依法取得土地使用权。

在治理活动开始之前，从事营利性治沙活动的单位和个人应当向治理项目所在地的县级以上地方人民政府林业行政主管部门或者县级以上地方人民政府指定的其他行政主管部门提出治理申请，并附具下列文件：

（一）被治理土地权属的合法证明文件和治理协议；

（二）符合防沙治沙规划的治理方案；

（三）治理所需的资金证明。

第二十七条　本法第二十六条第二款第二项所称治理方案，应当包括以下内容：

（一）治理范围界限；

（二）分阶段治理目标和治理期限；

（三）主要治理措施；

（四）经当地水行政主管部门同意的用水来源和用水量指标；

（五）治理后的土地用途和植被管护措施；

（六）其他需要载明的事项。

第二十八条 从事营利性治沙活动的单位和个人，必须按照治理方案进行治理。

国家保护沙化土地治理者的合法权益。在治理者取得合法土地权属的治理范围内，未经治理者同意，其他任何单位和个人不得从事治理或者开发利用活动。

第二十九条 治理者完成治理任务后，应当向县级以上地方人民政府受理治理申请的行政主管部门提出验收申请。经验收合格的，受理治理申请的行政主管部门应当发给治理合格证明文件；经验收不合格的，治理者应当继续治理。

第三十条 已经沙化的土地范围内的铁路、公路、河流和水渠两侧，城镇、村庄、厂矿和水库周围，实行单位治理责任制，由县级以上地方人民政府下达治理责任书，由责任单位负责组织造林种草或者采取其他治理措施。

第三十一条 沙化土地所在地区的地方各级人民政府，可以组织当地农村集体经济组织及其成员在自愿的前提下，对已经沙化的土地进行集中治理。农村集体经济组织及其成员投入的资金和劳力，可以折算为治理项目的股份、资本金，也可以采取其他形式给予补偿。

第五章 保障措施

第三十二条 国务院和沙化土地所在地区的地方各级人民政府应当在本级财政预算中按照防沙治沙规划通过项目预算安排资金，用于本级人民政府确定的防沙治沙工程。在安排扶贫、农业、水利、道路、矿产、能源、农业综合开发等项目时，应当根据具体情况，设立若干防沙治沙子项目。

第三十三条 国务院和省、自治区、直辖市人民政府应当制定优惠政策，鼓励和支持单位和个人防沙治沙。

县级以上地方人民政府应当按照国家有关规定，根据防沙治沙的面积和难易程度，给予从事防沙治沙活动的单位和个人资金补助、财政贴息以及税费减免等政策优惠。

单位和个人投资进行防沙治沙的，在投资阶段免征各种税收；取得一定收益后，可以免征或者减征有关税收。

第三十四条 使用已经沙化的国有土地从事治沙活动的，经县级以上人民政府依法批准，可以享有不超过七十年的土地使用权。具体年限和管理办法，由国务院规定。

使用已经沙化的集体所有土地从事治沙活动的，治理者应当与土地所有人签订土地承包合同。具体承包期限和当事人的其他权利、义务由承包合同双方依法在土地承包合同中约定。县级人民政府依法根据土地承包合同向治理者颁发土地使用权证书，保护集体所有沙化土地治理者的土地使用权。

第三十五条 因保护生态的特殊要求，将治理后的土地批准划为自然保护区或者沙化土地封禁保护区的，批准机关应当给予治理者合理的经济补偿。

第三十六条 国家根据防沙治沙的需要，组织设立防沙治沙重点科研项目和示范、推广项目，并对防沙治沙、沙区能源、沙生经济作物、节水灌溉、防止草原退化、沙地旱作农业等方面的科学研究与技术推广给予资金补助、税费减免等政策优惠。

第三十七条 任何单位和个人不得截留、挪用防沙治沙资金。

县级以上人民政府审计机关，应当依法对防沙治沙资金使用情况实施审计监督。

第六章 法律责任

第三十八条 违反本法第二十二条第一款规定，在沙化土地封禁保护区范围内从事破坏植被活动的，由县级以上地方人民政府林业、农（牧）业行政主管部门按照各自的职责，责令停止违法行为；有违法所得的，没收其违法所得；构成犯罪的，依法追究刑事责任。

第三十九条 违反本法第二十五条第一款规定，国有土地使用权人和农民集体所有土地承包经营权人未采取防沙治沙措施，造成土地严重沙化的，由县级以上地方人民政府农（牧）业、林业行政主管部门按照各自的职责，责令限期治理；造成国有土地严重沙化的，县级以上人民政府可以收回国有土地使用权。

第四十条 违反本法规定，进行营利性治沙活动，造成土地沙化加重的，由县级以上地方人民政府负责受理营利性治沙申请的行政主管部门责令停止违法行为，可以并处每公顷五千元以上五万元以下的罚款。

第四十一条 违反本法第二十八条第一款规定，不按照治理方案进行治理的，或者违反本法第二十九条规定，经验收不合格又不按要求继续治理的，由县级以上地方人民政府负责受理营利性治沙申请的行政主管部门责令停止违法行为，限期改正，可以并处相当于治理费用一倍以上三倍以下的罚款。

第四十二条 违反本法第二十八条第二款规定，未经治理者同意，擅自在他人的治理范围内从事治理或者开发利用活动的，由县级以上地方人民政府负责受理营利性治沙申请的行政主管部门责令停止违法行为；给治理者造成损失的，应当赔偿损失。

第四十三条 违反本法规定，有下列情形之一的，对直接负责的主管人员和其他直接责任人员，由所在单位、监察机关或者上级行政主管部门依法给予行政处分：

（一）违反本法第十五条第一款规定，发现土地发生沙化或者沙化程度加重不及时报告的，或者收到报告后不责成有关行政主管部门采取措施的；

（二）违反本法第十六条第二款、第三款规定，批准采伐防风固沙林网、林带的；

（三）违反本法第二十条规定，批准在沙漠边缘地带和林地、草原开垦耕地的；

（四）违反本法第二十二条第二款规定，在沙化土地封禁保护区范围内安置移民的；

（五）违反本法第二十二条第三款规定，未经批准在沙化土地封禁保护区范围内进行修建铁路、公路等建设活动的。

第四十四条 违反本法第三十七条第一款规定，截留、挪用防沙治沙资金的，对直接负责的主管人员和其他直接责任人员，由监察机关或者上级行政主管部门依法给予行政处分；构成犯罪的，依法追究刑事责任。

第四十五条 防沙治沙监督管理人员滥用职权、玩忽职守、徇私舞弊，构成犯罪的，依法追究刑事责任。

第七章 附 则

第四十六条 本法第五条第二款中所称的有关法律，是指《中华人民共和国森林法》、《中华人民共和国草原法》、《中华人民共和国水土保持法》、《中华人民共和国土地管理法》、《中华人民共和国环境保护法》和《中华人民共和国气象法》。

第四十七条 本法自2002年1月1日起施行。

中华人民共和国农村土地承包法

（2002 年 8 月 29 日九届全国人大常委会第二十九次会议通过
2002 年 8 月 29 日中华人民共和国主席令第 73 号公布）

第一章 总 则

第一条 为稳定和完善以家庭承包经营为基础、统分结合的双层经营体制，赋予农民长期而有保障的土地使用权，维护农村土地承包当事人的合法权益，促进农业、农村经济发展和农村社会稳定，根据宪法，制定本法。

第二条 本法所称农村土地，是指农民集体所有和国家所有依法由农民集体使用的耕地、林地、草地，以及其他依法用于农业的土地。

第三条 国家实行农村土地承包经营制度。

农村土地承包采取农村集体经济组织内部的家庭承包方式，不宜采取家庭承包方式的荒山、荒沟、荒丘、荒滩等农村土地，可以采取招标、拍卖、公开协商等方式承包。

第四条 国家依法保护农村土地承包关系的长期稳定。

农村土地承包后，土地的所有权性质不变。承包地不得买卖。

第五条 农村集体经济组织成员有权依法承包由本集体经济组织发包的农村土地。

任何组织和个人不得剥夺和非法限制农村集体经济组织成员承包土地的权利。

第六条 农村土地承包，妇女与男子享有平等的权利。承包中应当保护妇女的合法权益，任何组织和个人不得剥夺、侵害妇女应当享有的土地承包经营权。

第七条 农村土地承包应当坚持公开、公平、公正的原则，正确处理国家、集体、个人三者的利益关系。

第八条 农村土地承包应当遵守法律、法规，保护土地资源的合理开发和可持续利用。未经依法批准不得将承包地用于非农建设。

国家鼓励农民和农村集体经济组织增加对土地的投入，培肥地力，提高农业生产能力。

第九条 国家保护集体土地所有者的合法权益，保护承包方的土地承包经营权，任何组织和个人不得侵犯。

第十条 国家保护承包方依法、自愿、有偿地进行土地承包经营权流转。

第十一条 国务院农业、林业行政主管部门分别依照国务院规定的职责负责全国农村土地承包及承包合同管理的指导。县级以上地方人民政府农业、林业等行政主管部门分别依照各自职责，负责本行政区域内农村土地承包及承包合同管理。乡（镇）人民政府负责本行政区域内农村土地承包及承包合同管理。

第二章 家庭承包

第一节 发包方和承包方的权利和义务

第十二条 农民集体所有的土地依法属于村农民集体所有的，由村集体经济组织或者村民委员会发包；已经分别属于村内两个以上农村集体经济组织的农民集体所有的，由村内各该农村集体经济组织或者村民小组发包。村集体经济组织或者村民委员会发包的，不得改变村内各集体经济组织农民集体所有的土地的所有权。

国家所有依法由农民集体使用的农村土地，由使用该土地的农村集体经济组织、村民委员会或者村民小组发包。

第十三条 发包方享有下列权利：

（一）发包本集体所有的或者国家所有依法由本集体使用的农村土地；

（二）监督承包方依照承包合同约定的用途合理利用和保护土地；

（三）制止承包方损害承包地和农业资源的行为；

（四）法律、行政法规规定的其他权利。

第十四条 发包方承担下列义务：

（一）维护承包方的土地承包经营权，不得非法变更、解除承包合同；

（二）尊重承包方的生产经营自主权，不得干涉承包方依法进行正常的生产经营活动；

（三）依照承包合同约定为承包方提供生产、技术、信息等服务；

（四）执行县、乡（镇）土地利用总体规划，组织本集体经济组织内的农业基础设施建设；

（五）法律、行政法规规定的其他义务。

第十五条 家庭承包的承包方是本集体经济组织的农户。

第十六条 承包方享有下列权利：

（一）依法享有承包地使用、收益和土地承包经营权流转的权利，有权自主组织生产经营和处置产品；

（二）承包地被依法征用、占用的，有权依法获得相应的补偿；

（三）法律、行政法规规定的其他权利。

第十七条 承包方承担下列义务：

（一）维持土地的农业用途，不得用于非农建设；

（二）依法保护和合理利用土地，不得给土地造成永久性损害；

（三）法律、行政法规规定的其他义务。

第二节 承包的原则和程序

第十八条 土地承包应当遵循以下原则：

（一）按照规定统一组织承包时，本集体经济组织成员依法平等地行使承包土地的权利，也可以自愿放弃承包土地的权利；

（二）民主协商，公平合理；

（三）承包方案应当按照本法第十二条的规定，依法经本集体经济组织成员的村民会议三分之二以上成员或者三分之二以上村民代表的同意；

（四）承包程序合法。

第十九条 土地承包应当按照以下程序进行：

（一）本集体经济组织成员的村民会议选举产生承包工作小组；

（二）承包工作小组依照法律、法规的规定拟订并公布承包方案；

（三）依法召开本集体经济组织成员的村民会议，讨论通过承包方案；

（四）公开组织实施承包方案；

（五）签订承包合同。

第三节 承包期限和承包合同

第二十条 耕地的承包期为三十年。草地的承包期为三十年至五十年。林地的承包期为三十年至七十年；特殊林木的林地承包期，经国务院林业行政主管部门批准可以延长。

第二十一条 发包方应当与承包方签订书面承包合同。

承包合同一般包括以下条款：

（一）发包方、承包方的名称，发包方负责人和承包方代表的姓名、住所；

（二）承包土地的名称、坐落、面积、质量等级；

（三）承包期限和起止日期；

（四）承包土地的用途；

（五）发包方和承包方的权利和义务；

（六）违约责任。

第二十二条 承包合同自成立之日起生效。承包方自承包合同生效时取得土地承包经营权。

第二十三条 县级以上地方人民政府应当向承包方颁发土地承包经营权证或者林权证等证书，并登记造册，确认土地承包经营权。

颁发土地承包经营权证或者林权证等证书，除按规定收取证书工本费外，不得收取其他费用。

第二十四条 承包合同生效后，发包方不得因承办人或者负责人的变动而变更或者解除，也不得因集体经济组织的分立或者合并而变更或者解除。

第二十五条 国家机关及其工作人员不得利用职权干涉农村土地承包或者变更、解除承包合同。

第四节 土地承包经营权的保护

第二十六条 承包期内，发包方不得收回承包地。

承包期内，承包方全家迁入小城镇落户的，应当按照承包方的意愿，保留其土地承包经营权或者允许其依法进行土地承包经营权流转。

承包期内，承包方全家迁入设区的市，转为非农业户口的，应当将承包的耕地和草地交回发包方。承包方不交回的，发包方可以收回承包的耕地和草地。

承包期内，承包方交回承包地或者发包方依法收回承包地时，承包方对其在承包地上投入而提高土地生产能力的，有权获得相应的补偿。

第二十七条 承包期内，发包方不得调整承包地。

承包期内，因自然灾害严重毁损承包地等特殊情形对个别农户之间承包的耕地和草地需要适当调整的，必须经本集体经济组织成员的村民会议三分之二以上成员或者三分之二以上村民代表的同意，并报乡（镇）人民政府和县级人民政府农业等行政主管部门批准。承包合同中约定不得调整的，按照其约定。

第二十八条 下列土地应当用于调整承包土地或者承包给新增人口：

（一）集体经济组织依法预留的机动地；

（二）通过依法开垦等方式增加的；

（三）承包方依法、自愿交回的。

第二十九条 承包期内，承包方可以自愿将承包地交回发包方。承包方自愿交回承包地的，应当提前半年以书面形式通知发包方。承包方在承包期内交回承包地的，在承包期内不得再要求承包土地。

第三十条 承包期内，妇女结婚，在新居住地未取得承包地的，发包方不得收回其原承包地；妇女离婚或者丧偶，仍在原居住地生活或者不在原居住地生活但在新居住地未取得承包地的，发包方不得收回其原承包地。

第三十一条 承包人应得的承包收益，依照继承法的规定继承。

林地承包的承包人死亡，其继承人可以在承包期内继续承包。

第五节 土地承包经营权的流转

第三十二条 通过家庭承包取得的土地承包经营权可以依法采取转包、出租、互换、转让或者其他方式流转。

第三十三条 土地承包经营权流转应当遵循以下原则：

（一）平等协商、自愿、有偿，任何组织和个人不得强迫或者阻碍承包方进行土地承包经营权流转；

（二）不得改变土地所有权的性质和土地的农业用途；

（三）流转的期限不得超过承包期的剩余期限；

（四）受让方须有农业经营能力；

（五）在同等条件下，本集体经济组织成员享有优先权。

第三十四条 土地承包经营权流转的主体是承包方。承包方有权依法自主决定土地承包经营权是否流转和流转的方式。

第三十五条 承包期内，发包方不得单方面解除承包合同，不得假借少数服从多数强迫承包方放弃或者变更土地承包经营权，不得以划分“口粮田”和“责任田”等为由收回承包地搞招标承包，不得将承包地收回抵顶欠款。

第三十六条 土地承包经营权流转的转包费、租金、转让费等，应当由当事人双方协商确定。流转的收益归承包方所有，任何组织和个人不得擅自截留、扣缴。

第三十七条 土地承包经营权采取转包、出租、互换、转让或者其他方式流转，当事人双方应当签订书面合同。采取转让方式流转的，应当经发包方同意；采取转包、出租、互换或者其他方式流转的，应当报发包方备案。

土地承包经营权流转合同一般包括以下条款：

（一）双方当事人的姓名、住所；

（二）流转土地的名称、坐落、面积、质量等级；

（三）流转的期限和起止日期；

（四）流转土地的用途；

（五）双方当事人的权利和义务；

（六）流转价款及支付方式；

（七）违约责任。

第三十八条 土地承包经营权采取互换、转让方式流转，当事人要求登记的，应当向县级以上地方人民政府申请登记。未经登记，不得对抗善意第三人。

第三十九条 承包方可以在一定期限内将部分或者全部土地承包经营权转包或者出租给第三方，承包方与发包方的承包关系不变。

承包方将土地交由他人代耕不超过一年的，可以不签订书面合同。

第四十条 承包方之间为方便耕种或者各自需要，可以对属于同一集体经济组织的土地的土地承包经营权进行互换。

第四十一条 承包方有稳定的非农职业或者有稳定的收入来源的，经发包方同意，可以将全部或者部分土地承包经营权转让给其他从事农业生产经营的农户，由该农户同发包方确立新的承包关系，原承包方与发包方在该土地上的承包关系即行终止。

第四十二条 承包方之间为发展农业经济，可以自愿联合将土地承包经营权入股，从事农业合作生产。

第四十三条 承包方对其在承包地上投入而提高土地生产能力的，土地承包经营权依法流转时有权获得相应的补偿。

第三章 其他方式的承包

第四十四条 不宜采取家庭承包方式的荒山、荒沟、荒丘、荒滩等农村土地，通过招标、拍卖、公开协商等方式承包的，适用本章规定。

第四十五条 以其他方式承包农村土地的，应当签订承包合同。当事人的权利和义务、承包期限等，由双方协商确定。以招标、拍卖方式承包的，承包费通过公开竞标、竞价确定；以公开协商等方式承包的，承包费由双方议定。

第四十六条 荒山、荒沟、荒丘、荒滩等可以直接通过招标、拍卖、公开协商等方式实行承包经营，也可以将土地承包经营权折股分给本集体经济组织成员后，再实行承包经营或者股份合作经营。

承包荒山、荒沟、荒丘、荒滩的，应当遵守有关法律、行政法规的规定，防止水土流失，保护生态环境。

第四十七条 以其他方式承包农村土地，在同等条件下，本集体经济组织成员享有优先承包权。

第四十八条 发包方将农村土地发包给本集体经济组织以外的单位或者个人承包，应当事先经本集体经济组织成员的村民会议三分之二以上成员或者三分之二以上村民代表的同意，并报乡（镇）人民政府批准。

由本集体经济组织以外的单位或者个人承包的，应当对承包方的资信情况和经营能力进行审查后，再签订承包合同。

第四十九条 通过招标、拍卖、公开协商等方式承包农村土地，经依法登记取得土地承包经营权证或者林权证等证书的，其土地承包经营权可以依法采取转让、出租、入股、抵押或者其他方式流转。

第五十条 土地承包经营权通过招标、拍卖、公开协商等方式取得的，该承包人死亡，其应得的承包收益，依照继承法的规定继承；在承包期内，其继承人可以继续承包。

第四章 争议的解决和法律责任

第五十一条 因土地承包经营发生纠纷的，双方当事人可以通过协商解决，也可以请求村民委员会、乡（镇）人民政府等调解解决。

当事人不愿协商、调解或者协商、调解不成的，可以向农村土地承包仲裁机构申请仲裁，也可以直接向人民法院起诉。

第五十二条 当事人对农村土地承包仲裁机构的仲裁裁决不服的，可以在收到裁决书之日起三十日内向人民法院起诉。逾期不起诉的，裁决书即发生法律效力。

第五十三条 任何组织和个人侵害承包方的土地承包经营权的，应当承担民事责任。

第五十四条 发包方有下列行为之一的，应当承担停止侵害、返还原物、恢复原状、排除妨害、消除危险、赔偿损失等民事责任：

（一）干涉承包方依法享有的生产经营自主权；

（二）违反本法规定收回、调整承包地；

（三）强迫或者阻碍承包方进行土地承包经营权流转；

（四）假借少数服从多数强迫承包方放弃或者变更土地承包经营权而进行土地承包经营权流转；

（五）以划分“口粮田”和“责任田”等为由收回承包地搞招标承包；

（六）将承包地收回抵顶欠款；

（七）剥夺、侵害妇女依法享有的土地承包经营权；

（八）其他侵害土地承包经营权的行为。

第五十五条 承包合同中违背承包方意愿或者违反法律、行政法规有关不得收回、调整承包地等强制性规定的约定无效。

第五十六条 当事人一方不履行合同义务或者履行义务不符合约定的，应当依照《中华人民共和国合同法》的规定承担违约责任。

第五十七条 任何组织和个人强迫承包方进行土地承包经营权流转的，该流转无效。

第五十八条 任何组织和个人擅自截留、扣缴土地承包经营权流转收益的，应当退还。

第五十九条 违反土地管理法规，非法征用、占用土地或者贪污、挪用土地征用补偿费用，构成犯罪的，依法追究刑事责任；造成他人损害的，应当承担损害赔偿等责任。

第六十条 承包方违法将承包地用于非农建设的，由县级以上地方人民政府有关行政主管部门依法予以处罚。

承包方给承包地造成永久性损害的，发包方有权制止，并有权要求承包方赔偿由此造成的损失。

第六十一条 国家机关及其工作人员有利用职权干涉农村土地承包，变更、解除承包合同，干涉承包方依法享有的生产经营自主权，或者强迫、阻碍承包方进行土地承包经营权流转等侵害土地承包经营权的行为，给承包方造成损失的，应当承担损害赔偿等责任；情节严重的，由上级机关或者所在单位给予直接责任人员行政处分；构成犯罪的，依法追究刑事责任。

第五章 附 则

第六十二条 本法实施前已经按照国家有关农村土地承包的规定承包，包括承包期限长于本法规定的，本法实施后继续有效，不得重新承包土地。未向承包方颁发土地承包经营权证或者林权证等证书的，应当补发证书。

第六十三条 本法实施前已经预留机动地的，机动地面积不得超过本集体经济组织耕地总面积的百分之五。不足百分之五的，不得再增加机动地。

本法实施前未留机动地的，本法实施后不得再留机动地。

第六十四条 各省、自治区、直辖市人民代表大会常务委员会可以根据本法，结合本行政区域的实际情况，制定实施办法。

第六十五条 本法自2003年3月1日起施行。

中华人民共和国草原法

（1985年6月18日六届全国人大常委会第十一次会议通过
2002年12月28日九届全国人大常委会第三十一次会议修订
2002年12月28日中华人民共和国主席令第82号公布）

第一章 总 则

第一条 为了保护、建设和合理利用草原，改善生态环境，维护生物多样性，发展现代畜牧业，促进经济和社会的可持续发展，制定本法。

第二条 在中华人民共和国领域内从事草原规划、保护、建设、利用和管理活动，适用本法。

本法所称草原，是指天然草原和人工草地。

第三条 国家对草原实行科学规划、全面保护、重点建设、合理利用的方针，促进草原的可持续利用和生态、经济、社会的协调发展。

第四条 各级人民政府应当加强对草原保护、建设和利用的管理，将草原的保护、建设和利用纳入国民经济和社会发展计划。

各级人民政府应当加强保护、建设和合理利用草原的宣传教育。

第五条 任何单位和个人都有遵守草原法律法规、保护草原的义务，同时享有对违反草原法律法规、破坏草原的行为进行监督、检举和控告的权利。

第六条 国家鼓励与支持开展草原保护、建设、利用和监测方面的科学研究，推广先进技术和先进成果，培养科学技术人才。

第七条 国家对在草原管理、保护、建设、合理利用和科学研究等工作中做出显著成绩的单位和个人，给予奖励。

第八条 国务院草原行政主管部门主管全国草原监督管理工作。

县级以上地方人民政府草原行政主管部门主管本行政区域内草原监督管理工作。

乡（镇）人民政府应当加强对本行政区域内草原保护、建设和利用情况的监督检查，根据需要可以设专职或者兼职人员负责具体监督检查工作。

第二章　草原权属

第九条　草原属于国家所有，由法律规定属于集体所有的除外。国家所有的草原，由国务院代表国家行使所有权。

任何单位或者个人不得侵占、买卖或者以其他形式非法转让草原。

第十条　国家所有的草原，可以依法确定给全民所有制单位、集体经济组织等使用。

使用草原的单位，应当履行保护、建设和合理利用草原的义务。

第十一条　依法确定给全民所有制单位、集体经济组织等使用的国家所有的草原，由县级以上人民政府登记，核发使用权证，确认草原使用权。

未确定使用权的国家所有的草原，由县级以上人民政府登记造册，并负责保护管理。

集体所有的草原，由县级人民政府登记，核发所有权证，确认草原所有权。

依法改变草原权属的，应当办理草原权属变更登记手续。

第十二条　依法登记的草原所有权和使用权受法律保护，任何单位或者个人不得侵犯。

第十三条　集体所有的草原或者依法确定给集体经济组织使用的国家所有的草原，可以由本集体经济组织内的家庭或者联户承包经营。

在草原承包经营期内，不得对承包经营者使用的草原进行调整；个别确需适当调整的，必须经本集体经济组织成员的村（牧）民会议三分之二以上成员或者三分之二以上村（牧）民代表的同意，并报乡（镇）人民政府和县级人民政府草原行政主管部门批准。

集体所有的草原或者依法确定给集体经济组织使用的国家所有的草原由本集体经济组织以外的单位或者个人承包经营的，必须经本集体经济组织成员的村（牧）民会议三分之二以上成员或者三分之二以上村（牧）民代表的同意，并报乡（镇）人民政府批准。

第十四条　承包经营草原，发包方和承包方应当签订书面合同。草原承包合同的内容应当包括双方的权利和义务、承包草原四至界限、面积和等级、承包期和起止日期、承包草原用途和违约责任等。承包期届满，原承包经营者在同等条件下享有优先承包权。

承包经营草原的单位和个人，应当履行保护、建设和按照承包合同约定的用途合理利用草原的义务。

第十五条　草原承包经营权受法律保护，可以按照自愿、有偿的原则依法转让。

草原承包经营权转让的受让方必须具有从事畜牧业生产的能力，并应当履行保护、建设和按照承包合同约定的用途合理利用草原的义务。

草原承包经营权转让应当经发包方同意。承包方与受让方在转让合同中约定的转让期限，不得超过原承包合同剩余的期限。

第十六条 草原所有权、使用权的争议，由当事人协商解决；协商不成的，由有关人民政府处理。

单位之间的争议，由县级以上人民政府处理；个人之间、个人与单位之间的争议，由乡（镇）人民政府或者县级以上人民政府处理。

当事人对有关人民政府的处理决定不服的，可以依法向人民法院起诉。

在草原权属争议解决前，任何一方不得改变草原利用现状，不得破坏草原和草原上的设施。

第三章 规 划

第十七条 国家对草原保护、建设、利用实行统一规划制度。国务院草原行政主管部门会同国务院有关部门编制全国草原保护、建设、利用规划，报国务院批准后实施。

县级以上地方人民政府草原行政主管部门会同同级有关部门依据上一级草原保护、建设、利用规划编制本行政区域的草原保护、建设、利用规划，报本级人民政府批准后实施。

经批准的草原保护、建设、利用规划确需调整或者修改时，须经原批准机关批准。

第十八条 编制草原保护、建设、利用规划，应当依据国民经济和社会发展规划并遵循下列原则：

（一）改善生态环境，维护生物多样性，促进草原的可持续利用；

（二）以现有草原为基础，因地制宜，统筹规划，分类指导；

（三）保护为主、加强建设、分批改良、合理利用；

（四）生态效益、经济效益、社会效益相结合。

第十九条 草原保护、建设、利用规划应当包括：草原保护、建设、利用的目标和措施，草原功能分区和各项建设的总体部署，各项专业规划等。

第二十条 草原保护、建设、利用规划应当与土地利用总体规划相衔接，与环境保护规划、水土保持规划、防沙治沙规划、水资源规划、林业长远规划、城市总体规划、村庄和集镇规划以及其他有关规划相协调。

第二十一条 草原保护、建设、利用规划一经批准，必须严格执行。

第二十二条 国家建立草原调查制度。

县级以上人民政府草原行政主管部门会同同级有关部门定期进行草原调查；草原所有者或者使用者应当支持、配合调查，并提供有关资料。

第二十三条 国务院草原行政主管部门会同国务院有关部门制定全国草原等级评定标准。

县级以上人民政府草原行政主管部门根据草原调查结果、草原的质量，依据草原等级评定标准，对草原进行评等定级。

第二十四条 国家建立草原统计制度。

县级以上人民政府草原行政主管部门和同级统计部门共同制定草原统计调查办法，依法对草原的面积、等级、产草量、载畜量等进行统计，定期发布草原统计资料。

草原统计资料是各级人民政府编制草原保护、建设、利用规划的依据。

第二十五条 国家建立草原生产、生态监测预警系统。

县级以上人民政府草原行政主管部门对草原的面积、等级、植被构成、生产能力、自然灾害、生物灾害等草原基本状况实行动态监测，及时为本级政府和有关部门提供动态监测和预警信息服务。

第四章 建 设

第二十六条 县级以上人民政府应当增加草原建设的投入，支持草原建设。

国家鼓励单位和个人投资建设草原，按照谁投资、谁受益的原则保护草原投资建设者的合法权益。

第二十七条 国家鼓励与支持人工草地建设、天然草原改良和饲草饲料基地建设，稳定和提高草原生产能力。

第二十八条 县级以上人民政府应当支持、鼓励和引导农牧民开展草原围栏、饲草饲料储备、牲畜圈舍、牧民定居点等生产生活设施的建设。

县级以上地方人民政府应当支持草原水利设施建设，发展草原节水灌溉，改善人畜饮水条件。

第二十九条 县级以上人民政府应当按照草原保护、建设、利用规划加强草种基地建设，鼓励选育、引进、推广优良草品种。

新草品种必须经全国草品种审定委员会审定，由国务院草原行政主管部门公告后方可推广。从境外引进草种必须依法进行审批。

县级以上人民政府草原行政主管部门应当依法加强对草种生产、加工、检疫、检验的监督管理，保证草种质量。

第三十条 县级以上人民政府应当有计划地进行火情监测、防火物资储备、防火隔离带等草原防火设施的建设，确保防火需要。

第三十一条 对退化、沙化、盐碱化、石漠化和水土流失的草原，地方各级人民政府应当按照草原保护、建设、利用规划，划定治理区，组织专项治理。

大规模的草原综合治理，列入国家国土整治计划。

第三十二条 县级以上人民政府应当根据草原保护、建设、利用规划，在本级国民经济和社会发展计划中安排资金用于草原改良、人工种草和草种生产，任何单位或者个人不得截留、挪用；县级以上人民政府财政部门和审计部门应当加强监督管理。

第五章 利 用

第三十三条 草原承包经营者应当合理利用草原，不得超过草原行政主管部门核定的载畜量；草原承包经营者应当采取种植和储备饲草饲料、增加饲草饲料供应量、调剂处理牲畜、优化畜群结构、提高出栏率等措施，保持草畜平衡。

草原载畜量标准和草畜平衡管理办法由国务院草原行政主管部门规定。

第三十四条 牧区的草原承包经营者应当实行划区轮牧，合理配置畜群，均衡利用草原。

第三十五条 国家提倡在农区、半农半牧区和有条件的牧区实行牲畜圈养。草原承包经营者应当按照饲养牲畜的种类和数量，调剂、储备饲草饲料，采用青贮和饲草饲料加工等新技术，逐步改变依赖天然草地放牧的生产方式。

在草原禁牧、休牧、轮牧区，国家对实行舍饲圈养的给予粮食和资金补助，具体办法由国务院或者国务院授权的有关部门规定。

第三十六条 县级以上地方人民政府草原行政主管部门对割草场和野生草种基地应当规定合理的割草期、采种期以及留茬高度和采割强度，实行轮割轮采。

第三十七条 遇到自然灾害等特殊情况，需要临时调剂使用草原的，按照自愿互利的原则，由双方协商解决；需要跨县临时调剂使用草原的，由有关县级人民政府或者共同的上级人民政府组织协商解决。

第三十八条 进行矿藏开采和工程建设，应当不占或者少占草原；确需征用或者使用草原的，必须经省级以上人民政府草原行政主管部门审核同意后，依照有关土地管理的法律、行政法规办理建设用地审批手续。

第三十九条 因建设征用集体所有的草原的，应当依照《中华人民共和国土地管理法》的规定给予补偿；因建设使用国家所有的草原的，应当依照国务院有关规定对草原承包经营者给予补偿。

因建设征用或者使用草原的，应当交纳草原植被恢复费。草原植被恢复费专款专用，由草原行政主管部门按照规定用于恢复草原植被，任何单位和个人不得截留、挪用。草原植被恢复费的征收、使用和管理办法，由国务院价格主管部门和国务院财政部门会同国务院草原行政主管部门制定。

第四十条 需要临时占用草原的，应当经县级以上地方人民政府草原行政主管部门审核同意。

临时占用草原的期限不得超过二年，并不得在临时占用的草原上修建永久性建筑物、构筑物；占用期满，用地单位必须恢复草原植被并及时退还。

第四十一条 在草原上修建直接为草原保护和畜牧业生产服务的工程设施，需要使用草原的，由县级以上人民政府草原行政主管部门批准；修筑其他工程，需要将草原转为非畜牧业生产用地的，必须依法办理建设用地审批手续。

前款所称直接为草原保护和畜牧业生产服务的工程设施，是指：

（一）生产、贮存草种和饲草饲料的设施；

（二）牲畜圈舍、配种点、剪毛点、药浴池、人畜饮水设施；

（三）科研、试验、示范基地；

（四）草原防火和灌溉设施。

第六章 保　　护

第四十二条 国家实行基本草原保护制度。下列草原应当划为基本草原，实施严格管理：

（一）重要放牧场；

（二）割草地；

（三）用于畜牧业生产的人工草地、退耕还草地以及改良草地、草种基地；

（四）对调节气候、涵养水源、保持水土、防风固沙具有特殊作用的草原；

（五）作为国家重点保护野生动植物生存环境的草原；

（六）草原科研、教学试验基地；

（七）国务院规定应当划为基本草原的其他草原。

基本草原的保护管理办法，由国务院制定。

第四十三条 国务院草原行政主管部门或者省、自治区、直辖市人民政府可以按照自然保护区管理的有关规定在下列地区建立草原自然保护区：

（一）具有代表性的草原类型；

（二）珍稀濒危野生动植物分布区；

（三）具有重要生态功能和经济科研价值的草原。

第四十四条 县级以上人民政府应当依法加强对草原珍稀濒危野生植物和种质资源的保护、管理。

第四十五条 国家对草原实行以草定畜、草畜平衡制度。县级以上地方人民政府草原行政主管部门应当按照国务院草原行政主管部门制定的草原载畜量标准，结合当地实际情况，定期核定草原载畜量。各级人民政府应当采取有效措施，防止超载过牧。

第四十六条 禁止开垦草原。对水土流失严重、有沙化趋势、需要改善生态环境的已垦草原，应当有计划、有步骤地退耕还草；已造成沙化、盐碱化、石漠化的，应当限期治理。

第四十七条 对严重退化、沙化、盐碱化、石漠化的草原和生态脆弱区的草原，实行禁牧、休牧制度。

第四十八条 国家支持依法实行退耕还草和禁牧、休牧。具体办法由国务院或者省、自治区、直辖市人民政府制定。

对在国务院批准规划范围内实施退耕还草的农牧民，按照国家规定给予粮食、现金、草种费补助。退耕还草完成后，由县级以上人民政府草原行政主管部门核实登记，依法履行土地用途变更手续，发放草原权属证书。

第四十九条 禁止在荒漠、半荒漠和严重退化、沙化、盐碱化、石漠化、水土流失的草原以及生态脆弱区的草原上采挖植物和从事破坏草原植被的其他活动。

第五十条 在草原上从事采土、采砂、采石等作业活动，应当报县级人民政府草原行政主管部门批准；开采矿产资源的，并应当依法办理有关手续。

经批准在草原上从事本条第一款所列活动的，应当在规定的时间、区域内，按照准许的采挖方式作业，并采取保护草原植被的措施。

在他人使用的草原上从事本条第一款所列活动的，还应当事先征得草原使用者的同意。

第五十一条 在草原上种植牧草或者饲料作物，应当符合草原保护、建设、利用规划；县级以上地方人民政府草原行政主管部门应当加强监督管理，防止草原沙化和水土流失。

第五十二条 在草原上开展经营性旅游活动，应当符合有关草原保护、建设、利用规划，并事先征得县级以上地方人民政府草原行政主管部门的同意，方可办理有关手续。

在草原上开展经营性旅游活动，不得侵犯草原所有者、使用者和承包经营者的合法权益，不得破坏草原植被。

第五十三条 草原防火工作贯彻预防为主、防消结合的方针。

各级人民政府应当建立草原防火责任制，规定草原防火期，制定草原防火扑火预案，切实做好草原火灾的预防和扑救工作。

第五十四条 县级以上地方人民政府应当做好草原鼠害、病虫害和毒害草防治的组织管理工作。县级以上地方人民政府草原行政主管部门应当采取措施，加强草原鼠害、病虫害和毒害草监测预警、调查以及防治工作，组织研究和推广综合防治的办法。

禁止在草原上使用剧毒、高残留以及可能导致二次中毒的农药。

第五十五条 除抢险救灾和牧民搬迁的机动车辆外，禁止机动车辆离开道路在草原上行驶，破坏草原植被；因从事地质勘探、科学考察等活动确需离开道路在草原上行驶的，应当向县级人民政府草原行政主管部门提交行驶区域和行驶路线方案，经确认后执行。

第七章　监督检查

第五十六条 国务院草原行政主管部门和草原面积较大的省、自治区的县级以上地方人民政府草原行政主管部门设立草原监督管理机构，负责草原法律、法规执行情况的监督检查，对违反草原法律、法规的行为进行查处。

草原行政主管部门和草原监督管理机构应当加强执法队伍建设，提高草原监督检查人员的政治、业务素质。草原监督检查人员应当忠于职守，秉公执法。

第五十七条 草原监督检查人员履行监督检查职责时，有权采取下列措施：

（一）要求被检查单位或者个人提供有关草原权属的文件和资料，进行查阅或者复制；

（二）要求被检查单位或者个人对草原权属等问题作出说明；

（三）进入违法现场进行拍照、摄像和勘测；

（四）责令被检查单位或者个人停止违反草原法律、法规的行为，履行法定义务。

第五十八条 国务院草原行政主管部门和省、自治区、直辖市人民政府草原行政主管部门，应当加强对草原监督检查人员的培训和考核。

第五十九条 有关单位和个人对草原监督检查人员的监督检查工作应当给予支持、配合，不得拒绝或者阻碍草原监督检查人员依法执行职务。

草原监督检查人员在履行监督检查职责时，应当向被检查单位和个人出示执法证件。

第六十条 对违反草原法律、法规的行为，应当依法作出行政处理，有关草原行政主管部门不作出行政处理决定的，上级草原行政主管部门有权责令有关草原行政主管部门作出行政处理决定或者直接作出行政处理决定。

第八章 法律责任

第六十一条 草原行政主管部门工作人员及其他国家机关有关工作人员玩忽职守、滥用职权，不依法履行监督管理职责，或者发现违法行为不予查处，造成严重后果，构成犯罪的，依法追究刑事责任；尚不够刑事处罚的，依法给予行政处分。

第六十二条 截留、挪用草原改良、人工种草和草种生产资金或者草原植被恢复费，构成犯罪的，依法追究刑事责任；尚不够刑事处罚的，依法给予行政处分。

第六十三条 无权批准征用、使用草原的单位或者个人非法批准征用、使用草原的，超越批准权限非法批准征用、使用草原的，或者违反法律规定的程序批准征用、使用草原，构成犯罪的，依法追究刑事责任；尚不够刑事处罚的，依法给予行政处分。非法批准征用、使用草原的文件无效。非法批准征用、使用的草原应当收回，当事人拒不归还的，以非法使用草原论处。

非法批准征用、使用草原，给当事人造成损失的，依法承担赔偿责任。

第六十四条 买卖或者以其他形式非法转让草原，构成犯罪的，依法追究刑事责任；尚不够刑事处罚的，由县级以上人民政府草原行政主管部门依据职权责令限期改正，没收违法所得，并处违法所得一倍以上五倍以下的罚款。

第六十五条 未经批准或者采取欺骗手段骗取批准，非法使用草原，构成犯罪的，依法追究刑事责任；尚不够刑事处罚的，由县级以上人民政府草原行政主管部门依据职权责令退还非法使用的草原，对违反草原保护、建设、利用规划擅自将草原改为建设用地的，限期拆除在非法使用的草原上新建的建筑物和其他设施，恢复草原植被，并处草原被非法使用前三年平均产值六倍以上十二倍以下的罚款。

第六十六条 非法开垦草原，构成犯罪的，依法追究刑事责任；尚不够刑事处罚的，由县级以上人民政府草原行政主管部门依据职权责令停止违法行为，限期恢复植被，没收非法财物和违法所得，并处违法所得一倍以上五倍以下的罚款；没有违法所得的，并处五万元以下的罚款；给草原所有者或者使用者造成损失的，依法承担赔偿责任。

第六十七条 在荒漠、半荒漠和严重退化、沙化、盐碱化、石漠化、水土流失的草原，以及生态脆弱区的草原上采挖植物或者从事破坏草原植被的其他活动的，由县级以上地方人民政府草原行政主管部门依据职权责令停止违法行为，没收非法财物和违法所得，可以并处违法所得一倍以上五倍以下的罚款；没有违法所得的，可以并处五万元以下的罚款；给草原所有者或者使用者造成损失的，依法承担赔偿责任。

第六十八条 未经批准或者未按照规定的时间、区域和采挖方式在草原上进行采土、采砂、采石等活动的，由县级人民政府草原行政主管部门责令停止违法行为，限期恢复植被，没收非法财物和违法所得，可以并处违法所得一倍以上二倍以下的罚款；没有违法所得的，可以并处二万元以下的罚款；给草原所有者或者使用者造成损失的，依法承担赔偿责任。

第六十九条 违反本法第五十二条规定，擅自在草原上开展经营性旅游活动，破坏草原植被的，由县级以上地方人民政府草原行政主管部门依据职权责令停止违法行为，限期恢复植被，没收违法所得，可以并处违法所得一倍以上二倍以下的罚款；没有违法所得的，可以并处草原被破坏前三年平均产值六倍以上十二倍以下的罚款；给草原所有者或者使用者造成损失的，依法承担赔偿责任。

第七十条 非抢险救灾和牧民搬迁的机动车辆离开道路在草原上行驶或者从事地质勘探、科学考察等活动未按照确认的行驶区域和行驶路线在草原上行驶，破坏草原植被的，由县级人民政府草原行政主管部门责令停止违法行为，限期恢复植被，可以并处草原被破坏前三年平均产值三倍以上九倍以下的罚款；给草原所有者或者使用者造成损失的，依法承担赔偿责任。

第七十一条 在临时占用的草原上修建永久性建筑物、构筑物的，由县级以上地方人民政府草原行政主管部门依据职权责令限期拆除；逾期不拆除的，依法强制拆除，所需费用由违法者承担。

临时占用草原，占用期届满，用地单位不予恢复草原植被的，由县级以上地方人民政府草原行政主管部门依据职权责令限期恢复；逾期不恢复的，由县级以上地方人民政府草原行政主管部门代为恢复，所需费用由违法者承担。

第七十二条 未经批准，擅自改变草原保护、建设、利用规划的，由县级以上人民政府责令限期改正；对直接负责的主管人员和其他直接责任人员，依法给予行政处分。

第七十三条 对违反本法有关草畜平衡制度的规定，牲畜饲养量超过县级以上地方人民政府草原行政主管部门核定的草原载畜量标准的纠正或者处罚措施，由省、自治区、直辖市人民代表大会或者其常务委员会规定。

第九章 附 则

第七十四条 本法第二条第二款中所称的天然草原包括草地、草山和草坡，人工草地包括改良草地和退耕还草地，不包括城镇草地。

第七十五条 本法自 2003 年 3 月 1 日起施行。

中华人民共和国野生动物保护法

（1988 年 11 月 8 日七届全国人大常委会第四次会议通过
根据 2004 年 8 月 28 日十届全国人大常委会第十一次会议
《关于修改〈中华人民共和国野生动物保护法〉的决定》修正）

第一章 总 则

第一条 为保护、拯救珍贵、濒危野生动物，保护、发展和合理利用野生动物资源，维护生态平衡，制定本法。

第二条 在中华人民共和国境内从事野生动物的保护、驯养繁殖、开发利用活动，必须遵守本法。

本法规定保护的野生动物，是指珍贵、濒危的陆生、水生野生动物和有益的或者有重要经济、科学研究价值的陆生野生动物。

本法各条款所提野生动物，均系指前款规定的受保护的野生动物。

珍贵、濒危的水生野生动物以外的其他水生野生动物的保护，适用渔业法的规定。

第三条 野生动物资源属于国家所有。

国家保护依法开发利用野生动物资源的单位和个人的合法权益。

第四条 国家对野生动物实行加强资源保护、积极驯养繁殖、合理开发利用的方针，鼓励开展野生动物科学研究。

在野生动物资源保护、科学研究和驯养繁殖方面成绩显著的单位和个人，由政府给予奖励。

第五条 中华人民共和国公民有保护野生动物资源的义务，对侵占或者破坏野生动物资源的行为有权检举和控告。

第六条 各级政府应当加强对野生动物资源的管理，制定保护、发展和合理利用野生动物资源的规划和措施。

第七条 国务院林业、渔业行政主管部门分别主管全国陆生、水生野生动物管理工作。

省、自治区、直辖市政府林业行政主管部门主管本行政区域内陆生野生动物管理工作。自治州、县和市政府陆生野生动物管理工作的行政主管部门，由省、自治区、直辖市政府确定。

县级以上地方政府渔业行政主管部门主管本行政区域内水生野生动物管理工作。

第二章 野生动物保护

第八条 国家保护野生动物及其生存环境，禁止任何单位和个人非法猎捕或者破坏。

第九条 国家对珍贵、濒危的野生动物实行重点保护。国家重点保护的野生动物分为一级保护野生动物和二级保护野生动物。国家重点保护的野生动物名录及其调整，由国务院野生动物行政主管部门制定，报国务院批准公布。

地方重点保护野生动物，是指国家重点保护野生动物以外，由省、自治区、直辖市重点保护的野生动物。地方重点保护的野生动物名录，由省、自治区、直辖市政府制定并公布，报国务院备案。

国家保护的有益的或者有重要经济、科学研究价值的陆生野生动物名录及其调整，由国务院野生动物行政主管部门制定并公布。

第十条 国务院野生动物行政主管部门和省、自治区、直辖市政府，应当在国家和地方重点保护野生动物的主要生息繁衍的地区和水域，划定自然保护区，加强对国家和地方重点保护野生动物及其生存环境的保护管理。

自然保护区的划定和管理，按照国务院有关规定办理。

第十一条 各级野生动物行政主管部门应当监视、监测环境对野生动物的影响。由于环境影响对野生动物造成危害时，野生动物行政主管部门应当会同有关部门进行调查处理。

第十二条 建设项目对国家或者地方重点保护野生动物的生存环境产生不利影响的，建设单位应当提交环境影响报告书；环境保护部门在审批时，应当征求同级野生动物行政主管部门的意见。

第十三条 国家和地方重点保护野生动物受到自然灾害威胁时，当地政府应当及时采取拯救措施。

第十四条 因保护国家和地方重点保护野生动物，造成农作物或者其他损失的，由当地政府给予补偿。补偿办法由省、自治区、直辖市政府制定。

第三章 野生动物管理

第十五条 野生动物行政主管部门应当定期组织对野生动物资源的调查，建立野生动物资源档案。

第十六条 禁止猎捕、杀害国家重点保护野生动物。因科学研究、驯养繁殖、展览或者其他特殊情况，需要捕捉、捕捞国家一级保护野生动物的，必须向国务院野生动物行政主管部门申请特许猎捕证；猎捕国家二级保护野生动物的，必须向省、自治区、直辖市政府野生动物行政主管部门申请特许猎捕证。

第十七条 国家鼓励驯养繁殖野生动物。

驯养繁殖国家重点保护野生动物的，应当持有许可证。许可证的管理办法由国务院野生动物行政主管部门制定。

第十八条 猎捕非国家重点保护野生动物的，必须取得狩猎证，并且服从猎捕量限额管理。

持枪猎捕的，必须取得县、市公安机关核发的持枪证。

第十九条 猎捕者应当按照特许猎捕证、狩猎证规定的种类、数量、地点和期限进行猎捕。

第二十条 在自然保护区、禁猎区和禁猎期内，禁止猎捕和其他妨碍野生动物生息繁衍的活动。

禁猎区和禁猎期以及禁止使用的猎捕工具和方法，由县级以上政府或者其野生动物行政主管部门规定。

第二十一条 禁止使用军用武器、毒药、炸药进行猎捕。

猎枪及弹具的生产、销售和使用管理办法，由国务院林业行政主管部门会同公安部门制定，报国务院批准施行。

第二十二条 禁止出售、收购国家重点保护野生动物或者其产品。因科学研究、驯养繁殖、展览等特殊情况，需要出售、收购、利用国家一级保护野生动物或者其产品的，必须经国务院野生动物行政主管部门或者其授权的单位批准；需要出售、收购、利用国家二级保护野生动物或者其产品的，必须经省、自治区、直辖市政府野生动物行政主管部门或者其授权的单位批准。

驯养繁殖国家重点保护野生动物的单位和个人可以凭驯养繁殖许可证向政府指定的收购单位，按照规定出售国家重点保护野生动物或者其产品。

工商行政管理部门对进入市场的野生动物或者其产品，应当进行监督管理。

第二十三条 运输、携带国家重点保护野生动物或者其产品出县境的，必须经省、自治区、直辖市政府野生动物行政主管部门或者其授权的单位批准。

第二十四条 出口国家重点保护野生动物或者其产品的，进出口中国参加的国际公约所限制进出口的野生动物或者其产品的，必须经国务院野生动物行政主管部门或者国务院批准，并取得国家濒危物种进出口管理机构核发的允许进出口证明书。海关凭允许进出口证明书查验放行。

涉及科学技术保密的野生动物物种的出口，按照国务院有关规定办理。

第二十五条 禁止伪造、倒卖、转让特许猎捕证、狩猎证、驯养繁殖许可证和允许进出口证明书。

第二十六条 外国人在中国境内对国家重点保护野生动物进行野外考察或者在野外拍摄电影、录像，必须经国务院野生动物行政主管部门或者其授权的单位批准。

建立对外国人开放的猎捕场所，应当报国务院野生动物行政主管部门备案。

第二十七条 经营利用野生动物或者其产品的，应当缴纳野生动物资源保护管理费。收费标准和办法由国务院野生动物行政主管部门会同财政、物价部门制定，报国务院批准后施行。

第二十八条 因猎捕野生动物造成农作物或者其他损失的，由猎捕者负责赔偿。

第二十九条 有关地方政府应当采取措施，预防、控制野生动物所造成的危害，保障人畜安全和农业、林业生产。

第三十条 地方重点保护野生动物和其他非国家重点保护野生动物的管理办法，由省、自治区、直辖市人民代表大会常务委员会制定。

第四章 法律责任

第三十一条 非法捕杀国家重点保护野生动物的，依照关于惩治捕杀国家重点保护的珍贵、濒危野生动物犯罪的补充规定追究刑事责任。

第三十二条 违反本法规定，在禁猎区、禁猎期或者使用禁用的工具、方法猎捕野生动物的，由野生动物行政主管部门没收猎获物、猎捕工具和违法所得，处以罚款；情节严重、构成犯罪的，依照刑法第一百三十条的规定追究刑事责任。

第三十三条 违反本法规定，未取得狩猎证或者未按狩猎证规定猎捕野生动物的，由野生动物行政主管部门没收猎获物和违法所得，处以罚款，并可以没收猎捕工具，吊销狩猎证。

违反本法规定，未取得持枪证持枪猎捕野生动物的，由公安机关比照治安管理处罚条例的规定处罚。

第三十四条 违反本法规定，在自然保护区、禁猎区破坏国家或者地方重点保护野生动物主要生息繁衍场所的，由野生动物行政主管部门责令停止破坏行为，限期恢复原状，处以罚款。

第三十五条 违反本法规定，出售、收购、运输、携带国家或者地方重点保护野生动物或者其产品的，由工商行政管理部门没收实物和违法所得，可以并处罚款。

违反本法规定，出售、收购国家重点保护野生动物或者其产品，情节严重、构成投机倒把罪、走私罪的，依照刑法有关规定追究刑事责任。

没收的实物，由野生动物行政主管部门或者其授权的单位按照规定处理。

第三十六条 非法进出口野生动物或者其产品的，由海关依照海关法处罚；情节严重、构成犯罪的，依照刑法关于走私罪的规定追究刑事责任。

第三十七条 伪造、倒卖、转让特许猎捕证、狩猎证、驯养繁殖许可证或者允许进出口证明书的，由野生动物行政主管部门或者工商行政管理部门吊销证件，没收违法所得，可以并处罚款。

伪造、倒卖特许猎捕证或者允许进出口证明书，情节严重、构成犯罪的，比照刑法第一百六十七条的规定追究刑事责任。

第三十八条 野生动物行政主管部门的工作人员玩忽职守、滥用职权、徇私舞弊的，由其所在单位或者上级主管机关给予行政处分；情节严重、构成犯罪的，依法追究刑事责任。

第三十九条 当事人对行政处罚决定不服的，可以在接到处罚通知之日起十五日内，向作出处罚决定机关的上一级机关申请复议；对上一级机关的复议决定不服的，可以在接到复议决定通知之日起十五日内，向法院起诉。当事人也可以在接到处罚通知之日起十五日内，直接向法院起诉。当事人逾期不申请复议或者不向法院起诉又不履行处罚决定的，由作出处罚决定的机关申请法院强制执行。

对海关处罚或者治安管理处罚不服的，依照海关法或者治安管理处罚条例的规定办理。

第五章 附 则

第四十条 中华人民共和国缔结或者参加的与保护野生动物有关的国际条约与本法有不同规定的，适用国际条约的规定，但中华人民共和国声明保留的条款除外。

第四十一条 国务院野生动物行政主管部门根据本法制定实施条例，报国务院批准施行。

省、自治区、直辖市人民代表大会常务委员会可以根据本法制定实施办法。

第四十二条 本法自1989年3月1日起施行。

中华人民共和国土地管理法

（1986年6月25日六届全国人大常委会第十六次会议通过
根据1988年12月29日七届全国人大常委会第五次会议
《关于修改〈中华人民共和国土地管理法〉的决定》第一次修正
1998年8月29日九届全国人大常委会第四次会议修订
根据2004年8月28日十届全国人大常委会第十一次会议
《关于修改〈中华人民共和国土地管理法〉的决定》第二次修正）

第一章　总　　则

第一条　为了加强土地管理，维护土地的社会主义公有制，保护、开发土地资源，合理利用土地，切实保护耕地，促进社会经济的可持续发展，根据宪法，制定本法。

第二条　中华人民共和国实行土地的社会主义公有制，即全民所有制和劳动群众集体所有制。

全民所有，即国家所有土地的所有权由国务院代表国家行使。

任何单位和个人不得侵占、买卖或者以其他形式非法转让土地。土地使用权可以依法转让。

国家为了公共利益的需要，可以依法对土地实行征收或者征用并给予补偿。

国家依法实行国有土地有偿使用制度。但是，国家在法律规定的范围内划拨国有土地使用权的除外。

第三条　十分珍惜、合理利用土地和切实保护耕地是我国的基本国策。各级人民政府应当采取措施，全面规划，严格管理，保护、开发土地资源，制止非法占用土地的行为。

第四条　国家实行土地用途管制制度。

国家编制土地利用总体规划，规定土地用途，将土地分为农用地、建设用地和未利用地。严格限制农用地转为建设用地，控制建设用地总量，对耕地实行特殊保护。

前款所称农用地是指直接用于农业生产的土地，包括耕地、林地、草地、农田水利用地、养殖水面等；建设用地是指建造建筑物、构筑物的土地，包括城乡住宅和公共设施用地、工矿用地、交通水利设施用地、旅游用地、军事设施用地等；未利用地是指农用地和建设用地以外的土地。

使用土地的单位和个人必须严格按照土地利用总体规划确定的用途使用土地。

第五条 国务院土地行政主管部门统一负责全国土地的管理和监督工作。

县级以上地方人民政府土地行政主管部门的设置及其职责，由省、自治区、直辖市人民政府根据国务院有关规定确定。

第六条 任何单位和个人都有遵守土地管理法律、法规的义务，并有权对违反土地管理法律、法规的行为提出检举和控告。

第七条 在保护和开发土地资源、合理利用土地以及进行有关的科学研究等方面成绩显著的单位和个人，由人民政府给予奖励。

第二章 土地的所有权和使用权

第八条 城市市区的土地属于国家所有。

农村和城市郊区的土地，除由法律规定属于国家所有的以外，属于农民集体所有；宅基地和自留地、自留山，属于农民集体所有。

第九条 国有土地和农民集体所有的土地，可以依法确定给单位或者个人使用。使用土地的单位和个人，有保护、管理和合理利用土地的义务。

第十条 农民集体所有的土地依法属于村农民集体所有的，由村集体经济组织或者村民委员会经营、管理；已经分别属于村内两个以上农村集体经济组织的农民集体所有的，由村内各该农村集体经济组织或者村民小组经营、管理；已经属于乡（镇）农民集体所有的，由乡（镇）农村集体经济组织经营、管理。

第十一条 农民集体所有的土地，由县级人民政府登记造册，核发证书，确认所有权。

农民集体所有的土地依法用于非农业建设的，由县级人民政府登记造册，核发证书，确认建设用地使用权。

单位和个人依法使用的国有土地，由县级以上人民政府登记造册，核发证书，确认使用权；其中，中央国家机关使用的国有土地的具体登记发证机关，由国务院确定。

确认林地、草原的所有权或者使用权，确认水面、滩涂的养殖使用权，分别依照《中华人民共和国森林法》、《中华人民共和国草原法》和《中华人民共和国渔业法》的有关规定办理。

第十二条 依法改变土地权属和用途的，应当办理土地变更登记手续。

第十三条 依法登记的土地的所有权和使用权受法律保护，任何单位和个人不得侵犯。

第十四条 农民集体所有的土地由本集体经济组织的成员承包经营，从事种植业、林业、畜牧业、渔业生产。土地承包经营期限为三十年。发包方和承包方应当订立承包合同，约定双方的权利和义务。承包经营土地的农民有保护和按照承包合同约定的用途合理利用土地的义务。农民的土地承包经营权受法律保护。

在土地承包经营期限内，对个别承包经营者之间承包的土地进行适当调整的，必须经村民会议三分之二以上成员或者三分之二以上村民代表的同意，并报乡（镇）人民政府和县级人民政府农业行政主管部门批准。

第十五条 国有土地可以由单位或者个人承包经营，从事种植业、林业、畜牧业、渔业生产。农民集体所有的土地，可以由本集体经济组织以外的单位或者个人承包经营，从事种植业、林业、畜牧业、渔业生产。发包方和承包方应当订立承包合同，约定双方的权利和义务。土地承包经营的期限由承包合同约定。承包经营土地的单位和个人，有保护和按照承包合同约定的用途合理利用土地的义务。

农民集体所有的土地由本集体经济组织以外的单位或者个人承包经营的，必须经村民会议三分之二以上成员或者三分之二以上村民代表的同意，并报乡（镇）人民政府批准。

第十六条 土地所有权和使用权争议，由当事人协商解决；协商不成的，由人民政府处理。

单位之间的争议，由县级以上人民政府处理；个人之间、个人与单位之间的争议，由乡级人民政府或者县级以上人民政府处理。

当事人对有关人民政府的处理决定不服的，可以自接到处理决定通知之日起三十日内，向人民法院起诉。

在土地所有权和使用权争议解决前，任何一方不得改变土地利用现状。

第三章 土地利用总体规划

第十七条 各级人民政府应当依据国民经济和社会发展规划、国土整治和资源环境保护的要求、土地供给能力以及各项建设对土地的需求，组织编制土地利用总体规划。

土地利用总体规划的规划期限由国务院规定。

第十八条 下级土地利用总体规划应当依据上一级土地利用总体规划编制。

地方各级人民政府编制的土地利用总体规划中的建设用地总量不得超过上一级土地利用总体规划确定的控制指标，耕地保有量不得低于上一级土地利用总体规划确定的控制指标。

省、自治区、直辖市人民政府编制的土地利用总体规划，应当确保本行政区域内耕地总量不减少。

第十九条 土地利用总体规划按照下列原则编制：

（一）严格保护基本农田，控制非农业建设占用农用地；

（二）提高土地利用率；

（三）统筹安排各类、各区域用地；

（四）保护和改善生态环境，保障土地的可持续利用；

（五）占用耕地与开发复垦耕地相平衡。

第二十条 县级土地利用总体规划应当划分土地利用区，明确土地用途。

乡（镇）土地利用总体规划应当划分土地利用区，根据土地使用条件，确定每一块土地的用途，并予以公告。

第二十一条 土地利用总体规划实行分级审批。

省、自治区、直辖市的土地利用总体规划，报国务院批准。

省、自治区人民政府所在地的市、人口在一百万以上的城市以及国务院指定的城市的土地利用总体规划，经省、自治区人民政府审查同意后，报国务院批准。

本条第二款、第三款规定以外的土地利用总体规划，逐级上报省、自治区、直辖市人民政府批准；其中，乡（镇）土地利用总体规划可以由省级人民政府授权的设区的市、自治州人民政府批准。

土地利用总体规划一经批准，必须严格执行。

第二十二条 城市建设用地规模应当符合国家规定的标准，充分利用现有建设用地，不占或者尽量少占农用地。

城市总体规划、村庄和集镇规划，应当与土地利用总体规划相衔接，城市总体规划、村庄和集镇规划中建设用地规模不得超过土地利用总体规划确定的城市和村庄、集镇建设用地规模。

在城市规划区内、村庄和集镇规划区内，城市和村庄、集镇建设用地应当符合城市规划、村庄和集镇规划。

第二十三条 江河、湖泊综合治理和开发利用规划，应当与土地利用总体规划相衔接。在江河、湖泊、水库的管理和保护范围以及蓄洪滞洪区内，土地利用应当符合江河、湖泊综合治理和开发利用规划，符合河道、湖泊行洪、蓄洪和输水的要求。

第二十四条 各级人民政府应当加强土地利用计划管理，实行建设用地总量控制。

土地利用年度计划，根据国民经济和社会发展计划、国家产业政策、土地利用总体规划以及建设用地和土地利用的实际状况编制。土地利用年度计划的编制审批程序与土地利用总体规划的编制审批程序相同，一经审批下达，必须严格执行。

第二十五条 省、自治区、直辖市人民政府应当将土地利用年度计划的执行情况列为国民经济和社会发展计划执行情况的内容，向同级人民代表大会报告。

第二十六条 经批准的土地利用总体规划的修改，须经原批准机关批准；未经批准，不得改变土地利用总体规划确定的土地用途。

经国务院批准的大型能源、交通、水利等基础设施建设用地，需要改变土地利用总体规划的，根据国务院的批准文件修改土地利用总体规划。

经省、自治区、直辖市人民政府批准的能源、交通、水利等基础设施建设用地，需要改变土地利用总体规划的，属于省级人民政府土地利用总体规划批准权限内的，根据省级人民政府的批准文件修改土地利用总体规划。

第二十七条 国家建立土地调查制度。

县级以上人民政府土地行政主管部门会同同级有关部门进行土地调查。土地所有者或者使用者应当配合调查，并提供有关资料。

第二十八条 县级以上人民政府土地行政主管部门会同同级有关部门根据土地调查成果、规划土地用途和国家制定的统一标准，评定土地等级。

第二十九条 国家建立土地统计制度。

县级以上人民政府土地行政主管部门和同级统计部门共同制定统计调查方案，依法进行土地统计，定期发布土地统计资料。土地所有者或者使用者应当提供有关资料，不得虚报、瞒报、拒报、迟报。

土地行政主管部门和统计部门共同发布的土地面积统计资料是各级人民政府编制土地利用总体规划的依据。

第三十条 国家建立全国土地管理信息系统，对土地利用状况进行动态监测。

第四章　耕地保护

第三十一条　国家保护耕地，严格控制耕地转为非耕地。

国家实行占用耕地补偿制度。非农业建设经批准占用耕地的，按照“占多少，垦多少”的原则，由占用耕地的单位负责开垦与所占用耕地的数量和质量相当的耕地；没有条件开垦或者开垦的耕地不符合要求的，应当按照省、自治区、直辖市的规定缴纳耕地开垦费，专款用于开垦新的耕地。

省、自治区、直辖市人民政府应当制定开垦耕地计划，监督占用耕地的单位按照计划开垦耕地或者按照计划组织开垦耕地，并进行验收。

第三十二条　县级以上地方人民政府可以要求占用耕地的单位将所占用耕地耕作层的土壤用于新开垦耕地、劣质地或者其他耕地的土壤改良。

第三十三条　省、自治区、直辖市人民政府应当严格执行土地利用总体规划和土地利用年度计划，采取措施，确保本行政区域内耕地总量不减少；耕地总量减少的，由国务院责令在规定期限内组织开垦与所减少耕地的数量与质量相当的耕地，并由国务院土地行政主管部门会同农业行政主管部门验收。个别省、直辖市确因土地后备资源匮乏，新增建设用地后，新开垦耕地的数量不足以补偿所占用耕地的数量的，必须报经国务院批准减免本行政区域内开垦耕地的数量，进行易地开垦。

第三十四条　国家实行基本农田保护制度。下列耕地应当根据土地利用总体规划划入基本农田保护区，严格管理：

（一）经国务院有关主管部门或者县级以上地方人民政府批准确定的粮、棉、油生产基地内的耕地；

（二）有良好的水利与水土保持设施的耕地，正在实施改造计划以及可以改造的中、低产田；

（三）蔬菜生产基地；

（四）农业科研、教学试验田；

（五）国务院规定应当划入基本农田保护区的其他耕地。

各省、自治区、直辖市划定的基本农田应当占本行政区域内耕地的百分之八十以上。

基本农田保护区以乡（镇）为单位进行划区定界，由县级人民政府土地行政主管部门会同同级农业行政主管部门组织实施。

第三十五条　各级人民政府应当采取措施，维护排灌工程设施，改良土壤，提高地力，防止土地荒漠化、盐渍化、水土流失和污染土地。

第三十六条　非农业建设必须节约使用土地，可以利用荒地的，不得占用耕地；可以利用劣地的，不得占用好地。

禁止占用耕地建窑、建坟或者擅自在耕地上建房、挖砂、采石、采矿、取土等。

禁止占用基本农田发展林果业和挖塘养鱼。

第三十七条 禁止任何单位和个人闲置、荒芜耕地。已经办理审批手续的非农业建设占用耕地，一年内不用而又可以耕种并收获的，应当由原耕种该幅耕地的集体或者个人恢复耕种，也可以由用地单位组织耕种；一年以上未动工建设的，应当按照省、自治区、直辖市的规定缴纳闲置费；连续二年未使用的，经原批准机关批准，由县级以上人民政府无偿收回用地单位的土地使用权；该幅土地原为农民集体所有的，应当交由原农村集体经济组织恢复耕种。

在城市规划区范围内，以出让方式取得土地使用权进行房地产开发的闲置土地，依照《中华人民共和国城市房地产管理法》的有关规定办理。

承包经营耕地的单位或者个人连续二年弃耕抛荒的，原发包单位应当终止承包合同，收回发包的耕地。

第三十八条 国家鼓励单位和个人按照土地利用总体规划，在保护和改善生态环境、防止水土流失和土地荒漠化的前提下，开发未利用的土地；适宜开发为农用地的，应当优先开发成农用地。

国家依法保护开发者的合法权益。

第三十九条 开垦未利用的土地，必须经过科学论证和评估，在土地利用总体规划划定的可开垦的区域内，经依法批准后进行。禁止毁坏森林、草原开垦耕地，禁止围湖造田和侵占江河滩地。

根据土地利用总体规划，对破坏生态环境开垦、围垦的土地，有计划有步骤地退耕还林、还牧、还湖。

第四十条 开发未确定使用权的国有荒山、荒地、荒滩从事种植业、林业、畜牧业、渔业生产的，经县级以上人民政府依法批准，可以确定给开发单位或者个人长期使用。

第四十一条 国家鼓励土地整理。县、乡（镇）人民政府应当组织农村集体经济组织，按照土地利用总体规划，对田、水、路、林、村综合整治，提高耕地质量，增加有效耕地面积，改善农业生产条件和生态环境。

地方各级人民政府应当采取措施，改造中、低产田，整治闲散地和废弃地。

第四十二条 因挖损、塌陷、压占等造成土地破坏，用地单位和个人应当按照国家有关规定负责复垦；没有条件复垦或者复垦不符合要求的，应当缴纳土地复垦费，专项用于土地复垦。复垦的土地应当优先用于农业。

第五章 建设用地

第四十三条 任何单位和个人进行建设，需要使用土地的，必须依法申请使用国有土地；但是，兴办乡镇企业和村民建设住宅经依法批准使用本集体经济组织农民集体所有的土地的，或者乡（镇）村公共设施和公益事业建设经依法批准使用农民集体所有的土地的除外。

前款所称依法申请使用的国有土地包括国家所有的土地和国家征收的原属于农民集体所有的土地。

第四十四条 建设占用土地，涉及农用地转为建设用地的，应当办理农用地转用审批手续。

省、自治区、直辖市人民政府批准的道路、管线工程和大型基础设施建设项目、国务院批准的建设项目占用土地，涉及农用地转为建设用地的，由国务院批准。

在土地利用总体规划确定的城市和村庄、集镇建设用地规模范围内，为实施该规划而将农用地转为建设用地的，按土地利用年度计划分批次由原批准土地利用总体规划的机关批准。在已批准的农用地转用范围内，具体建设项目用地可以由市、县人民政府批准。

本条第二款、第三款规定以外的建设项目占用土地，涉及农用地转为建设用地的，由省、自治区、直辖市人民政府批准。

第四十五条 征收下列土地的，由国务院批准：

（一）基本农田；

（二）基本农田以外的耕地超过三十五公顷的；

（三）其他土地超过七十公顷的。

征收前款规定以外的土地的，由省、自治区、直辖市人民政府批准，并报国务院备案。

征收农用地的，应当依照本法第四十四条的规定先行办理农用地转用审批。其中，经国务院批准农用地转用的，同时办理征地审批手续，不再另行办理征地审批；经省、自治区、直辖市人民政府在征地批准权限内批准农用地转用的，同时办理征地审批手续，不再另行办理征地审批，超过征地批准权限的，应当依照本条第一款的规定另行办理征地审批。

第四十六条 国家征收土地的，依照法定程序批准后，由县级以上地方人民政府予以公告并组织实施。

被征收土地的所有权人、使用权人应当在公告规定期限内，持土地权属证书到当地人民政府土地行政主管部门办理征地补偿登记。

第四十七条 征收土地的，按照被征收土地的原用途给予补偿。

征收耕地的补偿费用包括土地补偿费、安置补助费以及地上附着物和青苗的补偿费。征收耕地的土地补偿费，为该耕地被征收前三年平均年产值的六至十倍。征收耕地的安置补助费，按照需要安置的农业人口数计算。需要安置的农业人口数，按照被征收的耕地数量除以征地前被征收单位平均每人占有耕地的数量计算。每一个需要安置的农业人口的安置补助费标准，为该耕地被征收前三年平均年产值的四至六倍。但是，每公顷被征收耕地的安置补助费，最高不得超过被征收前三年平均年产值的十五倍。

征收其他土地的土地补偿费和安置补助费标准，由省、自治区、直辖市参照征收耕地的土地补偿费和安置补助费的标准规定。

被征收土地上的附着物和青苗的补偿标准，由省、自治区、直辖市规定。

征收城市郊区的菜地，用地单位应当按照国家有关规定缴纳新菜地开发建设基金。

依照本条第二款的规定支付土地补偿费和安置补助费，尚不能使需要安置的农民保持原有生活水平的，经省、自治区、直辖市人民政府批准，可以增加安置补助费。但是，土地补偿费和安置补助费的总和不得超过土地被征收前三年平均年产值的三十倍。

国务院根据社会、经济发展水平，在特殊情况下，可以提高征收耕地的土地补偿费和安置补助费的标准。

第四十八条 征地补偿安置方案确定后，有关地方人民政府应当公告，并听取被征地的农村集体经济组织和农民的意见。

第四十九条 被征地的农村集体经济组织应当将征收土地的补偿费用的收支状况向本集体经济组织的成员公布，接受监督。

禁止侵占、挪用被征收土地单位的征地补偿费用和其他有关费用。

第五十条 地方各级人民政府应当支持被征地的农村集体经济组织和农民从事开发经营，兴办企业。

第五十一条 大中型水利、水电工程建设征收土地的补偿费标准和移民安置办法，由国务院另行规定。

第五十二条 建设项目可行性研究论证时，土地行政主管部门可以根据土地利用总体规划、土地利用年度计划和建设用地标准，对建设用地有关事项进行审查，并提出意见。

第五十三条 经批准的建设项目需要使用国有建设用地的，建设单位应当持法律、行政法规规定的有关文件，向有批准权的县级以上人民政府土地行政主管部门提出建设用地申请，经土地行政主管部门审查，报本级人民政府批准。

第五十四条 建设单位使用国有土地，应当以出让等有偿使用方式取得；但是，下列建设用地，经县级以上人民政府依法批准，可以以划拨方式取得：

（一）国家机关用地和军事用地；

（二）城市基础设施用地和公益事业用地；

（三）国家重点扶持的能源、交通、水利等基础设施用地；

（四）法律、行政法规规定的其他用地。

第五十五条 以出让等有偿使用方式取得国有土地使用权的建设单位，按照国务院规定的标准和办法，缴纳土地使用权出让金等土地有偿使用费和其他费用后，方可使用土地。

自本法施行之日起，新增建设用地的土地有偿使用费，百分之三十上缴中央财政，百分之七十留给有关地方人民政府，都专项用于耕地开发。

第五十六条 建设单位使用国有土地的，应当按照土地使用权出让等有偿使用合同的约定或者土地使用权划拨批准文件的规定使用土地；确需改变该幅土地建设用途的，应当经有关人民政府土地行政主管部门同意，报原批准用地的人民政府批准。其中，在城市规划区内改变土地用途的，在报批前，应当先经有关城市规划行政主管部门同意。

第五十七条 建设项目施工和地质勘查需要临时使用国有土地或者农民集体所有的土地的，由县级以上人民政府土地行政主管部门批准。其中，在城市规划区内的临时用地，在报批前，应当先经有关城市规划行政主管部门同意。土地使用者应当根据土地权属，与有关土地行政主管部门或者农村集体经济组织、村民委员会签订临时使用土地合同，并按照合同的约定支付临时使用土地补偿费。

临时使用土地的使用者应当按照临时使用土地合同约定的用途使用土地，并不得修建永久性建筑物。

临时使用土地期限一般不超过二年。

第五十八条 有下列情形之一的，由有关人民政府土地行政主管部门报经原批准用地的人民政府或者有批准权的人民政府批准，可以收回国有土地使用权：

（一）为公共利益需要使用土地的；

（二）为实施城市规划进行旧城区改建，需要调整使用土地的；

（三）土地出让等有偿使用合同约定的使用期限届满，土地使用者未申请续期或者申请续期未获批准的；

（四）因单位撤销、迁移等原因，停止使用原划拨的国有土地的；

（五）公路、铁路、机场、矿场等经核准报废的。

依照前款第（一）项、第（二）项的规定收回国有土地使用权的，对土地使用权人应当给予适当补偿。

第五十九条 乡镇企业、乡（镇）村公共设施、公益事业、农村村民住宅等乡（镇）村建设，应当按照村庄和集镇规划，合理布局，综合开发，配套建设；建设用地，应当符合乡（镇）土地利用总体规划和土地利用年度计划，并依照本法第四十四条、第六十条、第六十一条、第六十二条的规定办理审批手续。

第六十条 农村集体经济组织使用乡（镇）土地利用总体规划确定的建设用地兴办企业或者与其他单位、个人以土地使用权入股、联营等形式共同举办企业的，应当持有关批准文件，向县级以上地方人民政府土地行政主管部门提出申请，按照省、自治区、直辖市规定的批准权限，由县级以上地方人民政府批准；其中，涉及占用农用地的，依照本法第四十四条的规定办理审批手续。

按照前款规定兴办企业的建设用地，必须严格控制。省、自治区、直辖市可以按照乡镇企业的不同行业和经营规模，分别规定用地标准。

第六十一条 乡（镇）村公共设施、公益事业建设，需要使用土地的，经乡（镇）人民政府审核，向县级以上地方人民政府土地行政主管部门提出申请，按照省、自治区、直辖市规定的批准权限，由县级以上地方人民政府批准；其中，涉及占用农用地的，依照本法第四十四条的规定办理审批手续。

第六十二条 农村村民一户只能拥有一处宅基地，其宅基地的面积不得超过省、自治区、直辖市规定的标准。

农村村民建住宅，应当符合乡（镇）土地利用总体规划，并尽量使用原有的宅基地和村内空闲地。

农村村民住宅用地，经乡（镇）人民政府审核，由县级人民政府批准；其中，涉及占用农用地的，依照本法第四十四条的规定办理审批手续。

农村村民出卖、出租住房后，再申请宅基地的，不予批准。

第六十三条 农民集体所有的土地的使用权不得出让、转让或者出租用于非农业建设；但是，符合土地利用总体规划并依法取得建设用地的企业，因破产、兼并等情形致使土地使用权依法发生转移的除外。

第六十四条 在土地利用总体规划制定前已建的不符合土地利用总体规划确定的用途的建筑物、构筑物，不得重建、扩建。

第六十五条 有下列情形之一的，农村集体经济组织报经原批准用地的人民政府批准，可以收回土地使用权：

（一）为乡（镇）村公共设施和公益事业建设，需要使用土地的；

（二）不按照批准的用途使用土地的；

（三）因撤销、迁移等原因而停止使用土地的。

依照前款第（一）项规定收回农民集体所有的土地的，对土地使用权人应当给予适当补偿。

第六章 监督检查

第六十六条 县级以上人民政府土地行政主管部门对违反土地管理法律、法规的行为进行监督检查。

土地管理监督检查人员应当熟悉土地管理法律、法规，忠于职守、秉公执法。

第六十七条 县级以上人民政府土地行政主管部门履行监督检查职责时，有权采取下列措施：

（一）要求被检查的单位或者个人提供有关土地权利的文件和资料，进行查阅或者予以复制；

（二）要求被检查的单位或者个人就有关土地权利的问题作出说明；

（三）进入被检查单位或者个人非法占用的土地现场进行勘测；

（四）责令非法占用土地的单位或者个人停止违反土地管理法律、法规的行为。

第六十八条 土地管理监督检查人员履行职责，需要进入现场进行勘测、要求有关单位或者个人提供文件、资料和作出说明的，应当出示土地管理监督检查证件。

第六十九条 有关单位和个人对县级以上人民政府土地行政主管部门就土地违法行为进行的监督检查应当支持与配合，并提供工作方便，不得拒绝与阻碍土地管理监督检查人员依法执行职务。

第七十条 县级以上人民政府土地行政主管部门在监督检查工作中发现国家工作人员的违法行为，依法应当给予行政处分的，应当依法予以处理；自己无权处理的，应当向同级或者上级人民政府的行政监察机关提出行政处分建议书，有关行政监察机关应当依法予以处理。

第七十一条 县级以上人民政府土地行政主管部门在监督检查工作中发现土地违法行为构成犯罪的，应当将案件移送有关机关，依法追究刑事责任；尚不构成犯罪的，应当依法给予行政处罚。

第七十二条 依照本法规定应当给予行政处罚，而有关土地行政主管部门不给予行政处罚的，上级人民政府土地行政主管部门有权责令有关土地行政主管部门作出行政处罚决定或者直接给予行政处罚，并给予有关土地行政主管部门的负责人行政处分。

第七章　法律责任

第七十三条　买卖或者以其他形式非法转让土地的，由县级以上人民政府土地行政主管部门没收违法所得；对违反土地利用总体规划擅自将农用地改为建设用地的，限期拆除在非法转让的土地上新建的建筑物和其他设施，恢复土地原状，对符合土地利用总体规划的，没收在非法转让的土地上新建的建筑物和其他设施；可以并处罚款；对直接负责的主管人员和其他直接责任人员，依法给予行政处分；构成犯罪的，依法追究刑事责任。

第七十四条　违反本法规定，占用耕地建窑、建坟或者擅自在耕地上建房、挖砂、采石、采矿、取土等，破坏种植条件的，或者因开发土地造成土地荒漠化、盐渍化的，由县级以上人民政府土地行政主管部门责令限期改正或者治理，可以并处罚款；构成犯罪的，依法追究刑事责任。

第七十五条　违反本法规定，拒不履行土地复垦义务的，由县级以上人民政府土地行政主管部门责令限期改正；逾期不改正的，责令缴纳复垦费，专项用于土地复垦，可以处以罚款。

第七十六条　未经批准或者采取欺骗手段骗取批准，非法占用土地的，由县级以上人民政府土地行政主管部门责令退还非法占用的土地，对违反土地利用总体规划擅自将农用地改为建设用地的，限期拆除在非法占用的土地上新建的建筑物和其他设施，恢复土地原状，对符合土地利用总体规划的，没收在非法占用的土地上新建的建筑物和其他设施，可以并处罚款；对非法占用土地单位的直接负责的主管人员和其他直接责任人员，依法给予行政处分；构成犯罪的，依法追究刑事责任。

超过批准的数量占用土地，多占的土地以非法占用土地论处。

第七十七条　农村村民未经批准或者采取欺骗手段骗取批准，非法占用土地建住宅的，由县级以上人民政府土地行政主管部门责令退还非法占用的土地，限期拆除在非法占用的土地上新建的房屋。

超过省、自治区、直辖市规定的标准，多占的土地以非法占用土地论处。

第七十八条　无权批准征收、使用土地的单位或者个人非法批准占用土地的，超越批准权限非法批准占用土地的，不按照土地利用总体规划确定的用途批准用地的，或者违反法律规定的程序批准占用、征收土地的，其批准文件无效，对非法批准征收、使用土地的直接负责的主管人员和其他直接责任人员，依法给予行政处分；构成犯罪的，依法追究刑事责任。非法批准、使用的土地应当收回，有关当事人拒不归还的，以非法占用土地论处。

非法批准征收、使用土地，对当事人造成损失的，依法应当承担赔偿责任。

第七十九条 侵占、挪用被征收土地单位的征地补偿费用和其他有关费用，构成犯罪的，依法追究刑事责任；尚不构成犯罪的，依法给予行政处分。

第八十条 依法收回国有土地使用权当事人拒不交出土地的，临时使用土地期满拒不归还的，或者不按照批准的用途使用国有土地的，由县级以上人民政府土地行政主管部门责令交还土地，处以罚款。

第八十一条 擅自将农民集体所有的土地的使用权出让、转让或者出租用于非农业建设的，由县级以上人民政府土地行政主管部门责令限期改正，没收违法所得，并处罚款。

第八十二条 不依照本法规定办理土地变更登记的，由县级以上人民政府土地行政主管部门责令其限期办理。

第八十三条 依照本法规定，责令限期拆除在非法占用的土地上新建的建筑物和其他设施的，建设单位或者个人必须立即停止施工，自行拆除；对继续施工的，作出处罚决定的机关有权制止。建设单位或者个人对责令限期拆除的行政处罚决定不服的，可以在接到责令限期拆除决定之日起十五日内，向人民法院起诉；期满不起诉又不自行拆除的，由作出处罚决定的机关依法申请人民法院强制执行，费用由违法者承担。

第八十四条 土地行政主管部门的工作人员玩忽职守、滥用职权、徇私舞弊，构成犯罪的，依法追究刑事责任；尚不构成犯罪的，依法给予行政处分。

第八章　附　　则

第八十五条 中外合资经营企业、中外合作经营企业、外资企业使用土地的，适用本法；法律另有规定的，从其规定。

第八十六条 本法自 1999 年 1 月 1 日起施行。

中华人民共和国水土保持法

（1991 年 6 月 29 日七届全国人大常委会第二十次会议通过
2010 年 12 月 25 日十一届全国人大常委会第十八次会议修订
2010 年 12 月 25 日中华人民共和国主席令第 39 号公布）

第一章　总　则

第一条　为了预防和治理水土流失，保护和合理利用水土资源，减轻水、旱、风沙灾害，改善生态环境，保障经济社会可持续发展，制定本法。

第二条　在中华人民共和国境内从事水土保持活动，应当遵守本法。

本法所称水土保持，是指对自然因素和人为活动造成水土流失所采取的预防和治理措施。

第三条　水土保持工作实行预防为主、保护优先、全面规划、综合治理、因地制宜、突出重点、科学管理、注重效益的方针。

第四条　县级以上人民政府应当加强对水土保持工作的统一领导，将水土保持工作纳入本级国民经济和社会发展规划，对水土保持规划确定的任务，安排专项资金，并组织实施。

国家在水土流失重点预防区和重点治理区，实行地方各级人民政府水土保持目标责任制和考核奖惩制度。

第五条　国务院水行政主管部门主管全国的水土保持工作。

国务院水行政主管部门在国家确定的重要江河、湖泊设立的流域管理机构（以下简称流域管理机构），在所管辖范围内依法承担水土保持监督管理职责。

县级以上地方人民政府水行政主管部门主管本行政区域的水土保持工作。

县级以上人民政府林业、农业、国土资源等有关部门按照各自职责，做好有关的水土流失预防和治理工作。

第六条　各级人民政府及其有关部门应当加强水土保持宣传和教育工作，普及水土保持科学知识，增强公众的水土保持意识。

第七条　国家鼓励和支持水土保持科学技术研究，提高水土保持科学技术水平，推广先进的水土保持技术，培养水土保持科学技术人才。

第八条 任何单位和个人都有保护水土资源、预防和治理水土流失的义务，并有权对破坏水土资源、造成水土流失的行为进行举报。

第九条 国家鼓励和支持社会力量参与水土保持工作。

对水土保持工作中成绩显著的单位和个人，由县级以上人民政府给予表彰和奖励。

第二章 规 划

第十条 水土保持规划应当在水土流失调查结果及水土流失重点预防区和重点治理区划定的基础上，遵循统筹协调、分类指导的原则编制。

第十一条 国务院水行政主管部门应当定期组织全国水土流失调查并公告调查结果。

省、自治区、直辖市人民政府水行政主管部门负责本行政区域的水土流失调查并公告调查结果，公告前应当将调查结果报国务院水行政主管部门备案。

第十二条 县级以上人民政府应当依据水土流失调查结果划定并公告水土流失重点预防区和重点治理区。

对水土流失潜在危险较大的区域，应当划定为水土流失重点预防区；对水土流失严重的区域，应当划定为水土流失重点治理区。

第十三条 水土保持规划的内容应当包括水土流失状况、水土流失类型区划分、水土流失防治目标、任务和措施等。

水土保持规划包括对流域或者区域预防和治理水土流失、保护和合理利用水土资源作出的整体部署，以及根据整体部署对水土保持专项工作或者特定区域预防和治理水土流失作出的专项部署。

水土保持规划应当与土地利用总体规划、水资源规划、城乡规划和环境保护规划等相协调。

编制水土保持规划，应当征求专家和公众的意见。

第十四条 县级以上人民政府水行政主管部门会同同级人民政府有关部门编制水土保持规划，报本级人民政府或者其授权的部门批准后，由水行政主管部门组织实施。

水土保持规划一经批准，应当严格执行；经批准的规划根据实际情况需要修改的，应当按照规划编制程序报原批准机关批准。

第十五条 有关基础设施建设、矿产资源开发、城镇建设、公共服务设施建设等方面的规划，在实施过程中可能造成水土流失的，规划的组织编制机关应当在规划中提出水土流失预防和治理的对策和措施，并在规划报请审批前征求本级人民政府水行政主管部门的意见。

第三章　预　　防

第十六条　地方各级人民政府应当按照水土保持规划，采取封育保护、自然修复等措施，组织单位和个人植树种草，扩大林草覆盖面积，涵养水源，预防和减轻水土流失。

第十七条　地方各级人民政府应当加强对取土、挖砂、采石等活动的管理，预防和减轻水土流失。

禁止在崩塌、滑坡危险区和泥石流易发区从事取土、挖砂、采石等可能造成水土流失的活动。崩塌、滑坡危险区和泥石流易发区的范围，由县级以上地方人民政府划定并公告。崩塌、滑坡危险区和泥石流易发区的划定，应当与地质灾害防治规划确定的地质灾害易发区、重点防治区相衔接。

第十八条　水土流失严重、生态脆弱的地区，应当限制或者禁止可能造成水土流失的生产建设活动，严格保护植物、沙壳、结皮、地衣等。

在侵蚀沟的沟坡和沟岸、河流的两岸以及湖泊和水库的周边，土地所有权人、使用权人或者有关管理单位应当营造植物保护带。禁止开垦、开发植物保护带。

第十九条　水土保持设施的所有权人或者使用权人应当加强对水土保持设施的管理与维护，落实管护责任，保障其功能正常发挥。

第二十条　禁止在二十五度以上陡坡地开垦种植农作物。在二十五度以上陡坡地种植经济林的，应当科学选择树种，合理确定规模，采取水土保持措施，防止造成水土流失。

省、自治区、直辖市根据本行政区域的实际情况，可以规定小于二十五度的禁止开垦坡度。禁止开垦的陡坡地的范围由当地县级人民政府划定并公告。

第二十一条　禁止毁林、毁草开垦和采集发菜。禁止在水土流失重点预防区和重点治理区铲草皮、挖树兜或者滥挖虫草、甘草、麻黄等。

第二十二条　林木采伐应当采用合理方式，严格控制皆伐；对水源涵养林、水土保持林、防风固沙林等防护林只能进行抚育和更新性质的采伐；对采伐区和集材道应当采取防止水土流失的措施，并在采伐后及时更新造林。

在林区采伐林木的，采伐方案中应当有水土保持措施。采伐方案经林业主管部门批准后，由林业主管部门和水行政主管部门监督实施。

第二十三条　在五度以上坡地植树造林、抚育幼林、种植中药材等，应当采取水土保持措施。

在禁止开垦坡度以下、五度以上的荒坡地开垦种植农作物，应当采取水土保持措施。具体办法由省、自治区、直辖市根据本行政区域的实际情况规定。

第二十四条 生产建设项目选址、选线应当避让水土流失重点预防区和重点治理区；无法避让的，应当提高防治标准，优化施工工艺，减少地表扰动和植被损坏范围，有效控制可能造成的水土流失。

第二十五条 在山区、丘陵区、风沙区以及水土保持规划确定的容易发生水土流失的其他区域开办可能造成水土流失的生产建设项目，生产建设单位应当编制水土保持方案，报县级以上人民政府水行政主管部门审批，并按照经批准的水土保持方案，采取水土流失预防和治理措施。没有能力编制水土保持方案的，应当委托具备相应技术条件的机构编制。

水土保持方案应当包括水土流失预防和治理的范围、目标、措施和投资等内容。

水土保持方案经批准后，生产建设项目的地点、规模发生重大变化的，应当补充或者修改水土保持方案并报原审批机关批准。水土保持方案实施过程中，水土保持措施需要作出重大变更的，应当经原审批机关批准。

生产建设项目水土保持方案的编制和审批办法，由国务院水行政主管部门制定。

第二十六条 依法应当编制水土保持方案的生产建设项目，生产建设单位未编制水土保持方案或者水土保持方案未经水行政主管部门批准的，生产建设项目不得开工建设。

第二十七条 依法应当编制水土保持方案的生产建设项目中的水土保持设施，应当与主体工程同时设计、同时施工、同时投产使用；生产建设项目竣工验收，应当验收水土保持设施；水土保持设施未经验收或者验收不合格的，生产建设项目不得投产使用。

第二十八条 依法应当编制水土保持方案的生产建设项目，其生产建设活动中排弃的砂、石、土、矸石、尾矿、废渣等应当综合利用；不能综合利用，确需废弃的，应当堆放在水土保持方案确定的专门存放地，并采取措施保证不产生新的危害。

第二十九条 县级以上人民政府水行政主管部门、流域管理机构，应当对生产建设项目水土保持方案的实施情况进行跟踪检查，发现问题及时处理。

第四章　治　　理

第三十条　国家加强水土流失重点预防区和重点治理区的坡耕地改梯田、淤地坝等水土保持重点工程建设，加大生态修复力度。

县级以上人民政府水行政主管部门应当加强对水土保持重点工程的建设管理，建立和完善运行管护制度。

第三十一条　国家加强江河源头区、饮用水水源保护区和水源涵养区水土流失的预防和治理工作，多渠道筹集资金，将水土保持生态效益补偿纳入国家建立的生态效益补偿制度。

第三十二条　开办生产建设项目或者从事其他生产建设活动造成水土流失的，应当进行治理。

在山区、丘陵区、风沙区以及水土保持规划确定的容易发生水土流失的其他区域开办生产建设项目或者从事其他生产建设活动，损坏水土保持设施、地貌植被，不能恢复原有水土保持功能的，应当缴纳水土保持补偿费，专项用于水土流失预防和治理。专项水土流失预防和治理由水行政主管部门负责组织实施。水土保持补偿费的收取使用管理办法由国务院财政部门、国务院价格主管部门会同国务院水行政主管部门制定。

生产建设项目在建设过程中和生产过程中发生的水土保持费用，按照国家统一的财务会计制度处理。

第三十三条　国家鼓励单位和个人按照水土保持规划参与水土流失治理，并在资金、技术、税收等方面予以扶持。

第三十四条　国家鼓励和支持承包治理荒山、荒沟、荒丘、荒滩，防治水土流失，保护和改善生态环境，促进土地资源的合理开发和可持续利用，并依法保护土地承包合同当事人的合法权益。

承包治理荒山、荒沟、荒丘、荒滩和承包水土流失严重地区农村土地的，在依法签订的土地承包合同中应当包括预防和治理水土流失责任的内容。

第三十五条　在水力侵蚀地区，地方各级人民政府及其有关部门应当组织单位和个人，以天然沟壑及其两侧山坡地形成的小流域为单元，因地制宜地采取工程措施、植物措施和保护性耕作等措施，进行坡耕地和沟道水土流失综合治理。

在风力侵蚀地区，地方各级人民政府及其有关部门应当组织单位和个人，因地制宜地采取轮封轮牧、植树种草、设置人工沙障和网格林带等措施，建立防风固沙防护体系。

在重力侵蚀地区，地方各级人民政府及其有关部门应当组织单位和个人，采取监测、径流排导、削坡减载、支挡固坡、修建拦挡工程等措施，建立监测、预报、预警体系。

第三十六条 在饮用水水源保护区，地方各级人民政府及其有关部门应当组织单位和个人，采取预防保护、自然修复和综合治理措施，配套建设植物过滤带，积极推广沼气，开展清洁小流域建设，严格控制化肥和农药的使用，减少水土流失引起的面源污染，保护饮用水水源。

第三十七条 已在禁止开垦的陡坡地上开垦种植农作物的，应当按照国家有关规定退耕，植树种草；耕地短缺、退耕确有困难的，应当修建梯田或者采取其他水土保持措施。

在禁止开垦坡度以下的坡耕地上开垦种植农作物的，应当根据不同情况，采取修建梯田、坡面水系整治、蓄水保土耕作或者退耕等措施。

第三十八条 对生产建设活动所占用土地的地表土应当进行分层剥离、保存和利用，做到土石方挖填平衡，减少地表扰动范围；对废弃的砂、石、土、矸石、尾矿、废渣等存放地，应当采取拦挡、坡面防护、防洪排导等措施。生产建设活动结束后，应当及时在取土场、开挖面和存放地的裸露土地上植树种草、恢复植被，对闭库的尾矿库进行复垦。

在干旱缺水地区从事生产建设活动，应当采取防止风力侵蚀措施，设置降水蓄渗设施，充分利用降水资源。

第三十九条 国家鼓励和支持在山区、丘陵区、风沙区以及容易发生水土流失的其他区域，采取下列有利于水土保持的措施：

（一）免耕、等高耕作、轮耕轮作、草田轮作、间作套种等；

（二）封禁抚育、轮封轮牧、舍饲圈养；

（三）发展沼气、节柴灶，利用太阳能、风能和水能，以煤、电、气代替薪柴等；

（四）从生态脆弱地区向外移民；

（五）其他有利于水土保持的措施。

第五章 监测和监督

第四十条 县级以上人民政府水行政主管部门应当加强水土保持监测工作，发挥水土保持监测工作在政府决策、经济社会发展和社会公众服务中的作用。县级以上人民政府应当保障水土保持监测工作经费。

国务院水行政主管部门应当完善全国水土保持监测网络，对全国水土流失进行动态监测。

第四十一条 对可能造成严重水土流失的大中型生产建设项目，生产建设单位应当自行或者委托具备水土保持监测资质的机构，对生产建设活动造成的水土流失进行监测，并将监测情况定期上报当地水行政主管部门。

从事水土保持监测活动应当遵守国家有关技术标准、规范和规程，保证监测质量。

第四十二条 国务院水行政主管部门和省、自治区、直辖市人民政府水行政主管部门应当根据水土保持监测情况，定期对下列事项进行公告：

（一）水土流失类型、面积、强度、分布状况和变化趋势；

（二）水土流失造成的危害；

（三）水土流失预防和治理情况。

第四十三条 县级以上人民政府水行政主管部门负责对水土保持情况进行监督检查。流域管理机构在其管辖范围内可以行使国务院水行政主管部门的监督检查职权。

第四十四条 水政监督检查人员依法履行监督检查职责时，有权采取下列措施：

（一）要求被检查单位或者个人提供有关文件、证照、资料；

（二）要求被检查单位或者个人就预防和治理水土流失的有关情况作出说明；

（三）进入现场进行调查、取证。

被检查单位或者个人拒不停止违法行为，造成严重水土流失的，报经水行政主管部门批准，可以查封、扣押实施违法行为的工具及施工机械、设备等。

第四十五条 水政监督检查人员依法履行监督检查职责时，应当出示执法证件。被检查单位或者个人对水土保持监督检查工作应当给予配合，如实报告情况，提供有关文件、证照、资料；不得拒绝或者阻碍水政监督检查人员依法执行公务。

第四十六条 不同行政区域之间发生水土流失纠纷应当协商解决；协商不成的，由共同的上一级人民政府裁决。

第六章 法律责任

第四十七条 水行政主管部门或者其他依照本法规定行使监督管理权的部门，不依法作出行政许可决定或者办理批准文件的，发现违法行为或者接到对违法行为的举报不予查处的，或者有其他未依照本法规定履行职责的行为的，对直接负责的主管人员和其他直接责任人员依法给予处分。

第四十八条 违反本法规定，在崩塌、滑坡危险区或者泥石流易发区从事取土、挖砂、采石等可能造成水土流失的活动的，由县级以上地方人民政府水行政主管部门责令停止违法行为，没收违法所得，对个人处一千元以上一万元以下的罚款，对单位处二万元以上二十万元以下的罚款。

第四十九条 违反本法规定，在禁止开垦坡度以上陡坡地开垦种植农作物，或者在禁止开垦、开发的植物保护带内开垦、开发的，由县级以上地方人民政府水行政主管部门责令停止违法行为，采取退耕、恢复植被等补救措施；按照开垦或者开发面积，可以对个人处每平方米二元以下的罚款、对单位处每平方米十元以下的罚款。

第五十条 违反本法规定，毁林、毁草开垦的，依照《中华人民共和国森林法》、《中华人民共和国草原法》的有关规定处罚。

第五十一条 违反本法规定，采集发菜，或者在水土流失重点预防区和重点治理区铲草皮、挖树兜、滥挖虫草、甘草、麻黄等的，由县级以上地方人民政府水行政主管部门责令停止违法行为，采取补救措施，没收违法所得，并处违法所得一倍以上五倍以下的罚款；没有违法所得的，可以处五万元以下的罚款。

在草原地区有前款规定违法行为的，依照《中华人民共和国草原法》的有关规定处罚。

第五十二条 在林区采伐林木不依法采取防止水土流失措施的，由县级以上地方人民政府林业主管部门、水行政主管部门责令限期改正，采取补救措施；造成水土流失的，由水行政主管部门按照造成水土流失的面积处每平方米二元以上十元以下的罚款。

第五十三条 违反本法规定，有下列行为之一的，由县级以上人民政府水行政主管部门责令停止违法行为，限期补办手续；逾期不补办手续的，处五万元以上五十万元以下的罚款；对生产建设单位直接负责的主管人员和其他直接责任人员依法给予处分：

（一）依法应当编制水土保持方案的生产建设项目，未编制水土保持方案或者编制的水土保持方案未经批准而开工建设的；

（二）生产建设项目的地点、规模发生重大变化，未补充、修改水土保持方案或者补充、修改的水土保持方案未经原审批机关批准的；

（三）水土保持方案实施过程中，未经原审批机关批准，对水土保持措施作出重大变更的。

第五十四条 违反本法规定，水土保持设施未经验收或者验收不合格将生产建设项目投产使用的，由县级以上人民政府水行政主管部门责令停止生产或者使用，直至验收合格，并处五万元以上五十万元以下的罚款。

第五十五条 违反本法规定，在水土保持方案确定的专门存放地以外的区域倾倒砂、石、土、矸石、尾矿、废渣等的，由县级以上地方人民政府水行政主管部门责令停止违法行为，限期清理，按照倾倒数量处每立方米十元以上二十元以下的罚款；逾期仍不清理的，县级以上地方人民政府水行政主管部门可以指定有清理能力的单位代为清理，所需费用由违法行为人承担。

第五十六条 违反本法规定，开办生产建设项目或者从事其他生产建设活动造成水土流失，不进行治理的，由县级以上人民政府水行政主管部门责令限期治理；逾期仍不治理的，县级以上人民政府水行政主管部门可以指定有治理能力的单位代为治理，所需费用由违法行为人承担。

第五十七条 违反本法规定，拒不缴纳水土保持补偿费的，由县级以上人民政府水行政主管部门责令限期缴纳；逾期不缴纳的，自滞纳之日起按日加收滞纳部分万分之五的滞纳金，可以处应缴水土保持补偿费三倍以下的罚款。

第五十八条 违反本法规定，造成水土流失危害的，依法承担民事责任；构成违反治安管理行为的，由公安机关依法给予治安管理处罚；构成犯罪的，依法追究刑事责任。

第七章 附 则

第五十九条 县级以上地方人民政府根据当地实际情况确定的负责水土保持工作的机构，行使本法规定的水行政主管部门水土保持工作的职责。

第六十条 本法自2011年3月1日起施行。

第二部分

法　规

中华人民共和国价格管理条例

（1987 年 9 月 11 日国务院发布）

第一章　总　　则

第一条　为了贯彻执行国家的价格方针、政策，加强价格管理，保持市场价格的基本稳定，安定人民生活，保障经济体制改革的顺利进行，促进社会主义有计划商品经济的发展，制定本条例。

第二条　价格管理应当在保障国家利益的前提下，保护生产者、经营者和消费者的合法经济利益，正确处理中央、地方、部门、企业相互之间的经济利益关系。

第三条　国家对价格管理采取直接管理和间接控制相结合的原则，实行国家定价、国家指导价和市场调节价三种价格形式。

第四条　国家对价格工作实行统一领导、分级管理。

各级人民政府物价管理机关（以下简称物价部门），各级人民政府有关业务主管部门以及企业、事业单位价格管理机构和人员，应当严格遵守国家价格法规和政策，做好价格管理和监督工作。

第二章　价格的制定和管理

第五条　本条例所指的价格包括：

（一）各类商品的价格；

（二）各种经营性服务的收费标准（以下简称收费标准）。

第六条　商品价格构成包括生产商品的社会平均成本、税金、利润以及正常的流通费用。

第七条　制定、调整实行国家定价和国家指导价的商品价格，应当接近商品价值，反映供求状况，符合国家政策要求，并且遵循下列原则：

（一）各类商品价格应当保持合理的比价关系；

（二）应当有明确的质量标准或者等级规格标准，实行按质定价；

（三）在减少流通环节、降低流通费用的前提下，实行合理的购销差价、批零差价、地区差价和季节差价。

第八条　国家定价是指由县级以上（含县级，以下同）各级人民政府物价部门、业务主管部门按照国家规定权限制定的商品价格和收费标准。

国家指导价是指由县级以上各级人民政府物价部门、业务主管部门按照国家规定权限，通过规定基准价和浮动幅度、差率、利润率、最高限价和最低保护价等，指导企业制定的商品价格和收费标准。

市场调节价是指由生产者、经营者制定的商品价格和收费标准。

第九条 实行国家定价、国家指导价的商品分工管理目录、收费项目分工管理目录，由国家物价部门和国家物价部门授权省、自治区、直辖市人民政府物价部门制定、调整。

第十条 制定、调整商品价格和收费标准，必须按照国家规定的权限和程序执行。任何地区、部门、单位和个人，都不得超越权限擅自制定、调整商品价格和收费标准。

第十一条 国务院有关业务主管部门、地方各级人民政府应当掌握市场商品价格信息，通过国营工商企业、物资供销企业、供销社组织货源，参与市场调节，平抑市场商品价格。在市场调节价出现暴涨暴落时，物价部门可以在一定时期内对部分商品价格规定最高限价、最低保护价和提价申报制度。

第十二条 物价部门应当对城乡集贸市场和个体工商户的价格加强管理和监督。

第三章 价格管理职责

第十三条 国家物价部门在价格管理方面履行下列职责：

（一）研究拟订国家的价格方针、政策、计划和改革方案，经国务院批准后组织实施；

（二）研究拟订价格法规草案；

（三）负责全国的价格管理和综合平衡工作；

（四）按照价格管理权限，规定商品和收费的作价原则、作价办法，制定、调整分管的商品价格和收费标准，重要的商品价格和收费标准的制定、调整，应当会商国务院有关业务主管部门后报国务院批准；

（五）指导、监督国务院业务主管部门和省、自治区、直辖市人民政府的价格工作，检查、处理违反价格法规和政策的行为（以下简称价格违法行为）；

（六）协调、处理国务院业务主管部门之间，省、自治区、直辖市之间，国务院业务主管部门与省、自治区、直辖市之间的价格争议；

（七）建立全国价格信息网络，开展价格信息服务工作；

（八）国务院赋予的其他职责。

第十四条 国务院业务主管部门在价格管理方面履行下列职责：

（一）负责组织、监督本系统、本行业贯彻执行国家的价格方针、政策和法规；

（二）按照价格管理权限，规定商品和收费的作价原则、作价办法，制定、调整分管的商品价格和收费标准；

（三）组织、监督本系统、本行业执行规定的商品价格和收费标准；

（四）指导本系统、本行业价格工作，协调、处理本系统、本行业内的价格争议，协助物价检查机构查处价格违法行为；

（五）对国家物价部门管理的商品价格和收费标准提供有关资料，提出价格调整方案；

（六）建立本系统、本行业的价格信息网络，开展价格信息服务工作。

第十五条 省、自治区、直辖市人民政府物价部门在价格管理方面履行下列职责：

（一）贯彻执行国家的价格方针、政策和法规；

（二）组织、监督有关部门实施国家物价部门和国务院业务主管部门制定的商品价格和收费标准；

（三）负责本地区的价格管理和综合平衡工作，会同有关部门拟订本地区价格计划草案，经批准后组织实施；

（四）按照价格管理权限，规定商品和收费的作价原则、作价办法，制定、调整分管的商品价格和收费标准，重要的商品价格和收费标准应当报省、自治区、直辖市人民政府批准，并报国家物价部门和国务院有关业务主管部门备案；

（五）指导、监督同级业务主管部门、下级人民政府以及本地区内企业、事业单位的价格工作，检查、处理价格违法行为；

（六）协调、处理本地区内的价格争议；

（七）建立本地区价格信息网络，开展价格信息服务工作；

（八）省、自治区、直辖市人民政府赋予的其他职责。

第十六条 省、自治区、直辖市人民政府业务主管部门和市、县人民政府的物价部门、业务主管部门的价格管理职责，由省、自治区、直辖市人民政府参照本章的有关条款规定。

第四章　企业的价格权利和义务

第十七条 企业在价格方面享有下列权利：

（一）对实行国家指导价的商品和收费项目，按照有关规定制定商品价格和收费标准；

（二）制定实行市场调节价的商品价格和收费标准；

（三）对经有关部门鉴定确认、物价部门批准实行优质加价的产品，在规定的加价幅度内制定商品价格，按照规定权限确定残损废次商品的处理价格；

（四）在国家规定期限内制定新产品的试销价格；

（五）对实行国家定价、国家指导价的商品价格和收费标准的制定、调整提出建议。

第十八条 企业在价格方面应当履行下列义务：

（一）遵照执行国家的价格方针、政策和法规，执行国家定价、国家指导价；

（二）如实上报实行国家定价、国家指导价的商品和收费项目的有关定价资料；

（三）服从物价部门的价格管理，接受价格监督检查，如实提供价格检查所必需的成本、账簿等有关资料；

（四）执行物价部门规定的商品价格和收费标准的申报、备案制度；

（五）零售商业、饮食行业、服务行业等，必须按照规定明码标价。

第十九条 事业单位、个体工商户在价格方面的权利和义务，参照本条例第十七条、第十八条的规定执行。

第五章 价格监督检查

第二十条 各级物价部门的物价检查机构，依法行使价格监督检查和处理价格违法行为的职权。对同级人民政府业务主管部门、下级人民政府以及本地区内的企业、事业单位和个体工商户执行价格法规、政策进行监督检查。

第二十一条 物价检查机构受上级物价检查机构的业务指导。地方各级物价检查机构主要负责人的任免，应当事前征得上一级物价部门的同意。

第二十二条 物价检查机构应当依靠和发动群众监督检查价格，协同工会和街道办事处组织职工价格监督站和群众价格监督站，开展群众性的价格监督检查活动。

物价部门要发挥消费者协会监督价格的作用，依法查处消费者协会反映的价格违法行为。

第二十三条 群众价格监督组织监督检查的重点，应当是同人民生活关系密切的消费品价格和服务收费标准。群众价格监督人员进行价格监督检查活动时，应当佩戴标志，出示价格检查证。

第二十四条 地方各级人民政府应当加强对价格监督检查工作的领导，组织有关部门和社会有关方面人员定期或者不定期地对价格法规、政策的执行情况进行监督检查。

第二十五条 工商行政管理、审计、财政、税务、公安、标准、计量以及银行等部门，应当积极配合物价检查机构做好价格监督检查和处理价格违法行为的工作。

第二十六条 对价格违法行为，任何单位和个人都有权检举揭发。物价检查机构应当为检举者保密，并按规定对检举揭发或者协助查处价格违法行为有功人员给予奖励。对群众价格监督组织中工作有成绩者，应当按规定给予奖励。

第二十七条 对检举揭发或者查处价格违法行为者进行打击、报复的，依法追究责任。

第二十八条 物价检查人员必须依法办事。对滥用职权、贪污受贿、徇私舞弊、玩忽职守的，依照国家有关规定给予处分；情节严重，构成犯罪的，由司法机关依法追究刑事责任。

第六章 罚 则

第二十九条 下列行为属于价格违法行为：

（一）不执行国家定价收购、销售商品或者收取费用的；

（二）违反国家指导价的定价原则，制定、调整商品价格或者收费标准的；

（三）抬级抬价、压级压价的；

（四）违反规定将计划内生产资料转为计划外高价出售的；

（五）将定量内供应城镇居民的商品按议价销售的；

（六）违反规定层层加价销售商品的；

（七）自立名目滥收费用的；

（八）采取以次充好、短尺少秤、降低质量等手段，变相提高商品价格或者收费标准的；

（九）企业之间或者行业组织商定垄断价格的；

（十）不执行提价申报制度的；

（十一）不按规定明码标价的；

（十二）泄露国家价格机密的；

（十三）其他违反价格法规、政策的行为。

第三十条 对有前条行为之一的，物价检查机构应当根据情节按照下列规定处罚：

（一）通报批评；

（二）责令将非法所得退还购买者或者用户；

（三）不能退还的非法所得由物价检查机构予以没收；

（四）罚款；

（五）提请工商行政管理机关吊销营业执照；

（六）对企业、事业单位的直接责任人员和主管人员处以罚款，并可以建议有关部门给予处分。

以上处罚，可以并处。

第三十一条 对拒缴非法所得或者罚款的，物价检查机构可以按照有关规定通知其开户银行予以划拨。对没有银行账户或者银行账户内无资金的，物价检查机构有权将其商品变卖抵缴。

被处罚的单位和个体工商户，其退还或者被收缴的非法所得，应当抵减其结案年度的销售收入或者营业收入。企业、事业单位的罚款应当在自有资金、预算包干经费或者预算外资金中支出。

第三十二条 被处罚的单位和个人对处罚决定不服的，可以在收到处罚通知之日起十五日内，向上一级物价检查机构申请复议。上一级物价检查机构应当在收到复议申请之日起三十日内作出复议决定。复议期间，原处罚决定照常执行。申诉人对复议决定不服的，可以在收到复议通知之日起十五日内，向人民法院起诉。

第三十三条 国家物价部门对各级物价检查机构、上级物价检查机构对下级物价检查机构已经生效的处罚决定，如果发现确有错误，有权纠正或者责令重新处理。

第三十四条 拒绝、阻碍物价检查人员依法执行职务的，由公安机关依照《中华人民共和国治安管理处罚条例》的规定予以处罚；情节严重，构成犯罪的，由司法机关依法追究刑事责任。

第三十五条 各级人民政府物价部门、业务主管部门及其工作人员违反价格管理权限、程序，制定、调整商品价格或者收费标准的，由上级物价部门或者同级物价部门负责纠正，并按干部管理权限追究有关人员的责任。

对泄露国家价格机密的，依法追究责任。

第七章　附　　则

第三十六条 对行政性收费、事业性收费，物价部门应当根据国家的价格方针、政策进行管理和监督，并会同有关部门核定收费标准。

第三十七条 在我国境内设立的外商投资企业价格管理按照国家有关

规定执行。

第三十八条 本条例由国家物价局负责解释；施行细则由国家物价局制定。

第三十九条 本条例自发布之日起施行，1982 年 7 月 7 日国务院发布的《物价管理暂行条例》同时废止。

中华人民共和国野生药材资源保护管理条例

（1987 年 10 月 30 日国务院发布）

第一条 为保护和合理利用野生药材资源，适应人民医疗保健事业的需要，特制定本条例。

第二条 在中华人民共和国境内采猎、经营野生药材的任何单位或个人，除国家另有规定外，都必须遵守本条例。

第三条 国家对野生药材资源实行保护、采猎相结合的原则，并创造条件开展人工种养。

第四条 国家重点保护的野生药材物种分为三级：

一级：濒临灭绝状态的稀有珍贵野生药材物种（以下简称一级保护野生药材物种）；

二级：分布区域缩小、资源处于衰竭状态的重要野生药材物种（以下简称二级保护野生药材物种）；

三级：资源严重减少的主要常用野生药材物种（以下简称三级保护野生药材物种）。

第五条 国家重点保护的野生药材物种名录，由国家医药管理部门会同国务院野生动物、植物管理部门制定。

在国家重点保护的野生药材物种名录之外，需要增加的野生药材保护物种，由省、自治区、直辖市人民政府制定并抄送国家医药管理部门备案。

第六条 禁止采猎一级保护野生药材物种。

第七条 采猎、收购二、三级保护野生药材物种的，必须按照批准的计划执行。该计划由县以上（含县，下同）医药管理部门（含当地人民政府授权管理该项工作的有关部门，下同）会同同级野生动物、植物管理部门制定，报上一级医药管理部门批准。

第八条 采猎二、三级保护野生药材物种的，不得在禁止采猎区、禁止采猎期进行采猎，不得使用禁用工具进行采猎。

前款关于禁止采猎区、禁止采猎期和禁止使用的工具，由县以上医药管理部门会同同级野生动物、植物管理部门确定。

第九条 采猎二、三级保护野生药材物种的，必须持有采药证。

取得采药证后，需要进行采伐或狩猎的，必须分别向有关部门申请采伐证或狩猎证。

第十条 采药证的格式由国家医药管理部门确定。采药证由县以上医药管理部门会同同级野生动物、植物管理部门核发。

采伐证或狩猎证的核发，按照国家有关规定办理。

第十一条 建立国家或地方野生药材资源保护区，需经国务院或县以上地方人民政府批准。

在国家或地方自然保护区内建立野生药材资源保护区，必须征得国家或地方自然保护区主管部门的同意。

第十二条 进入野生药材资源保护区从事科研、教学、旅游等活动的，必须经该保护区管理部门批准。进入设在国家或地方自然保护区范围内野生药材资源保护区的，还须征得该自然保护区主管部门的同意。

第十三条 一级保护野生药材物种属于自然淘汰的，其药用部分由各级药材公司负责经营管理，但不得出口。

第十四条 二、三级保护野生药材物种属于国家计划管理的品种，由中国药材公司统一经营管理；其余品种由产地县药材公司或其委托单位按照计划收购。

第十五条 二、三级保护野生药材物种的药用部分，除国家另有规定外，实行限量出口。

实行限量出口和出口许可证制度的品种，由国家医药管理部门会同国务院有关部门确定。

第十六条 野生药材的规格、等级标准，由国家医药管理部门会同国务院有关部门制定。

第十七条 对保护野生药材资源作出显著成绩的单位或个人，由各级医药管理部门会同同级有关部门给予精神鼓励或一次性物质奖励。

第十八条 违反本条例第六条、第七条、第八条、第九条规定的，由当地县以上医药管理部门会同同级有关部门没收其非法采猎的野生药材及使用工具，并处以罚款。

第十九条 违反本条例第十二条规定的，当地县以上医药管理部门和自然保护区主管部门有权制止；造成损失的，必须承担赔偿责任。

第二十条 违反本条例第十三条、第十四条、第十五条规定的，由工商行政管理部门或有关部门没收其野生药材和全部违法所得，并处以罚款。

第二十一条 保护野生药材资源管理部门工作人员徇私舞弊的，由所在单位或上级管理部门给予行政处分；造成野生药材资源损失的，必须承担赔偿责任。

第二十二条　当事人对行政处罚决定不服的，可以在接到处罚决定书之日起 15 日内向人民法院起诉；期满不起诉又不执行的，作出行政处罚决定的部门可以申请人民法院强制执行。

第二十三条　破坏野生药材资源情节严重，构成犯罪的，由司法机关依法追究刑事责任。

第二十四条　省、自治区、直辖市人民政府可以根据本条例制定实施细则。

第二十五条　本条例由国家医药管理局负责解释。

第二十六条　本条例自 1987 年 12 月 1 日起施行。

国有资产评估管理办法

（1991年11月16日国务院令第91号发布）

第一章　总　则

第一条　为了正确体现国有资产的价值量，保护国有资产所有者和经营者、使用者的合法权益，制定本办法。

第二条　国有资产评估，除法律、法规另有规定外，适用本办法。

第三条　国有资产占有单位（以下简称占有单位）有下列情形之一的，应当进行资产评估：

（一）资产拍卖、转让；

（二）企业兼并、出售、联营、股份经营；

（三）与外国公司、企业和其他经济组织或者个人开办中外合资经营企业或者中外合作经营企业；

（四）企业清算；

（五）依照国家有关规定需要进行资产评估的其他情形。

第四条　占有单位有下列情形之一，当事人认为需要的，可以进行资产评估：

（一）资产抵押及其他担保；

（二）企业租赁；

（三）需要进行资产评估的其他情形。

第五条　全国或者特定行业的国有资产评估，由国务院决定。

第六条　国有资产评估范围包括：固定资产、流动资产、无形资产和其他资产。

第七条　国有资产评估应当遵循真实性、科学性、可行性原则，依照国家规定的标准、程序和方法进行评定和估算。

第二章　组织管理

第八条　国有资产评估工作，按照国有资产管理权限，由国有资产管理行政主管部门负责管理和监督。

国有资产评估组织工作，按照占有单位的隶属关系，由行业主管部门负责。

国有资产管理行政主管部门和行业主管部门不直接从事国有资产评估业务。

第九条 持有国务院或者省、自治区、直辖市人民政府国有资产管理行政主管部门颁发的国有资产评估资格证书的资产评估公司、会计师事务所、审计事务所、财务咨询公司，经国务院或者省、自治区、直辖市人民政府国有资产管理行政主管部门认可的临时评估机构（以下统称资产评估机构），可以接受占有单位的委托，从事国有资产评估业务。

前款所列资产评估机构的管理办法，由国务院国有资产管理行政主管部门制定。

第十条 占有单位委托资产评估机构进行资产评估时，应当如实提供有关情况和资料。资产评估机构应当对占有单位提供的有关情况和资料保守秘密。

第十一条 资产评估机构进行资产评估，实行有偿服务。资产评估收费办法，由国务院国有资产管理行政主管部门会同财政部门、物价主管部门制定。

第三章 评估程序

第十二条 国有资产评估按照下列程序进行：

（一）申请立项；

（二）资产清查；

（二）评定估算；

（四）验证确认。

第十三条 依照本办法第三条、第四条规定进行资产评估的占有单位，经其主管部门审查同意后，应当向同级国有资产管理行政主管部门提交资产评估立项申请书，并附财产目录和有关会计报表等资料。

经国有资产管理行政主管部门授权或者委托，占有单位的主管部门可以审批资产评估立项申请。

第十四条 国有资产管理行政主管部门应当自收到资产评估立项申请书之日起十日内进行审核，并作出是否准予资产评估立项的决定，通知申请单位及其主管部门。

第十五条 国务院决定对全国或者特定行业进行国有资产评估的，视为已经准予资产评估立项。

第十六条 申请单位收到准予资产评估立项通知书后，可以委托资产评估机构评估资产。

第十七条 受占有单位委托的资产评估机构应当在对委托单位的资产、债权、债务进行全面清查的基础上，核实资产账面与实际是否相符，经营成果是否真实，据以作出鉴定。

第十八条 受占有单位委托的资产评估机构应当根据本办法的规定，对委托单位被评估资产的价值进行评定和估算，并向委托单位提出资产评估结果报告书。

委托单位收到资产评估机构的资产评估结果报告书后，应当报其主管部门审查；主管部门审查同意后，报同级国有资产管理行政主管部门确认资产评估结果。

经国有资产管理行政主管部门授权或者委托，占有单位的主管部门可以确认资产评估结果。

第十九条 国有资产管理行政主管部门应当自收到占有单位报送的资产评估结果报告书之日起四十五日内组织审核、验证、协商，确认资产评估结果，并下达确认通知书。

第二十条 占有单位对确认通知书有异议的，可以自收到通知书之日起十五日内向上一级国有资产管理行政主管部门申请复核。上一级国有资产管理行政主管部门应当自收到复核申请之日起三十日内作出裁定，并下达裁定通知书。

第二十一条 占有单位收到确认通知书或者裁定通知书后，应当根据国家有关财务、会计制度进行账务处理。

第四章　评估方法

第二十二条 国有资产重估价值，根据资产原值、净值、新旧程度、重置成本、获利能力等因素和本办法规定的资产评估方法评定。

第二十三条 国有资产评估方法包括：

（一）收益现值法；

（二）重置成本法；

（三）现行市价法；

（四）清算价格法；

（五）国务院国有资产管理行政主管部门规定的其他评估方法。

第二十四条 用收益现值法进行资产评估的，应当根据被评估资产合理的预期获利能力和适当的折现率，计算出资产的现值，并以此评定重估价值。

第二十五条 用重置成本法进行资产评估的，应当根据该项资产在全新情况下的重置成本，减去按重置成本计算的已使用年限的累积折旧额，考虑资产功能变化、成新率等因素，评定重估价值；或者根据资产的使用期限，考虑资产功能变化等因素重新确定成新率，评定重估价值。

第二十六条 用现行市价法进行资产评估的，应当参照相同或者类似资产的市场价格，评定重估价值。

第二十七条 用清算价格法进行资产评估的，应当根据企业清算时其资产可变现的价值，评定重估价值。

第二十八条 对流动资产中的原材料、在制品、协作件、库存商品、低值易耗品等进行评估时，应当根据该项资产的现行市场价格、计划价格，考虑购置费用、产品完工程度、损耗等因素，评定重估价值。

第二十九条 对有价证券的评估，参照市场价格评定重估价值；没有市场价格的，考虑票面价值、预期收益等因素，评定重估价值。

第三十条 对占有单位的无形资产，区别下列情况评定重估价值：

（一）外购的无形资产，根据购入成本及该项资产具有的获利能力；

（二）自创或者自身拥有的无形资产，根据其形成时所需实际成本及该项资产具有的获利能力；

（三）自创或者自身拥有的未单独计算成本的无形资产，根据该项资产具有的获利能力。

第五章　法律责任

第三十一条 占有单位违反本办法的规定，提供虚假情况和资料，或者与资产评估机构串通作弊，致使资产评估结果失实的，国有资产管理行政主管部门可以宣布资产评估结果无效，并可以根据情节轻重，单处或者并处下列处罚：

（一）通报批评；

（二）限期改正，并可以处以相当于评估费用以下的罚款；

（三）提请有关部门对单位主管人员和直接责任人员给予行政处分，并可以处以相当于本人三个月基本工资以下的罚款。

第三十二条 资产评估机构作弊或者玩忽职守，致使资产评估结果失实的，国有资产管理行政主管部门可以宣布资产评估结果无效，并可以根据情节轻重，对该资产评估机构给予下列处罚：

（一）警告；

（二）停业整顿；

（二）吊销国有资产评估资格证书。

第三十三条 被处罚的单位和个人对依照本办法第三十一条、第三十二条规定作出的处罚决定不服的，可以在收到处罚通知之日起十五日内，向上一级国有资产管理行政主管部门申请复议。上一级国有资产管理行政主管部门应当自收到复议申请之日起六十日内作出复议决定。申请人对复议决定不服的，可以自收到复议通知之日起十五日内向人民法院提起诉讼。

第三十四条 国有资产管理行政主管部门或者行业主管部门工作人员违反本办法，利用职权谋取私利，或者玩忽职守，造成国有资产损失的，国有资产管理行政主管部门或者行业主管部门可以按照干部管理权限，给予行政处分，并可以处以相当于本人三个月基本工资以下的罚款。

违反本办法，利用职权谋取私利的，由有查处权的部门依法追缴其非法所得。

第三十五条 违反本办法，情节严重，构成犯罪的，由司法机关依法追究刑事责任。

第六章 附 则

第三十六条 境外国有资产的评估，不适用本办法。

第三十七条 有关国有自然资源有偿使用、开采的评估办法，由国务院另行规定。

第三十八条 本办法由国务院国有资产管理行政主管部门负责解释。本办法的施行细则由国务院国有资产管理行政主管部门制定。

第三十九条 本办法自发布之日起施行。

中华人民共和国陆生野生动物保护实施条例

（1992年2月12日国务院批准　1992年3月1日林业部发布）

第一章　总　　则

第一条　根据《中华人民共和国野生动物保护法》（以下简称《野生动物保护法》）的规定，制定本条例。

第二条　本条例所称陆生野生动物，是指依法受保护的珍贵、濒危、有益的和有重要经济、科学研究价值的陆生野生动物（以下简称野生动物）；所称野生动物产品，是指陆生野生动物的任何部分及其衍生物。

第三条　国务院林业行政主管部门主管全国陆生野生动物管理工作。

省、自治区、直辖市人民政府林业行政主管部门主管本行政区域内陆生野生动物管理工作。自治州、县和市人民政府陆生野生动物管理工作的行政主管部门，由省、自治区、直辖市人民政府确定。

第四条　县级以上各级人民政府有关主管部门应当鼓励、支持有关科研、教学单位开展野生动物科学研究工作。

第五条　野生动物行政主管部门有权对《野生动物保护法》和本条例的实施情况进行监督检查，被检查的单位和个人应当给予配合。

第二章　野生动物保护

第六条　县级以上地方各级人民政府应当开展保护野生动物的宣传教育，可以确定适当时间为保护野生动物宣传月、爱鸟周等，提高公民保护野生动物的意识。

第七条　国务院林业行政主管部门和省、自治区、直辖市人民政府林业行政主管部门，应当定期组织野生动物资源调查，建立资源档案，为制定野生动物资源保护发展方案、制定和调整国家和地方重点保护野生动物名录提供依据。

野生动物资源普查每十年进行一次，普查方案由国务院林业行政主管部门或者省、自治区、直辖市人民政府林业行政主管部门批准。

第八条　县级以上各级人民政府野生动物行政主管部门，应当组织社会各方面力量，采取生物技术措施和工程技术措施，维护和改善野生动物生存环境，保护和发展野生动物资源。

禁止任何单位和个人破坏国家和地方重点保护野生动物的生息繁衍场所和生存条件。

第九条 任何单位和个人发现受伤、病弱、饥饿、受困、迷途的国家和地方重点保护野生动物时，应当及时报告当地野生动物行政主管部门，由其采取救护措施；也可以就近送具备救护条件的单位救护。救护单位应当立即报告野生动物行政主管部门，并按照国务院林业行政主管部门的规定办理。

第十条 有关单位和个人对国家和地方重点保护野生动物可能造成的危害，应当采取防范措施。因保护国家和地方重点保护野生动物受到损失的，可以向当地人民政府野生动物行政主管部门提出补偿要求。经调查属实并确实需要补偿的，由当地人民政府按照省、自治区、直辖市人民政府的有关规定给予补偿。

第三章 野生动物猎捕管理

第十一条 禁止猎捕、杀害国家重点保护野生动物。

有下列情形之一，需要猎捕国家重点保护野生动物的，必须申请特许猎捕证：

（一）为进行野生动物科学考察、资源调查，必须猎捕的；

（二）为驯养繁殖国家重点保护野生动物，必须从野外获取种源的；

（三）为承担省级以上科学研究项目或者国家医药生产任务，必须从野外获取国家重点保护野生动物的；

（四）为宣传、普及野生动物知识或者教学、展览的需要，必须从野外获取国家重点保护野生动物的；

（五）因国事活动的需要，必须从野外获取国家重点保护野生动物的；

（六）为调控国家重点保护野生动物种群数量和结构，经科学论证必须猎捕的；

（七）因其他特殊情况，必须捕捉、猎捕国家重点保护野生动物的。

第十二条 申请特许猎捕证的程序如下：

（一）需要捕捉国家一级保护野生动物的，必须附具申请人所在地和捕捉地的省、自治区、直辖市人民政府林业行政主管部门签署的意见，向国务院林业行政主管部门申请特许猎捕证；

（二）需要在本省、自治区、直辖市猎捕国家二级保护野生动物的，必须附具申请人所在地的县级人民政府野生动物行政主管部门签署的意见，向省、自治区、直辖市人民政府林业行政主管部门申请特许猎捕证；

（三）需要跨省、自治区、直辖市猎捕国家二级保护野生动物的，必须附具申请人所在地的省、自治区、直辖市人民政府林业行政主管部门签署的意见，向猎捕地的省、自治区、直辖市人民政府林业行政主管部门申请特许猎捕证。

动物园需要申请捕捉国家一级保护野生动物的，在向国务院林业行政主管部门申请特许猎捕证前，须经国务院建设行政主管部门审核同意；需要申请捕捉国家二级保护野生动物的，在向申请人所在地的省、自治区、直辖市人民政府林业行政主管部门申请特许猎捕证前，须经同级政府建设行政主管部门审核同意。

负责核发特许猎捕证的部门接到申请后，应当在三个月内做出批准或者不批准的决定。

第十三条 有下列情形之一的，不予发放特许猎捕证：

（一）申请猎捕者有条件以合法的非猎捕方式获得国家重点保护野生动物的种源、产品或者达到所需目的的；

（二）猎捕申请不符合国家有关规定或者申请使用的猎捕工具、方法以及猎捕时间、地点不当的；

（三）根据野生动物资源现状不宜捕捉、猎捕的。

第十四条 取得特许猎捕证的单位和个人，必须按照特许猎捕证规定的种类、数量、地点、期限、工具和方法进行猎捕，防止误伤野生动物或者破坏其生存环境。猎捕作业完成后，应当在十日内向猎捕地的县级人民政府野生动物行政主管部门申请查验。

县级人民政府野生动物行政主管部门对在本行政区域内猎捕国家重点保护野生动物的活动，应当进行监督检查，并及时向批准猎捕的机关报告监督检查结果。

第十五条 猎捕非国家重点保护野生动物的，必须持有狩猎证，并按照狩猎证规定的种类、数量、地点、期限、工具和方法进行猎捕。狩猎证由省、自治区、直辖市人民政府林业行政主管部门按照国务院林业行政主管部门的规定印制，县级以上地方人民政府野生动物行政主管部门或者其授权的单位核发。

狩猎证每年验证一次。

第十六条 省、自治区、直辖市人民政府林业行政主管部门，应当根据本行政区域内非国家重点保护野生动物的资源现状，确定狩猎动物种类，并实行年度猎捕量限额管理。狩猎动物种类和年度猎捕量限额，由县级人民政府野生动物行政主管部门按照保护资源、永续利用的原则提出，经省、自治区、直辖市人民政府林业行政主管部门批准，报国务院林业行政主管部门备案。

第十七条 县级以上地方各级人民政府野生动物行政主管部门应当组织狩猎者有计划地开展狩猎活动。

在适合狩猎的区域建立固定狩猎场所的，必须经省、自治区、直辖市人民政府林业行政主管部门批准。

第十八条 禁止使用军用武器、气枪、毒药、炸药、地枪、排铳、非人为直接操作并危害人畜安全的狩猎装置、夜间照明行猎、歼灭性围猎、火攻、烟熏以及县级以上各级人民政府或者其野生动物行政主管部门规定禁止使用的其他狩猎工具和方法狩猎。

第十九条 科研、教学单位对国家重点保护野生动物进行野外考察、科学研究，涉及国家一级保护野生动物的，由国务院林业行政主管部门统一安排；涉及国家二级保护野生动物的，由省、自治区、直辖市人民政府林业行政主管部门统一安排。当地野生动物行政主管部门应当给予支持。

第二十条 外国人在中国境内对国家重点保护野生动物进行野外考察、标本采集或者在野外拍摄电影、录像的，必须向国家重点保护野生动物所在地的省、自治区、直辖市人民政府林业行政主管部门提出申请，经其审核后，报国务院林业行政主管部门或者其授权的单位批准。

第二十一条 外国人在中国境内狩猎，必须在国务院林业行政主管部门批准的对外国人开放的狩猎场所内进行，并遵守中国有关法律、法规的规定。

第四章 野生动物驯养繁殖管理

第二十二条 驯养繁殖国家重点保护野生动物的，应当持有驯养繁殖许可证。以生产经营为主要目的驯养繁殖国家重点保护野生动物的，必须凭驯养繁殖许可证向工商行政管理部门申请登记注册。

国务院林业行政主管部门和省、自治区、直辖市人民政府林业行政主管部门可以根据实际情况和工作需要，委托同级有关部门审批或者核发国家重点保护野生动物驯养繁殖许可证。动物园驯养繁殖国家重点保护野生动物的，林业行政主管部门可以委托同级建设行政主管部门核发驯养繁殖许可证。

驯养繁殖许可证由国务院林业行政主管部门印制。

第二十三条 从国外或者外省、自治区、直辖市引进野生动物进行驯养繁殖的，应当采取适当措施，防止其逃至野外；需要将其放生于野外的，放生单位应当向所在省、自治区、直辖市人民政府林业行政主管部门提出申请，经省级以上人民政府林业行政主管部门指定的科研机构进行科学论证后，报国务院林业行政主管部门或者其授权的单位批准。

擅自将引进的野生动物放生于野外或者因管理不当使其逃至野外的，由野生动物行政主管部门责令限期捕回或者采取其他补救措施。

第二十四条 从国外引进的珍贵、濒危野生动物，经国务院林业行政主管部门核准，可以视为国家重点保护野生动物；从国外引进的其他野生动物，经省、自治区、直辖市人民政府林业行政主管部门核准，可以视为地方重点保护野生动物。

第五章 野生动物经营利用管理

第二十五条 收购驯养繁殖的国家重点保护野生动物或者其产品的单位，由省、自治区、直辖市人民政府林业行政主管部门商有关部门提出，经同级人民政府或者其授权的单位批准，凭批准文件向工商行政管理部门申请登记注册。

依照前款规定经核准登记的单位，不得收购未经批准出售的国家重点保护野生动物或者其产品。

第二十六条 经营利用非国家重点保护野生动物或者其产品的，应当向工商行政管理部门申请登记注册。

经核准登记经营利用非国家重点保护野生动物或者其产品的单位和个人，必须在省、自治区、直辖市人民政府林业行政主管部门或者其授权单位核定的年度经营利用限额指标内，从事经营利用活动。

第二十七条 禁止在集贸市场出售、收购国家重点保护野生动物或者其产品。

持有狩猎证的单位和个人需要出售依法获得的非国家重点保护野生动物或者其产品的，应当按照狩猎证规定的种类、数量向经核准登记的单位出售，或者在当地人民政府有关部门指定的集贸市场出售。

第二十八条 县级以上各级人民政府野生动物行政主管部门和工商行政管理部门，应当对野生动物或者其产品的经营利用建立监督检查制度，加强对经营利用野生动物或者其产品的监督管理。

对进入集贸市场的野生动物或者其产品，由工商行政管理部门进行监督管理；在集贸市场以外经营野生动物或者其产品，由野生动物行政主管部门、工商行政管理部门或者其授权的单位进行监督管理。

第二十九条 运输、携带国家重点保护野生动物或者其产品出县境的，应当凭特许猎捕证、驯养繁殖许可证，向县级人民政府野生动物行政主管部门提出申请，报省、自治区、直辖市人民政府林业行政主管部门或者其授权的单位批准。动物园之间因繁殖动物，需要运输国家重点保护野生动物的，可以由省、自治区、直辖市人民政府林业行政主管部门授权同级建设行政主管部门审批。

第三十条 出口国家重点保护野生动物或者其产品的，以及进出口中国参加的国际公约所限制进出口的野生动物或者其产品的，必须经进出口单位或者个人所在地的省、自治区、直辖市人民政府林业行政主管部门审核，报国务院林业行政主管部门或者国务院批准；属于贸易性进出口活动的，必须由具有有关商品进出口权的单位承担。

动物园因交换动物需要进出口前款所称野生动物的，国务院林业行政主管部门批准前或者国务院林业行政主管部门报请国务院批准前，应当经国务院建设行政主管部门审核同意。

第三十一条 利用野生动物或者其产品举办出国展览等活动的经济收益，主要用于野生动物保护事业。

第六章 奖励和惩罚

第三十二条 有下列事迹之一的单位和个人，由县级以上人民政府或者其野生动物行政主管部门给予奖励：

（一）在野生动物资源调查、保护管理、宣传教育、开发利用方面有突出贡献的；

（二）严格执行野生动物保护法规，成绩显著的；

（三）拯救、保护和驯养繁殖珍贵、濒危野生动物取得显著成效的；

（四）发现违反野生动物保护法规行为，及时制止或者检举有功的；

（五）在查处破坏野生动物资源案件中有重要贡献的；

（六）在野生动物科学研究中取得重大成果或者在应用推广科研成果中取得显著效益的；

（七）在基层从事野生动物保护管理工作五年以上并取得显著成绩的；

（八）在野生动物保护管理工作中有其他特殊贡献的。

第三十三条 非法捕杀国家重点保护野生动物的，依照全国人民代表大会常务委员会关于惩治捕杀国家重点保护的珍贵、濒危野生动物犯罪的补充规定追究刑事责任；情节显著轻微危害不大的，或者犯罪情节轻微不需要判处刑罚的，由野生动物行政主管部门没收猎获物、猎捕工具和违法所得，吊销特许猎捕证，并处以相当于猎获物价值十倍以下的罚款，没有猎获物的处一万元以下罚款。

第三十四条 违反野生动物保护法规，在禁猎区、禁猎期或者使用禁用的工具、方法猎捕非国家重点保护野生动物，依照《野生动物保护法》

第三十二条的规定处以罚款的，按照下列规定执行：

（一）有猎获物的，处以相当于猎获物价值八倍以下的罚款；

（二）没有猎获物的，处二千元以下罚款。

第三十五条 违反野生动物保护法规，未取得狩猎证或者未按照狩猎证规定猎捕非国家重点保护野生动物，依照《野生动物保护法》第三十三条的规定处以罚款的，按照下列规定执行：

（一）有猎获物的，处以相当于猎获物价值五倍以下的罚款；

（二）没有猎获物的，处一千元以下罚款。

第三十六条 违反野生动物保护法规，在自然保护区、禁猎区破坏国家或者地方重点保护野生动物主要生息繁衍场所，依照《野生动物保护法》第三十四条的规定处以罚款的，按照相当于恢复原状所需费用三倍以下的标准执行。

在自然保护区、禁猎区破坏非国家或者地方重点保护野生动物主要生息繁衍场所的，由野生动物行政主管部门责令停止破坏行为，限期恢复原状，并处以恢复原状所需费用二倍以下的罚款。

第三十七条 违反野生动物保护法规，出售、收购、运输、携带国家或者地方重点保护野生动物或者其产品的，由工商行政管理部门或者其授权的野生动物行政主管部门没收实物和违法所得，可以并处相当于实物价值十倍以下的罚款。

第三十八条 伪造、倒卖、转让狩猎证或者驯养繁殖许可证，依照《野生动物保护法》第三十七条的规定处以罚款的，按照五千元以下的标准执行。伪造、倒卖、转让特许猎捕证或者允许进出口证明书，依照《野生动物保护法》第三十七条的规定处以罚款的，按照五万元以下的标准执行。

第三十九条 违反野生动物保护法规，未取得驯养繁殖许可证或者超越驯养繁殖许可证规定范围驯养繁殖国家重点保护野生动物的，由野生动物行政主管部门没收违法所得，处三千元以下罚款，可以并处没收野生动物、吊销驯养繁殖许可证。

第四十条 外国人未经批准在中国境内对国家重点保护野生动物进行野外考察、标本采集或者在野外拍摄电影、录像的，由野生动物行政主管部门没收考察、拍摄的资料以及所获标本，可以并处五万元以下罚款。

第四十一条 有下列行为之一，尚不构成犯罪的，由公安机关依照《中华人民共和国治安管理处罚条例》的规定处罚：

（一）拒绝、阻碍野生动物行政管理人员依法执行职务的；

（二）偷窃、哄抢或者故意损坏野生动物保护仪器设备或者设施的；

（三）偷窃、哄抢、抢夺非国家重点保护野生动物或者其产品的；

（四）未经批准猎捕少量非国家重点保护野生动物的。

第四十二条 违反野生动物保护法规，被责令限期捕回而不捕的，被责令限期恢复原状而不恢复的，野生动物行政主管部门或者其授权的单位可以代为捕回或者恢复原状，由被责令限期捕回者或者被责令限期恢复原状者承担全部捕回或者恢复原状所需的费用。

第四十三条 违反野生动物保护法规，构成犯罪的，依法追究刑事责任。

第四十四条 依照野生动物保护法规没收的实物，按照国务院林业行政主管部门的规定处理。

第七章 附 则

第四十五条 本条例由国务院林业行政主管部门负责解释。

第四十六条 本条例自发布之日起施行。

中华人民共和国水土保持法实施条例

（1993年8月1日国务院令第120号发布
根据2011年1月8日《国务院关于废止和修改部分行政法规的决定》修订）

第一章　总　　则

第一条　根据《中华人民共和国水土保持法》（以下简称《水土保持法》）的规定，制定本条例。

第二条　一切单位和个人都有权对有下列破坏水土资源、造成水土流失的行为之一的单位和个人，向县级以上人民政府水行政主管部门或者其他有关部门进行检举：

（一）违法毁林或者毁草场开荒，破坏植被的；

（二）违法开垦荒坡地的；

（三）向江河、湖泊、水库和专门存放地以外的沟渠倾倒废弃砂、石、土或者尾矿废渣的；

（四）破坏水土保持设施的；

（五）有破坏水土资源、造成水土流失的其他行为的。

第三条　水土流失防治区的地方人民政府应当实行水土流失防治目标责任制。

第四条　地方人民政府根据当地实际情况设立的水土保持机构，可以行使《水土保持法》和本条例规定的水行政主管部门对水土保持工作的职权。

第五条　县级以上人民政府应当将批准的水土保持规划确定的任务，纳入国民经济和社会发展计划，安排专项资金，组织实施，并可以按照有关规定，安排水土流失地区的部分扶贫资金、以工代赈资金和农业发展基金等资金，用于水土保持。

第六条　水土流失重点防治区按国家、省、县三级划分，具体范围由县级以上人民政府水行政主管部门提出，报同级人民政府批准并公告。

水土流失重点防治区可以分为重点预防保护区、重点监督区和重点治理区。

第七条 水土流失严重的省、自治区、直辖市，可以根据需要，设置水土保持中等专业学校或者在有关院校开设水土保持专业。中小学的有关课程，应当包含水土保持方面的内容。

第二章 预 防

第八条 山区、丘陵区、风沙区的地方人民政府，对从事挖药材、养柞蚕、烧木炭、烧砖瓦等副业生产的单位和个人，必须根据水土保持的要求，加强管理，采取水土保持措施，防止水土流失和生态环境恶化。

第九条 在水土流失严重、草场少的地区，地方人民政府及其有关主管部门应当采取措施，推行舍饲，改变野外放牧习惯。

第十条 地方人民政府及其有关主管部门应当因地制宜，组织营造薪炭林，发展小水电、风力发电，发展沼气，利用太阳能，推广节能灶。

第十一条 《水土保持法》施行前已在禁止开垦的陡坡地上开垦种植农作物的，应当在平地或者缓坡地建设基本农田，提高单位面积产量，将已开垦的陡坡耕地逐步退耕，植树种草；退耕确有困难的，由县级人民政府限期修成梯田，或者采取其他水土保持措施。

第十二条 依法申请开垦荒坡地的，必须同时提出防止水土流失的措施，报县级人民政府水行政主管部门或者其所属的水土保持监督管理机构批准。

第十三条 在林区采伐林木的，采伐方案中必须有采伐区水土保持措施。林业行政主管部门批准采伐方案后，应当将采伐方案抄送水行政主管部门，共同监督实施采伐区水土保持措施。

第十四条 在山区、丘陵区、风沙区修建铁路、公路、水工程，开办矿山企业、电力企业和其他大中型工业企业，其环境影响报告书中的水土保持方案，必须先经水行政主管部门审查同意。

在山区、丘陵区、风沙区依法开办乡镇集体矿山企业和个体申请采矿，必须填写“水土保持方案报告表”，经县级以上地方人民政府水行政主管部门批准后，方可申请办理采矿批准手续。

建设工程中的水土保持设施竣工验收，应当有水行政主管部门参加并签署意见。水土保持设施经验收不合格的，建设工程不得投产使用。

水土保持方案的具体报批办法，由国务院水行政主管部门会同国务院有关主管部门制定。

第十五条 《水土保持法》施行前已建或者在建并造成水土流失的生产建设项目，生产建设单位必须向县级以上地方人民政府水行政主管部门提出水土流失防治措施。

第三章 治 理

第十六条 县级以上地方人民政府应当组织国有农场、林场、牧场和农业集体经济组织及农民，在禁止开垦坡度以下的坡耕地，按照水土保持规划，修筑水平梯田和蓄水保土工程，整治排水系统，治理水土流失。

第十七条 水土流失地区的集体所有的土地承包给个人使用的，应当将治理水土流失的责任列入承包合同。当地乡、民族乡、镇的人民政府和农业集体经济组织应当监督承包合同的履行。

第十八条 荒山、荒沟、荒丘、荒滩的水土流失，可以由农民个人、联户或者专业队承包治理，也可以由企业事业单位或者个人投资投劳入股治理。

实行承包治理的，发包方和承包方应当签订承包治理合同。在承包期内，承包方经发包方同意，可以将承包治理合同转让给第三者。

第十九条 企业事业单位在建设和生产过程中造成水土流失的，应当负责治理。因技术等原因无力自行治理的，可以交纳防治费，由水行政主管部门组织治理。防治费的收取标准和使用管理办法由省级以上人民政府财政部门、主管物价的部门会同水行政主管部门制定。

第二十条 对水行政主管部门投资营造的水土保持林、水源涵养林和防风固沙林进行抚育和更新性质的采伐时，所提取的育林基金应当用于营造水土保持林、水源涵养林和防风固沙林。

第二十一条 建成的水土保持设施和种植的林草，应当按照国家技术标准进行检查验收；验收合格的，应当建立档案，设立标志，落实管护责任制。

任何单位和个人不得破坏或者侵占水土保持设施。企业事业单位在建设和生产过程中损坏水土保持设施的，应当给予补偿。

第四章 监 督

第二十二条 《水土保持法》第二十九条所称水土保持监测网络，是指全国水土保持监测中心，大江大河流域水土保持中心站，省、自治区、直辖市水土保持监测站以及省、自治区、直辖市重点防治区水土保持监测分站。

水土保持监测网络的具体管理办法，由国务院水行政主管部门制定。

第二十三条 国务院水行政主管部门和省、自治区、直辖市人民政府水行政主管部门应当定期分别公告水土保持监测情况。公告应当包括下列事项：

（一）水土流失的面积、分布状况和流失程度；

（二）水土流失造成的危害及其发展趋势；

（三）水土流失防治情况及其效益。

第二十四条 有水土流失防治任务的企业事业单位，应当定期向县级以上地方人民政府水行政主管部门通报本单位水土流失防治工作的情况。

第二十五条 县级以上地方人民政府水行政主管部门及其所属的水土保持监督管理机构，应当对《水土保持法》和本条例的执行情况实施监督检查。水土保持监督人员依法执行公务时，应当持有县级以上人民政府颁发的水土保持监督检查证件。

第五章 法律责任

第二十六条 依照《水土保持法》第三十二条的规定处以罚款的，罚款幅度为非法开垦的陡坡地每平方米一元至二元。

第二十七条 依照《水土保持法》第三十三条的规定处以罚款的，罚款幅度为擅自开垦的荒坡地每平方米零点五元至一元。

第二十八条 依照《水土保持法》第三十四条的规定处以罚款的，罚款幅度为五百元以上、五千元以下。

第二十九条 依照《水土保持法》第三十五条的规定处以罚款的，罚款幅度为造成的水土流失面积每平方米二元至五元。

第三十条 依照《水土保持法》第三十六条的规定处以罚款的，罚款幅度为一千元以上、一万元以下。

第三十一条 破坏水土保持设施，尚不够刑事处罚的，由公安机关依照《中华人民共和国治安管理处罚法》的有关规定予以处罚。

第三十二条 依照《水土保持法》第三十九条第二款的规定，请求水行政主管部门处理赔偿责任和赔偿金额纠纷的，应当提出申请报告。申请报告应当包括下列事项：

（一）当事人的基本情况；

（二）受到水土流失危害的时间、地点、范围；

（三）损失清单；

（四）证据。

第三十三条 由于发生不可抗拒的自然灾害而造成水土流失时，有关单位和个人应当向水行政主管部门报告不可抗拒的自然灾害的种类、程度、时间和已采取的措施等情况，经水行政主管部门查实并作出“不能避免造成水土流失危害”认定的，免予承担责任。

第六章　附　　则

第三十四条　本条例由国务院水行政主管部门负责解释。

第三十五条　本条例自发布之日起施行。

中华人民共和国自然保护区条例

（1994 年 9 月 2 日国务院第 24 次常务会议讨论通过
1994 年 10 月 9 日国务院令第 167 号发布）

第一章　总　　则

第一条　为了加强自然保护区的建设和管理，保护自然环境和自然资源，制定本条例。

第二条　本条例所称自然保护区，是指对有代表性的自然生态系统、珍稀濒危野生动植物物种的天然集中分布区、有特殊意义的自然遗迹等保护对象所在的陆地、陆地水体或者海域，依法划出一定面积予以特殊保护和管理的区域。

第三条　凡在中华人民共和国领域和中华人民共和国管辖的其他海域内建设和管理自然保护区，必须遵守本条例。

第四条　国家采取有利于发展自然保护区的经济、技术政策和措施，将自然保护区的发展规划纳入国民经济和社会发展计划。

第五条　建设和管理自然保护区，应当妥善处理与当地经济建设和居民生产、生活的关系。

第六条　自然保护区管理机构或者其行政主管部门可以接受国内外组织和个人的捐赠，用于自然保护区的建设和管理。

第七条　县级以上人民政府应当加强对自然保护区工作的领导。

一切单位和个人都有保护自然保护区内自然环境和自然资源的义务，并有权对破坏、侵占自然保护区的单位和个人进行检举、控告。

第八条　国家对自然保护区实行综合管理与分部门管理相结合的管理体制。

国务院环境保护行政主管部门负责全国自然保护区的综合管理。

国务院林业、农业、地质矿产、水利、海洋等有关行政主管部门在各自的职责范围内，主管有关的自然保护区。

县级以上地方人民政府负责自然保护区管理的部门的设置和职责，由省、自治区、直辖市人民政府根据当地具体情况确定。

第九条　对建设、管理自然保护区以及在有关的科学研究中做出显著成绩的单位和个人，由人民政府给予奖励。

第二章　自然保护区的建设

第十条　凡具有下列条件之一的，应当建立自然保护区：

（一）典型的自然地理区域、有代表性的自然生态系统区域以及已经遭受破坏但经保护能够恢复的同类自然生态系统区域；

（二）珍稀、濒危野生动植物物种的天然集中分布区域；

（三）具有特殊保护价值的海域、海岸、岛屿、湿地、内陆水域、森林、草原和荒漠；

（四）具有重大科学文化价值的地质构造、著名溶洞、化石分布区、冰川、火山、温泉等自然遗迹；

（五）经国务院或者省、自治区、直辖市人民政府批准，需要予以特殊保护的其他自然区域。

第十一条　自然保护区分为国家级自然保护区和地方级自然保护区。

在国内外有典型意义、在科学上有重大国际影响或者有特殊科学研究价值的自然保护区，列为国家级自然保护区。

除列为国家级自然保护区的外，其他具有典型意义或者重要科学研究价值的自然保护区列为地方级自然保护区。地方级自然保护区可以分级管理，具体办法由国务院有关自然保护区行政主管部门或者省、自治区、直辖市人民政府根据实际情况规定，报国务院环境保护行政主管部门备案。

第十二条　国家级自然保护区的建立，由自然保护区所在的省、自治区、直辖市人民政府或者国务院有关自然保护区行政主管部门提出申请，经国家级自然保护区评审委员会评审后，由国务院环境保护行政主管部门进行协调并提出审批建议，报国务院批准。

地方级自然保护区的建立，由自然保护区所在的县、自治县、市、自治州人民政府或者省、自治区、直辖市人民政府有关自然保护区行政主管部门提出申请，经地方级自然保护区评审委员会评审后，由省、自治区、直辖市人民政府环境保护行政主管部门进行协调并提出审批建议，报省、自治区、直辖市人民政府批准，并报国务院环境保护行政主管部门和国务院有关自然保护区行政主管部门备案。

跨两个以上行政区域的自然保护区的建立，由有关行政区域的人民政府协商一致后提出申请，并按照前两款规定的程序审批。

建立海上自然保护区，须经国务院批准。

第十三条　申请建立自然保护区，应当按照国家有关规定填报建立自然保护区申报书。

第十四条 自然保护区的范围和界线由批准建立自然保护区的人民政府确定，并标明区界，予以公告。

确定自然保护区的范围和界线，应当兼顾保护对象的完整性和适度性，以及当地经济建设和居民生产、生活的需要。

第十五条 自然保护区的撤销及其性质、范围、界线的调整或者改变，应当经原批准建立自然保护区的人民政府批准。

任何单位和个人，不得擅自移动自然保护区的界标。

第十六条 自然保护区按照下列方法命名：

国家级自然保护区：自然保护区所在地地名加“国家级自然保护区”。

地方级自然保护区：自然保护区所在地地名加“地方级自然保护区”。

有特殊保护对象的自然保护区，可以在自然保护区所在地地名后加特殊保护对象的名称。

第十七条 国务院环境保护行政主管部门应当会同国务院有关自然保护区行政主管部门，在对全国自然环境和自然资源状况进行调查和评价的基础上，拟订国家自然保护区发展规划，经国务院计划部门综合平衡后，报国务院批准实施。

自然保护区管理机构或者该自然保护区行政主管部门应当组织编制自然保护区的建设规划，按照规定的程序纳入国家的、地方的或者部门的投资计划，并组织实施。

第十八条 自然保护区可以分为核心区、缓冲区和实验区。

自然保护区内保存完好的天然状态的生态系统以及珍稀、濒危动植物的集中分布地，应当划为核心区，禁止任何单位和个人进入；除依照本条例第二十七条的规定经批准外，也不允许进入从事科学研究活动。

核心区外围可以划定一定面积的缓冲区，只准进入从事科学研究观测活动。

缓冲区外围划为实验区，可以进入从事科学试验、教学实习、参观考察、旅游以及驯化、繁殖珍稀、濒危野生动植物等活动。

原批准建立自然保护区的人民政府认为必要时，可以在自然保护区的外围划定一定面积的外围保护地带。

第三章　自然保护区的管理

第十九条 全国自然保护区管理的技术规范和标准，由国务院环境保护行政主管部门组织国务院有关自然保护区行政主管部门制定。

国务院有关自然保护区行政主管部门可以按照职责分工，制定有关类型自然保护区管理的技术规范，报国务院环境保护行政主管部门备案。

第二十条 县级以上人民政府环境保护行政主管部门有权对本行政区域内各类自然保护区的管理进行监督检查；县级以上人民政府有关自然保护区行政主管部门有权对其主管的自然保护区的管理进行监督检查。被检查的单位应当如实反映情况，提供必要的资料。检查者应当为被检查的单位保守技术秘密和业务秘密。

第二十一条 国家级自然保护区，由其所在地的省、自治区、直辖市人民政府有关自然保护区行政主管部门或者国务院有关自然保护区行政主管部门管理。地方级自然保护区，由其所在地的县级以上地方人民政府有关自然保护区行政主管部门管理。

有关自然保护区行政主管部门应当在自然保护区内设立专门的管理机构，配备专业技术人员，负责自然保护区的具体管理工作。

第二十二条 自然保护区管理机构的主要职责是：

（一）贯彻执行国家有关自然保护的法律、法规和方针、政策；

（二）制定自然保护区的各项管理制度，统一管理自然保护区；

（三）调查自然资源并建立档案，组织环境监测，保护自然保护区内的自然环境和自然资源；

（四）组织或者协助有关部门开展自然保护区的科学研究工作；

（五）进行自然保护的宣传教育；

（六）在不影响保护自然保护区的自然环境和自然资源的前提下，组织开展参观、旅游等活动。

第二十三条 管理自然保护区所需经费，由自然保护区所在地的县级以上地方人民政府安排。国家对国家级自然保护区的管理，给予适当的资金补助。

第二十四条 自然保护区所在地的公安机关，可以根据需要在自然保护区设置公安派出机构，维护自然保护区内的治安秩序。

第二十五条 在自然保护区内的单位、居民和经批准进入自然保护区的人员，必须遵守自然保护区的各项管理制度，接受自然保护区管理机构的管理。

第二十六条 禁止在自然保护区内进行砍伐、放牧、狩猎、捕捞、采药、开垦、烧荒、开矿、采石、挖沙等活动；但是，法律、行政法规另有规定的除外。

第二十七条 禁止任何人进入自然保护区的核心区。因科学研究的需要，必须进入核心区从事科学研究观测、调查活动的，应当事先向自然保护区管理机构提交申请和活动计划，并经省级以上人民政府有关自然保护区行政主管部门批准；其中，进入国家级自然保护区核心区的，必须经国务院有关自然保护区行政主管部门批准。

自然保护区核心区内原有居民确有必要迁出的，由自然保护区所在地的地方人民政府予以妥善安置。

第二十八条 禁止在自然保护区的缓冲区开展旅游和生产经营活动。因教学科研的目的，需要进入自然保护区的缓冲区从事非破坏性的科学研究、教学实习和标本采集活动的，应当事先向自然保护区管理机构提交申请和活动计划，经自然保护区管理机构批准。

从事前款活动的单位和个人，应当将其活动成果的副本提交自然保护区管理机构。

第二十九条 在国家级自然保护区的实验区开展参观、旅游活动的，由自然保护区管理机构提出方案，经省、自治区、直辖市人民政府有关自然保护区行政主管部门审核后，报国务院有关自然保护区行政主管部门批准；在地方级自然保护区的实验区开展参观、旅游活动的，由自然保护区管理机构提出方案，经省、自治区、直辖市人民政府有关自然保护区行政主管部门批准。

在自然保护区组织参观、旅游活动的，必须按照批准的方案进行，并加强管理；进入自然保护区参观、旅游的单位和个人，应当服从自然保护区管理机构的管理。

严禁开设与自然保护区保护方向不一致的参观、旅游项目。

第三十条 自然保护区的内部未分区的，依照本条例有关核心区和缓冲区的规定管理。

第三十一条 外国人进入地方级自然保护区的，接待单位应当事先报经省、自治区、直辖市人民政府有关自然保护区行政主管部门批准；进入国家级自然保护区的，接待单位应当报经国务院有关自然保护区行政主管部门批准。

进入自然保护区的外国人，应当遵守有关自然保护区的法律、法规和规定。

第三十二条 在自然保护区的核心区和缓冲区内，不得建设任何生产设施。在自然保护区的实验区内，不得建设污染环境、破坏资源或者景观的生产设施；建设其他项目，其污染物排放不得超过国家和地方规定的污染物排放标准。在自然保护区的实验区内已经建成的设施，其污染物排放超过国家和地方规定的排放标准的，应当限期治理；造成损害的，必须采取补救措施。

在自然保护区的外围保护地带建设的项目，不得损害自然保护区内的环境质量；已造成损害的，应当限期治理。

限期治理决定由法律、法规规定的机关作出，被限期治理的企业事业单位必须按期完成治理任务。

第三十三条 因发生事故或者其他突然性事件，造成或者可能造成自然保护区污染或者破坏的单位和个人，必须立即采取措施处理，及时通报可能受到危害的单位和居民，并向自然保护区管理机构、当地环境保护行政主管部门和自然保护区行政主管部门报告，接受调查处理。

第四章 法律责任

第三十四条 违反本条例规定，有下列行为之一的单位和个人，由自然保护区管理机构责令其改正，并可以根据不同情节处以100元以上5000元以下的罚款：

（一）擅自移动或者破坏自然保护区界标的；

（二）未经批准进入自然保护区或者在自然保护区内不服从管理机构管理的；

（三）经批准在自然保护区的缓冲区内从事科学研究、教学实习和标本采集的单位和个人，不向自然保护区管理机构提交活动成果副本的。

第三十五条 违反本条例规定，在自然保护区进行砍伐、放牧、狩猎、捕捞、采药、开垦、烧荒、开矿、采石、挖沙等活动的单位和个人，除可以依照有关法律、行政法规规定给予处罚的以外，由县级以上人民政府有关自然保护区行政主管部门或者其授权的自然保护区管理机构没收违法所得，责令停止违法行为，限期恢复原状或者采取其他补救措施；对自然保护区造成破坏的，可以处以300元以上10000元以下的罚款。

第三十六条 自然保护区管理机构违反本条例规定，拒绝环境保护行政主管部门或者有关自然保护区行政主管部门监督检查，或者在被检查时弄虚作假的，由县级以上人民政府环境保护行政主管部门或者有关自然保护区行政主管部门给予300元以上3000元以下的罚款。

第三十七条 自然保护区管理机构违反本条例规定，有下列行为之一的，由县级以上人民政府有关自然保护区行政主管部门责令限期改正；对直接责任人员，由其所在单位或者上级机关给予行政处分：

（一）未经批准在自然保护区开展参观、旅游活动的；

（二）开设与自然保护区保护方向不一致的参观、旅游项目的；

（三）不按照批准的方案开展参观、旅游活动的。

第三十八条 违反本条例规定，给自然保护区造成损失的，由县级以上人民政府有关自然保护区行政主管部门责令赔偿损失。

第三十九条 妨碍自然保护区管理人员执行公务的，由公安机关依照

《中华人民共和国治安管理处罚条例》的规定给予处罚；情节严重，构成犯罪的，依法追究刑事责任。

第四十条 违反本条例规定，造成自然保护区重大污染或者破坏事故，导致公私财产重大损失或者人身伤亡的严重后果，构成犯罪的，对直接负责的主管人员和其他直接责任人员依法追究刑事责任。

第四十一条 自然保护区管理人员滥用职权、玩忽职守、徇私舞弊，构成犯罪的，依法追究刑事责任；情节轻微，尚不构成犯罪的，由其所在单位或者上级机关给予行政处分。

第五章 附 则

第四十二条 国务院有关自然保护区行政主管部门可以根据本条例，制定有关类型自然保护区的管理办法。

第四十三条 各省、自治区、直辖市人民政府可以根据本条例，制定实施办法。

第四十四条 本条例自 1994 年 12 月 1 日起施行。

中华人民共和国野生植物保护条例

（1996年9月30日国务院令第204号发布）

第一章　总　　则

第一条　为了保护、发展和合理利用野生动物植物资源，保护生物多样性，维护生态平衡，制定本条例。

第二条　在中华人民共和国境内从事野生植物的保护、发展和利用活动，必须遵守本条例。

本条例所保护的野生植物，是指原生地天然生长的珍贵植物和原生地天然生长并具有重要经济、科学研究、文化价值的濒危、稀有植物。

药用野生植物和城市园林、自然保护区、风景名胜区内的野生植物的保护，同时适用有关法律、行政法规。

第三条　国家对野生植物资源实行加强保护、积极发展、合理利用的方针。

第四条　国家保护依法开发利用和经营管理野生植物资源的单位和个人的合法权益。

第五条　国家鼓励和支持野生植物科学研究、野生植物的就地保护和迁地保护。

在野生植物资源保护、科学研究、培育利用和宣传教育方面成绩显著的单位和个人，由人民政府给予奖励。

第六条　县级以上各级人民政府有关主管部门应当开展保护野生植物的宣传教育，普及野生植物知识，提高公民保护野生植物的意识。

第七条　任何单位和个人都有保护野生植物资源的义务，对侵占或者破坏野生植物及其生长环境的行为有权检举和控告。

第八条　国务院林业行政主管部门主管全国林区内野生植物和林区外珍贵野生树木的监督管理工作。国务院农业行政主管部门主管全国其他野生植物的监督管理工作。

国务院建设行政部门负责城市园林、风景名胜区内野生植物的监督管理工作。国务院环境保护部门负责对全国野生植物环境保护工作的协调和监督。国务院其他有关部门依照职责分工负责有关的野生植物保护工作。

县级以上地方人民政府负责野生植物管理工作的部门及其职责，由省、自治区、直辖市人民政府根据当地具体情况规定。

第二章　野生植物保护

第九条　国家保护野生植物及其生长环境。禁止任何单位和个人非法采集野生植物或者破坏其生长环境。

第十条　野生植物分为国家重点保护野生植物和地方重点保护野生植物。

国家重点保护野生植物分为国家一级保护野生植物和国家二级保护野生植物。国家重点保护野生植物名录，由国务院林业行政主管部门、农业行政主管部门（以下简称国务院野生植物行政主管部门）商国务院环境保护、建设等有关部门制定，报国务院批准公布。

地方重点保护野生植物，是指国家重点保护野生植物以外，由省、自治区、直辖市保护的野生植物。地方重点保护野生植物名录，由省、自治区、直辖市人民政府制定并公布，报国务院备案。

第十一条　在国家重点保护野生植物物种和地方重点保护野生植物物种的天然集中分布区域，应当依照有关法律、行政法规的规定，建立自然保护区；在其他区域，县级以上地方人民政府野生植物行政主管部门和其他有关部门可以根据实际情况建立国家重点保护野生植物和地方重点保护野生植物的保护点或者设立保护标志。

禁止破坏国家重点保护野生植物和地方重点保护野生植物的保护点的保护设施和保护标志。

第十二条　野生植物行政主管部门及其他有关部门应当监视、监测环境对国家重点保护野生植物生长和地方重点保护野生植物生长的影响，并采取措施，维护和改善国家重点保护野生植物和地方重点保护野生植物的生长条件。由于环境影响对国家重点保护野生植物和地方重点保护野生植物的生长造成危害时，野生植物行政主管部门应当会同其他有关部门调查并依法处理。

第十三条　建设项目对国家重点保护野生植物和地方重点保护野生植物的生长环境产生不利影响的，建设单位提交的环境影响报告书中必须对此做出评价；环境保护部门在审批环境影响报告书时，应当征求野生植物行政主管部门的意见。

第十四条　野生植物行政主管部门和有关单位对生长受到威胁的国家重点保护野生植物和地方重点保护野生植物应当采取拯救措施，保护或者恢复其生长环境，必要时应当建立繁育基地、种质资源库或者采取迁地保护措施。

第三章 野生植物管理

第十五条 野生植物行政主管部门应当定期组织国家重点保护野生植物和地方重点保护野生植物资源调查，建立资源档案。

第十六条 禁止采集国家一级保护野生植物。因科学研究、人工培育、文化交流等特殊需要，采集国家一级保护野生植物的，必须经采集地的省、自治区、直辖市人民政府野生植物行政主管部门签署意见后，向国务院野生植物行政主管部门或者其授权的机构申请采集证。

采集国家二级保护野生植物的，必须经采集地的县级人民政府野生植物行政主管部门签署意见后，向省、自治区、直辖市人民政府野生植物行政主管部门或者其授权的机构申请采集证。

采集城市园林或者风景名胜区内的国家一级或者二级保护野生植物的，须先征得城市园林或者风景名胜区管理机构同意，分别依照前两款的规定申请采集证。

采集珍贵野生树木或者林区内、草原上的野生植物的，依照森林法、草原法的规定办理。

野生植物行政主管部门发放采集证后，应当抄送环境保护部门备案。

采集证的格式由国务院野生植物行政主管部门制定。

第十七条 采集国家重点保护野生植物的单位和个人，必须按照采集证规定的种类、数量、地点、期限和方法进行采集。

县级人民政府野生植物行政主管部门对在本行政区域内采集国家重点保护野生植物的活动，应当进行监督检查，并及时报告批准采集的野生植物行政主管部门或者其授权的机构。

第十八条 禁止出售、收购国家一级保护野生植物。

出售、收购国家二级保护野生植物的，必须经省、自治区、直辖市人民政府野生植物行政主管部门或者其授权的机构批准。

第十九条 野生植物行政主管部门应当对经营利用国家二级保护野生植物的活动进行监督检查。

第二十条 出口国家重点保护野生植物或者进出口中国参加的国际公约所限制进出口的野生植物的，必须经进出口者所在地的省、自治区、直辖市人民政府野生植物行政主管部门审核，报国务院野生植物行政主管部门批准，并取得国家濒危物种进出口管理机构核发的允许进出口证明书或者标签。海关凭允许进出口证明书或者标签查验放行。国务院野生植物行政主管部门应当将有关野生植物进出口的资料抄送国务院环境保护部门。

禁止出口未定名的或者新发现并有重要价值的野生植物。

第二十一条 外国人不得在中国境内采集或者收购国家重点保护野生植物。

外国人在中国境内对国家重点保护野生植物进行野外考察的，必须向国家重点保护野生植物所在地的省、自治区、直辖市人民政府野生植物行政主管部门提出申请，经其审核后，报国务院野生植物行政主管部门或者其授权的机构批准；直接向国务院野生植物行政主管部门提出申请的，国务院野生植物行政主管部门在批准前，应当征求有关省、自治区、直辖市人民政府野生植物行政主管部门的意见。

第二十二条 地方重点保护野生植物的管理办法，由省、自治区、直辖市人民政府制定。

第四章 法律责任

第二十三条 未取得采集证或者未按照采集证的规定采集国家重点保护野生植物的，由野生植物行政主管部门没收所采集的野生植物和违法所得，可以并处违法所得 10 倍以下的罚款；有采集证的，并可以吊销采集证。

第二十四条 违反本条例规定，出售、收购国家重点保护野生植物的，由工商行政管理部门或者野生植物行政主管部门按照职责分工没收野生植物和违法所得，可以并处违法所得 10 倍以下的罚款。

第二十五条 非法进出口野生植物的，由海关依照海关法的规定处罚。

第二十六条 伪造、倒卖、转让采集证、允许进出口证明书或者有关批准文件、标签的，由野生植物行政主管部门或者工商行政管理部门按照职责分工收缴，没收违法所得，可以并处 5 万元以下的罚款。

第二十七条 外国人在中国境内采集、收购国家重点保护野生植物，或者未经批准对国家重点保护野生植物进行野外考察的，由野生植物行政主管部门没收所采集、收购的野生植物和考察资料，可以并处 5 万元以下的罚款。

第二十八条 违反本条例规定，构成犯罪的，依法追究刑事责任。

第二十九条 野生植物行政主管部门的工作人员滥用职权、玩忽职守、徇私舞弊，构成犯罪的，依法追究刑事责任；尚不构成犯罪的，依法给予行政处分。

第三十条 依照本条例规定没收的实物，由做出没收决定的机关按照国家有关规定处理。

第五章　附　　则

第三十一条　中华人民共和国缔结或者参加的与保护野生植物有关的国际条约与本条例有不同规定的，适用国际条约的规定；但是，中华人民共和国声明保留的条款除外。

第三十二条　本条例自1997年1月1日起施行。

中华人民共和国森林法实施条例

（2000年1月29日国务院令第278号公布）

第一章　总　　则

第一条　根据《中华人民共和国森林法》（以下简称森林法），制定本条例。

第二条　森林资源，包括森林、林木、林地以及依托森林、林木、林地生存的野生动物、植物和微生物。

森林，包括乔木林和竹林。

林木，包括树木和竹子。

林地，包括郁闭度0.2以上的乔木林地以及竹林地、灌木林地、疏林地、采伐迹地、火烧迹地、未成林造林地、苗圃地和县级以上人民政府规划的宜林地。

第三条　国家依法实行森林、林木和林地登记发证制度。依法登记的森林、林木和林地的所有权、使用权受法律保护，任何单位和个人不得侵犯。

森林、林木和林地的权属证书式样由国务院林业主管部门规定。

第四条　依法使用的国家所有的森林、林木和林地，按照下列规定登记：

（一）使用国务院确定的国家所有的重点林区（以下简称重点林区）的森林、林木和林地的单位，应当向国务院林业主管部门提出登记申请，由国务院林业主管部门登记造册，核发证书，确认森林、林木和林地使用权以及由使用者所有的林木所有权；

（二）使用国家所有的跨行政区域的森林、林木和林地的单位和个人，应当向共同的上一级人民政府林业主管部门提出登记申请，由该人民政府登记造册，核发证书，确认森林、林木和林地使用权以及由使用者所有的林木所有权；

（三）使用国家所有的其他森林、林木和林地的单位和个人，应当向县级以上地方人民政府林业主管部门提出登记申请，由县级以上地方人民政府登记造册，核发证书，确认森林、林木和林地使用权以及由使用者所有的林木所有权。

未确定使用权的国家所有的森林、林木和林地，由县级以上人民政府登记造册，负责保护管理。

第五条 集体所有的森林、林木和林地，由所有者向所在地的县级人民政府林业主管部门提出登记申请，由该县级人民政府登记造册，核发证书，确认所有权。

单位和个人所有的林木，由所有者向所在地的县级人民政府林业主管部门提出登记申请，由该县级人民政府登记造册，核发证书，确认林木所有权。

使用集体所有的森林、林木和林地的单位和个人，应当向所在地的县级人民政府林业主管部门提出登记申请，由该县级人民政府登记造册，核发证书，确认森林、林木和林地使用权。

第六条 改变森林、林木和林地所有权、使用权的，应当依法办理变更登记手续。

第七条 县级以上人民政府林业主管部门应当建立森林、林木和林地权属管理档案。

第八条 国家重点防护林和特种用途林，由国务院林业主管部门提出意见，报国务院批准公布；地方重点防护林和特种用途林，由省、自治区、直辖市人民政府林业主管部门提出意见，报本级人民政府批准公布；其他防护林、用材林、特种用途林以及经济林、薪炭林，由县级人民政府林业主管部门根据国家关于林种划分的规定和本级人民政府的部署组织划定，报本级人民政府批准公布。

省、自治区、直辖市行政区域内的重点防护林和特种用途林的面积，不得少于本行政区域森林总面积的百分之三十。

经批准公布的林种改变为其他林种的，应当报原批准公布机关批准。

第九条 依照森林法第八条第一款第（五）项规定提取的资金，必须专门用于营造坑木、造纸等用材林，不得挪作他用。审计机关和林业主管部门应当加强监督。

第十条 国务院林业主管部门向重点林区派驻的森林资源监督机构，应当加强对重点林区内森林资源保护管理的监督检查。

第二章 森林经营管理

第十一条 国务院林业主管部门应当定期监测全国森林资源消长和森林生态环境变化的情况。

重点林区森林资源调查、建立档案和编制森林经营方案等项工作，由国务院林业主管部门组织实施；其他森林资源调查、建立档案和编制森林经营方案等项工作，由县级以上地方人民政府林业主管部门组织实施。

第十二条 制定林业长远规划，应当遵循下列原则：

（一）保护生态环境和促进经济的可持续发展；

（二）以现有的森林资源为基础；

（三）与土地利用总体规划、水土保持规划、城市规划、村庄和集镇规划相协调。

第十三条 林业长远规划应当包括下列内容：

（一）林业发展目标；

（二）林种比例；

（三）林地保护利用规划；

（四）植树造林规划。

第十四条 全国林业长远规划由国务院林业主管部门会同其他有关部门编制，报国务院批准后施行。

地方各级林业长远规划由县级以上地方人民政府林业主管部门会同其他有关部门编制，报本级人民政府批准后施行。

下级林业长远规划应当根据上一级林业长远规划编制。

林业长远规划的调整、修改，应当报经原批准机关批准。

第十五条 国家依法保护森林、林木和林地经营者的合法权益。任何单位和个人不得侵占经营者依法所有的林木和使用的林地。

用材林、经济林和薪炭林的经营者，依法享有经营权、收益权和其他合法权益。

防护林和特种用途林的经营者，有获得森林生态效益补偿的权利。

第十六条 勘查、开采矿藏和修建道路、水利、电力、通讯等工程，需要占用或者征收、征用林地的，必须遵守下列规定：

（一）用地单位应当向县级以上人民政府林业主管部门提出用地申请，经审核同意后，按照国家规定的标准预交森林植被恢复费，领取使用林地审核同意书。用地单位凭使用林地审核同意书依法办理建设用地审批手续。占用或者征收、征用林地未经林业主管部门审核同意的，土地行政主管部门不得受理建设用地申请。

（二）占用或者征收、征用防护林林地或者特种用途林林地面积10公顷以上的，用材林、经济林、薪炭林林地及其采伐迹地面积35公顷以上的，其他林地面积70公顷以上的，由国务院林业主管部门审核；占用或者征收、征用林地面积低于上述规定数量的，由省、自治区、直辖市人民政府林业主管部门审核。占用或者征收、征用重点林区的林地的，由国务院林业主管部门审核。

（三）用地单位需要采伐已经批准占用或者征收、征用的林地上的林木时，应当向林地所在地的县级以上地方人民政府林业主管部门或者国务院林业主管部门申请林木采伐许可证。

（四）占用或者征收、征用林地未被批准的，有关林业主管部门应当自接到不予批准通知之日起7日内将收取的森林植被恢复费如数退还。

第十七条 需要临时占用林地的，应当经县级以上人民政府林业主管部门批准。

临时占用林地的期限不得超过两年，并不得在临时占用的林地上修筑永久性建筑物；占用期满后，用地单位必须恢复林业生产条件。

第十八条 森林经营单位在所经营的林地范围内修筑直接为林业生产服务的工程设施，需要占用林地的，由县级以上人民政府林业主管部门批准；修筑其他工程设施，需要将林地转为非林业建设用地的，必须依法办理建设用地审批手续。

前款所称直接为林业生产服务的工程设施是指：

（一）培育、生产种子、苗木的设施；

（二）贮存种子、苗木、木材的设施；

（三）集材道、运材道；

（四）林业科研、试验、示范基地；

（五）野生动植物保护、护林、森林病虫害防治、森林防火、木材检疫的设施；

（六）供水、供电、供热、供气、通讯基础设施。

第三章　森林保护

第十九条 县级以上人民政府林业主管部门应当根据森林病虫害测报中心和测报点对测报对象的调查和监测情况，定期发布长期、中期、短期森林病虫害预报，并及时提出防治方案。

森林经营者应当选用良种，营造混交林，实行科学育林，提高防御森林病虫害的能力。

发生森林病虫害时，有关部门、森林经营者应当采取综合防治措施，及时进行除治。

发生严重森林病虫害时，当地人民政府应当采取紧急除治措施，防止蔓延，消除隐患。

第二十条 国务院林业主管部门负责确定全国林木种苗检疫对象。省、自治区、直辖市人民政府林业主管部门根据本地区的需要，可以确定本省、自治区、直辖市的林木种苗补充检疫对象，报国务院林业主管部门备案。

第二十一条 禁止毁林开垦、毁林采种和违反操作技术规程采脂、挖笋、掘根、剥树皮及过度修枝的毁林行为。

第二十二条 25 度以上的坡地应当用于植树、种草。25 度以上的坡耕地应当按照当地人民政府制定的规划，逐步退耕，植树和种草。

第二十三条 发生森林火灾时，当地人民政府必须立即组织军民扑救；有关部门应当积极做好扑救火灾物资的供应、运输和通讯、医疗等工作。

第四章 植树造林

第二十四条 森林法所称森林覆盖率，是指以行政区域为单位森林面积与土地面积的百分比。森林面积，包括郁闭度 0.2 以上的乔木林地面积和竹林地面积、国家特别规定的灌木林地面积、农田林网以及村旁、路旁、水旁、宅旁林木的覆盖面积。

县级以上地方人民政府应当按照国务院确定的森林覆盖率奋斗目标，确定本行政区域森林覆盖率的奋斗目标，并组织实施。

第二十五条 植树造林应当遵守造林技术规程，实行科学造林，提高林木的成活率。

县级人民政府对本行政区域内当年造林的情况应当组织检查验收，除国家特别规定的干旱、半干旱地区外，成活率不足百分之八十五的，不得计入年度造林完成面积。

第二十六条 国家对造林绿化实行部门和单位负责制。

铁路公路两旁、江河两岸、湖泊水库周围，各有关主管单位是造林绿化的责任单位。工矿区，机关、学校用地，部队营区以及农场、牧场、渔场经营地区，各该单位是造林绿化的责任单位。

责任单位的造林绿化任务，由所在地的县级人民政府下达责任通知书，予以确认。

第二十七条 国家保护承包造林者依法享有的林木所有权和其他合法权益。未经发包方和承包方协商一致，不得随意变更或者解除承包造林合同。

第五章 森林采伐

第二十八条 国家所有的森林和林木以国有林业企业事业单位、农场、厂矿为单位，集体所有的森林和林木、个人所有的林木以县为单位，制定年森林采伐限额，由省、自治区、直辖市人民政府林业主管部门汇总、平衡，经本级人民政府审核后，报国务院批准；其中，重点林区的年森林采伐限额，由国务院林业主管部门审核后，报国务院批准。

国务院批准的年森林采伐限额，每5年核定一次。

第二十九条 采伐森林、林木作为商品销售的，必须纳入国家年度木材生产计划；但是，农村居民采伐自留山上个人所有的薪炭林和自留地、房前屋后个人所有的零星林木除外。

第三十条 申请林木采伐许可证，除应当提交申请采伐林木的所有权证书或者使用权证书外，还应当按照下列规定提交其他有关证明文件：

（一）国有林业企业事业单位还应当提交采伐区调查设计文件和上年度采伐更新验收证明；

（二）其他单位还应当提交包括采伐林木的目的、地点、林种、林况、面积、蓄积量、方式和更新措施等内容的文件；

（三）个人还应当提交包括采伐林木的地点、面积、树种、株数、蓄积量、更新时间等内容的文件。

因扑救森林火灾、防洪抢险等紧急情况需要采伐林木的，组织抢险的单位或者部门应当自紧急情况结束之日起30日内，将采伐林木的情况报告当地县级以上人民政府林业主管部门。

第三十一条 有下列情形之一的，不得核发林木采伐许可证：

（一）防护林和特种用途林进行非抚育或者非更新性质的采伐的，或者采伐封山育林期、封山育林区内的林木的；

（二）上年度采伐后未完成更新造林任务的；

（三）上年度发生重大滥伐案件、森林火灾或者大面积严重森林病虫害，未采取预防和改进措施的。

林木采伐许可证的式样由国务院林业主管部门规定，由省、自治区、直辖市人民政府林业主管部门印制。

第三十二条 除森林法已有明确规定的外，林木采伐许可证按照下列规定权限核发：

（一）县属国有林场，由所在地的县级人民政府林业主管部门核发；

（二）省、自治区、直辖市和设区的市、自治州所属的国有林业企业事业单位、其他国有企业事业单位，由所在地的省、自治区、直辖市人民政府林业主管部门核发；

（三）重点林区的国有林业企业事业单位，由国务院林业主管部门核发。

第三十三条 利用外资营造的用材林达到一定规模需要采伐的，应当在国务院批准的年森林采伐限额内，由省、自治区、直辖市人民政府林业主管部门批准，实行采伐限额单列。

第三十四条 在林区经营（含加工）木材，必须经县级以上人民政府林业主管部门批准。

木材收购单位和个人不得收购没有林木采伐许可证或者其他合法来源证明的木材。

前款所称木材，是指原木、锯材、竹材、木片和省、自治区、直辖市规定的其他木材。

第三十五条 从林区运出非国家统一调拨的木材，必须持有县级以上人民政府林业主管部门核发的木材运输证。

重点林区的木材运输证，由国务院林业主管部门核发；其他木材运输证，由县级以上地方人民政府林业主管部门核发。

木材运输证自木材起运点到终点全程有效，必须随货同行。没有木材运输证的，承运单位和个人不得承运。

木材运输证的式样由国务院林业主管部门规定。

第三十六条 申请木材运输证，应当提交下列证明文件：

（一）林木采伐许可证或者其他合法来源证明；

（二）检疫证明；

（三）省、自治区、直辖市人民政府林业主管部门规定的其他文件。

符合前款条件的，受理木材运输证申请的县级以上人民政府林业主管部门应当自接到申请之日起3日内发给木材运输证。

依法发放的木材运输证所准运的木材运输总量，不得超过当地年度木材生产计划规定可以运出销售的木材总量。

第三十七条 经省、自治区、直辖市人民政府批准在林区设立的木材检查站，负责检查木材运输；无证运输木材的，木材检查站应当予以制止，可以暂扣无证运输的木材，并立即报请县级以上人民政府林业主管部门依法处理。

第六章 法律责任

第三十八条 盗伐森林或者其他林木，以立木材积计算不足0.5立方米或者幼树不足20株的，由县级以上人民政府林业主管部门责令补种盗伐株数10倍的树木，没收盗伐的林木或者变卖所得，并处盗伐林木价值3倍至5倍的罚款。

盗伐森林或者其他林木，以立木材积计算0.5立方米以上或者幼树20株以上的，由县级以上人民政府林业主管部门责令补种盗伐株数10倍的树木，没收盗伐的林木或者变卖所得，并处盗伐林木价值5倍至10倍的罚款。

第三十九条 滥伐森林或者其他林木，以立木材积计算不足2立方米或者幼树不足50株的，由县级以上人民政府林业主管部门责令补种滥伐株数5倍的树木，并处滥伐林木价值2倍至3倍的罚款。

滥伐森林或者其他林木，以立木材积计算2立方米以上或者幼树50株以上的，由县级以上人民政府林业主管部门责令补种滥伐株数5倍的树木，并处滥伐林木价值3倍至5倍的罚款。

超过木材生产计划采伐森林或者其他林木的，依照前两款规定处罚。

第四十条 违反本条例规定，未经批准，擅自在林区经营（含加工）木材的，由县级以上人民政府林业主管部门没收非法经营的木材和违法所得，并处违法所得2倍以下的罚款。

第四十一条 违反本条例规定，毁林采种或者违反操作技术规程采脂、挖笋、掘根、剥树皮及过度修枝，致使森林、林木受到毁坏的，依法赔偿损失，由县级以上人民政府林业主管部门责令停止违法行为，补种毁坏株数1倍至3倍的树木，可以处毁坏林木价值1倍至5倍的罚款；拒不补种树木或者补种不符合国家有关规定的，由县级以上人民政府林业主管部门组织代为补种，所需费用由违法者支付。

违反森林法和本条例规定，擅自开垦林地，致使森林、林木受到毁坏的，依照森林法第四十四条的规定予以处罚；对森林、林木未造成毁坏或者被开垦的林地上没有森林、林木的，由县级以上人民政府林业主管部门责令停止违法行为，限期恢复原状，可以处非法开垦林地每平方米10元以下的罚款。

第四十二条 有下列情形之一的，由县级以上人民政府林业主管部门责令限期完成造林任务；逾期未完成的，可以处应完成而未完成造林任务所需费用2倍以下的罚款；对直接负责的主管人员和其他直接责任人员，依法给予行政处分：

（一）连续两年未完成更新造林任务的；

（二）当年更新造林面积未达到应更新造林面积50%的；

（三）除国家特别规定的干旱、半干旱地区外，更新造林当年成活率未达到85%的；

（四）植树造林责任单位未按照所在地县级人民政府的要求按时完成造林任务的。

第四十三条 未经县级以上人民政府林业主管部门审核同意，擅自改变林地用途的，由县级以上人民政府林业主管部门责令限期恢复原状，并处非法改变用途林地每平方米10元至30元的罚款。

临时占用林地，逾期不归还的，依照前款规定处罚。

第四十四条 无木材运输证运输木材的，由县级以上人民政府林业主管部门没收非法运输的木材，对货主可以并处非法运输木材价款30%以下的罚款。

运输的木材数量超出木材运输证所准运的运输数量的，由县级以上人民政府林业主管部门没收超出部分的木材；运输的木材树种、材种、规格与木材运输证规定不符又无正当理由的，没收其不相符部分的木材。

使用伪造、涂改的木材运输证运输木材的，由县级以上人民政府林业主管部门没收非法运输的木材，并处没收木材价款10%至50%的罚款。

承运无木材运输证的木材的，由县级以上人民政府林业主管部门没收运费，并处运费1倍至3倍的罚款。

第四十五条 擅自移动或者毁坏林业服务标志的，由县级以上人民政府林业主管部门责令限期恢复原状；逾期不恢复原状的，由县级以上人民政府林业主管部门代为恢复，所需费用由违法者支付。

第四十六条 违反本条例规定，未经批准，擅自将防护林和特种用途林改变为其他林种的，由县级以上人民政府林业主管部门收回经营者所获取的森林生态效益补偿，并处所获取森林生态效益补偿3倍以下的罚款。

第七章 附 则

第四十七条 本条例中县级以上地方人民政府林业主管部门职责权限的划分，由国务院林业主管部门具体规定。

第四十八条 本条例自发布之日起施行。1986年4月28日国务院批准、1986年5月10日林业部发布的《中华人民共和国森林法实施细则》同时废止。

退耕还林条例

（2002 年 12 月 14 日国务院令第 367 号发布）

第一章　总　　则

第一条　为了规范退耕还林活动，保护退耕还林者的合法权益，巩固退耕还林成果，优化农村产业结构，改善生态环境，制定本条例。

第二条　国务院批准规划范围内的退耕还林活动，适用本条例。

第三条　各级人民政府应当严格执行“退耕还林、封山绿化、以粮代赈、个体承包”的政策措施。

第四条　退耕还林必须坚持生态优先。退耕还林应当与调整农村产业结构、发展农村经济，防治水土流失、保护和建设基本农田、提高粮食单产，加强农村能源建设，实施生态移民相结合。

第五条　退耕还林应当遵循下列原则：

（一）统筹规划、分步实施、突出重点、注重实效；

（二）政策引导和农民自愿退耕相结合，谁退耕、谁造林、谁经营、谁受益；

（三）遵循自然规律，因地制宜，宜林则林，宜草则草，综合治理；

（四）建设与保护并重，防止边治理边破坏；

（五）逐步改善退耕还林者的生活条件。

第六条　国务院西部开发工作机构负责退耕还林工作的综合协调，组织有关部门研究制定退耕还林有关政策、办法，组织和协调退耕还林总体规划的落实；国务院林业行政主管部门负责编制退耕还林总体规划、年度计划，主管全国退耕还林的实施工作，负责退耕还林工作的指导和监督检查；国务院发展计划部门会同有关部门负责退耕还林总体规划的审核、计划的汇总、基建年度计划的编制和综合平衡；国务院财政主管部门负责退耕还林中央财政补助资金的安排和监督管理；国务院农业行政主管部门负责已垦草场的退耕还草以及天然草场的恢复和建设有关规划、计划的编制，以及技术指导和监督检查；国务院水行政主管部门负责退耕还林还草地区小流域治理、水土保持等相关工作的技术指导和监督检查；国务院粮食行政管理部门负责粮源的协调和调剂工作。

县级以上地方人民政府林业、计划、财政、农业、水利、粮食等部门在本级人民政府的统一领导下，按照本条例和规定的职责分工，负责退耕还林的有关工作。

第七条 国家对退耕还林实行省、自治区、直辖市人民政府负责制。省、自治区、直辖市人民政府应当组织有关部门采取措施，保证退耕还林中央补助资金的专款专用，组织落实补助粮食的调运和供应，加强退耕还林的复查工作，按期完成国家下达的退耕还林任务，并逐级落实目标责任，签订责任书，实现退耕还林目标。

第八条 退耕还林实行目标责任制。

县级以上地方各级人民政府有关部门应当与退耕还林工程项目负责人和技术负责人签订责任书，明确其应当承担的责任。

第九条 国家支持退耕还林应用技术的研究和推广，提高退耕还林科学技术水平。

第十条 国务院有关部门和地方各级人民政府应当组织开展退耕还林活动的宣传教育，增强公民的生态建设和保护意识。

在退耕还林工作中做出显著成绩的单位和个人，由国务院有关部门和地方各级人民政府给予表彰和奖励。

第十一条 任何单位和个人都有权检举、控告破坏退耕还林的行为。

有关人民政府及其有关部门接到检举、控告后，应当及时处理。

第十二条 各级审计机关应当加强对退耕还林资金和粮食补助使用情况的审计监督。

第二章 规划和计划

第十三条 退耕还林应当统筹规划。

退耕还林总体规划由国务院林业行政主管部门编制，经国务院西部开发工作机构协调、国务院发展计划部门审核后，报国务院批准实施。

省、自治区、直辖市人民政府林业行政主管部门根据退耕还林总体规划会同有关部门编制本行政区域的退耕还林规划，经本级人民政府批准，报国务院有关部门备案。

第十四条 退耕还林规划应当包括下列主要内容：

（一）范围、布局和重点；

（二）年限、目标和任务；

（三）投资测算和资金来源；

（四）效益分析和评价；

（五）保障措施。

第十五条 下列耕地应当纳入退耕还林规划，并根据生态建设需要和国家财力有计划实施退耕还林：

（一）水土流失严重的；

（二）沙化、盐碱化、石漠化严重的；

（三）生态地位重要、粮食产量低而不稳的。

江河源头及其两侧、湖库周围的陡坡耕地以及水土流失和风沙危害严重等生态地位重要区域的耕地，应当在退耕还林规划中优先安排。

第十六条 基本农田保护范围内的耕地和生产条件较好、实际粮食产量超过国家退耕还林补助粮食标准并且不会造成水土流失的耕地，不得纳入退耕还林规划；但是，因生态建设特殊需要，经国务院批准并依照有关法律、行政法规规定的程序调整基本农田保护范围后，可以纳入退耕还林规划。

制定退耕还林规划时，应当考虑退耕农民长期的生计需要。

第十七条 退耕还林规划应当与国民经济和社会发展规划、农村经济发展总体规划、土地利用总体规划相衔接，与环境保护、水土保持、防沙治沙等规划相协调。

第十八条 退耕还林必须依照经批准的规划进行。未经原批准机关同意，不得擅自调整退耕还林规划。

第十九条 省、自治区、直辖市人民政府林业行政主管部门根据退耕还林规划，会同有关部门编制本行政区域下一年度退耕还林计划建议，由本级人民政府发展计划部门审核，并经本级人民政府批准后，于每年 8 月 31 日前报国务院西部开发工作机构、林业、发展计划等有关部门。国务院林业行政主管部门汇总编制全国退耕还林年度计划建议，经国务院西部开发工作机构协调，国务院发展计划部门审核和综合平衡，报国务院批准后，由国务院发展计划部门会同有关部门于 10 月 31 日前联合下达。

省、自治区、直辖市人民政府发展计划部门会同有关部门根据全国退耕还林年度计划，于 11 月 30 日前将本行政区域下一年度退耕还林计划分解下达到有关县（市）人民政府，并将分解下达情况报国务院有关部门备案。

第二十条 省、自治区、直辖市人民政府林业行政主管部门根据国家下达的下一年度退耕还林计划，会同有关部门编制本行政区域内的年度退耕还林实施方案，经国务院林业行政主管部门审核后，报本级人民政府批准实施。

县级人民政府林业行政主管部门可以根据批准后的省级退耕还林年度实施方案，编制本行政区域内的退耕还林年度实施方案，报本级人民政府批准后实施，并报省、自治区、直辖市人民政府林业行政主管部门备案。

第二十一条 年度退耕还林实施方案，应当包括下列主要内容：

（一）退耕还林的具体范围；

（二）生态林与经济林比例；

（三）树种选择和植被配置方式；

（四）造林模式；

（五）种苗供应方式；

（六）植被管护和配套保障措施；

（七）项目和技术负责人。

第二十二条 县级人民政府林业行政主管部门应当根据年度退耕还林实施方案组织专业人员或者有资质的设计单位编制乡镇作业设计，把实施方案确定的内容落实到具体地块和土地承包经营权人。

编制作业设计时，干旱、半干旱地区应当以种植耐旱灌木（草）、恢复原有植被为主；以间作方式植树种草的，应当间作多年生植物，主要林木的初植密度应当符合国家规定的标准。

第二十三条 退耕土地还林营造的生态林面积，以县为单位核算，不得低于退耕土地还林面积的80%。

退耕还林营造的生态林，由县级以上地方人民政府林业行政主管部门根据国务院林业行政主管部门制定的标准认定。

第三章 造林、管护与检查验收

第二十四条 县级人民政府或者其委托的乡级人民政府应当与有退耕还林任务的土地承包经营权人签订退耕还林合同。

退耕还林合同应当包括下列主要内容：

（一）退耕土地还林范围、面积和宜林荒山荒地造林范围、面积；

（二）按照作业设计确定的退耕还林方式；

（三）造林成活率及其保存率；

（四）管护责任；

（五）资金和粮食的补助标准、期限和给付方式；

（六）技术指导、技术服务的方式和内容；

（七）种苗来源和供应方式；

（八）违约责任；

（九）合同履行期限。

退耕还林合同的内容不得与本条例以及国家其他有关退耕还林的规定相抵触。

第二十五条 退耕还林需要的种苗，可以由县级人民政府根据本地区实际组织集中采购，也可以由退耕还林者自行采购。集中采购的，应当征求退耕还林者的意见，并采用公开竞价方式，签订书面合同，超过国家种苗造林补助费标准的，不得向退耕还林者强行收取超出部分的费用。

任何单位和个人不得为退耕还林者指定种苗供应商。

禁止垄断经营种苗和哄抬种苗价格。

第二十六条 退耕还林所用种苗应当就地培育、就近调剂，优先选用乡土树种和抗逆性强树种的良种壮苗。

第二十七条 林业、农业行政主管部门应当加强种苗培育的技术指导和服务的管理工作，保证种苗质量。

销售、供应的退耕还林种苗应当经县级人民政府林业、农业行政主管部门检验合格，并附具标签和质量检验合格证；跨县调运的，还应当依法取得检疫合格证。

第二十八条 省、自治区、直辖市人民政府应当根据本行政区域的退耕还林规划，加强种苗生产与采种基地的建设。

国家鼓励企业和个人采取多种形式培育种苗，开展产业化经营。

第二十九条 退耕还林者应当按照作业设计和合同的要求植树种草。

禁止林粮间作和破坏原有林草植被的行为。

第三十条 退耕还林者在享受资金和粮食补助期间，应当按照作业设计和合同的要求在宜林荒山荒地造林。

第三十一条 县级人民政府应当建立退耕还林植被管护制度，落实管护责任。

退耕还林者应当履行管护义务。

禁止在退耕还林项目实施范围内复耕和从事滥采、乱挖等破坏地表植被的活动。

第三十二条 地方各级人民政府及其有关部门应当组织技术推广单位或者技术人员，为退耕还林提供技术指导和技术服务。

第三十三条 县级人民政府林业行政主管部门应当按照国务院林业行政主管部门制定的检查验收标准和办法，对退耕还林建设项目进行检查验收，经验收合格的，方可发给验收合格证明。

第三十四条 省、自治区、直辖市人民政府应当对县级退耕还林检查验收结果进行复查，并根据复查结果对县级人民政府和有关责任人员进行奖惩。

国务院林业行政主管部门应当对省级复查结果进行核查，并将核查结果上报国务院。

第四章　资金和粮食补助

第三十五条　国家按照核定的退耕还林实际面积，向土地承包经营权人提供补助粮食、种苗造林补助费和生活补助费。具体补助标准和补助年限按照国务院有关规定执行。

第三十六条　尚未承包到户和休耕的坡耕地退耕还林的，以及纳入退耕还林规划的宜林荒山荒地造林，只享受种苗造林补助费。

第三十七条　种苗造林补助费和生活补助费由国务院计划、财政、林业部门按照有关规定及时下达、核拨。

第三十八条　补助粮食应当就近调运，减少供应环节，降低供应成本。粮食补助费按照国家有关政策处理。

粮食调运费用由地方财政承担，不得向供应补助粮食的企业和退耕还林者分摊。

第三十九条　省、自治区、直辖市人民政府应当根据当地口粮消费习惯和农作物种植习惯以及当地粮食库存实际情况合理确定补助粮食的品种。

补助粮食必须达到国家规定的质量标准。不符合国家质量标准的，不得供应给退耕还林者。

第四十条　退耕土地还林的第一年，该年度补助粮食可以分两次兑付，每次兑付的数量由省、自治区、直辖市人民政府确定。

从退耕土地还林第二年起，在规定的补助期限内，县级人民政府应当组织有关部门和单位及时向持有验收合格证明的退耕还林者一次兑付该年度补助粮食。

第四十一条　兑付的补助粮食，不得折算成现金或者代金券。供应补助粮食的企业不得回购退耕还林补助粮食。

第四十二条　种苗造林补助费应当用于种苗采购，节余部分可以用于造林补助和封育管护。

退耕还林者自行采购种苗的，县级人民政府或者其委托的乡级人民政府应当在退耕还林合同生效时一次付清种苗造林补助费。

集中采购种苗的，退耕还林验收合格后，种苗采购单位应当与退耕还林者结算种苗造林补助费。

第四十三条　退耕土地还林后，在规定的补助期限内，县级人民政府应当组织有关部门及时向持有验收合格证明的退耕还林者一次付清该年度生活补助费。

第四十四条　退耕还林资金实行专户存储、专款专用，任何单位和个人不得挤占、截留、挪用和克扣。

任何单位和个人不得弄虚作假、虚报冒领补助资金和粮食。

第四十五条 退耕还林所需前期工作和科技支撑等费用，国家按照退耕还林基本建设投资的一定比例给予补助，由国务院发展计划部门根据工程情况在年度计划中安排。

退耕还林地方所需检查验收、兑付等费用，由地方财政承担。中央有关部门所需核查等费用，由中央财政承担。

第四十六条 实施退耕还林的乡（镇）、村应当建立退耕还林公示制度，将退耕还林者的退耕还林面积、造林树种、成活率以及资金和粮食补助发放等情况进行公示。

第五章 其他保障措施

第四十七条 国家保护退耕还林者享有退耕土地上的林木（草）所有权。自行退耕还林的，土地承包经营权人享有退耕土地上的林木（草）所有权；委托他人还林或者与他人合作还林的，退耕土地上的林木（草）所有权由合同约定。

退耕土地还林后，由县级以上人民政府依照森林法、草原法的有关规定发放林（草）权属证书，确认所有权和使用权，并依法办理土地变更登记手续。土地承包经营合同应当作相应调整。

第四十八条 退耕土地还林后的承包经营权期限可以延长到70年。承包经营权到期后，土地承包经营权人可以依照有关法律、法规的规定继续承包。

退耕还林土地和荒山荒地造林后的承包经营权可以依法继承、转让。

第四十九条 退耕还林者按照国家有关规定享受税收优惠，其中退耕还林（草）所取得的农业特产收入，依照国家规定免征农业特产税。

退耕还林的县（市）农业税收因灾减收部分，由上级财政以转移支付的方式给予适当补助；确有困难的，经国务院批准，由中央财政以转移支付的方式给予适当补助。

第五十条 资金和粮食补助期满后，在不破坏整体生态功能的前提下，经有关主管部门批准，退耕还林者可以依法对其所有的林木进行采伐。

第五十一条 地方各级人民政府应当加强基本农田和农业基础设施建设，增加投入，改良土壤，改造坡耕地，提高地力和单位粮食产量，解决退耕还林者的长期口粮需求。

第五十二条 地方各级人民政府应当根据实际情况加强沼气、小水电、太阳能、风能等农村能源建设，解决退耕还林者对能源的需求。

第五十三条 地方各级人民政府应当调整农村产业结构，扶持龙头企业，发展支柱产业，开辟就业门路，增加农民收入，加快小城镇建设，促进农业人口逐步向城镇转移。

第五十四条 国家鼓励在退耕还林过程中实行生态移民，并对生态移民农户的生产、生活设施给予适当补助。

第五十五条 退耕还林后，有关地方人民政府应当采取封山禁牧、舍饲圈养等措施，保护退耕还林成果。

第五十六条 退耕还林应当与扶贫开发、农业综合开发和水土保持等政策措施相结合，对不同性质的项目资金应当在专款专用的前提下统筹安排，提高资金使用效益。

第六章 法律责任

第五十七条 国家工作人员在退耕还林活动中违反本条例的规定，有下列行为之一的，依照刑法关于贪污罪、受贿罪、挪用公款罪或者其他罪的规定，依法追究刑事责任；尚不够刑事处罚的，依法给予行政处分：

（一）挤占、截留、挪用退耕还林资金或者克扣补助粮食的；

（二）弄虚作假、虚报冒领补助资金和粮食的；

（三）利用职务上的便利收受他人财物或者其他好处的。

国家工作人员以外的其他人员有前款第（二）项行为的，依照刑法关于诈骗罪或者其他罪的规定，依法追究刑事责任；尚不够刑事处罚的，由县级以上人民政府林业行政主管部门责令退回所冒领的补助资金和粮食，处以冒领资金额2倍以上5倍以下的罚款。

第五十八条 国家机关工作人员在退耕还林活动中违反本条例的规定，有下列行为之一的，由其所在单位或者上一级主管部门责令限期改正，退还分摊的和多收取的费用，对直接负责的主管人员和其他直接责任人员，依照刑法关于滥用职权罪、玩忽职守罪或者其他罪的规定，依法追究刑事责任；尚不够刑事处罚的，依法给予行政处分：

（一）未及时处理有关破坏退耕还林活动的检举、控告的；

（二）向供应补助粮食的企业和退耕还林者分摊粮食调运费用的；

（三）不及时向持有验收合格证明的退耕还林者发放补助粮食和生活补助费的；

（四）在退耕还林合同生效时，对自行采购种苗的退耕还林者未一次付清种苗造林补助费的；

（五）集中采购种苗的，在退耕还林验收合格后，未与退耕还林者结算种苗造林补助费的；

（六）集中采购的种苗不合格的；

（七）集中采购种苗的，向退耕还林者强行收取超出国家规定种苗造林补助费标准的种苗费的；

（八）为退耕还林者指定种苗供应商的；

（九）批准粮食企业向退耕还林者供应不符合国家质量标准的补助粮食或者将补助粮食折算成现金、代金券支付的；

（十）其他不依照本条例规定履行职责的。

第五十九条 采用不正当手段垄断种苗市场，或者哄抬种苗价格的，依照刑法关于非法经营罪、强迫交易罪或者其他罪的规定，依法追究刑事责任；尚不够刑事处罚的，由工商行政管理机关依照反不正当竞争法的规定处理；反不正当竞争法未作规定的，由工商行政管理机关处以非法经营额2倍以上5倍以下的罚款。

第六十条 销售、供应未经检验合格的种苗或者未附具标签、质量检验合格证、检疫合格证的种苗的，依照刑法关于生产、销售伪劣种子罪或者其他罪的规定，依法追究刑事责任；尚不够刑事处罚的，由县级以上人民政府林业、农业行政主管部门或者工商行政管理机关依照种子法的规定处理；种子法未作规定的，由县级以上人民政府林业、农业行政主管部门依据职权处以非法经营额2倍以上5倍以下的罚款。

第六十一条 供应补助粮食的企业向退耕还林者供应不符合国家质量标准的补助粮食的，由县级以上人民政府粮食行政管理部门责令限期改正，可以处非法供应的补助粮食数量乘以标准口粮单价1倍以下的罚款。

供应补助粮食的企业将补助粮食折算成现金或者代金券支付的，或者回购补助粮食的，由县级以上人民政府粮食行政管理部门责令限期改正，可以处折算现金额、代金券额或者回购粮食价款1倍以下的罚款。

第六十二条 退耕还林者擅自复耕，或者林粮间作、在退耕还林项目实施范围内从事滥采、乱挖等破坏地表植被的活动的，依照刑法关于非法占用农用地罪、滥伐林木罪或者其他罪的规定，依法追究刑事责任；尚不够刑事处罚的，由县级以上人民政府林业、农业、水利行政主管部门依照森林法、草原法、水土保持法的规定处罚。

第七章 附 则

第六十三条 已垦草场退耕还草和天然草场恢复与建设的具体实施，依照草原法和国务院有关规定执行。

退耕还林还草地区小流域治理、水土保持等相关工作的具体实施，依照水土保持法和国务院有关规定执行。

第六十四条 国务院批准的规划范围外的土地，地方各级人民政府决定实施退耕还林的，不享受本条例规定的中央政策补助。

第六十五条 本条例自2003年1月20日起施行。

国务院对确需保留的行政审批项目设定行政许可的决定

（国务院令第412号　2004年6月29日）

依照《中华人民共和国行政许可法》和行政审批制度改革的有关规定，国务院对所属各部门的行政审批项目进行了全面清理。由法律、行政法规设定的行政许可项目，依法继续实施；对法律、行政法规以外的规范性文件设定，但确需保留且符合《中华人民共和国行政许可法》第十二条规定事项的行政审批项目，根据《中华人民共和国行政许可法》第十四条第二款的规定，现决定予以保留并设定行政许可，共500项。

为保证本决定设定的行政许可依法、公开、公平、公正实施，国务院有关部门应当对实施本决定所列各项行政许可的条件等作出具体规定，并予以公布。有关实施行政许可的程序和期限依照《中华人民共和国行政许可法》的有关规定执行。

辑　录

序号	项目	名称实施机关
8	价格评估人员执业资格认定	国家发展改革委省级人民政府发展改革（物价主管）部门
17	价格评估机构资质认定	国家发展改革委省级人民政府发展改革（物价主管）部门

第三部分

部门规章

国务院办公厅关于加快林下经济发展的意见

（国办发〔2012〕42 号　2012 年 7 月 30 日）

各省、自治区、直辖市人民政府，国务院各部委、各直属机构：

近年来，各地区大力发展以林下种植、林下养殖、相关产品采集加工和森林景观利用等为主要内容的林下经济，取得了积极成效，对于增加农民收入、巩固集体林权制度改革和生态建设成果、加快林业产业结构调整步伐发挥了重要作用。为加快林下经济发展，经国务院同意，现提出以下意见。

一、总体要求

（一）指导思想。以邓小平理论和“三个代表”重要思想为指导，深入贯彻落实科学发展观，在保护生态环境的前提下，以市场为导向，科学合理利用森林资源，大力推进专业合作组织和市场流通体系建设，着力加强科技服务、政策扶持和监督管理，促进林下经济向集约化、规模化、标准化和产业化发展，为实现绿色增长，推动社会主义新农村建设作出更大贡献。

（二）基本原则。坚持生态优先，确保生态环境得到保护；坚持因地制宜，确保林下经济发展符合实际；坚持政策扶持，确保农民得到实惠；坚持机制创新，确保林地综合生产效益得到持续提高。

（三）总体目标。努力建成一批规模大、效益好、带动力强的林下经济示范基地，重点扶持一批龙头企业和农民林业专业合作社，逐步形成“一县一业，一村一品”的发展格局，增强农民持续增收能力，林下经济产值和农民林业综合收入实现稳定增长，林下经济产值占林业总产值的比重显著提高。

二、主要任务

（四）科学规划林下经济发展。要结合国家特色农产品区域布局，制定专项规划，分区域确定林下经济发展的重点产业和目标。要把林下经济发展与森林资源培育、天然林保护、重点防护林体系建设、退耕还林、防沙治沙、野生动植物保护及自然保护区建设等生态建设工程紧密结合，根据当地自然条件和市场需求等情况，充分发挥农民主体作用，尊重农民意愿，突出当地特色，合理确定林下经济发展方向和模式。

（五）推进示范基地建设。积极引进和培育龙头企业，大力推广“龙头企业 + 专业合作组织 + 基地 + 农户”运作模式，因地制宜发展品牌产品，加大产品营销和品牌宣传力度，形成一批各具特色的林下经济示范基地。通过典型示范，推广先进实用技术和发展模式，辐射带动广大农民积极发展林下经济。推动龙头企业集群发展，增强区域经济发展实力。鼓励企业在贫困地区建立基地，帮助扶贫对象参与林下经济发展，加快脱贫致富步伐。

（六）提高科技支撑水平。加大科技扶持和投入力度，重点加强适宜林下经济发展的优势品种的研究与开发。加快构建科技服务平台，切实加强技术指导。积极搭建农民、企业与科研院所合作平台，加快良种选育、病虫害防治、森林防火、林产品加工、储藏保鲜等先进实用技术的转化和科技成果推广。强化人才培养，积极开展龙头企业负责人和农民培训。

（七）健全社会化服务体系。支持农民林业专业合作组织建设，提高农民发展林下经济的组织化水平和抗风险能力。推进林权管理服务机构建设，为农民提供林权评估、交易、融资等服务。鼓励相关专业协会建设，充分发挥其政策咨询、信息服务、科技推广、行业自律等作用。加快社会化中介服务机构建设，为广大农民和林业生产经营者提供方便快捷的服务。

（八）加强市场流通体系建设。积极培育林下经济产品的专业市场，加快市场需求信息公共服务平台建设，健全流通网络，引导产销衔接，降低流通成本，帮助农民规避市场风险。支持连锁经营、物流配送、电子商务、农超对接等现代流通方式向林下经济产品延伸，促进贸易便利化。努力开拓国际市场，提高林下经济对外开放水平。

（九）强化日常监督管理。严格土地用途管制，依法执行林木采伐制度，严禁以发展林下经济为名擅自改变林地性质或乱砍乱伐、毁坏林木。要充分考虑当地生态承载能力，适量、适度、合理发展林下经济。依法加强森林资源资产评估、林地承包经营权和林木所有权流转管理。

（十）提高林下经济发展水平。支持发展市场短缺品种，优化林下经济结构，切实帮助相关企业提高经营管理水平。积极促进林下经济产品深加工，提高产品质量和附加值。不断延伸产业链条，大力发展林业循环经济。开展林下经济产品生态原产地保护工作。完善林下经济产品标准和检测体系，确保产品使用和食用安全。

三、政策措施

（十一）加大投入力度。要逐步建立政府引导，农民、企业和社会为主体的多元化投入机制。充分发挥现代农业生产发展资金、林业科技推广示范资金等专项资金的作用，重点支持林下经济示范基地与综合生产能力建设，促进林下经济技术推广和农民林业专业合作组织发展。通过以奖代补等方式支持林下经济优势产品集中开发。发展改革、财政、水利、农业、商务、林业、扶贫等部门要结合各地林下经济发展的需求和相关资金渠道，对符合条件的项目予以支持。天然林保护、森林抚育、公益林管护、退耕还林、速生丰产用材林基地建设、木本粮油基地建设、农业综合开发、科技富民、新品种新技术推广等项目，以及林业基本建设、技术转让、技术改造等资金，应紧密结合各自项目建设的政策、规划等，扶持林下经济发展。

（十二）强化政策扶持。对符合小型微型企业条件的农民林业专业合作社、合作林场等，可享受国家相关扶持政策。符合税收相关规定的农民生产林下经济产品，应依法享受有关税收优惠政策。支持符合条件的龙头企业申请国家相关扶持资金。对生态脆弱区域、少数民族地区和边远地区发展林下经济，要重点予以扶持。

（十三）加大金融支持力度。各银行业金融机构要积极开展林权抵押贷款、农民小额信用贷款和农民联保贷款等业务，加大对林下经济发展的有效信贷投入。充分发挥财政贴息政策的带动和引导作用，中央财政对符合条件的林下经济发展项目加大贴息扶持力度。

（十四）加快基础设施建设。要加大林下经济相关基础设施的投入力度，将其纳入各地基础设施建设规划并优先安排，结合新农村建设有关要求，加快道路、水利、通信、电力等基础设施建设，切实解决农民发展林下经济基础设施薄弱的难题。

（十五）加强组织领导和协调配合。地方各级人民政府要把林下经济发展列入重要议事日程，明确目标任务，完善政策措施；要实行领导负责制，完善激励机制，层层落实责任，并将其纳入干部考核内容；要充分发挥基层组织作用，注重增强村级集体经济实力。各有关部门要依据各自职责，加强监督检查、监测统计和信息沟通，充分发挥管理、指导、协调和服务职能，形成共同支持林下经济发展的合力。

各地区、各部门要结合实际，研究制定贯彻落实本意见的具体办法，加强舆论宣传，加大扶持力度，努力营造有利于林下经济健康发展的良好环境。

价格评估机构资质认定管理办法

（国家发展改革委令第32号 2005年6月22日）

第一条 为加强价格评估机构的资质管理，规范价格评估机构资质认定行为，保障和监督价格评估机构依法执业，促进价格坪估机构逐步建立自律性的运行机制，根据《中华人民共和国价格法》、《中华人民共和国行政许可法》和《国务院对确需保留的行政审批项目设定行政许可的决定》，制定本办法。

第二条 从事各种有形财产和无形资产及有偿服务估价业务的价格评估机构的资质认定与管理适用本办法。价格评估机构在工商注册登记前，需通过价格评估机构资质认定。国家法律、法规另有规定的，从其规定。

第三条 价格评估机构资质实行等级制。根据价格评估机构具备的条件分为甲级、乙级、丙级。

甲级价格评估机构可在全国范围内开展价格评估工作；乙级价格评估机构可在机构所在地的省级（指省、自治区、直辖市，下同）行政区域范围内开展价格评估工作；丙级价格评估机构可在机构所在地的市（地）、县范围内开展价格评估工作。

第四条 甲级、乙级价格评估机构资质认定由各省、自治区、直辖市人民政府价格主管部门受理和初审，国家发展改革委审批。丙级价格评估机构资质认定由各省、自治区、直辖市人民政府价格主管部门审批，报国家发展改革委备案。

第五条 丙级价格评估机构应当具备下列条件：

（一）具有工商注册企业法人资格的基本条件；

（二）具有相应的组织章程和必要的管理制度；

（三）具有固定的工作场所；

（四）经国家发展改革委价格评估人员执业资格认定取得《中华人民共和国价格评估人员执业资格证书》的价格评估专业人员不少于五名；

（五）具有经济、会计及相关工程技术等专业的中、高级职称的技术人员不低于企业实有总人数的30%；

（六）注册资金不低于二十万元人民币。

第六条 乙级价格评估机构，除应当具备本办法第五条定的条件外，还应当具备下列条件：

（一）经国家发展改革委价格评估人员执业资格认定，取得《中华人民共和国价格评估人员执业资格证书》的价格评估专业人员不少于七名；

（二）具有经济、会计及相关工程技术等专业的中、高级职称的技术人员不低于企业实有总人数的50%；

（三）注册资金不低于五十万元人民币。

第七条 甲级价格评估机构除应当具备本办法第五条（一）、（二）、（三）项规定的条件外，还应当具备下列条件：

（一）经国家发展改革委价格评估人员执业资格认定，取得《中华人民共和国价格评估人员执业资格证书》的价格评估专业人员不少于十名；

（二）具有经济、会计及相关工程技术专业的中、高级职称的技术人员不低于企业实有总人数的60%，其中具有高级职称的技术人员不低于企业实有总人数的15%；

（三）注册资金不低于一百万元人民币。

第八条 申请价格评估机构资质等级认定，应当提交以下材料：

（一）填写的《中华人民共和国国家发展和改革委员会行政许可事项申请表（价格评估机构资质认定申请）》；

（二）证明具备工商注册企业法人条件的材料；

（三）价格评估机构专业人员执业资格及技术职称证明材料；

（四）价格评估机构组织章程和有关制度；

（五）价格评估机构资质认定申请书。

第九条 申请乙级或者甲级价格评估机构资质认定的除提交第八条规定的材料外，还要提供五个以上价格评估典型实例材料和丙级或者乙级价格评估机构资质证书。

第十条 价格评估机构资质认定申请人提供的申请材料齐全，符合本办法规定要求的，初审机关自收到申请材料之日起即为受理。申请材料不齐全或者不符合规定要求的，初审机关应在当场或在五个工作日内一次告知申请人需要补正的全部内容，逾期不告知的，自收到申请材料之日起即为受理。

初审机关受理或不予受理资质认定申请人的申请，应当出具加盖本行政机关专用印章和注明日期的书面凭证。

第十一条 甲级和乙级价格评估机构资质认定的初审机关应当自其受理价格评估机构资质认定申请人中请之日起二十个工作日内完成初审。

第十二条 甲级和乙级价格评估机构资质认定审批机关应当自收到初审机关初审意见之日起二十个工作日内作出准予或不予资质认定的决定。

二十个工作日内不能作出决定的，经价格评估机构资质认定审批机关领导批准，可以延长十个工作日并应当将延长期限的理由告知申请人。

第十三条 价格评估机构资质认定审批机关作出准予资质认定决定的，应当自作出决定十个工作日内向申请人颁发、送达相应等级的《中华人民共和国价格评估机构资质证书》；依法作出不予资质认定书面决定的，应当说明理由，并告知申请人享有依法申请行政复议或提起行政诉讼的权利。

第十四条 《中华人民共和国价格评估机构资质证书》由国家发展改革委统一印制。

第十五条 价格评估机构资质证书的有效期限为三年，有效期满前三十天，价格评估机构应按规定到资质认定机关重新申请办理认定手续。重新认定时，价格评估机构资质认定申请人要提供近三年的工作报告、人员现状和五个以上价格评估典型实例材料。

第十六条 价格评估机构登记内容变更，须及时到资质认定机关办理变更手续。

第十七条 国家发展改革委和各省、自治区、直辖市人民政府价格主管部门应当在办公场所公示价格评估机构资质认定的依据、条件、程序、期限以及需要提交的全部材料目录和申请书示范文本。准予价格评估机构资质认定的决定应在国家发展改革委和各省、自治区、直辖市人民政府价格主管部门网站等媒体公布。

第十八条 政府价格主管部门应当加强对价格评估机构执业的监督检查，及时纠正价格评估机构执业中的违法违规行为。

第十九条 政府价格主管部门依法对价格评估机构进行监督检查时，应当将监督检查的情况和处理结果予以记录，公众有权查阅有关记录。

第二十条 政府价格主管部门依法对价格评估机构进行监督检查时，可以查阅或者要求价格评估机构如实提供有关情况和材料。

第二十一条 政府价格主管部门依法实施监督检查时，不得妨碍价格评估机构正常经营活动，不得索取或者收受价格评估机构的财物，不得谋取其他利益。

第二十二条 个人和组织发现价格评估机构有违法活动的，有权向政府价格主管部门举报，政府价格主管部门应根据管理权限及时核实、处理。

第二十三条 有下列情形之一的，国家发展改革委和各省、自治区、直辖市人民政府价格主管部门依据权限，可以撤销准予价格评估机构资质认定的决定，收回《中华人民共和国价格评估机构资质证书》，并在国家发展改革委和省、自治区、直辖市人民政府价格主管部门网站等媒体公布；

（一）对不符合法定条件的申请人作出准予价格评估机构资质认定决定或者超越法定职权作出价格评估机构资质认定决定的；

（二）价格评估机构以欺骗、贿赂等不正当手段，取得准予价格评估机构资质认定决定的；

（三）依法可以撤销准予价格评估机构资质认定决定的其他情形。

第二十四条 有下列情形之一的，价格评估机构资质认定审批机关应当依法办理有关价格评估机构资质的注销手续：

（一）价格评估机构资质证书的有效期限届满未按规定重新认定的；

（二）价格评估机构法人资格依法终止的；

（三）准予价格评估机构资质认定的决定被依法撤销的；

（四）法律、法规规定的其他情形。

第二十五条 价格评估机构资质认定机关及其工作人员违反本办法的规定，有下列情形之一的，由其上级行政机关或监察机关责令改正；情节严重的，对直接负责的主管人员和其他直接责任人员依法给予行政处分；构成犯罪的依法追究刑事责任：

（一）对符合法定条件的价格评估机构资质认定申请不予受理的；

（二）对符合法定条件的申请人不在法定期限内作出准予价格评估机构资质认定决定的；

（三）对不符合法定条件的申请人作出准予价格评估机构资质认定决定或者超越法定职权作出价格评估机构资质认定决定的；

（四）不在办公场所公示依法应当公示的材料的；

（五）在受理、审查、决定价格评估机构资质认定的过程中，未向申请人、利害关系人履行法定告知义务的；

（六）申请人提出的申请材料不齐全、不符合法定形式，不一次告知申请人必须补正的全部内容的；

（七）未依法说明不受理价格评估机构资质认定申请或者不予价格评估机构资质认定理由的。

第二十六条 价格评估机构资质认定机关工作人员在办理价格评估机构资质认定、实施监督检查时，索取或者收受他人财物或者谋取其他利益，构成犯罪的，依法追究刑事责任；尚不构成犯罪的，依法给予行政处分。

第二十七条 价格评估机构资质认定机关实施价格评估机构资质认定，擅自收费的，由其上级行政机关或者监察机关责令退还非法收取的费用：对直接负责的主管人员和其他直接责任人员依法给予行政处分。

第二十八条 价格评估机构资质认定申请人隐瞒有关情况或者提供虚假材料申请价格评估机构资质认定的，价格评估机构资质认定机关不予受理或者不予价格评估机构资质认定，并给予价格评估机构资质认定申请人警告。

第二十九条 价格评估机构有下列行为之一的，价格评估机构资质认定审批机关应当依法给予行政处罚：

（一）价格评估机构资质认定申请人以欺骗、贿赂等不正当手段取得准予价格评估机构资质认定决定的；

（二）涂改、倒卖、出租、出借、非法转让《中华人民共和国价格评估机构资质证书》的；

（三）超越认定的执业范围执业的；

（四）向负责监督检查的行政机关隐瞒有关情况、提供虚假材料或者拒绝提供反映其活动情况真实材料的；

（五）法律、法规、规章规定的其他违法行为。

第三十条 对未经行政许可擅自从事必须进行行政许可的估价业务收取估价费用的机构，政府价格主管部门应当依法采取措施予以制止，并依法给予行政处罚；构成犯罪的，依法追究刑事责任。

第三十一条 价格评估机构资质认定与管理所需经费，按规定向同级财政部门申请。

第三十二条 丙级价格评估机构资质认定管理工作由省、自治区、直辖市人民政府价格主管部门参照本办法进行。各省、自治区、直辖市人民政府价格主管部门可根据本办法制定实施细则。

第三十三条 本办法由国家发展改革委负责解释。

第三十四条 本办法自2005年7月1日起施行。原国家计委有关规定与本办法不一致的，一律以本办法为准。

价格评估人员执业资格认定管理办法

（国家发展改革委令第33号　2005年6月24日）

第一条　为加强价格评估人员执业资格管理，规范价格评估人员执业资格认定行为，保障和监督价格评估人员依法执业，根据《中华人民共和国价格法》、《中华人民共和国行政许可法》和《国务院对确需保留的行政审批项目设定行政许可的决定》，制定本办法。

第二条　从事各种涉及国家利益、公众利益的有形财产和无形资产及服务项目估价业务的价格评估人员执业资格认定与管理，适用本办法。经注册的价格鉴证师不需认定。国家法律、法规另有规定的，从其规定。

第三条　价格评估人员执业资格认定由国家发展改革委和各省、自治区、直辖市人民政府价格主管部门负责。

在国家有关部门取得价格评估相关专业资格的价格评估人员执业资格的认定由各省、自治区、直辖市人民政府价格主管部门负责初审，国家发展改革委审批；在各省、自治区、直辖市有关部门取得价格评估相关专业资格的价格评估人员执业资格的认定，由各省、自治区、直辖市人民政府价格主管部门负责审批，报国家发展改革委备案。

第四条　价格评估人员执业资格认定应当具备下列条件：

（一）取得以下一种专业资格证书：

1. 经国家人事部组织的全国统一考试，并取得价格评估相关专业的职业资格证书；

2. 取得国家发展改革委或各省、自治区、直辖市人民政府价格主管部门颁发的价格评估相关专业的职业资格证书；

3. 取得国务院有关业务主管部门颁发的价格评估相关专业的职业资格证书；

4. 取得国家或省级行业协会颁发的价格评估相关专业职业资格证书，并经国家发展改革委或各省、自治区、直辖市人民政府价格主管部门考核合格。

（二）所在单位考核同意。

第五条　凡不符合本办法第四条价格评估人员执业资格认定条件，或有下列情况之一的，不予价格评估人员执业资格认定：

（一）受刑事处罚，自刑事处罚执行完毕之日起至申请执业资格认定之日止不满五年的；

（二）在价格评估或相关业务中犯有错误，受行政处罚或撤职以上处分，自处罚、处分决定之日起至申请执业资格认定之日止不满两年的；

（三）提供虚假申请材料的；

（四）有关法律、行政法规规定不予执业资格认定的其他情况。

第六条 价格评估人员申请执业资格认定时，应当提交以下材料：

（一）《中华人民共和国国家发展和改革委员会行政许可事项申请表（价格评估人员执业资格认定申请）》；

（二）价格评估相关专业的资格证书；

（三）所在单位考核同意证明；

（四）个人身份证或护照复印件。

第七条 价格评估人员执业资格认定申请人提供的申请材料齐全，符合本办法规定要求的，价格评估人员执业资格认定初审机关自收到申请材料之日起即为受理。申请材料不齐全或者不符合规定要求的，价格评估人员执业资格认定初审机关应当场或在五个工作日内一次告知申请人需要补正的全部内容，逾期不告知的，自收到申请材料之日起即为受理。

价格评估人员执业资格认定初审机关不受理执业资格认定申请人的申请，应当出具加盖本行政机关专用印章和注明日期的书面凭证。

第八条 价格评估人员执业资格认定初审机关应当白其受理申请人申请之日起二十个工作日内初审完毕。

第九条 价格评估人员执业资格认定审批机关应当自收到价格评估人员执业资格认定初审机关初审意见之日起二十个工作日内作出准予或不予认定的决定。二十个工作日内不能作出决定的，经价格评估人员执业资格认定审批机关领导批准，可以延长十个工作日，并应当将延长期限的理由告知价格评估人员执业资格认定申请人。

第十条 价格评估人员执业资格认定审批机关作出准予资格认定决定的，应当自作出决定十个工作日内向申请人颁发、送达相应的《中华人民共和国价格评估人员执业资格证书》；依法作出不予资格认定书面决定的，应当说明理由，并告知申请人享有依法申请行政复议或提起行政诉讼的权利。

第十一条 《中华人民共和国价格评估人员执业资格证书》由国家发展改革委统一印制。

第十二条 价格评估人员执业资格证书的有效期限为三年，有效期满前三十天，价格评估人员应按规定到价格评估人员执业资格认定机关重新申请办理价格评估人员执业资格认定手续。

第十三条 价格评估人员执业资格认定内容变更的，须及时到价格评估人员执业资格认定机关办理变更手续。

第十四条 国家发展改革委和各省、自治区、直辖市人民政府价格主管部门应当在办公场所公示价格评估人员执业资格认定的依据、条件、程序、期限以及需要提交的全部材料目录和申请表示范文本。准予价格评估人员执业资格认定的名单应在国家发展改革委和各省、自治区、直辖市人民政府价格主管部门网站等媒体公布。

第十五条 政府价格主管部门依法对价格评估人员执业情况进行监督检查，并将监督检查的情况和处理结果予以记录。公众有权查阅有关记录。

第十六条 政府价格主管部门依法对价格评估人员进行监督检查时，可以查阅或者要求价格评估人员如实提供有关情况和材料。

第十七条 政府价格主管部门实施监督检查时，不得妨碍价格评估人员正常执业活动，不得索取或者收受价格评估人员的财物，不得谋取其他利益。

第十八条 个人和组织发现价格评估人员有违法活动的，有权向政府价格主管部门举报，价格评估人员执业资格认定审批机关应及时核实、处理。

第十九条 有下列情形之一的，价格评估人员执业资格认定审批机关应当依法撤销准予价格评估人员执业资格认定的决定，收回《中华人民共和国价格评估人员执业资格证书》，并在国家发展改革委和省、自治区、直辖市人民政府价格主管部门网站等媒体公布：

（一）价格评估人员执业资格认定审批机关工作人员，对不符合价格评估人员执业资格认定条件的申请人，做出准予价格评估人员执业资格认定决定的；

（二）价格评估人员以欺骗、贿赂等不正当手段，取得准予价格评估人员执业资格认定决定的；

（三）依法应当撤销准予价格评估人员执业资格认定决定的其他情形。

第二十条 有下列情形之一的，价格评估人员执业资格认定审批机关应当依法办理有关价格评估人员执业资格的注销手续：

（一）价格评估人员执业资格证书有效期限届满但未按规定重新认定的；

（二）价格评估人员丧失民事行为能力的；

（三）准予价格评估人员执业资格认定决定被依法撤销的；

（四）法律、法规规定的应当注销价格评估人员执业资格的其他情形。

第二十一条 价格评估人员执业资格认定机关及其工作人员违反《行政许可法》的规定，有下列情形之一的，由其上级行政机关或监察机关责令改正；情节严重的，对直接负责的主管人员和其他直接责任人员依法给予行政处分；构成犯罪的依照法律追究刑事责任：

（一）对符合法定条件的价格评估人员执业资格认定申请不予受理或者对不在法定期限内作出准予价格评估人员执业资格认定决定的；

（二）不在办公场所公示依法应当公示的材料的；

（三）在价格评估人员执业资格认定的过程中，未向申请人、利害关系人履行法定告知义务的；

（四）申请人提出的申请材料不齐全、不符合法定形式，不一次告知申请人必须补正的全部内容的；

（五）未依法说明不受理价格评估人员执业资格认定申请，或者不予价格评估人员执业资格认定理由的；

（六）超越法定职权作出价格评估人员执业资格认定决定的；

（七）进行价格评估人员执业资格认定、实施监督检查时，索取或者收受他人财物或者谋取其他利益的。

第二十二条 价格评估人员执业资格认定审批机关实施价格评估人员执业资格认定，擅自收费的，由其上级行政机关或者监察机关责令退还非法收取的费用：对直接负责的主管人员和其他直接责任人员依法给予行政处分。

第二十三条 价格评估人员执业资格认定机关不依法履行监督职责或者监督不力，造成严重后果的，由其上级行政机关或者监察机关责令改正，对直接负责的主管人员和其他直接责任人员依法给予行政处分；构成犯罪的，依法追究刑事责任。

第二十四条 价格评估人员执业资格认定申请人隐瞒有关情况，或者提供虚假材料申请价格评估人员执业资格认定的，价格评估人员执业资格认定机关不予受理或者不予价格评估人员执业资格认定，并给予价格评估人员执业资格认定申请人警告。

第二十五条 取得《中华人民共和国价格评估人员执业资格证书》的价格评估人员，有下列行为之一的，价格评估人员执业资格认定机关应当依法给予行政处罚；构成犯罪的，依法追究刑事责任：

（一）涂改、倒卖、出租、出借、非法转让《中华人民共和国价格评估人员执业资格证书》的；

（二）超越认定的执业范围执业的；

（三）向负责监督检查的行政机关隐瞒有关情况、提供虚假材料或者拒绝提供反映其执业情况真实材料的；

（四）法律、法规、规章、规定的其他违法行为。

第二十六条 未经价格评估人员执业资格认定审批机关认定，擅自从事估价业务的，政府价格主管部门应当依法采取措施予以制止，并依法给予行政处罚；构成犯罪的，依法追究刑事责任。

第二十七条 价格评估人员执业资格认定与管理所需经费，按规定向同级财政部门申请。

第二十八条 本办法由国家发展改革委负责解释。

第二十九条 本办法自 2005 年 7 月 1 日起施行。原国家计委有关规定与本办法不一致的，一律以本办法为准。

国家发展改革委公告2005年第36号

根据《国务院对确需保留的行政审批项目设定行政许可的决定》（中华人民共和国国务院令第412号）和《价格评估机构资质认定管理办法》（中华人民共和国发展与改革委员会令第32号）、《价格评估人员执业资格认定管理办法》（中华人民共和国发展与改革委员会令第33号）、《价格鉴证师执业资格注册办法》（中华人民共和国发展与改革委员会令第34号），现将有关具体事项公告如下：

一、价格评估机构资质认定和价格评估人员执业资格认定基础性工作，由国家发展改革委价格认证中心和省级价格认证中心协助国家发展改革委和各省、自治区、直辖市人民政府价格主管部门进行；价格鉴证师执业资格注册基础性工作，由中国价格协会协助国家发展改革委进行。

二、对已经工商登记但尚未进行价格评估资质认定的价格评估机构，需尽快按申请等级到相应的机构提出价格评估机构资质认定申请。

特此公告。

二〇〇五年七月十一日

森林资源资产评估管理暂行规定

（财企〔2006〕529号　2006年12月25日）

第一章　总　　则

第一条　为加强森林资源资产评估管理工作，规范森林资源资产评估行为，维护社会公共利益和资产评估各方当事人的合法权益，根据《中华人民共和国森林法》、《国有资产评估管理办法》（国务院令第91号）、《中共中央、国务院关于加快林业发展的决定》（中发〔2003〕9号）等法律法规，制定本规定。

第二条　在中华人民共和国境内从事森林资源资产评估，除法律、法规另有规定外，适用本规定。

第三条　本规定所指森林资源资产，包括森林、林木、林地、森林景观资产以及与森林资源相关的其他资产。

第四条　森林资源资产评估是指评估人员依据相关法律、法规和资产评估准则，在评估基准日，对特定目的和条件下的森林资源资产价值进行分析、估算，并发表专业意见的行为和过程。

第五条　国有森林资源资产评估项目，实行核准制和备案制。

东北、内蒙古重点国有林区森林资源资产评估项目，实行核准制，由国务院林业主管部门核准或授权核准。

其他地区国有森林资源资产评估项目，涉及国家重点公益林的，实行核准制，由国务院林业主管部门核准或授权核准。对其他国有森林资源资产评估项目，实行核准制或备案制，由省级林业主管部门规定。对其中实行核准制的评估项目，由省级林业主管部门核准或授权核准。

第六条　非国有森林资源资产评估项目涉及国家重点公益林的，实行核准制，由国务院林业主管部门核准或授权核准。其他评估项目是否实行备案制，由省级林业主管部门决定。

第七条　森林资源资产评估工作，由财政部门和林业主管部门按照各自的职责进行管理和监督。

第八条　森林资源资产评估的具体操作程序和方法，遵照资产评估准则及相关技术规范的要求执行。

第二章　评估范围

第九条　国有森林资源资产占有单位有下列情形之一的，应当进行资产评估：

（一）森林资源资产转让、置换；

（二）森林资源资产出资进行中外合资或者合作；

（三）森林资源资产出资进行股份经营或者联营；

（四）森林资源资产从事租赁经营；

（五）森林资源资产抵押贷款、担保或偿还债务；

（六）收购非国有森林资源资产；

（七）涉及森林资源资产诉讼；

（八）法律、法规规定需要进行评估的其他情形。

第十条　非国有森林资源资产是否进行资产评估，由当事人自行决定，法律、法规另有规定的除外。

第十一条　森林资源资产有下列情形之一的，可根据需要进行评估：

（一）因自然灾害造成森林资源资产损失；

（二）盗伐、滥伐、乱批滥占林地人为造成森林资源资产损失；

（三）占有单位要求评估。

第三章　评估机构和人员

第十二条　从事国有森林资源资产评估业务的资产评估机构，应具有财政部门颁发的资产评估资格，并有2名以上（含2名）森林资源资产评估专家参加，方可开展国有森林资源资产评估业务。

森林资源资产评估专家由国家林业局与中国资产评估协会共同评审认定。经认定的森林资源资产评估专家进入专家库，并向社会公布。

资产评估机构出具的森林资源资产评估报告，须经2名注册资产评估师与2名森林资源资产评估专家共同签字方能有效。签字的注册资产评估师与森林资源资产评估专家应对森林资源资产评估报告承担相应的责任。

第十三条　非国有森林资源资产的评估，按照抵押贷款的有关规定，凡金额在100万元以上的银行抵押贷款项目，应委托财政部门颁发资产评估资格的机构进行评估；金额在100万元以下的银行抵押贷款项目，可委托财政部门颁发资产评估资格的机构评估或由林业部门管理的具有丙级以上（含丙级）资质的森林资源调查规划设计、林业科研教学等单位提供评估咨询服务，出具评估咨询报告。

上述森林资源调查规划设计、林业科研教学单位提供评估服务的人员须参加国家林业局与中国资产评估协会共同组织的培训及后续教育。

第十四条 资产评估机构和森林资源资产评估专家从事评估业务应当遵守保密原则，保持独立性。与评估当事人或者相关经济事项有利害关系的，不得参与该项评估业务。

第四章 核准与备案

第十五条 凡需核准的国有森林资源资产评估项目，占有单位在评估前应按照行政隶属关系，经上级林业主管部门审核同意后，由审核部门向省级林业主管部门或国务院林业主管部门报告下列有关事项：

（一）评估项目的审核情况；

（二）评估基准日的选择情况；

（三）森林资源资产评估范围的确定情况；

（四）森林资源资产实物量清单；

（五）选择森林资源资产评估机构的条件、范围、程序及拟选定机构的资质；

（六）森林资源资产评估的时间进度安排情况。

第十六条 国有森林资源资产评估项目的核准工作按照下列程序进行：

（一）国有森林资源资产占有单位收到资产评估机构出具的资产评估报告后应按照隶属关系，报上级林业主管部门初审，经初审同意后，由审核部门在评估报告有效期届满前3个月向省级林业主管部门或国务院林业主管部门提出核准申请。

（二）省级林业主管部门或国务院林业主管部门收到核准申请后，对符合核准要求的，及时组织有关专家和单位审核，在20个工作日内完成评估报告的核准；对不符合核准要求的，予以退回。

第十七条 国有森林资源资产评估项目核准的申请应包括下列文件材料：

（一）资产评估项目核准申请文件；

（二）资产评估项目核准申请表（附表1）；

（三）评估项目批准文件或有效材料；

（四）与所评估项目有关的林权证和权属变更的相关证明；

（五）资产评估机构、签字注册资产评估师和森林资源资产评估专家资质证明；

（六）资产评估机构聘请核查机构对占有单位提供的森林资源资产实物量进行核查的，应提供核查机构资质证明；

（七）资产评估机构提交的森林资源资产评估报告和核查报告；

（八）资产评估各当事方的相关承诺函；

（九）其他有关材料。

第十八条 省级林业主管部门或国务院林业主管部门受理资产评估项目核准申请后，应当对下列事项进行审核：

（一）资产评估项目是否获得批准；

（二）资产评估机构是否具备相应评估资质；

（三）评估人员是否具备相应资质；

（四）评估基准日的选择是否适当，评估结果的使用有效期是否明示；

（五）资产评估范围与项目批准文件确定的范围是否一致；

（六）评估依据是否适当；

（七）占有单位是否就所提供的资产权属证明文件、财务会计资料及生产经营管理资料的真实性、合法性和完整性做出承诺；

（八）评估过程是否符合相关评估准则的规定。

第十九条 评估项目的备案按照下列程序进行：

（一）国有森林资源资产占有单位收到评估机构出具的评估报告后，应在评估报告有效期届满前3个月将备案材料报送上级林业主管部门；

（二）上级林业主管部门收到占有单位报送的备案材料后，对材料齐全的，应在20个工作日内办理备案手续；对材料不全的，待占有单位或评估机构补充完善有关材料后予以办理。

第二十条 森林资源资产评估项目备案需报送下列文件材料：

（一）资产评估项目备案申请表（附表2）；

（二）资产评估报告和核查报告；

（三）评估项目的批准文件或有关证明材料；

（四）与所评估项目有关的林权证和权属变更的相关证明；

（五）其他有关材料。

第二十一条 各级林业主管部门受理资产评估项目备案申请后，应当对下列事项进行审核：

（一）资产评估项目是否获得批准或相关证明；

（二）资产评估范围与评估项目确定的资产范围是否一致；

（三）评估基准日的选择是否适当，评估结果的使用有效期是否明示，评估程序是否符合相关评估准则的规定；

（四）占有单位是否就所提供的森林资源资产清单、资产权属证明文件等资料的真实性、合法性和完整性做出承诺。

第二十二条 经核准或备案的森林资源资产评估结果有效期为自评估

基准日起1年。

第二十三条 国有森林资源资产占有单位在进行与资产评估相应的经济行为时，应当以核准或备案的资产评估结果为作价参考依据。在产权交易过程中，当交易价低于评估结果的90%时，应当暂停交易，在获得产权转让批准机构同意后方可继续交易。

第五章 监督管理

第二十四条 省级财政部门和林业主管部门应当加强对国有森林资源资产评估工作的监督检查工作，采取定期或不定期检查方式对森林资源资产评估项目情况进行抽查。

第二十五条 省级林业主管部门应当于每年度终了30个工作日内将本省（区）森林资源资产评估项目的核准、备案情况及检查结果报国家林业局。

第六章 附 则

第二十六条 各省（自治区、直辖市）财政部门和林业主管部门可根据本省（自治区、直辖市）实际情况，依据本规定制定实施细则或操作办法，报财政部和国家林业局备案。

第二十七条 本规定由财政部、国家林业局负责解释。

第二十八条 本规定自2007年1月1日起施行。原林业部和原国家国有资产管理局发布的《关于〈森林资源资产产权变动有关问题的规范意见（试行）〉的通知》（林财字〔1995〕67号）和《关于加强森林资源资产评估管理工作若干问题的通知》（国资办发〔1997〕16号）同时废止。

关于发布《森林资源资产评估技术规范（试行）》的通知

（国资办发〔1996〕第59号 1996年12月16日）

各省、自治区、直辖市、计划单列市国有资产管理局（办公室），林业（农林）厅（局），内蒙古、吉林、黑龙江、大兴安岭森工（林业）集团公司：

为了进一步规范森林资源资产评估操作行为，提高评估工作质量，加强森林资源资产评估管理，保护森林资源资产所有者、经营者和使用者的合法权益，国家国有资产管理局和林业部共同制定了《森林资源资产评估技术规范（试行）》，现发给你们，请遵照执行。执行过程中如发现问题，请及时反映给国家国有资产管理局和林业部。

附件：

一、森林资源资产评估技术规范（试行）

二、有关表式

三、调整系数K值的确定和利率P值的确定原则

附件一：

森林资源资产评估技术规范（试行）

第一章　总　　则

第一条　为适应我国森林资源资产评估事业发展的需要，规范森林资源资产评估工作，保护森林资源资产所有者、经营者和使用者的合法权益，依据《中华人民共和国森林法》、《国有资产评估管理办法》（国务院91号令）、《林业部、国家国有资产管理局〈关于森林资源资产产权变动有关问题的规范意见（试行）〉的通知》（林财字〔1995〕67号）和《关于转发〈资产评估操作规范意见（试行）〉的通知》（国资办发〔1996〕23号）等有关法律、法规和政策，结合森林资源资产的特点，制定本规范。

第二条　本规范适用于森林资源资产出让、转让、合资、合作、股份经营、联营、租赁经营、担保、拍卖、企事业单位清算的评估，以及需要进行资产评估的其他情形。

第三条　本规范中所指的森林资源资产主要包括森林、林木、林地和森林景观资产。

第四条　森林资源资产评估是根据特定的目的、遵循社会客观经济规律和公允的原则，按照国家法定的标准和程序，运用科学可行的方法，以统一的货币单位，对具有资产属性的森林资源实体以至预期收益进行的评定估算。它是评估者根据被评估森林资源资产的实际情况、所掌握的市场动态资料和对现在和未来进行多因素分析的基础上，对森林资源资产所具有的市场价值进行评定估算。

第五条　森林资源资产评估必须遵循以下原则：

一、基本原则：森林资源资产评估必须遵循公平性原则、科学性原则、客观性原则、独立性原则、可行性原则等基本原则。

二、前提性原则：森林资源资产评估要遵循产权利益主体变动原则，即以被评估森林资源资产的产权利益主体变动为前提或假设前提，确定被评估资产基准日时点上的现行公允价值。产权利益主体变动包括利益主体的全部改变和部分改变及假设改变。

三、操作性原则：森林资源资产评估要遵循资产持续经营原则、替代性原则和公开市场原则等操作性原则。

持续经营原则是指评估时需根据被评估森林资源资产按目前的林业用途、规模继续使用或有所改变的基础上继续使用，相应确定评估方法、参数和依据。

替代性原则是指评估作价时，如果同一森林资源资产或同种森林资源资产在评估基准日可能实现的或实际存在的价格或价格标准有多种，则应选用最低的一种。

公开市场原则（公允市价原则）是指森林资源资产评估选取的作价依据和评估结论都可在公开市场存在或成立。森林资源资产交易条件公开并且不具有排他性。

第六条 评估机构和评估人员必须自觉遵守中国资产评估协会制定的资产评估行业标准和操作规范，并以本规范作为森林资源资产评估操作的基本规范，评估机构和评估人员在实际评估过程中，因为具体情况不同而采用本规范之外的或不同的处理方式和方法时，须在资产评估报告书中详细说明。

第二章 森林资源资产评估程序和基本方法

第七条 森林资源资产评估按下列程序进行：

一、评估立项

二、评估委托

三、资产核查

四、资料搜集

五、评定估算

六、提交评估报告书

七、验证确认

八、建立项目档案

第八条 评估立项。森林资源资产占有单位发生森林资源资产产权变动或其他情形需要进行评估时，应按国家有关规定，向有关部门提交森林资源资产评估立项申请书并附有关资料。

立项申请书的内容主要包括：森林资源资产占有单位名称、地址、隶属关系、评估目的、评估对象与范围、要求评估的时间、评估的基准日等。

附件主要有：该项经济行为审批机关批准文件，县级以上人民政府颁发的有效的产权证明（林权证等）。

第九条 评估委托。森林资源资产评估立项经批准后，资产占有单位方可委托森林资源资产评估机构进行资产评估。评估委托应提交评估委托书、有效的森林资源资产清单和其他材料。

一、评估委托书的内容包括：评估目的、评估对象与范围、评估基准日、评估时间、评估要求等。

二、有效的森林资源资产清单，是指以具有相应级别调查设计资格证书的森林资源调查规划设计单位当年调查，并经上级林业主管部门批准使用的森林资源规划设计调查（二类调查）、作业设计调查（三类调查）成果，或按林业资源管理部门要求建立并逐年更新至当年，且经补充调查修正的森林资源档案资料编制，并由林业主管部门认定的森林资源资产清单。森林资源资产清单以小班为单位编制。评估有效期内将采伐的林木资产清单必须依据作业设计调查成果编制。

三、其他有关资料

1. 森林资源资产评估立项审批文件。

2. 森林资源资产林权证书。

3. 林业基本图、林相图、作业设计调查图。

4. 作业设计每木检尺记录。

5. 有特殊经济价值的林木种类、数量和质量材料。

6. 当地森林培育、森林采伐和基本建设等方面的技术经济指标。

7. 林木培育的账面历史成本材料。

8. 有关的小班登记表复印件。

9. 按照评估目的必须提交的其他材料，如森林景观资产资料等。

评估机构要对委托方所提供的森林资源资产清单的编制依据、资料的完整性和时效性进行核验，核验合格后方可接受委托，并与委托方签署森林资源资产评估业务委托协议。

第十条　资产核查。资产评估机构受理委托后，应对委托方提交的资产清单进行核查，核查符合要求方可进行评估。

第十一条　资料搜集。在进行评定估算前，森林资源资产评估机构必须搜集掌握当地有关的技术经济指标资料，主要有：

一、营林生产技术标准、定额及有关成本费用资料。

二、木材生产、销售等定额及有关成本费用资料。

三、评估基准日各种规格的木材、林副产品市场价格，及其销售过程中税、费征收标准。

四、当地及附近地区的林地使用权出让、转让和出租的价格资料。

五、当地及附近地区的林业生产投资收益率。

六、各树种的生长过程表、生长模型、收获预测等资料。

七、使用的立木材积表、原木材积表、材种出材率表、立地指数表等测树经营数表资料。

八、其他与评估有关的资料。

第十二条 评定估算。在有关资料达到要求的条件下，评估机构对委托单位被评估森林资源资产价值进行评定和估算。

第十三条 提交评估报告书。资产评估机构对评定估算结果进行分析确定，撰写评估说明，汇集资产评估工作底稿，形成森林资源资产评估报告书，并提交给委托方。

第十四条 验证确认。委托单位收到评估机构资产评估结果报告后，应报委托单位行政主管部门审查。国有森林资源资产评估结果经林业行政主管部门审查同意后，报同级国有资产管理行政主管部门验证确认。

第十五条 建立项目档案。评估工作结束后，评估机构应及时将有关文件及资料分类汇总，登记造册，建立项目档案。按国家有关规定和评估机构档案管理制度进行管理。

第十六条 森林资源资产评估的基本方法。森林资源资产评估以总体、森林类型或小班为单位进行评定估算，主要方法有：

一、市价法

二、收益现值法

三、成本法

四、清算价格法

五、其他方法

市价法是以被评估森林资源资产现行市价或相同、类似森林资源资产现行市价为基础进行评定估算的评估方法。

收益现值法是通过估算被评估森林资源资产在未来的预期收益，并采用适宜的折现率（一般采用林业行业投资收益率）折算成现值，然后累加求和，得出被评估资产价值的评估方法。

成本法是以被评估森林资源资产的重置成本为基础进行评定估算的评估方法。

清算价格法是根据林业企事业单位清算时森林资源资产的变现价格确定评估价的评估方法。

其他方法主要指经林业部、国家国有资产管理局认可的其他评估方法。

森林资源资产评估应根据评估方法的适用条件、评估对象、评估目的选用一种或几种方法进行评定估算，综合确定评估价值。

第三章　森林资源资产核查

第十七条　森林资源资产的实物量是价值量评估的基础，评估机构在森林资源资产价值量评定估算前，必须对委托单位提交的有效森林资源资产清单上所列示资产的数量和质量进行认真的核查。要求账面、图面、实地三者一致。

第十八条　森林资源资产数量、质量的核查，必须由具有森林资源调查工作经验的中、高级技术职称的林业专业技术人员负责进行。

第十九条　森林资源资产的核查项目，主要包括权属、林地或森林类型的数量、质量和空间位置等内容。具体项目如下：

一、林地：所有权、使用权、地类、面积、立地质量等级、地利等级等。

二、林木：

1. 用材林

（1）幼龄林：权属、树种组成、林龄、平均树高、单位面积株数。

（2）中龄林：权属、树种组成、林龄、平均胸径、平均树高、单位面积活立木蓄积。

（3）近、成、过熟林：权属、树种组成、林龄、平均胸径、平均树高、立木蓄积、材种出材率等级。

2. 经济林：权属、种类及品种、年龄、单位面积产量。

3. 薪炭林：权属、林龄、树种组成、单位面积立木蓄积量。

4. 竹林：权属、平均胸径、立竹度、均匀度、整齐度、年龄结构、产笋量。

5. 防护林：除核查与用材林相应的项目外，还要增加与评估目的有关的项目。

6. 特种用途林：除核查与其他林种相应的项目外，还要增加与评估目的有关的项目。

7. 未成林造林地上的幼树：权属、树种组成、造林时间、平均高、造林成活率、造林保存率。

第二十条　森林资源资产的核查分为抽样控制法、小班抽查法和全面核查法。评估机构可按照不同的评估目的、评估种类、具体评估对象的特点和委托方的要求选择使用。

一、抽样控制法：本方法以评估对象为抽样总体，以95%的可靠性，布设一定数量的样地进行实地调查，要求总体蓄积量抽样精度达到90%以上。林地的核查，首先依据具有法定效力的资料，核对其境界线是否正确，然后在林业基本图或林相图上直接量算或采用成数抽样的办法核查各类土地和森林类型的面积，主要地类的抽样精度要求达到95%以上（可靠性95%）。

如委托方提交的资产清单中各类土地、森林类型的面积和森林蓄积量在估测区间范围内，则按照资产清单所列的实物数量、质量进行评估。若超出估测区间，则该资产清单不符合评估要求，应通知委托方另行提交新的森林资源资产清单。

二、小班抽查法：本方法采用随机抽样或典型选样的方法分别林地及森林类型、林龄等因子，抽出若干比例小班进行核查。核查的小班个数依据评估目的、林分结构等因素来确定。对抽中小班的各项按规定必须进行核查的因子进行实地调查，以每个小班中80%的核查项目误差不超出允许值，视为合格。

小班核查因子的允许误差范围采用林业部《森林资源调查主要技术规定》的A级标准。

核查小班合格率低于90%，则该资产清单不能用作资产评估，应通知委托方另行提交资产清单。

三、全面核查法：本方法对资产清单上的全部小班逐个进行核查。对即将采伐的小班设置一定数量的样地进行实测，必要时进行全林每木检尺。

核查小班内各核查项目的允许误差按小班抽查法的规定执行。对经核查超过允许误差的小班，通知委托方另行提交资产清单。

第四章　林木资产评估

第二十一条　林木资产评估要根据不同的林种，选择适用的评估方法和林分质量调整系数进行评定估算。评估方法主要有以下几种：

一、市价法：包括市场价格倒算法、现行市价法。

二、收益现值法：包括收益净现值法、收获现值法、年金资本化法。

三、成本法：包括序列需工数法、重置成本法。

四、清算价格法。

第二十二条　市场价倒算法

市场价倒算法是用被评估林木采伐后所得木材的市场销售总收入，扣除木材经营所消耗的成本（含有关税费）及应得的利润后，剩余的部分作为林木资产评估价值。其计算公式为：

$$E_n = W - C - F$$

E_n—林木资产评估值

W—销售总收入

C—木材经营成本（包括采运成本、销售费用、管理费用、财务费用及有关税费）

F—木材经营合理利润

第二十三条 现行市价法

现行市价法是以相同或类似林木资产的现行市价作为比较基础，估算被评估林木资产评估价值的方法。其计算公式为：

$$E_n = K \cdot K_b \cdot G \cdot M$$

E_n—林木资产评估值

K—林分质量调整系数（详见附件三，下同）

K_b—物价指数调整系数

G—参照物单位蓄积的交易价格（元/m^3）

M—被评估林木资产的蓄积量

第二十四条 收益净现值法

收益净现值法是将被评估林木资产在未来经营期内各年的净收益按一定的折现率折为现值，然后累计求和得出林木资产评估价值的方法。其计算公式为：

$$E_n = \sum_{i=n}^{u} \frac{(A_i - C_i)}{(1+P)^{i-n+1}}$$

E_n—林木资产评估值

A_i—第 i 年的年收入

C_i—第 i 年的年成本支出

u —经营期

P—折现率（根据当地营林平均投资收益状况具体确定）

n—林分年龄

第二十五条 收获现值法

收获现值法是利用收获表预测被评估林木资产在主伐时纯收益的折现值，扣除评估后到主伐期间所支出的营林生产成本折现值的差额，作为林木资产评估价值的方法。其计算公式为：

$$E_n = K \cdot \frac{A_u + D_a(1+P)^{u-a} + D_b(1+P)^{u-b} + \cdots}{(1+P)^{u-n}} - \sum_{i=n}^{u} \frac{C_i}{(1+P)^{i-n+1}}$$

E_n—林木资产评估值

K—林分质量调整系数

A_u—标准林分 u 年主伐时的纯收入（指木材销售收入扣除采运成本、销售费用、管理费用、财务费用、有关税费、木材经营的合理利润后的部

分）

D_a、D_b—标准林分第 a、b 年的间伐纯收入

C_i—第 i 年的营林生产成本

u—经营期

n—林分年龄

P—利率（详见附件三，下同）

第二十六条 年金资本化法。

年金资本化法是将被评估的林木资产每年的稳定收益作为资本投资的收益，按适当的投资收益率估算林木资产评估价值的方法。其计算公式为：

$$E_n = \frac{A}{P}$$

E_n—林木资产的评估值

A—年平均纯收益（扣除地租）

P—投资收益率（根据当地营林平均投资收益状况具体确定）

第二十七条 序列需工数法

序列需工数法是以现时工日生产费用和林木资产经营中各工序的平均需工数估算林木资产重置价值的方法。其计算公式为：

$$E_n = K \cdot \sum_{i=1}^{n} N_i \cdot B \cdot (1+P)^{n-i+1} + \frac{R[(1+P)^n - 1]}{P}$$

E_n—林木资产评估值

K—林分质量调整系数

i—第 i 年的需工数

B—评估时以工日为单位计算的生产费用

P—利率

R—地租

n—林分年龄

第二十八条 重置成本法。

重置成本法是按现时工价及生产水平，重新营造一块与被评估林木资产相类似的林分所需的成本费用，作为被评估林木资产评估价值的方法。其计算公式为：

$$E_n = K \cdot \sum_{i=1}^{n} C_i (1+P)^{n-i+1}$$

E_n—林木资产评估值

K—林分质量调整系数

C_i—第 i 年以现时工价及生产水平为标准计算的生产成本，主要包括各年投入的工资、物质消耗、地租等

n—林分年龄

P—利率

在会计核算基础较好，账面资料比较齐全，且账面历史成本与行业或地区的平均成本较为接近时，可采用历史成本调整法。

历史成本调整法是以投入时的成本为基础，根据投入时与评估时的物价指数变化情况确定被评估林木资产评估价值的方法。其计算公式为：

$$E_n = K \cdot \sum_{i=1}^{n} C_i \frac{B}{B_i}(1 + p)^{n-i+1}$$

E_n—林木资产评估值

K—林分质量调整系数

C_i—第 i 年投入的实际成本

B—评估时的物价指数

B_i—投入时的物价指数

P—利率

n—林分年龄

第二十九条 清算价格法。

清算价格法先按现行市价法或其他评估方法进行估算，再按快速变现的原则，根据市场的供需情况确定一个折扣系数，然后确定被评估林木资产的清算价格。该方法适用于企事业单位破产、抵押、停业清理的林木资产评估。其计算公式为：

$$E_O = D_O \cdot E_w$$

E_O—林木资产清算价格

D_O—折扣系数

E_w—林木资产评估价值

第三十条 用材林（含薪炭林）林木资产评估。

用材林林木资产评估一般按森林经营类型分龄组进行：

幼龄林一般选用现行市价法、重置成本法和序列需工数法。

中龄林一般选用现行市价法、收获现值法。在使用收获现值法时必须要有能反映当地生长过程的生长过程表或收获表。在没有这些数表时，也可利用当地的调查材料，拟合当地的林木平均生长过程，以取得预测值。

近、成、过熟林主要选用现行市价法中的市场价倒算法。

用材林林木资产评估时，要充分注意各龄组评估值之间的衔接。

第三十一条 经济林林木资产评估。

经济林林木资产评估一般选用现行市价法、收益现值法和重置成本法。在选用收益现值法时应考虑经济林经营的经济寿命期、各生长发育阶段的经济林产品的产量和成本的差异、经济寿命期末的林木残值。在选用重置成本法时应以盛产期前为重置期确定重置成本，进入盛产期后，还应根据收获年数确定调整系数（折耗系数）。

第三十二条 防护林林木资产评估。

防护林是以国土保安、防风固沙、改善农业生产条件等防护功能为主要目的的森林。

防护林资产评估包括林木的价值和生态防护效益的评定估算，林木价值评估一般选用市价法、收益现值法和重置成本法。在选用收益现值法进行评估时，必须以按防护林经营时所能获得的实际经济效益为基础。生态防护效益要通过实际调查确定标准和参数。

第三十三条 竹林林木资产评估。

竹林是由各类竹子构成的森林。竹林林木资产由地上立竹和地下竹鞭构成。

竹林林木资产评估一般选用现行市价法、年金资本化法，新造未成熟的竹林可采用重置成本法。在采用年金资本化法时必须考虑大小年对竹材和竹笋产量及经济收入的影响。

第三十四条 特种用途林林木资产评估。

特种用途林是以保存物种资源、保护生态环境、国防、森林旅游、科学实验等为主要经营目的的森林。特种用途林资产主要指能带来经济收益的风景林、实验林、母树林、名胜古迹和革命纪念林等。

一、实验林林木资产评估。

实验林是以提供教学或科学研究实验场所为主要目的的森林。实验林资产评估一般选用现行市价法、收获现值法和收益净现值法。在采用收获现值法和收益净现值法时，收益的预测必须在满足原经营目的条件下进行。

二、母树林林木资产评估。

母树林是以培育优良种子为主要目的的森林。母树林林木资产评估一般参照经济林林木资产评估的方法进行。在估算时应充分考虑母树木材价值较高的特点。

三、风景林、名胜古迹和革命纪念林的资产评估按照森林景观资产评估方法进行。

第五章　林地资产评估

第三十五条　林地是指国家法律确认的用于林业用途的土地，包括有林地、疏林地、未成林造林地、灌木林地、采伐迹地、火烧迹地、苗圃地和国家规划的宜林地。

第三十六条　林地资产评估是对某一时日一定面积林地使用权的价格进行评定估算。当林地使用权发生变动或其他情形需单独确定林地使用权的价格时，应进行林地资产评估。

第三十七条　林地资产评估主要有以下几种方法：

一、现行市价法

二、林地期望价法

三、年金资本化法

四、林地费用价法

第三十八条　林地现行市价法。

现行市价法是以具有相同或类似条件林地的现行市价作为比较基础，估算林地评估值的方法。其计算公式为：

$$B_u = K \cdot K_b \cdot G \cdot S$$

B_u—林地评估值

K—林地质量综合调整系数（详见附件三）

K_b—物价指数调整系数

G—参照物单位面积的交易价格（元/hm^2）

S—被评估林地的面积

第三十九条　林地期望价法。

林地期望价法以实行永续皆伐为前提，从无林地造林开始计算，将无穷多个轮伐期的纯收益全部折为现值累加求和，作为林地的评估值。其计算公式为：

$$B_u = \frac{A_u + D_a(1+P)^{u-a} + D_b(1+P)^{u-b} + \cdots - \sum_{i=1}^{n} C_i(1+P)^{u-i+1}}{(1+P)^u - 1} - \frac{V}{P}$$

B_u—林地评估值

C_i—第 i 年投入的营林生产直接费用（包括整地、栽植、抚育等费用）

A_u—现实林分第 u 年主伐时的纯收入（指木材销售收入扣除采运成本、销售费用、管理费用、财务费用、有关税费、木材经营的合理利润后的部分）

D_a、D_b—现实林分第 a、b 的间伐纯收入

u —经营周期

V—年均营林生产间接费用（包括森林保护费、营林设施费、良种实验费、调查设计费、基层生产单位管理费、场部管理费用和财务费用）

P—利率

第四十条 年金资本化法。

年金资本化法是将被评估林地资产每年相对稳定的地租收益作为资本投资收益，按适当的投资收益率估算林地评估值的方法。其计算公式为：

$$B_u = \frac{R}{P}$$

B_u—林地评估值

R—林地年平均地租收益

P—投资收益率

第四十一条 林地费用价法。

林地费用价法是以取得林地所需的费用和把林地维持到现在状态所需的费用来估算林地评估值的方法。其计算公式为：

$$B_u = A(1+P)^n + \sum_{i=1}^{n} M_i(1+P)^{n-i+1}$$

B_u—林地评估值

A—林地购置费

M_i—林地购置后，第 i 年林地改良费

n—林地购置年数

P—利率

第四十二条 当林地使用权有期限转让时，按以下公式计算林地使用权价格：

$$B_n = \frac{B_u\left[(1+P)^n - 1\right]}{(1+P)^n}$$

B_n—林地使用权有期限转让价格

B_u—林地评估值（使用权无期限转让评估值）

P—利率

n —林地使用权转让年数

第四十三条 林地资产评估方法中，现行市价法适用于各类林地资产评估；林地期望价法适用于用材林、薪炭林、防护林、疏林地、未成林造林地、灌木林地、采伐迹地、火烧迹地和国家规划的宜林地林地资产的评估；年金资本化法适用于林地租金相对稳定的林地资产评估；林地费用价法一般适用于苗圃地等林地资产评估。

第六章　森林景观资产评估

第四十四条　森林景观资源是指具有游览、观光、休闲等价值的森林资源。森林景观资产是指通过经营能带来经济收益的森林景观资源，主要包括风景林（含森林公园）、森林游憩地、部分名胜古迹和革命纪念林、古树名木等。

第四十五条　森林景观资产评估主要选择下列几种方法，并同时结合景区评价等级和相关设施等进行综合评定估算。

一、现行市价法。

二、收益现值法：包括年金资本化法，条件价值法。

三、重置成本法。

第四十六条　现行市价法。

现行市价法是以相同或类似森林景观资产的市场价格作为比较基础，估算评估对象价值的方法。其计算公式为：

$$E = K \cdot K_b \cdot G \cdot S$$

E—森林景观资产评估值

K—景观质量调整系数（详见附件二，下同）

K_b—物价指数调整系数

G—参照物单位面积的市场价格（元/hm^2）

S—被评估森林景观资产的面积

第四十七条　年金资本化法。

年金资本化法主要适用于有相对稳定收入的森林景观资产的价值评估。其计算公式为：

$$E = \frac{A}{P}$$

E—森林景观资产评估值

A—年均纯收益

P—投资收益率

第四十八条　条件价值法。

条件价值法是通过对游客进行调查，获得森林景观资产评估值的评估方法。评估操作过程中需考虑以下两种情形：

一、评估对象为整个森林风景区

运用条件价值法评估整个森林风景区的价值时，主要步骤如下：

1. 进行游客调查，得出游客对该景区门票的平均愿意支付值；

2. 以该平均愿意支付值作为合理的门票价格，计算出景区的年门票收入，加上其他经营项目的年预计收入，得出该景区的年总收入；

3. 年总收入扣除各种成本费用即得景区的年纯收益；

4. 以年均纯收益除以适宜的投资收益率得出该森林风景区的评估值。

二、旅游风景区中某一森林景观资产的评估

森林景观资产仅为风景区的一部分时，运用条件价值法评估森林景观资产的主要步骤如下：

1. 计算出该风景区总的评估值；

2. 进行游客调查，计算在没有某一森林景观的情况下，游客对门票的平均愿意支付值；

3. 以该愿意支付值作为合理门票价格，计算出风景区的评估值；

4. 风景区总资产评估值减去在没有该森林景观情况下的风景区评估值，即为该森林景观资产的评估值。

第四十九条 重置成本法

重置成本法是用现有条件下重新取得与被评估对象相类似的森林景观资产所需的成本费用，作为被评估森林景观资产价值的评估方法。其重置价值主要考虑林木、林地和旅游设施的重置价值。计算公式为：

$$E = K \cdot \sum_{i=1}^{n} C_i (1 + P)^{n-i+1} + Q$$

E—森林景观资产评估值

K—景观质量调整系数

C_i—第 i 年的营林投入，主要包括工资、物资消耗、管护费用和地租等

Q—旅游设施重置价

P—利率

第七章 整体林业企事业资产评估

第五十条 整体林业企事业单位资产评估是对独立林业企事业法人单位和其他具有独立经营获利能力的经济实体的全部资产和负债所进行的资产评估。

第五十一条 整体资产评估范围一般应为该林业企事业的全部资产。资产包括经营性资产和非经营性资产以及森林资源资产。

第五十二条 整体林业企事业单位资产评估时，森林资源资产评估按本规范进行，非森林资源资产的评估按国家有关规定进行。

第八章　资产评估报告书及送审专用材料

第五十三条　森林资源资产评估报告书是评估机构在完成评估工作后，向委托方提交的说明评估目的、程序、标准、依据、方法、结果及其适用条件等基本情况的报告书。它对被评估森林资源资产在特定条件下的公允市价提出了专家意见，对评估机构履行委托协议的情况进行总结，并据以界定评估机构应承担的法律责任。也是对评估机构的职业道德、执业能力和水平进行检查监督的依据。

森林资源资产评估报告书包括正文和附件两部分，其内容主要是报告评估结论、阐述评估结果成立的前提条件，说明取得评估结果的主要过程、方法和依据，并附报必要的文件材料。

森林资源资产评估报告书撰写的内容、格式、报批等要求按《关于转发〈资产评估操作规范意见（试行）〉的通知》（以下简称《规范意见》）办理，并同时提交附件二所规定的表式。

第五十四条　森林资源资产评估机构还要按规定向有关主管部门编报《森林资源资产评估报告书送审专用材料》，该材料除按《规范意见》办理外，还应根据森林资源资产的特点编报以下材料：

材料一：《森林资源资产核查报告》

写明森林资源资产经济情形涉及的范围、对象、所处的地理位置、自然条件、相关的社会经济条件。森林资源资产核查方法、核查采用的技术标准、核查过程、核查结果、有关的说明，并由森林资源资产核查负责人签章。

材料二：《森林资源资产评估技术经济指标》

列出在评估过程中使用的各种技术经济指标。

材料三：《林木及林地资产评定估算过程》

列出各类林木及林地资产评估测算中所采用的方法、公式、测算过程和测算结果。

第九章　森林资源资产评估工作底稿和项目档案

第五十五条　森林资源资产评估工作底稿，是在评估机构接受评估委托至完成全部评估工作的过程中，评估人员所取得或编制的反映资产评估项目全貌的评估结论及其形成过程，以及所根据的各种文件材料。工作底稿包括的内容和要求按《规范意见》办理。

第五十六条　森林资源资产评估机构要根据有关规定建立严格的档案管理制度，包括立档、保管、使用、销毁等全过程的各方面。档案管理制度的建立和要求按《规范意见》办理。

第十章　附　　则

第五十七条　各省、自治区、直辖市可根据本规范的规定，结合本地的实际情况，制定具体实施细则。细则和有关标准、参数要报国家国有资产管理局和林业部审核备案。

第五十八条　本规范由国家国有资产管理局、林业部负责解释。

第五十九条　本规范自发布之日起实施。

附件二：

有关表式

附表1　森林资源资产评估结果汇总表

资产占有单位：　　　　评估基准日：　　　　单位：hm^2，m^3，元

资产项目	面积	蓄积	账面原值	账面净值	评估价值	评估增值	评估增值率
一、林木资产							
1. 用材林							
2. 经济林							
3. 薪炭林							
4. 竹林							
5. 防护林							
6. 特用林							
二、林地资产							
1. 有林地							
2. 疏林地							
3. 未成林造林地							
4. 灌木林地							
5. 采伐迹地							
6. 火烧迹地							
7. 苗圃地							
8. 国家规划的宜林地							
三、森林景观资产（含风景林、名胜古迹和革命纪念林）							
四、其他森林资源资产							

附表 2　林木资产评估结果明细表

林种：　　　　　　　　　　　　　　　　　　　　　　　　　　　单位：hm^2，m^3，元

作业区	林班号	小班号	小班面积	优势树种	组成树种	林龄	单位面积蓄积	小班蓄积	单位林木资产评估价值	小班林木资产评估价值
合计										

附表 3　林地资产评估结果明细表

林地类型：　　　　　　　　　　　　　　　　　　　　　　　　　　　单位：hm^2，元

林班号	小班号	面积	立地质量	可及度	单位面积林地资产评估价值	小班林地资产评估价值
合计						

附表 4

森林资源资产明细表

林地类型：　　　　　　　　　　　　　　　　　　　　单位：hm^2，元

林班号	小班号	小班面积（hm^2）	小班有林地面积（hm^2）	权属	林种	立地条件						可及度	运距（km）	优势树种	组成树种	平均胸径（cm）	平均树高（m）	造林年度（年）	公顷株数（株）	公顷蓄积（m^3）	小班蓄积（m^3）	生长类型
						坡向	坡位	坡度	土壤种类	土层厚度	立地质量											

附表 5

森林面积蓄积统计汇总表

林种：　　　　　　　　　　　　　　　　　　　　单位：m^3，hm^2

汇总单位	优势树种	活立木总蓄积	林分各龄组面积蓄积												疏林		散生木蓄积	四旁树蓄积	枯立木蓄积	枯倒木蓄积
			合计		幼龄林		中龄林		近熟林		成熟林		过熟林							
			面积	蓄积	面积	蓄积	面积	蓄积	面积	蓄积	面积	蓄积	面积	蓄积	面积	蓄积				

附件三：

调整系数 K 值的确定和利率 P 值的确定原则

一、林木资产评估中林分质量调整系数 K 的确定

在林木资产评估中，由于林木和由林木组成的林分不是规格产品，它们的市场价格随着林木生状态、立地条件及所处地理位置（地利等级）的不同而发生变化。各种评估方法测算出的评估值都是某一状态下的林分的价格。要将这些价格落实到每个具体的小班，就必须通过一个林分质量调整系数 K 将现实林分与参照林分的价格联系起来。K 值的大小对评估的结果有较大的影响。

K 值的确定必须先考虑林分的生长状况、立地质量和经济质量（地利等级），分别求出各因素的调整系数 K_1，最后综合确定总的林分质量调整系数 K。可以用下式表达：

$$K = f(K_1, K_2, K_3, K_4)$$

1. 林分生长状况调整系数 K_1 和 K_2 的确定。

K_1 和 K_2 通常以现实林分中主要的生长状态指标（株数、树高、胸径、蓄积等）与参照林分的生长状态指标相比较后确定。

参照林分即当地同一年龄平均水平的林分（在各种成本法计算中），或收获表上的林分（在收获现值法中），或交易参照林分（现行市价法中）。

在幼龄林和未成林造林地的林木资产评估中，以株数保存率（r）和树高两项指标确定调整系数 K_1，K_2。

当 $r \geqslant 85\%$，$K_1 = 1$

当 $r < 85\%$，$K_1 = r$

K_2 = 现实林分平均树高/参照林分平均树高

在中龄林以上林分林木资产评估中，以单位面积蓄积和平均胸径两项指标确定 K_1 和 K_2。

K_1 = 现实林分单位面积蓄积/参照林分单位面积蓄积

K_2 = 现实林分平均胸径/参照林分平均胸径

在经济林林木资产评估中，以经济林产品的产量为指标确定 K_1，采用重置成本法时用产果的年数确定 K_2。

K_1 = 现实林分单位面积产量/参照林分单位面积产量

K_2 = 1 - 现实林分已收获年数/林分正常可收获总年数

2. 林分立地质量调整系数 K_3 的确定。

林分立地质量通常按地位指数级，地位级或立地类型确定。

$$K_3 = \frac{\text{评估对象立地等级的标准林分在主伐时的蓄积}}{\text{参照林地立地等级的标准林分在主伐时的蓄积}}$$

3. 地利等级调整系数 K_4 的确定

地利等级是林地的采、集、运生产条件的反映，一般用采、集、运的生产成本来确定。地利等级调整系数可按现实林分与参照林分在采伐时立木价（以倒算估算）的比值来计算。即：

K_4 = 现实林分主伐时的立木价/参照林分主伐时的立木价

森林景观资产评估时，景观质量调整系数需考虑景观等级、景区年收入、年游客人数等因子综合确定。

二、森林资源资产评估中利率的确定原则

货币具有时间价值，森林资源资产的经营由于其经营周期长达数十年，在其经营成本中所投入资金的时间价值—利息，通常占经营成本的绝大部分，利率的高低将对评估结果产生极大的影响。

资金市场上的商业利率由经济利率（纯利率）、风险率、通货膨胀率三部分构成。在森林资源资产评估中由于其涉及到的成本均为重置成本，即现实物价水平上的成本，其收入与支出的物价是在同一个时点上，不存在着通货膨胀因素。因此，在森林资源资产评估中采用的利率仅含经济利率和风险率两个部分。

经济利率：也称纯利率，它随资金市场的供需关系而变化。在允许资金自由流动的条件下，经济利率是相当稳定的，近百年来随着货币资本的积累，经济利率在缓慢地下降。世界上许多国家确定经济利率的方法是，将一个稳定的政府发行国债的年利率（风险率为0）扣除当年的通货膨胀率，剩余部分则为经济利率，大约为3.5%。我国政府政策性贷款利率也接近这个水平。

风险率：营林生产的风险主要由造林失败、火灾、病虫害、风灾、雪灾、旱灾等自然灾害及人畜破坏产生。根据营林生产的实际，商品林经营中年风险率一般不超过1%。

森林资源资产评估中的利率必须根据当地森林经营的实际，慎重确定。考虑森林资源资产经营纯收益率不高，确定利率时宜参照国际平均水平和国家森工基建基金贷款利率水平。

森林资源规划设计调查主要技术规定

（国家林业局　2003年4月）

第一章　总　　则

第一条　调查目的与任务

为了统一全国森林资源规划设计调查的技术标准，规范调查范围、内容、程序、方法、深度和成果等技术要求，依据《中华人民共和国森林法》第十四条、《中华人民共和国森林法实施条例》第十一条、第十二条等制定本规定。

森林资源规划设计调查（简称二类调查）是以国有林业局（场）、自然保护区、森林公园等森林经营单位或县级行政区域为调查单位，以满足森林经营方案、总体设计、林业区划与规划设计需要而进行的森林资源调查。其主要任务是查清森林、林地和林木资源的种类、数量、质量与分布，客观反映调查区域自然、社会经济条件，综合分析与评价森林资源与经营管理现状，提出对森林资源培育、保护与利用意见。调查成果是建立或更新森林资源档案，制定森林采伐限额，进行林业工程规划设计和森林资源管理的基础，也是制定区域国民经济发展规划和林业发展规划，实行森林生态效益补偿和森林资源资产化管理，指导和规范森林科学经营的重要依据。

第二条　调查范围与内容

一、调查范围

森林经营单位应调查该单位所有和经营管理的土地；县级行政单位应调查县级行政范围内所有的森林、林木和林地。

二、调查内容

（一）调查基本内容包括：

1. 核对森林经营单位的境界线，并在经营管理范围内进行或调整（复查）经营区划；

2. 调查各类林地的面积；

3. 调查各类森林、林木蓄积；

4. 调查与森林资源有关的自然地理环境和生态环境因素；

5. 调查森林经营条件、前期主要经营措施与经营成效。

（二）下列调查内容以及调查的详细程度，应依据森林资源特点、经营目标和调查目的以及以往资源调查成果的可利用程度，由调查会议具体确定：

1. 森林生长量和消耗量调查；
2. 森林土壤调查；
3. 森林更新调查；
4. 森林病虫害调查；
5. 森林火灾调查；
6. 野生动植物资源调查；
7. 生物量调查；
8. 湿地资源调查；
9. 荒漠化土地资源调查；
10. 森林景观资源调查；
11. 森林生态因子调查；
12. 森林多种效益计量与评价调查；
13. 林业经济与森林经营情况调查；
14. 提出森林经营、保护和利用建议；
15. 其他专项调查。

第三条 调查会议制度

一、森林资源规划设计调查实行调查会议制度。

二、调查前，开展规划设计调查的经营单位由该单位的上级主管部门主持，县级行政单位由上级政府林业主管部门会同县级人民政府共同主持召开第一次调查会议，召集政府有关部门、经营单位、调查承担单位，以及与当地森林开发、经营、利用关系密切的单位参加。组织、协调、确定规划设计调查的重大事项，落实调查经费，讨论、审定调查工作方案和技术方案，明确调查工作中各部门、各单位的任务和责任。

三、调查结束后，经营单位的规划设计调查成果由该单位的上级主管部门主持，县级行政单位调查成果由上级政府林业主管部门和县级人民政府共同主持，召开由有关专家和相关部门参加的第二次调查会议，对调查成果进行审核。调查成果经审核通过后，按规定程序上报、批准后方可使用。

第四条 各省（区、市）林业主管部门于每年 12 月份将本省（区、市）开展森林资源规划设计调查的基本情况进行汇总，上报国务院林业主管部门。

第五条 调查间隔期

森林资源规划设计调查间隔期一般为10年。在间隔期内可根据需要重新调查或进行补充调查。

第六条 调查承担单位资质

一、森林资源规划设计调查必须由具有林业调查规划设计资格证书的单位承担。对非持证单位完成的调查成果，森林资源管理部门不予承认。

二、对林地面积在10万hm^2以上，或者速生丰产林、工业原料林基地1万hm^2以上的单位，需委托具有乙级以上林业调查规划设计资质的单位承担。

三、其他单位的调查应由具有丙级以上林业调查规划设计资质的单位承担。

第七条 采用本规定之外的调查新技术、新方法时，调查承担单位应事先提出实施细则（或实施方案），并向所在省（区、市）林业主管部门提出申请，经审批并报送国务院林业主管部门备案后，方可在调查中应用。使用新技术和新方法调查的成果应符合本技术规定。

第八条 跨行政区域和经营范围的各项林业工程开展森林资源规划设计调查应参照本规定执行。各省（区、市）可在本规定基础上，结合当地具体情况制定相应的技术规定（实施细则），报国务院林业主管部门备案。

第二章 技术标准

第九条 地类

一、分类系统

森林资源规划设计调查的土地类型分为林地和非林地两大地类。其中，林地划分为8个地类，见表1。

表1 林地分类系统表

序号	一级	二级	三级
1	有林地	乔木林	纯林
			混交林
		红树林	
		竹林	
2	疏林地		

续表

序号	一级	二级	三级
3	灌木林地	国家特别规定灌木林	
		其他灌木林	
4	未成林造林地	人工造林未成林地	
		封育未成林地	
5	苗圃地		
6	无立木林地	采伐迹地	
		火烧迹地	
		其他无立木林地	
7	宜林地	宜林荒山荒地	
		宜林沙荒地	
		其他宜林地	
8	辅助生产林地		

二、技术标准

（一）林地

1. 有林地：连续面积大于 0.067 hm^2、郁闭度 0.20 以上、附着有森林植被的林地，包括乔木林、红树林和竹林。

（1）乔木林：由乔木（含因人工栽培而矮化的）树种组成的片林或林带。其中，乔木林带行数应在 2 行以上且行距≤4 m 或林冠冠幅水平投影宽度在 10 m 以上；当林带的缺损长度超过林带宽度 3 倍时，应视为两条林带；两平行林带的带距≤8 m 时按片林调查。

乔木林分为纯林和混交林：

① 纯林：一个树种（组）蓄积量（未达起测径级时按株数计算）占总蓄积量（株数）的 65% 以上的乔木林地。

② 混交林：任何一个树种（组）蓄积量（未达起测径级时按株数计算）占总蓄积量（株数）不到 65% 的乔木林地。

（2）红树林：生长在热带和亚热带海岸潮间带或海潮能够达到的河流入海口，附着有红树科植物和其他在形态上和生态上具有相似群落特性科属植物的林地。

第十条　森林（林地）类别

按照主导功能的不同将森林资源分为生态公益林（地）和商品林（地）二个类别。

（一）生态公益林（地）：以保护和改善人类生存环境、维持生态平衡、保存种质资源、科学实验、森林旅游、国土保安等需要为主要经营目的的森林、林木、林地，包括防护林和特种用途林。

1. 生态公益林按事权等级划分为国家公益林（地）和地方公益林（地）。

（1）国家公益林（地）：由地方人民政府根据国家有关规定划定，并经国务院林业主管部门核查认定的公益林（地），包括森林、林木、林地。国家公益林划分标准执行林策发〔2001〕88号《国家公益林认定办法（暂行）》。

（2）地方公益林（地）：由各级地方人民政府根据国家和地方的有关规定划定，并经同级林业主管部门核查认定的公益林（地），包括森林、林木、林地。

2. 生态公益林按保护等级划分为特殊、重点和一般三个等级，划分标准执行GB/T 18337.2—2001《生态公益林建设规划设计通则》。国家公益林（地）按照生态区位差异一般分为特殊和重点生态公益林（地），地方公益林（地）按照生态区位差异一般分为重点和一般生态公益林（地）。

（二）商品林（地）：以生产木材、竹材、薪材、干鲜果品和其他工业原料等为主要经营目的的森林、林木、林地，包括用材林、薪炭林和经济林。

第十一条　林种

一、分类系统

有林地、疏林地和灌木林地根据经营目标的不同分为五个林种、二十三个亚林种，分类系统见表3。

表3　林种分类系统表

森林类别	林种	亚林种
一、生态公益林（地）	（一）防护林	1. 水源涵养林
		2. 水土保持林
		3. 防风固沙林
		4. 农田牧场防护林

续表

森林类别	林种	亚林种
一、生态公益林（地）	（一）防护林	5. 护岸林
		6. 护路林
		7. 其他防护林
	（二）特种用途林	1. 国防林
		2. 实验林
		3. 母树林
		4. 环境保护林
		5. 风景林
		6. 名胜古迹和革命纪念林
		7. 自然保护区林
二、商品林（地）	（三）用材林	1. 短轮伐期工业原料用材林
		2. 速生丰产用材林
		3. 一般用材林
	（四）薪炭林	1. 薪炭林
	（五）经济林	1. 果树林
		2. 食用原料林
		3. 林化工业原料林
		4. 药用林
		5. 其他经济林

二、技术标准

（一）防护林：以发挥生态防护功能为主要目的的森林、林木和灌木林。

1. 水源涵养林：以涵养水源、改善水文状况、调节区域水分循环，防止河流、湖泊、水库淤塞，以及保护饮用水水源为主要目的的森林、林木和灌木林。具有下列条件之一者，可划为水源涵养林：

（1）流程在500 km以上的江河发源地汇水区，主流与一级、二级支流两岸山地自然地形中的第一层山脊以内；

（2）流程在500 km以下的河流，但所处地域雨水集中，对下游工农业生产有重要影响，其河流发源地汇水区及主流、一级支流两岸山地自然地形中的第一层山脊以内；

（3）大中型水库与湖泊周围山地自然地形第一层山脊以内或平地 1000 m 以内，小型水库与湖泊周围自然地形第一层山脊以内或平地250 m 以内；

（4）雪线以下 500 m 和冰川外围 2 km 以内；

（5）保护城镇饮用水源的森林、林木和灌木林。

2. 水土保持林：以减缓地表径流、减少冲刷、防止水土流失、保持和恢复土地肥力为主要目的的森林、林木和灌木林。具备下列条件之一者，可划为水土保持林：

（1）东北地区（包括内蒙古东部）坡度在 25 度以上，华北、西南、西北等地区坡度在 35 度以上，华东、中南地区坡度在 45 度以上，森林采伐后会引起严重水土流失的；

（2）因土层瘠薄，岩石裸露，采伐后难以更新或生态环境难以恢复的；

（3）土壤侵蚀严重的黄土丘陵区塬面，侵蚀沟、石质山区沟坡、地质结构疏松等易发生泥石流地段的；

（4）主要山脊分水岭两侧各 300 m 范围内的森林、林木和灌木林。

3. 防风固沙林：以降低风速、防止或减缓风蚀、固定沙地，以及保护耕地、果园、经济作物、牧场免受风沙侵袭为主要目的的森林、林木和灌木林。具备下列条件之一者，可以划为防风固沙林：

（1）强度风蚀地区，常见流动、半流动沙地（丘、垄）或风蚀残丘地段的；

（2）与沙地交界 250 m 以内和沙漠地区距绿洲 100 m 以外的；

（3）海岸基质类型为沙质、泥质地区，顺台风盛行登陆方向离固定海岸线 1000 m 范围内，其他方向 200 m 范围内的；

（4）珊瑚岛常绿林；

（5）其他风沙危害严重地区的森林、林木和灌木林。

4. 农田牧场防护林：以保护农田、牧场减免自然灾害，改善自然环境，保障农、牧业生产条件为主要目的的森林、林木和灌木林。具备下列条件之一者，可以划为农田牧场防护林：

（1）农田、草牧场境界外 100 m 范围内，与沙质地区接壤 250 - 500 m 范围内的；

（2）为防止、减轻自然灾害在田间、草牧场、阶地、低丘、岗地等处设置的林带、林网、片林。

5. 护岸林：以防止河岸、湖岸、海岸冲刷崩塌、固定河床为主要目的的森林、林木和灌木林。具备下列条件之一者，可以划为护岸林：

（1）主要河流两岸各 200 m 及其主要支流两岸各 50 m 范围内的，包括河床中的雁翅林；

（2）堤岸、干渠两侧各 10 m 范围内的；

（3）红树林或海岸 500 m 范围内的森林、林木和灌木林。

6. 护路林：以保护铁路、公路免受风、沙、水、雪侵害为主要目的的森林、林木和灌木林。具备下列条件之一者，可以划为护路林：

（1）林区、山区国道及干线铁路路基与两侧（设有防火线的在防火线以外）的山坡或平坦地区各 200 m 以内，非林区、丘岗、平地和沙区国道及干线铁路路基与两侧（设有防火线的在防火线以外）各 50 m 以内；

（2）林区、山区、沙区的省、县级道路和支线铁路路基与两侧（设有防火线的在防火线以外）各 50 m 以内，其他地区 10 m 范围内的森林、林木和灌木林。

7. 其他防护林：以防火、防雪、防雾、防烟、护鱼等其他防护作用为主要目的的森林、林木和灌木林。

（二）特种用途林：以保存物种资源、保护生态环境，用于国防、森林旅游和科学实验等为主要经营目的的森林、林木和灌木林。

（1）国防林：以掩护军事设施和用作军事屏障为主要目的的森林、林木和灌木林。具备下列条件之一者，可以划为国防林：

① 边境地区的森林、林木和灌木林，其宽度由各省按照有关要求划定；

② 经林业主管部门批准的军事设施周围的森林、林木和灌木林。

（2）实验林：以提供教学或科学实验场所为主要目的的森林、林木和灌木林，包括科研试验林、教学实习林、科普教育林、定位观测林等。

（3）母树林：以培育优良种子为主要目的的森林、林木和灌木林，包括母树林、种子园、子代测定林、采穗圃、采根圃、树木园、种质资源和基因保存林等。

（4）环境保护林：以净化空气、防止污染、降低噪音、改善环境为主要目的的有林地，包括城市及城郊结合部、工矿企业内、居民区与村镇绿化区的森林、林木、灌木林。

（5）风景林：以满足人类生态需求，美化环境为主要目的，分布在风景名胜区、森林公园、度假区、滑雪场、狩猎场、城市公园、乡村公园及游览场所内的森林、林木和灌木林。

（6）名胜古迹和革命纪念林：位于名胜古迹和革命纪念地，包括自然与文化遗产地、历史与革命遗址地的森林、林木和灌木林，以及纪念林、文化林、古树名木等。

（7）自然保护区林：各级自然保护区、自然保护小区内以保护和恢复典型生态系统和珍贵、稀有动植物资源及栖息地或原生地，或者保存和重建自然遗产与自然景观为主要目的的森林、林木和灌木林。

（三）用材林：以生产木材或竹材为主要目的的森林、林木和灌木林。

1. 短轮伐期工业原料用材林：以生产纸浆材及特殊工业用木质原料为主要目的，按照工程项目管理，采取集约经营、定向培育的森林、林木和灌木林。

2. 速生丰产用材林：通过使用良种壮苗和实施集约经营，缩短培育周期，获取最佳经济效益，森林生长指标达到相应树种速生丰产林国家（行业）标准的森林。

3. 一般用材林：其他以生产木材和竹材为主要目的的森林、林木。

（四）薪炭林：以生产热能燃料为主要经营目的的森林、林木和灌木林。

（五）经济林：以生产油料、干鲜果品、工业原料、药材及其他副特产品为主要经营目的的森林、林木和灌木林。

1. 果品林：以生产各种干、鲜果品为主要目的的森林、林木和灌木林。

2. 食用原料林：以生产食用油料、饮料、调料、香料等为主要目的的森林、林木和灌木林。

3. 林化工业原料林：以生产树脂、橡胶、木栓、单柠等非木质林产化工原料为主要目的的森林、林木和灌木林。

4. 药用林：以生产药材、药用原料为主要目的的森林、林木和灌木林。

5. 其他经济林：以生产其他林副、特产品为主要目的的森林、林木和灌木林。

三、林种优先级

当某地块同时满足一个以上林种划分条件时，应根据先生态公益林、后商品林的原则区划。商品林按适地适树原则确定，公益林按以下优先顺序确定：

国防林、自然保护区林、名胜古迹和革命纪念林、风景林、环境保护林、母树林、实验林、护岸林、护路林、防火林、水土保持林、水源涵养林、防风固沙林、农田牧场防护林。

第十二条 树种（组）、优势树种（组）与树种组成

一、树种（组）

主要调查树种（组）原则上与“国家森林资源连续清查主要技术规定”一致。各省（区、市）应依据《中华人民共和国主要林木目录（第一批）》等规定，根据需要增加新调查树种报国务院林业主管部门备案。

二、优势树种（组）

在乔木林、疏林小班中，按蓄积量组成比重确定，蓄积量占总蓄积量比重最大的树种（组）为小班的优势树种（组）。

未达到起测胸径的幼龄林、未成林造林地小班，按株数组成比例确定，株数占总株数最多的树种（组）为小班的优势树种（组）。

经济林、灌木林按株数或丛数比例确定，株数或丛数占总株数或丛数最多的树种（组）为小班的优势树种（组）。

三、树种组成

乔木林、竹林按十分法确定树种组成。复层林应分别林层按十分法确定各林层的树种组成。组成不到5%的树种不记载。

第十三条 龄级、龄组、生产期与竹度

一、龄级与龄组

乔木林的龄级与龄组根据优势树种（组）的平均年龄确定。各树种（组）的龄级期限和龄组的划分标准见表4。表4中未列出的树种（组）由各省（区、市）根据其生物学特性和生长过程及经营利用目的确定，速生丰产用材林、短轮伐期工业原料用材林的龄级与龄组由各省（区、市）依据相应树种（品种）的生物学特性和经营培育方向确定，并报国务院林业主管部门备案。

二、竹度

竹林的龄级按竹度确定。一个大小年的周期一般为2年，称为一度。一度为幼龄竹，二、三度为壮龄竹，四度以上为老龄竹。

三、生产期

经济林划分为产前期、初产期、盛产期和衰产期四个生产期。具体划分标准由各省（区、市）制定，报国务院林业主管部门备案。

表4　　主要树种龄级与龄组划分表

单位：年

树种	地区	起源	龄组划分					龄级期限
			幼龄林	中龄林	近熟林	成熟林	过熟林	
红松、云杉、柏木、紫杉、铁杉	北部	天然	≤60	61～100	101～120	121～160	>161	20
	北部	人工	≤40	41～60	61～80	81～120	>121	20
	南部	天然	≤40	41～60	61～80	81～120	>121	20
	南部	人工	≤20	21～40	41～60	61～80	>81	20

续表

树种	地区	起源	龄组划分					龄级期限
			幼龄林	中龄林	近熟林	成熟林	过熟林	
落叶松、冷杉、樟子松、赤松、黑松	北部	天然	≤40	41~80	81~100	101~140	>141	20
	北部	人工	≤20	21~30	31~40	41~60	>61	10
	南部	天然	≤40	41~60	61~80	81~120	>121	20
	南部	人工	≤20	21~30	31~40	41~60	>61	10
油松、马尾松、云南松、思茅松、华山松、高山松	北部	天然	≤30	31~50	51~60	61~80	>81	10
	北部	人工	≤20	21~30	31~40	41~60	>61	10
	南部	天然	≤20	21~30	31~40	41~60	>61	10
	南部	人工	≤10	11~20	21~30	31~50	>51	10
杨、柳、桉、檫、楝、泡桐、木麻黄、枫杨、软阔	北部	人工	≤10	11~15	16~20	21~30	>31	5
	南部	人工	≤5	6~10	11~15	16~25	>26	5
桦、榆、木荷、枫香、珙桐	北部	天然	≤30	31~50	51~60	61~80	>81	10
	北部	人工	≤20	21~30	31~40	41~60	>61	10
	南部	天然	≤20	21~40	41~50	51~70	>71	10
	南部	人工	≤10	11~20	21~30	31~50	>51	10
栎、柞、槠、栲、樟、楠、椴、水、胡、黄、硬阔	南北	天然	≤40	41~60	61~80	81~120	>121	20
	南北	人工	≤20	21~40	41~50	51~70	>71	10
杉木、柳杉、水杉	南部	人工	≤10	11~20	21~25	26~35	>36	5

注：飞播造林同人工林。

第十四条　立地因子

一、地貌

极高山：海拔5000 m（含）以上的山地；

高山：海拔为3500~4999 m的山地；

中山：海拔为1000~3499 m的山地；

低山：海拔低于1000 m的山地；

丘陵：没有明显的脉络，坡度较缓和，且相对高差小于100 m；

平原：平坦开阔，起伏很小。

二、坡度

Ⅰ级为平坡 0~5 度；Ⅱ级为缓坡 6~15 度；

Ⅲ级为斜坡 16~25 度；Ⅳ级为陡坡 26~35 度；

Ⅴ级为急坡 36~45 度；Ⅵ级为险坡 46 度以上。

三、坡向

按东、南、西、北、东北、东南、西北、西南及无九个方位确定坡向。

四、坡位

分脊、上、中、下、谷、平地六个坡位。

五、腐殖质层厚度和土层厚度

（一）腐殖质层厚度

腐殖质层厚度分三个等级：

厚：>5 cm；

中：2~4.9 cm；

薄：<2 cm。

（二）土层厚度

土层厚度根据土壤的 A 层 + B 层厚度确定，厚度等级见表 5。

表 5　　土层厚度等级表

单位：cm

厚度级	A 层 + B 层厚度	
	亚热带山地丘陵、热带	亚热带高山、暖温带、温带、寒温带
厚层土	>80	>60
中层土	40~79	30~59
薄层土	<40	<30

第十五条　其他标准

一、权属

权属包括所有权和使用权（经营权），分为林地所有权、林地使用权和林木所有权、林木使用权。

林地所有权分国有和集体，林木所有权分国有、集体、个人和其他。林地与林木使用权分国有、集体、个人和其他。

二、起源

天然林：由天然下种或萌生形成的森林、林木、灌木林。

人工林：由人工直播（条播或穴播）、植苗、分殖或扦插造林形成的森林、林木、灌木林。

飞播林：由飞机播种或模拟飞播造林形成的森林、林木、灌木林。

三、天然更新等级

天然更新等级根据幼苗各高度级的天然更新株数确定，见表6。

表6　　天然更新等级

单位：株/ hm^2

等级/高度	≤30 cm	31～50 cm	≥51 cm
良好	>5000	>3000	>2500
中等	3000～4999	1000～2999	500～2499
不良	<3000	<1000	<500

四、林木质量

用材林近、成、过熟林林木质量划为三个等级：

商品用材树：用材部分占全树高40%以上。

半商品用材树：用材部分长度在2 m（针叶树）或1 m（阔叶树）以上，但不足全树高的40%。在实际计算时一半计入经济用材树，一半计入薪材树。

薪材树：用材部分在2 m（针叶树）或1 m（阔叶树）以下。

五、林分出材率等级

用材林近、成、过熟林林分出材率等级由林分出材量占林分蓄积量的百分比或林分中商品用材树的株数占林分总株数的百分比确定，见表7。

表7　　用材林近、成、过熟林林分出材率等级表

出材率等级	林分出材率			商品用材树比率		
	针叶林	针阔混	阔叶林	针叶林	针阔混	阔叶林
1	>70%	>60%	>50%	>90%	>80%	>70%
2	50%～69%	40%～59%	30%～49%	70%～89%	60%～79%	45%～69%
3	<50%	<40%	<30%	<70%	<60%	<45%

六、可及度

用材林近、成、过熟林可及度分为即可及、将可及和不可及。

即可及：具备采、集、运条件的林分。

将可及：近期将具备采、集、运条件的林分。

不可及：因地形或经济原因暂时不具备采、集、运条件的林分。

七、径阶与径级组

林木调查起测胸径为5.0 cm，视林分平均胸径以2 cm或4 cm为径阶距并采用上限排外法。

径级组的划分标准为：

小径组：6~12 cm；中径组：14~24 cm

大径组：26~36 cm；特大径组：38 cm以上

八、大径木蓄积比等级

对本经理期主伐利用的复层林、异龄林，以小班为单位，将林分中达到大径木标准的林木蓄积占小班总蓄积的比率，分为以下三级：

Ⅰ级：大径级、特大径级蓄积量占小班总蓄积量大于70%。

Ⅱ级：大径级、特大径级蓄积量占小班总蓄积量为30%~69%；

Ⅲ级：大径级、特大径级蓄积量占小班总蓄积量小于30%。

九、林层

林层划分应同时满足以下四个条件：

1. 各林层每公顷蓄积量小于30 m^3；

2. 相邻林层间林木平均高相差20%以上；

3. 各林层平均胸径在8 cm以上；

4. 主林层郁闭度大于0.30，其他林层郁闭度大于0.20。

十、郁闭度、覆盖度等级

（一）有林地郁闭度等级

高：郁闭度0.70以上；

中：郁闭度0.40~0.69；

低：郁闭度0.20~0.39。

（二）灌木林覆盖度等级

密：覆盖度70%以上；

中：覆盖度50~69%；

疏：覆盖度30%~49%。

十一、群落结构类型

完整结构：具有乔木层、下木层、草本层和地被物层4个植被层的森林。

复杂结构：具有乔木层和其他1~2个植被层的森林。

简单结构：只有乔木一个植被层的森林。

十二、自然度

天然林按照植被状况与原始顶极群落的差异，或次生群落位于演替中的阶段划为3级：

Ⅰ：原始或受人为影响很小而处于基本原始的植被；

Ⅱ：有明显人为干扰的天然植被或处于演替中期或后期的次生群落；

Ⅲ：人为干扰很大，演替逆行处于极为残次的次生植被阶段或天然植被几乎破坏殆尽，难以恢复的逆行演替后期。

十三、散生木和四旁树

（一）散生木

生长在竹林地、灌木林地、未成林造林地、无立木林地和宜林地上达到检尺径的林木，以及散生在幼林中的高大林木。

（二）四旁树

在宅旁、村旁、路旁、水旁等地栽植的面积不到 0.067 hm^2 的各种竹丛、林木。

十四、森林覆盖率与林木绿化率

（一）森林覆盖率

$$\text{森林覆盖率}\% = \frac{\text{有林地面积}}{\text{土地总面积}} \times 100\% + \frac{\text{国家特别规定灌木林面积}}{\text{土地总面积}} \times 100\%$$

（二）林木绿化率

$$\text{林木绿化率}\% = \frac{\text{有林地面积}}{\text{土地总面积}} \times 100\% + \frac{\text{灌木林面积}}{\text{土地总面积}} \times 100\% + \frac{\text{四旁树占地面积}^{[1]}}{\text{土地总面积}} \times 100\%$$

注：[1] 四旁树占地面积按 1650 株/hm^2（每亩 111 株）计。

第三章　森林经营区划

第十六条　经营区划系统

一、经营单位区划系统

（一）林业局（场）

林业（管理）局→林场（管理站）→林班；

或林业（管理）局→林场（管理站）→营林区（作业区、工区、功能区）→林班。

（二）自然保护区（森林公园）

管理局（处）→管理站（所）→功能区（景区）→林班。

二、县级行政单位区划系统

县→乡→村；

或县→乡→村→林班。

经营区划应同行政界线保持一致。对过去已区划的界线，应相对固定，无特殊情况不宜更改。

第十七条 林班区划

林班区划原则上采用自然区划或综合区划，地形平坦等地物点不明显的地区，可以采用人工区划。林班面积一般为 100－500 hm^2。自然保护区、东北与内蒙古国有林区、西南高山林区和生态公益林集中地区的林班面积根据需要可适当放大。

林班区划线应相对固定，无特殊情况不宜更改。国有林业局、国有林场和林业经营水平较高的集体林区，应在有关境界线上树立不同的标牌、标桩等标志。对于自然区划界线不太明显或人工区划的林班线应现地伐开或设立明显标志，并在林班线的交叉点上埋设林班标桩。

第十八条 小班划分

一、小班是森林资源规划设计调查、统计和经营管理的基本单位，小班划分应尽量以明显地形地物界线为界，同时兼顾资源调查和经营管理的需要考虑下列基本条件：

1. 权属不同；
2. 森林类别及林种不同；
3. 生态公益林的事权与保护等级不同；
4. 林业工程类别不同。
5. 地类不同；
6. 起源不同；
7. 优势树种（组）比例相差二成以上；
8. VI 龄级以下相差一个龄级，VII 龄级以上相差二个龄级；
9. 商品林郁闭度相差 0.20 以上，公益林相差一个郁闭度级，灌木林相差一个覆盖度级；
10. 立地类型（或林型）不同。

二、森林资源复查时，应尽量沿用原有的小班界线。但对上期划分不合理、因经营活动等原因造成界线发生变化的小班，应根据小班划分条件重新区划。

三、小班最小面积和最大面积依据林种、绘制基本图所用的地形图比例尺和经营集约度而定。最小小班面积在地形图上不小于 4 mm^2，对于面积在 0.067 hm^2 以上而不满足最小小班面积要求的，仍应按小班调查要求调查、记载，在图上并入相邻小班。南方集体林区商品林最大小班面积一般不超过 15 hm^2，其他地区一般不超过 25 hm^2。

四、国家生态公益林小班，应尽量利用明显的地形、地物等自然界线作为小班界线或在小班线上设立明显标志，使小班位置固定下来，作为地藉小班统一编码管理。

五、无林地小班、非林地小班面积不限。

第十九条　森林分类区划

森林分类区划是在综合考虑国家和区域生态、社会和经济需求后，依据国民经济发展规划、林业发展规划、林业区划等宏观规划成果进行的区划。森林分类区划以小班为单位，原则上与已有森林分类区划成果保持一致。国家公益林界线不得擅自变动；其他类别如以往划分不合理、区划条件发生变化，或因经营活动等原因造成界线变更时，应根据地方人民政府关于生态公益林划分的有关规定重新划分和审批。

第四章　调查方法

第二十条　调查数表准备

森林资源规划设计调查应提前准备和检验当地适用的立木材积表、形高表（或树高－断面积－蓄积量表）、立地类型表、森林经营类型表、森林经营措施类型表、造林典型设计表等林业数表。为了提高调查质量和成果水平，可根据条件编制、收集或补充修订立木生物量表、地位指数表（或地位级表）、林木生长率表、材种出材率表、收获表（生长过程表）等。

第二十一条　小班调绘

一、根据实际情况，可分别采用以下方法进行小班调绘：

（一）采用由测绘部门绘制的当地最新的比例尺为 1∶10000～1∶25000 的地形图到现地进行勾绘。对于没有上述比例尺的地区可采用由 1∶50000 放大到 1∶25000 的地形图。

（二）使用近期拍摄的（以不超过两年为宜）、比例尺不小于 1∶25000 或由 1∶50000 放大到 1∶25000 的航片、1∶100000 放大到 1∶25000 的侧视雷达图片在室内进行小班勾绘，然后到现地核对，或直接到现地调绘。

（三）使用近期（以不超过一年为宜）经计算机几何校正及影像增强的比例尺 1∶25000 的卫片（空间分辨率 10 m 以内）在室内进行小班勾绘，然后到现地核对。

二、空间分辨率 10 m 以上的卫片只能作为调绘辅助用图，不能直接用于小班勾绘。

三、现地小班调绘、小班核对以及为林分因子调查或总体蓄积量精度控制调查而布设样地时，可用 GPS 确定小班界线和样地位置。

第二十二条　小班调查

一、根据调查单位的森林资源特点、调查技术水平、调查目的和调查等级，可采用不同的调查方法进行小班调查。

二、小班调查应充分利用上期调查成果和小班经营档案，以提高小班调查精度和效率，保持调查的连续性。

三、小班测树因子调查方法

（一）样地实测法

在小班范围内，通过随机、机械或其他的抽样方法，布设圆形、方形、带状或角规样地，在样地内实测各项调查因子，由此推算小班调查因子。布设的样地应符合随机原则（带状样地应与等高线垂直或成一定角度），样地数量应满足第六章的精度要求。

（二）目测法

当林况比较简单时采用此法。调查前，调查员要通过 30 块以上的标准地目测练习和一个林班的小班目测调查练习，并经过考核，各项调查因子目测的数据 80% 项次以上达到允许的精度要求时，才可以进行目测调查。

小班目测调查时，必须深入小班内部，选择有代表性的调查点进行调查。为了提高目测精度，可利用角规样地或固定面积样地以及其他辅助方法进行实测，用以辅助目测。目测调查点数视小班面积不同而定：

3 hm^2 以下	1～2 个
4～7 hm^2	2～3 个
8～12 hm^2	3～4 个
13 hm^2 以上	5～6 个

（三）航片估测法

航片比例尺大于 1∶10000 时可采用此法。调查前，分别林分类型或树种（组）抽取若干个有蓄积量的小班（数量不低于 50），判读各小班的平均树冠直径、平均树高、株数、郁闭度等级、坡位等，然后到实地调查各小班的相应因子，编制航空象片树高表、胸径表、立木材积表或航空象片数量化蓄积量表。为保证估测精度，必须选设一定数量的样地对数表（模型）进行实测检验，达到 90% 以上精度时方可使用。

航片估测时，先在室内对各个小班进行判读（可结合小班室内调绘工作），利用判读结果和所编制的航空象片测树因子表估计小班各项测树因子。然后，抽取 5% ～10% 的判读小班到现地核对，各项测树因子判读精度达到第六章精度要求的小班超过 90% 时可以通过。

（四）卫片估测法

当卫片的空间分辨率达到 3 m 时可采用此法。其技术要点为：

1. 建立判读标志

根据调查单位的森林资源特点和分布状况，以卫星遥感数据景幅的物候期为单位，每景选择若干条能覆盖区域内所有地类和树种（组）、色调齐全且有代表性的勘察路线。将卫星影像特征与实地情况对照获得相应影像特征，并记录各地类与树种（组）的影像色调、光泽、质感、几何形状、地形地貌及地理位置（包括地名）等，建立目视判读标志表。

2. 目视判读

根据目视判读标志，综合运用其他各种信息和影像特征，在卫星影像图上判读并记载小班的地类、树种（组）、郁闭度、龄组等判读结果。

对于林地、林木的权属、起源，以及目视判读中难以区别的地类，要充分利用已掌握的有关资料、询问当地技术人员或到现地调查等方式确定。

3. 判读复核

目视判读采取一人区划判读，另一人复核判读方式进行，二人在“背靠背”作业前提下分别判读和填写判读结果。当两名判读人员的一致率达到 90% 以上时，二人应对不一致的小班通过商议达成一致意见，否则应到现地核实。当两判读人员的一致率达不到 90% 以上时，应分别重新判读。对于室内判读有疑问的小班必须全部到现地确定。

4. 实地验证

室内判读经检查合格后，采用典型抽样方法选择部分小班进行实地验证。实地验证的小班数不少于小班总数的 5%（但不低于 50 个），并按照各地类和树种（组）判读的面积比例分配，同时每个类型不少于 10 个小班。在每个类型内，要按照小班面积大小比例不等概选取。各项因子的正判率达到 90% 以上时为合格。

5. 蓄积量调查

结合实地验证，典型选取有蓄积量的小班，现地调查其单位面积蓄积量，然后建立判读因子与单位面积蓄积量之间的回归模型，根据判读小班的蓄积量标志值计算相应小班的蓄积量。

（五）各种小班调查方法允许调查的小班测树因子见表 8。

表 8　　不同调查方法应调查的小班测树因子表

测树因子＼调查法	样地法	目测法	航片估测法	卫片估测法
林层	√	√	√	
起源	√	√	√	√
优势树种（组）	√	√	√	√
树种组成	√	√		
平均年龄（龄组）	√	√	√	√
平均树高	√	√	√	
平均胸径	√	√	√	
优势木平均高	√	√	√	
郁 闭 度	√	√	√	√
每公顷株数	√	√	√	
散生木蓄积量	√	√		
每公顷蓄积量	√	√	√	√
枯倒木蓄积量	√	√		
天然更新	√	√		
下木覆盖度	√	√		

四、小班调查因子记载

（一）小班调查因子

分别商品林和生态公益林小班按地类调查或记载不同调查因子，详见表9。

（二）调查项目记载

1. 空间位置：记载小班所在的县（局、总场、管理局）、林场（分场、乡、管理站）、作业区（工区、村）、林班号、小班号。

2. 权属：分别土地所有权和使用权、林木所有权和使用权调查记载。

3. 地类：按最后一级地类调查记载。

4. 工程类别：分别天然林保护工程，退耕还林工程，环京津风沙源治理工程，三北与长江中下游等重点地区防护林建设工程、野生动植物保护和自然保护区建设工程、速生丰产用材林工程、其他工程填写。

表 9　　不同地类小班调查因子表

调查项目＼地类	乔木林	竹林	疏林地	国家特别规定灌木林	其他灌木林	人工造林未成林地	封育未成林地	苗圃地	采伐迹地	火烧迹地	宜林地	其他无立木林地	辅助生产林地
空间位置	1，2	1，2	1，2	1，2	1，2	1，2	1，2	1，2	1，2	1，2	1，2	1，2	1，2
权属	1，2	1，2	1，2	1，2	1，2	1，2	1，2	1，2	1，2	1，2	1，2	1，2	1，2
地类	1，2	1，2	1，2	1，2	1，2	1，2	1，2	1，2	1，2	1，2	1，2	1，2	1，2
工程类别	1，2	1，2	1，2	1，2	1，2	1，2	1，2		1，2	1，2	1，2	1，2	
事权	2	2	2	2	2	2	2		2	2	2	2	
保护等级	2		2	2	2	2	2		2	2	2	2	
地形地势	1，2	1，2	1，2	1，2	1，2	1，2	1，2		1，2	1，2	1，2	1，2	
土壤/腐殖质	1，2	1，2	1，2	1，2	1，2	1，2	1，2		1，2	1，2	1，2	1，2	
下木植被	1，2	1，2	1，2	1，2	1，2	1，2	1，2		1，2	1，2	1，2	1，2	
立地类型	1，2	1，2	1，2	1，2	1，2	1，2	1，2		1，2	1，2	1，2	1，2	
立地等级	1	1	1	1	1	1	1		1	1	1	1	
天然更新	1，2	1，2	1，2				1，2		1，2	1，2	1，2	1，2	
造林类型									1，2	1，2	1，2	1，2	
林种	1，2	1，2	1，2	1，2	1，2								
起源	1，2	1，2	1，2	1，2	1，2	1，2	1，2						
林层	1												
群落结构	2												

续表

调查项目＼地类	乔木林	竹林	疏林地	国家特别规定灌木林	其他灌木林	人工造林未成林地	封育未成林地	苗圃地	采伐迹地	火烧迹地	宜林地	其他无立木林地	辅助生产林地
自 然 度	1，2	1，2	1，2	1，2	1，2								
优势树种（组）	1，2	1，2	1，2	1，2	1，2	1，2	1，2						
树种组成	1	1	1			1	1						
平均年龄	1，2		1，2	1		1，2	1，2						
平均树高	1，2	1，2	1，2	1，2	1，2	1，2	1，2						
平均胸径	1，2	1，2	1，2										
优势木平均高	1												
郁闭/覆盖度	1，2	1，2	1，2	1，2	1，2								
每公顷株数	1	1	1			1，2	1，2						
散生木				1，2	1，2	1，2	1，2		1，2	1，2	1，2	1，2	
每公顷蓄积量	1，2	1，2	1，2										
枯倒木蓄积量	1，2		1，2										
健康状况	1，2	1，2	1，2	1，2	1，2	1，2	1，2						
调查日期	1，2	1，2	1，2	1，2	1，2	1，2	1，2	1，2	1，2	1，2	1，2	1，2	1，2
调查员姓名	1，2	1，2	1，2	1，2	1，2	1，2	1，2	1，2	1，2	1，2	1，2	1，2	1，2

注：1 为商品林，2 为公益林。

5. 事权：生态公益林（地）分为国家级或地方级。

6. 保护等级：生态公益林（地）分为特殊保护、重点保护和一般保护。

7. 地形地势：记载小班地貌、平均海拔、坡度、坡向和坡位等因子。

8. 土壤：记载小班土壤名称（记至土类）、腐殖质层厚度、土层厚度（A+B层）、质地、石砾含量等。

9. 下木植被：记载下层植被的优势和指示性植物种类、平均高度和覆盖度。

10. 立地类型：查立地类型表确定小班立地类型。

11. 立地等级：根据小班优势木平均高和平均年龄查地位指数表，或根据小班主林层优势树种平均高和平均年龄查地位级表确定小班的立地等级。对疏林地、无立木林地、宜林地等小班可根据有关立地因子查数量化地位指数表确定小班的立地等级。

12. 天然更新：调查小班天然更新幼树与幼苗的种类、年龄、平均高度、平均根径、每公顷株数、分布和生长情况，并评定天然更新等级。

13. 造林类型：对适合造林的小班，根据小班的立地条件，按照适地适树的原则，查造林典型设计表确定小班的造林类型。

14. 林种：按林种划分技术标准调查确定，记载到亚林种。

15. 起源：按主要生成方式调查确定。

16. 林层：商品林按林层划分条件确定是否分层，然后确定主林层。并分别林层调查记载郁闭度、平均年龄、株数、树高、胸径、蓄积量和树种组成等测树因子。除株数、蓄积量以各林层之和作为小班调查数据以外，其他小班调查因子均以主林层的调查因子为准。

17. 自然度：根据干扰程度记载。

18. 群落结构：公益林根据植被的层次多少确定群落结构类型。

19. 自然度：天然林根据干扰的强弱程度记载到级。

20. 优势树种（组）：分别林层记载优势树种（组）。

21. 树种组成：分别林层用十分法记载。

22. 平均胸径：分别林层，记载优势树种（组）的平均胸径。

23. 平均年龄：分别林层，记载优势树种（组）的平均年龄。平均年龄由林分优势树种（组）的平均木年龄确定，平均木是指具有优势树种（组）断面积平均直径的林木。

24. 平均树高：分别林层，调查记载优势树种（组）的平均树高。在目测调查时，平均树高可由平均木的高度确定。灌木林设置小样方或样带估测灌木的平均高度。

25. 优势木平均高：在小班内，选择3株优势树种（组）中最高或胸径最大的立木测定其树高，取平均值作为小班的优势木平均高。

26. 郁闭度或覆盖度：有林地小班用目测或仪器测定各林层林冠对地面的覆盖程度，取小数二位；灌木林设置小样方或样带估测并记载覆盖度，用百分数表示。

27. 每公顷株数：商品林分别林层记载活立木的每公顷株数。

28. 散生木：分树种调查小班散生木株数、平均胸径，计算各树种材积和总材积。

29. 每公顷蓄积量：分别林层记载活立木每公顷蓄积量。

30. 枯倒木蓄积量：记载小班内可利用的枯立木、倒木、风折木、火烧木的总株数和平均胸径，计算蓄积量。

31. 健康状况：记载林地卫生、林木（苗木）受病虫危害和火灾危害以及林内枯倒木分布与数量等状况。林木病虫害应调查记载林木病虫害的有无以及病虫种类、危害程度。森林火灾应调查记载森林火灾发生的时间、受害面积、损失蓄积。

32. 调查日期：记录小班调查时的年、月、日。

33. 调查员姓名：由调查员本人签字。

（三）其他应调查记载项目及要求

1. 用材林近成过熟林小班

除按本条四（二）款记载小班因子外，还要调查记载小班的以下内容：

（1）可及度：调查记载小班的可及度状况。

（2）即可及、将可及小班采用实测标准地（样地）、角规控制检尺、数学模型等方法调查或推算各径级组株数和蓄积量。

（3）即可及、将可及小班采用实测标准地（样地）、数学模型等方法调查或推算经济材、半经济材和薪材的株数和蓄积。

（4）即可及、将可及小班根据小班蓄积量和林分材种出材率表或直径分布和单木材种出材率表确定材种出材量。

2. 择伐林小班

对于实行择伐方式的异龄林小班，采用实测标准地（样地）、角规控制检尺等调查方法调查记载小班的直径分布。

3. 人工幼林、未成林人工造林地小班

除按本条四（二）款记载小班因子外，还要调查记载整地方法、规格、造林年度、造林密度、混交比、成活率或保存率及抚育措施。

4. 竹林小班

对于商品用材林中的竹林小班增加调查记载小班各竹度的株数和株数百分比。

5. 经济林小班

（1）有蓄积量的乔木经济林小班，应参照用材林小班调查计算方法调查记载小班蓄积量。

（2）调查各生产期的株数和生长状况。

6. 一般生态公益林小班

下经理期有经营活动的一般生态公益林近成过熟林或天然异龄林小班应参照用材林近成过熟林小班的要求补充调查因子。森林经营集约度较高地区的所有一般生态公益林小班均应参照商品林小班进行调查。

7. 红树林小班

红树林小班调查执行《全国红树林资源调查技术规定》（试行）。

8. 辅助生产林地小班

调查记载辅助生产设施的类型、用途、利用或保养现状。

五、林网、四旁树调查

（一）林网调查

达到有林地标准的农田牧场林带、护路林带、护岸林带等不划分小班，但应统一编号，在图上反映，除按照生态公益林的要求进行调查外，还要调查记载林带的行数、行距。

（二）城镇林、四旁树调查

达到有林地标准的城镇林、四旁林视其森林类别分别按照商品林或生态公益林的调查要求进行调查。在宅旁、村旁、路旁、水旁等地栽植的达不到有林地标准的各种竹丛、林木，包括平原农区达不到有林地标准的农田林网树，以街道、行政村为单位，街段、户为样本单元进行抽样调查，具体要求由各省（区、市）根据当地情况确定。

六、散生木调查

散生木应按小班进行全面调查、单独记载。

第二十三条　调查总体蓄积量控制

一、以经营单位或县级行政单位为总体进行总体蓄积量抽样控制。调查面积小于5000 hm^2 或森林覆盖率小于15%的单位可以不进行抽样控制，也可以与相邻经营单位联合进行抽样控制，但应保证控制范围内调查方法和调查时间的一致性。

二、总体抽样控制精度根据单位性质确定：

以商品林为主的经营单位或县级行政单位为90%；

以公益林为主的经营单位或县级行政单位为85%；

自然保护区、森林公园为80%。

三、在抽样总体内，采用机械抽样、分层抽样、成群抽样等抽样方法进行抽样控制调查，样地数量要满足抽样控制精度要求。

四、样地实测可以采用角规测树、每木检尺等方法。根据样地样木测定的结果计算样地蓄积量，并按相应的抽样理论公式计算总体蓄积量、蓄积量标准误和抽样精度。

五、当总体蓄积量抽样精度达不到规定的要求时，要重新计算样地数量，并布设、调查增加的样地，然后重新计算总体蓄积量、蓄积量标准误和抽样精度，直至总体蓄积量抽样精度达到规定的要求。

六、将各小班蓄积量汇总计算的总体蓄积量（包括林网和四旁树蓄积量）与以总体抽样调查方法计算的总体蓄积量进行比较：

（一）当两者差值不超过±1倍的标准误时，即认为由小班调查汇总的总体蓄积量符合精度要求，并以各小班汇总的蓄积量作为总体蓄积量。

（二）当两者差值超过±1倍的标准误、但不超过±3倍的标准误时，应对差异进行检查分析，找出影响小班蓄积量调查精度的因素，并根据影响因素对各小班蓄积量进行修正，直至两种总体蓄积量的差值在±1倍的标准误范围以内。

（三）当两者差值超过±3倍的标准误时，小班蓄积量调查全部返工。

第二十四条　专项调查

由调查会议确定的生长量调查、消耗量调查、土壤调查、森林病虫害调查、森林火灾调查、珍稀植物、野生经济植物资源调查、野生动物资源调查、湿地资源调查、荒漠化土地资源调查、森林多种效益计量、评价调查和林业经济调查等各专项调查，执行原林业部制定的“林业专业调查主要技术规定”和其他有关专项调查技术规定（或实施细则）。

第二十五条　调查重点

各地在开展森林资源规划设计调查时，应根据当地森林资源的特点和调查的目的等，对调查的内容及其详细程度有所侧重。

一、以森林主伐利用为主的地区，应着重对地形、可及性，以及用材林的近、成、过熟林测树因子等进行调查。

二、以森林抚育改造为主的地区，应着重对幼中龄林的密度、林木生长发育状况等林分因子以及立地条件进行调查。

三、以更新造林为主的地区，应着重对土壤、水资源等条件、天然更新状况等进行调查，以做到适地适树，保证更新造林质量。

四、以自然保护为主的地区，应着重调查被保护对象种类、分布、数量、质量、自然性以及受威胁状况等。

五、以防护、旅游等生态公益效能为主的林区，应分别不同的类型，着重调查与发挥森林生态公益效能有关的林木因子、立地因子和其它因子。

第五章　统计与成图

第二十六条　统计要求

一、所有调查材料，必须经专职检查人员检查验收。

二、小班调查材料验收完毕后才能进行资源统计。资源统计原则上要求以省为单位采用统一的计算机统计软件。每个省的资源统计方法要一致，各种统计成果报表在形式和内容上均要相同。

三、统计报表采用由小班、林班向上逐级统计汇总方式进行。

四、当小班由几个地块合并而成时，可选择面积最大的地块或根据经营方向确定一个地块的调查因子作为合并小班的调查因子，但小班蓄积量为各地块的蓄积量之和。在统计汇总时，采用合并后小班的调查因子。

五、内业统计

国有林业局统计到林场；林场统计到营林区（或作业区）；营林区（或作业区）统计到林班。

国有林场从总场（林场）统计到分场；分场统计到营林区（或作业区）；营林区（或作业区）统计到林班。

自然保护区、森林公园从管理局（处）统计到管理站（所）；管理站（所）统计到功能区（景区）；功能区（景区）统计到林班。

县级行政单位从县统计到乡；乡统计到村；村统计到林班。

六、统计表分权属统计汇总。其中附表 1 按土地所有权统计，附表 2 按林木所有权统计。

第二十七条　各种规划设计调查成果图可采用计算机或手工等制图手段绘制，图式必须符合林业地图图式的规定。

第二十八条　基本图编制

基本图主要反映调查单位自然地理、社会经济要素和调查测绘成果。它是求算面积和编制林相图及其他林业专题图的基础资料。

一、基本图按国际分幅编制。

二、根据调查单位的面积大小和林地分布情况，基本图的比例尺可采用 1:5000；1:10000；1:25000 等不同比例尺。

三、基本图的成图方法

（一）基本图的底图

1. 计算机成图：直接利用调查单位所在地的国土规划部门测绘的基础地理信息数据绘制基本图的底图，或将符合精度要求的最新地形图输入计算机，并矢量化，编制基本图的底图。

2. 手工成图：用符合精度要求的最新地形图手工绘制基本图的底图。

（二）基本图编制

1. 将调绘手图（包括航片、卫片）上的小班界、林网转绘或叠加到基本图的底图上，在此基础上编制基本图。转绘误差不超过 0.5 mm。

2. 基本图的编图要素包括各种境界线（行政区域界、国有林业局、林场、营林区、林班、小班）、道路、居民点、独立地物、地貌（山脊、山峰、陡崖等）、水系、地类、林班注记、小班注记。

第二十九条 林相图编制

以林场（或乡、村）为单位，用基本图为底图进行绘制，比例尺与基本图一致。林相图根据小班主要调查因子注记与着色。凡有林地小班，应进行全小班着色，按优势树种确定色标，按龄组确定色层。其他小班仅注记小班号及地类符号。

第三十条 森林分布图编制

以经营单位或县级行政区域为单位，用林相图缩小绘制。比例尺一般为1∶50000～1∶100000。其绘制方法是将林相图上的小班进行适当综合。凡在森林分布图上大于 4 mm^2 的非有林地小班界均需绘出。但大于 4 mm^2 的有林地小班，则不绘出小班界，仅根据林相图着色区分。

第三十一条 森林分类区划图和专题图编制

一、森林分类区划图编制

以经营单位或县级行政区域为单位，用林相图缩小绘制。比例尺一般为1∶50000～1∶100000。该图分别工程区、森林类别、生态公益林保护等级和事权等级着色。

二、专题图编制

以反映专项调查内容为主的各种专题图，其图种和比例尺根据经营管理需要，由调查会议具体确定，但要符合林业专业调查技术规定（或技术细则）的要求。

第三十二条 面积量算

一、按照“层层控制，分级量算，按比例平差”的原则进行面积量算。即先量算林业局（县、保护区、森林公园）的面积，再量算林场（乡、管理站）、林班（村）面积，最后量算小班面积。如无特殊情况，县、乡各级行政单位的面积应与民政部门公布的面积一致。各级面积经准确量算后，复查时除非界线发生变化，否则不准变动。

二、国有林业局（县、保护区、森林公园）、林场（乡、管理站）的面积用理论图幅面积计算，即将分布在各图幅上的部分累加求得。一个图幅上的各部分面积，要分别量测进行平差。

三、用地理信息系统（GIS）绘制成果图时，可直接用地理信息系统量算林班和小班面积。手工绘制成果图时，可用几何法、网点网格法或求积仪等量算林班和小班面积。

四、林场（乡）内各林班面积之和与林场面积相差不到1%，林班内各小班面积之和与林班面积相差不到2%时，可进行平差，超出时应重新量算。

五、面积量算以公顷为单位，精确到0.1公顷。

第三十三条 为了提高资源统计、成果图绘制效率和便于资源经营管理和资源档案管理，调查单位应采用计算机进行内业计算、统计，用地理信息系统编绘成果图。林业调查规划设计资质乙级以上单位承担的调查项目应建立森林资源管理信息系统。

第六章 质量管理

第三十四条 调查员资格

一、调查员实行持证上岗制度。对无证人员完成的调查成果，林业主管部门或调查单位应不予验收、不能通过。

二、调查承担单位应组织调查员认真学习规划设计调查的技术规定或实施细则，以统一调查方法和技术标准。

第三十五条 质量检查

一、为了保证规划设计调查的工作质量，在规划设计调查过程中，应由调查单位的林业主管部门、调查单位和调查承担单位代表共同组成专职检查组对调查工作进行质量检查，专职检查组在检查工作结束后要提交质量检查报告。

（二）专职检查组正常检查的工作量不应低于规划设计调查工作量的3%。在被检查的工作量中，90%以上项次达到允许误差的，则为工作质量合格。否则应增大检查量，当被检查的工作量增加到调查工作量的5%，而达到允许误差的项次仍不到90%的，则被检查的规划设计调查工作质量不合格，应全部返工。

第三十六条 管理制度

一、调查承担单位要加强对调查员的职业道德教育，制定质量奖惩办法。对于不按操作规则办事的，一经发现要予以严肃处理，并依据有关法规追究当事人的经济责任、行政责任，直至法律责任。

二、调查承担单位应分级建立技术责任制度。原始调查记录必须有调查员签字，方为有效。总的调查资料应具有质量检查合格证书，经森林经营单位和调查承担单位负责人签署意见后方可上报。

第三十七条　精度要求

一、允许误差

主要小班调查因子允许误差分为A、B、C三个等级，见表10。

表10　　主要小班调查因子允许误差表

调查因子	允许误差%		
	A	B	C
小班面积	5	5	5
树种组成	5	10	20
平均树高	5	10	15
平均胸径	5	10	15
平均年龄	10	15	20
郁闭度	5	10	15
每公顷断面积	5	10	15
每公顷蓄积量	15	20	25
每公顷株数	5	10	15

二、精度要求

1. 国有森林经营单位和经营强度高的县级行政单位，商品林小班允许误差采用等级“A”；

2. 一般县级行政单位的商品林小班、所有单位的一般生态公益林小班允许误差采用等级“B”；

3. 自然保护区、森林公园和其他特殊、重点生态公益林小班允许误差采用等级“C”。

三、其他要求

（一）样地调查精度要求执行《国家森林资源连续清查主要技术规定》。

（二）小班调查时确定的小班权属、地类、林种、起源不得有错。

第七章　调查成果

第三十八条　规划设计调查成果包括：

一、表格材料：

（一）小班调查簿

森林资源规划设计调查的小班调查簿格式由各省（区、市）确定。

（二）统计表

应提交下列6种统计表，格式见附表1－6，其他统计表由各省（区、市）确定，可参见附表7－13。

1. 各类土地面积统计表
2. 各类森林、林木面积蓄积统计表
3. 林种统计表
4. 乔木林面积、蓄积按龄组统计表
5. 生态公益林（地）统计表
6. 红树林资源统计表

二、图面材料：

1. 基本图，比例尺为1:5000～1:25000；
2. 林相图，比例尺为1:10000～1:50000；
3. 森林分布图，比例尺为1:50000～1:100000；
4. 森林分类区划图，比例尺为1:50000～1:100000；
5. 其他专题图

三、文字材料：

1. 森林资源规划设计调查报告
2. 专项调查报告
3. 质量检查报告

四、电子文档

与上述表格材料、图面材料和文字材料相对应的电子文档。

五、基于森林资源规划设计调查建立的森林资源档案，乙级资质单位应提交调查单位的森林资源管理信息系统。

六、各级森林资源管理部门规定的其他成果材料。（附表略）

国家国有资产管理局、林业部关于加强森林资源资产评估管理工作若干问题的通知

（国资办发〔1997〕16号）

各省、自治区、直辖市、计划单列市国有资产管理局（办公室），林业（农林）厅（局），吉林、黑龙江、内蒙古、大兴安岭森工（林业）集团公司：

为了切实加强对森林资源资产评估工作的管理，进一步规范森林资源资产评估行为，维护所有者、经营者、使用者的合法权益，根据《中华人民共和国森林法》、《国有资产评估管理 办法》（国务院91号令）和《林业部、国家国有资产管理局发布〈关于森林资源资产产权变动有关问题的规范意见（试行）〉的通知》（林财字〔1995〕67号）的规定，现将有关问题通知如 下：

一、森林资源资产占有单位有下列情形之一的，应当依法进行森林资源资产评估：

1. 出让或转让森林资源资产的；
2. 以森林资源资产作价出资进行中外合资、合作的；
3. 以森林资源资产作价出资进行股份经营或联营的；
4. 以森林资源资产从事租赁经营的；
5. 以森林资源资产作抵押或进行拍卖的；
6. 出让、转让或出租林地使用权的；
7. 同时出让、转让森林、林木与林地使用权的；
8. 需要进行森林资源资产评估的其他情形。

二、国家国有资产管理局和林业部负责国有森林资源资产评估管理工作。各省（区）国有资产管理行政主管部门和林业行政主管部门负责本行政区域内国有森林资源资产的评估管理工作。非国有森林资源资产的评估管理工作由县及县以上林业行政主管部门负责，参照国有森林资源资产的行业规范管理。

三、森林资源资产评估应由具备森林资源资产评估条件的专职评估机

构或综合评估机构进行 。

森林资源资产专职评估机构，需具备一定数量能胜任工作的森林资源资产评估专职人员，其中林学、森林资源调查及管理等专业人员分别不少于2～4 人；从事森林资源资产评估的从业人员，必须经过由林业部和国家国有资产管理局共同组织的专业培训，并取得合格证书。

国务院有关部门和地方各级申请成立森林资源资产专职评估机构的，应分别由林业部和省级林业行政主管部门审核同意，报同级国有资产管理行政主管部门组织批。其他资产评估机构从事森林资源资产评估业务，必须是已取得《资产评估资格证书》的评估机构，并按上述要求配备或聘请专业人员，评估人员须经过林业部和国家国有资产管理局共 同组织的专业培训。同时将以上有关材料报经以上林业行政主管部门资审同意后，报国有资产管理行政主管部门认定。

四、从事森林资源资产评估业务的评估机构，可以接受有关林业行政主管部门、国有资产管 理行政主管部门或人民法院的委托，对森林资源资产产权纠纷的非法获利和损失作出评估。

五、评估机构进行森林资源资产评估，必须按照国家国有资产管理局和林业部共同制定的森 林资源资产评估技术规范进行资源核查和评定估算。

六、从事森林资源资产评估业务的评估机构应接受国家国有资产管理局和林业部的业务指导和年度检查。

七、委托对森林资源资产进行评估的当事人应当向受委托的评估机构提交林权证书。没有核 发林权证书的，出具其他有效的产权证明。

八、国有森林资源资产的评估立项和评估结果由本级林业行政主管部门审核同意后，报同级国有资产管理行政主管部门负责审批和验证确认；林业部直属和东北、内蒙古国有林区的国有森林资源资产占有单位及地方管辖的重要的中外合资或金额巨大的森林资源资产评估立项和评估结果由林业部审核同意后，报国家国有资产管理局审批和验证确认。

非国有森林资源资产的项目管理工作由县及县以上林业行政主管部门负责。

九、经过评估确认的森林资源资产出让、转让成交采伐时，应按规定办理木材采伐许可证和落实迹地更新任务。

十、从事森林资源资产评估的机构或人员违反规定的，按国家有关规定处理。

十一、本通知由国家国有资产管理局会同林业部负责解释。

森林资源资产抵押登记办法（试行）

（林计发〔2004〕89号）

第一条 为规范森林资源资产抵押操作，根据《中华人民共和国森林法》、《中华人民共和国担保法》的有关规定，制定本办法。

第二条 森林资源资产抵押是指森林资源资产权利人不转移对森林资源资产的占有，将该资产作为债权担保的行为。

第三条 可用于抵押的森林资源资产为商品林中的森林、林木和林地使用权。

第四条 从事林业经营的单位和个人（以下简称抵押人）以其所有或者依法有权处分的森林、林木和林地使用权作抵押物申请借款或其他目的的，应以书面形式与抵押权人签订抵押担保合同。

第五条 森林资源资产抵押担保的范围由抵押人和抵押权人根据抵押目的商定，并在抵押担保合同中予以明确。

第六条 森林资源资产抵押担保的期限，由抵押双方协商确定，属于承包、租赁、出让的，最长不得超过合同规定的使用年限减去已承包、出让年限的剩余年限；属于农村集体经济组织将其未发包的林地使用权抵押的，最长不得超过70年。

第七条 抵押森林资源资产的登记工作由县级以上地方人民政府林业主管部门的资源管理部门负责初审，资产管理部门负责办理登记或变更登记手续，资产管理部门办理抵押登记或变更登记手续后，资源管理部门要在林权证上予以标注。办理登记和变更登记不收取费用。

第八条 可作为抵押物的森林资源资产为：

（一）用材林、经济林、薪炭林；

（二）用材林、经济林、薪炭林的林地使用权；

（三）用材林、经济林、薪炭林的采伐迹地、火烧迹地的林地使用权；

（四）国务院规定的其他森林、林木和林地使用权；

森林或林木资产抵押时，其林地使用权须同时抵押，但不得改变林地的属性和用途。

第九条 下列森林、林木和林地使用权不得抵押：

（一）生态公益林；

（二）权属不清或存在争议的森林、林木和林地使用权；

（三）未经依法办理林权登记而取得林权证的森林、林木和林地使用权（农村居民在其宅基地、自留山种植的林木除外）；

（四）属于国防林、名胜古迹、革命纪念地和自然保护区的森林、林木和林地使用权；

（五）特种用途林中的母树林、实验林、环境保护林、风景林；

（六）以家庭承包形式取得的集体林地使用权；

（七）国家规定不得抵押的其他森林、林木和林地使用权。

第十条 办理森林资源资产抵押应当遵循以下程序：

（一）抵押事项的申请与受理；

（二）抵押物的审核、权属认定；

（三）抵押物价值评估及评估项目的核准、备案；

（四）签订抵押合同；

（五）申请抵押登记；

（六）办理抵押登记手续；

（七）核发抵押登记证明书。

第十一条 以森林资源资产作抵押，抵押人应当向抵押权人出具县级以上地方人民政府核发的林权证和载有拟抵押森林资源资产的林地类型、坐落位置、四至界址、面积、林种、树种、林龄、蓄积等内容的相关资料供抵押权人审核。

第十二条 抵押权人要求对拟抵押森林资源资产进行评估的，抵押人经抵押权人同意可以聘请具有森林资源资产评估资质的评估机构和人员对拟作为抵押物的森林资源资产进行评估。森林资源资产评估应按照原国家国有资产管理局、林业部《关于发布〈森林资源资产评估技术规范（试行）〉的通知》（国资办发［1996］59号）的规定办理。

第十三条 县级以上地方人民政府林业主管部门资产管理机构应对抵押人聘请的森林资源资产评估机构和评估人员进行资质审核，对拟抵押森林资源资产评估项目予以核准或备案。

第十四条 经营国家无偿划拨森林资源资产的单位，以其经营的森林资源资产申请抵押时，应先办理相关的森林、林木出让手续。否则，抵押无效。

第十五条 抵押人和抵押权人签订抵押合同后，应持以下文件资料向森林资源资产抵押登记部门申请办理抵押登记，抵押合同自登记之日起生效。

（一）森林资源资产抵押登记申请书；

（二）抵押人和抵押权人法人证书或个人身份证；

（三）抵押合同；

（四）林权证；

（五）拟抵押森林资源资产的相关资料，包括：林地类型、坐落位置、四至界址、面积、林种、树种、林龄、蓄积量等；

（六）拟抵押森林资源资产评估报告；

（七）抵押登记部门认为应提交的其他文件。

第十六条 登记机关在受理登记申请材料后，应当依照国家法律、法规的规定对抵押物进行合规性审核。主要审核以下内容：

（一）申请人所提供的文件资料是否齐全、真实、有效；

（二）借款合同、抵押贷款合同是否真实、合法；

（三）抵押物权属是否清楚、有效；

（三）抵押物是否重复登记；

（四）抵押物中是否有属于禁止抵押的内容；

（五）抵押期限是否超出有关法规规定的年限。

经审核符合登记条件的，登记机关应当于受理登记申请材料后15个工作日内办理完毕登记手续，同时建立森林资源资产抵押贷款登记备案制度，如实填写《森林资源资产抵押登记簿》，以备查阅。

第十七条 对符合抵押物登记条件的，登记机关应在该抵押物的《林权证》的“注记”栏内载明抵押登记的主要内容，发给抵押权人《森林资源资产抵押登记证》，并在抵押合同上签注《登记证》编号、日期，经办人签字、加盖公章；对不符合抵押登记条件的，书面通知申请人不予登记并退回申请材料。

第十八条 如变更被担保主债权种类、数额或者抵押担保范围的，抵押人与抵押权人应当于做出变更决定之日起15个工作日内，持变更协议、《林权证》、原森林资源资产《登记证》和其他证明文件，向原登记机关申请办理变更登记，登记机关审查核实后给予办理变更登记。

第十九条 抵押人与抵押权人协商同意延长抵押期限的，双方应当在抵押合同期满之前1个月内，向原登记机关申请办理续期登记。抵押权人在提供抵押人未履行合同义务有效证明的情况下，也可以单方向原登记机关申请办理续期登记，续期不限。

第二十条 抵押合同期满或者抵押人与抵押权人协商同意提前解除抵押合同的，双方应当在15个工作日内，持抵押合同或者解除合同协议、《林权证》及原《登记证》向原登记机关办理注销登记。

第二十一条 已抵押森林资源资产在抵押期限内不得重复申请办理抵押登记，如抵押申请人故意隐瞒森林资源资产已抵押登记的事实，提供虚假材料骗取登记机关重复登记的，该登记无效。

第二十二条 森林资源资产抵押登记机关对受理的森林资源资产抵押登记事项，应在规定期限内办理完毕，不得拖延，无故发生拖延行为的，登记机关要对抵押申请人说明原因并致歉。

第二十三条 森林资源资产抵押登记经办人员徇私舞弊，对明知不符合登记规定的森林资源资产办理登记手续，未造成损失的，登记机关对有关责任人员予以警告；造成损失的，登记机关要视情节轻重对有关责任人员给予相应的行政处分。

第二十四条 本办法（试行）适用于国内所有从事林业生产经营的单位和个人。

第二十五条 本办法（试行）由国家林业局负责解释。

第二十六条 本办法（试行）自发布之日起施行。

国家林业局关于加强国有林场林地管理的通知

（林资发〔2004〕115号）

各省、自治区、直辖市林业（农林）厅（局）：

近年来，随着国家对城镇建设中基本农田使用的严格限制，一些地方为解决工业及城镇建设用地问题，把征占用地的主要方向转向林地特别是国有林场用地。有的地方在修订调整城镇总体规划时，不按土地利用总体规划要求，将城镇周边国有林场林地大量圈划为建设用地；有的不办理征占用林地审核审批手续，也不按规定标准缴纳征占用林地各项费用就进行开发建设；有的以促进招商引资为名，不进行森林资源资产评估，将国有林场林地低价甚至无偿转给投资商长期使用，导致国有林地和国有森林资源资产严重流失；有的地方甚至为了把国有林场经营管理的土地规划为城镇建设用地，将国有林场层层下放，造成林场建设与管理的混乱，严重影响了国家生态建设的健康发展。为加强国有林场林地管理，制止乱占滥用国有林地，防止国有森林资源资产流失，确保林区管理和国家生态建设用地的长期稳定，实现《中共中央国务院关于加快林业发展的决定》（以下简称《决定》）所确立的林业发展目标，现就加强国有林场林地管理的有关问题通知如下：

一、国有林场经营管理的土地是国家重要的生态建设基本用地，必须确保长期稳定。各级林业主管部门应积极协调有关部门，在新一轮土地利用总体规划修编过程中，将国有林场经营管理的各类土地，明确为国家重要的生态建设基本用地，并按具体用途落实到山头地块，严格实行用途管制。要按照我局有关要求，认真编制和执行林地保护利用规划，对国有林场的土地实行严格有效的管理。

二、进一步明确林地权属，保持国有林场经营范围的长期稳定。国有林场经营范围内的各类土地，属于国家所有的，应明确长期由林场管理使用；属于集体所有，但长期以来一直由林场造林并经营管理的，在理顺所有者和经营者权益关系的基础上，应当保持长期稳定。要进一步落实国有林场林权登记发证工作，目前尚未取得林权证的国有林场，应依法尽快申领林权证。国有林场要按照分类经营的要求抓紧制定林场建设总体设计和森林经营方案，建立和完善森林资源和各类林地管理档案，不断提高各类土地资源的使用效率，提高森林资源经营管理水平。

三、必须依法严格控制各类工程建设征占用国有林场林地。随着各地经济社会的不断发展，需要将国有林场经营管理的土地纳入相应的城市发展规划范围的，决不能改变林地的用途，并且也不应当改变林场性质、林场行政隶属关系和经营范围，以充分发挥林场在城市生态建设与保护等方面的重要作用。各地要坚决防止借调整城镇发展规划之机，随意肢解分割甚至将国有林场大量林场经营范围内土地的，必须按照法定权限，严格依法办理有关征占用手续，坚决杜绝化整为零、越权审批。各级林业主管部门要认真履行职责，依法严肃查处各种违法征占用林地的行为；对各类建设项目申请征占用国有林场林地，凡不符合《占用征用林地审核审批管理规范》要求的，一律不得审核审批。

四、加强对国有林场林地使用权流转的监管，严禁未经批准和不进行资产评估低价甚至无偿转让国有林地使用权。国有林场使用的土地是重要的国家资产。各级林业主管部门必须严格按照有关规定，监督林场切实履行好保护、管理和合理利用的责任，未经依法批准并办理相关出让手续，任何单位和个人无权擅自做出包括使用权流转在内的任何处置决定。在国家颁布统一的森林、林木、林地流转办法之前，对国有林场林地使用权的流转，要采取积极而又慎重的态度，加强正确引导和监管服务，严防以流转为名借机侵占林场经营的林地，破坏森林资源，造成国有资产的流失。

五、进一步深化改革，促进国有林场事业稳步发展。《决定》对深化国有林场改革提出了明确的要求，目前我局正与有关部委共同加紧研究制定具体改革的实施方案。各地在推进国有林场改革中必须认真贯彻《决定》的精神，要把改革的重点放在理顺不利于国有林场发展的管理体制和运行机制以及完善相关配套政策上，而不应采取简单将国有林场下放的办法。在改革中不断总结经验，特别是对那些经实践证明的成功做法和管理模式，应当继续坚持和不断完善，逐步建立起责、权、利相统一，管资产与管人、管事相结合的国有林场森林资源管理体制。同时，要认真处理好改革、发展与稳定的关系，确保国有林场在稳步深入的改革过程中得到不断发展。

特此通知。

国家林业局

二〇〇四年七月一日

国家林业局关于进一步加强森林资源管理工作的意见

（林资发〔2005〕131号）

各省、自治区、直辖市林业厅（局），内蒙古、吉林、龙江、大兴安岭森工（林业）集团公司，新疆生产建设兵团林业局，国家林业局各司局、各直属单位：

为深入贯彻《中共中央 国务院关于加快林业发展的决定》（以下简称中央林业《决定》），全面实施以生态建设为主的林业发展战略，推进林业持续快速协调健康发展，根据生态建设状况处于“治理与破坏相持阶段”的特点和要求，现对进一步加强森林资源管理工作提出如下意见。

一、进一步提高对加强森林资源管理工作重要性的认识

1. 森林资源管理工作成效显著。经过多年努力，初步建立了以行政管理为主体、监督检查和综合监测为两翼的森林资源管理体系，基本形成了有中国特色的森林资源管理制度和法律法规体系，日益强化了森林资源可持续经营管理的理念。特别是近五年来，认真贯彻“严管林”方针，全面实施了天然林资源保护和野生动植物及自然保护区建设等工程，森林资源呈现出面积和蓄积持续增长、质量明显提高的可喜局面。第六次全国森林资源清查结果表明，我国森林面积已达1.75亿公顷，森林覆盖率上升为18.21%，活立木总蓄积达136.18亿立方米。森林资源数量的增长和质量的改善，是推动我国生态建设状况进入“治理与破坏相持阶段”的重要因素。

2. 森林资源管理工作面临的形势严峻。我国森林资源总量不足、质量不高、效益低下，难以满足国民经济和社会发展对林业的多样化需求；一些地方过度依赖森林资源、以牺牲生态为代价换取暂时的经济增长，林地非法流失、超限额采伐等破坏森林资源的问题，仍未从根本上得到解决；森林资源管理体制不顺，经营机制不活，机构队伍不稳定，基础设施和能力建设薄弱，不能适应当前林业快速发展的新形势。特别是，实施以生态建设为主的林业发展战略，促进人与自然和谐，打赢相持阶段攻坚战，对森林资源管理工作提出了新的更高要求，进一步加强森林资源管理显得十

分必要。

3. 把加强森林资源管理工作放在更加突出位置。森林资源是生态建设的物质基础，是林业持续发展的命根子。森林数量的多少、质量的高低是衡量一个国家和地区生态状况的重要指标。加强森林资源管理，对巩固生态建设成果，促进林业可持续发展，构建社会主义和谐社会具有重要意义。对此，各级林业主管部门要高度重视，在林业和生态建设中赋予森林资源管理核心地位，在林业产业发展中赋予森林资源管理基础地位，在林业行政执法中赋予森林资源管理主体地位。

二、森林资源管理工作的指导思想、目标与任务

4. 指导思想。以“三个代表”重要思想和中央林业《决定》为指导，以建设和培育稳定的森林生态系统、实现森林可持续经营为宗旨，以增加森林资源总量、提高森林质量、优化结构为主线，牢固树立和落实科学发展观，全面实施以生态建设为主的林业发展战略，准确把握相持阶段的特点和规律，深入贯彻严格保护、积极发展、科学经营、持续利用的方针，建立健全以林地林权管理为核心、资源利用管理为重点、综合监测为基础、监督执法为保障的森林资源管理体系，全面提升森林资源管理水平，为夺取相持阶段攻坚战的胜利提供有力保障。

5. 总体目标和任务。到2010年，森林资源总量明显增加，森林面积和蓄积持续增长，森林生态系统的整体功能逐步增强，主要林产品供需矛盾进一步缓解，森林资源分类经营、分区管理的架构基本形成，森林资源经营管理体系进一步完善；到2020年，森林质量稳步提高，森林结构进一步优化，重点地区的森林生态系统功能基本恢复，林产品供给率大幅度提高，产权管理规范、林地管理严格、资源利用高效、综合监测到位、监督执法有力的森林资源管理体系全面建成。

6. 战略布局。对于“东扩”地区，要“支持、放活”，就是对经济林业、平原林业及林产品深加工业给予大力支持，对非规划林地上的造林和一定规模的工业原料林要充分满足其采伐限额，逐步放开经营。对于“西治”地区，要“强护、少砍”，就是进一步加强森林资源管护，减少木材的砍伐量。对于“南用”地区，要“规范、管好”，就是进一步规范和促进商品林基地建设，大力支持速生丰产林、经济林、生物质能源林的发展和低产林的改造，鼓励珍贵树种、大径级材和工业原料林的培育，促进森林资源的科学经营、高效利用。对于“北休”地区，要“限产、管严”，就是将东北、内蒙古重点国有林区的木材产量调减到森林资源合理的承载力之内，继续严格保护天然林，使森林得以休养生息。

三、依法加强森林资源监管

7. 依法加强森林资源权属管理。要进一步明晰森林资源产权，依法保护林权权利人的合法权益。对权属明确并核发林权证的，要严肃维护林权证的法律效力；对权属明确但尚未登记核发林权证的，要尽快依法登记发证；对权属不清或有争议的，要抓紧明晰，限期做出争议调处意见，尽快登记发证。要重点抓好退耕还林地的确权发证工作，退耕造林验收合格后，及时核发林权证。各级林业主管部门要加强对森林、林木、林地使用权流转过程中的发证管理，及时掌握流转动态，制定有效措施，监管服务到位，确保登记手续完备、发证程序合法。要稳定国有和集体林场的森林资源权属。国有森林、林木和林地使用权的流转，必须进行森林资源资产评估，并按规定审批，否则不能实施流转，不予核发林权证。

8. 强化林地保护管理。坚持把林地放在与耕地同等重要的位置，实施最严格的保护管理制度和措施。抓紧编制《全国林地保护利用规划》，按照分类保护、分区管理的原则，确定林地保护、利用等级，制定分区域的林地主导用途和利用方向，实施林地用途管制，确保林地面积只能增加不能减少。进一步完善林地征用占用审核审批制度，加强工程建设征用占用林地全过程的监管与服务，对征用占用林地选址情况、用地规模实行预先论证，确保工程建设不占或少占林地。要采取最严厉的措施，坚决遏制毁林开垦和乱占林地的行为，杜绝林地的非法流失。要把林地保护管理作为领导干部林业建设任期目标管理责任制的重要组成部分，把林地消长、征用占用林地审核率、补偿到位率、违法占用林地案件查处率等纳入考核内容，严格兑现奖惩。

9. 依法加强森林利用管理。坚持森林采伐限额制度不动摇，突出抓好森林可持续经营方案的编制与实施，严格执行“十一五”期间年森林采伐限额，加大对采伐限额执行情况的监督检查力度。坚持凭证采伐制度，切实强化林木采伐的源头管理，严格执行伐区调查、设计、拔交、验收等规定，严禁虚假设计和违规采伐，坚决杜绝超限额采伐现象的发生。坚持木材凭证运输制度，充分发挥木材检查站、林政稽查队的作用，依法加强对木材运输的监督检查，坚决杜绝非法木材进入市场流通。要依法强化木材经营加工的监督管理，科学制定发展规划，明确准入条件，严格审批管理，加强服务引导，规范市场秩序，坚决打击非法木材流通和违法经营加工木材的行为，为合法经营加工创造良好环境。要按照森林资源分类管理、分区施策的要求，抓紧修订和颁布实施森林采伐更新、木材运输、木材经营加工监管等方面的法规规章和技术规程。

10. 依法加强监测管理。要认真履行法定职责，切实加强各级森林资源监测管理，促进监测工作的规范化、制度化和系统化，进一步增强监测的时效性和预见性。要强化国家森林资源清查工作，优化方法，扩展内容，实现对森林资源和生态状况的综合监测和评价。要进一步搞好专项核（调）查，加强组织协调，整合核查资源，加大技术含量，提高全国营造林实绩综合核查、森林采伐限额和林地征占用情况检查的工作效率及成果质量。要加快二类调查步伐，实行地方负责、国家积极扶持的政策，有计划有步骤地推进二类调查工作的全面开展。并及时建立和更新森林资源档案，积极利用现代科技手段建立森林资源数据库，构建较为完备的地方森林资源监测体系。抓紧做好林业基础数表的检验和编制工作，建立健全监测技术标准、工作制度和管理规范，加强对监测数据采集、处理分析、报告编制、成果使用等的管理和监督。建立健全监测成果管理和信息发布制度。国家林业局负责对外公布全国和省级森林资源主要数据；各地需要对外使用的森林资源主要数据必须以此为准。要进一步加强监测行业资质和从业资格管理，实行监测单位资质和从业人员资格认证制度，做到监测单位按资质从业，从业人员持证上岗。要全面引入遥感、全球定位系统、地理信息系统、数据库系统，强化现代测量、数据储存等仪器设备的应用，支持和鼓励监测单位、科研教学单位和社会力量合作开展监测技术研发、创新和转化，积极推动建立用现代技术、装备武装的森林资源和生态状况综合监测体系，进一步提升监测能力和水平。

11. 切实加强森林资源监督。进一步建立和完善监督法规体系，尽快出台《森林资源监督办法》，严格规范监督行为，把监督工作纳入制度化、规范化、法制化轨道。各级森林资源监督机构要认真履行职责，依法对驻在地区的森林资源保护管理各项工作实施全面监督。重点监督领导干部林业建设任期目标管理责任制落实、林地非法流失、森林过量消耗和森林经营利用活动，以及自然保护区、湿地和野生动植物保护管理，采取事前介入、事中检查与事后督促整改相结合的方法，不断提高监督实效。

四、大力推进森林资源管理改革

12. 创新重点国有林区森林资源管理体制。积极推进东北、内蒙古重点国有林区森林资源管理体制改革试点，适时总结试点经验，扩大试验范围，探索行之有效的森林资源监管体制。依法明确重点国有林区范围，根据森林资源分布和有效监管幅度，建立健全国有林管理机构，履行出资人职责，享有所有者权益。在重点国有林区建立起产权明晰、资企分开、权责统一，管资产和管人、管事相结合的，办事高效、运转协调、执法严明、监管有力的森林资源管理体制。

13. 稳定推进林业产权制度改革。全面总结三明市林业产权制度改革经验，适时在集体林区推广。按照国务院批准的方案，及时启动伊春国有林区林业产权制度改革试点工作，推动重点国有林区全面、协调和可持续发展。制定和颁布实施《森林、林木、林地使用权流转条例》，促进和规范森林资源产权流转，逐步建立起“产权归属清晰、经营主体到位、责权划分明确、利益保障严格、流转顺畅规范、监管服务有效”的现代林业产权制度。

14. 深化森林资源经营管理改革。按照森林资源经营管理分区施策的要求，认真抓好试点，及时总结经验，制定符合当地实际、操作性强的森林经营管理规范。对不同类型、不同区域的森林采取不同的经营管理政策和模式，全面提高森林经营管理的水平。对公益林，要严格管护、科学经营，促进其向生态功能和综合效益最佳状态发展；对人工商品林，要依法放活、集约经营，最大限度地发挥其经济效益。

15. 探索直接收购各种社会主体营造的非公有公益林。政府购买非公有公益林是一项全新的探索和尝试，各级林业主管部门要高度重视、认真研究，积极探索利用市场化手段将非公有公益林纳入公共产品管理的有效途径。在认真抓好贵州省试点工作的基础上，逐步扩大试点的对象、范围和规模，研究形成一整套符合国情、运行规范、易于操作的收购办法和监管制度，探索建立公益林经营管理的新体制和林业资金投入的新机制，建设适应林业可持续发展要求的生态服务市场。

16. 积极推行综合监测。理顺国家监测与地方监测的关系，有效整合现有监测资源，建立以森林资源管理信息系统为基础，以国家、区域和地方监测队伍为保障，以高新技术研发应用为支撑的全国森林资源与生态状况综合监测体系，为林业发展和生态建设提供实时、动态、开放式的信息服务。完善森林资源监测组织体系，强化森林资源信息采集系统，构建森林资源基础数据库平台，建立健全森林资源和生态状况信息网络服务系统，健全综合监测体系建设的科技支撑系统，提高综合评价和预测预警能力。要探索建立以森林资源监测成果为主要依据的领导干部任期目标考核指标体系和评价方法，对各级领导干部林业建设任期目标进行有效的考核和评价。

五、加强森林资源管理队伍建设

17. 加强基层林政执法队伍建设。木材检查站、林政稽查队和林业工作站等是林业基层执法队伍。要合理调整木材检查站的建设布局，积极探索流动巡查等新的检查方式，进一步完善木材运输检查的规章制度，制定和颁布实施《木材检查站管理办法》，切实加强木材检查站的监督管理，坚决杜绝公路“三乱”行为的发生。要大力加强林政稽查队伍建设，逐步建立健全林政稽查执法体系，严厉打击各种破坏森林资源违法行为。要进一步强化乡镇林业工作站的建设和管理，积极稳妥地推进林业工作站改革，实行由县级林业主管部门垂直领导的管理体制，充分发挥林业工作站在政策宣传、资源管护、林政执法、生产组织、科技推广和社会化服务等方面的职能作用。

18. 加强森林资源监督机构建设。森林资源监督是森林资源管理体系中的重要组成部分，是更高层次上的管理，承担着促进监督地区加强森林资源培育、利用和保护管理，确保法律实施、政令畅通的重要职能。监督机构要加强队伍的思想、组织、作风、制度和业务建设，认真建立制度完备、运转协调、作风优良、廉洁高效的运行机制。要进一步加大培训力度，全面提高队伍的整体素质，强化依法行政和执政为民意识，增强监督能力，提高监督实效。各地也要根据实际，积极向重点林区派驻森林资源监督机构，并加强监督队伍的建设和管理，充分发挥其应有作用。

19. 加强调查规划和监测机构建设。林业调查规划设计单位承担着野外信息采集、监测数据处理、生态建设成效评价和林业发展规划编制等重要职能，在生态建设和林业发展中发挥着十分重要的作用。要积极探索林业调查规划设计单位的改制，明确其社会公益事业单位的性质，保证人员编制，加大投入力度，加强基础性建设，改善工作条件，提高现代化监测能力。各级林业调查规划设计单位要创新机制、强化管理，克服片面的任务观念和经济效益观念，加快高新技术应用的步伐，着力提高调查、监测成果质量和水平。要建立健全国家、省、地、县统一协调的多级森林资源和生态状况综合监测机构。国家林业局设立国家森林资源与生态状况综合监测中心，进一步完善四个区域监测中心，各省级林业主管部门设立监测分中心，地、县林业主管部门设立监测站（点），有效开展多层次监测工作。

20. 加强森林资源管理人才队伍建设。全国森林资源管理系统的人才队伍肩负着贯彻党的林业方针政策，依法对森林资源的培育、利用和保护实施管理与监督的重大责任。要以加强思想政治建设和执政能力建设为核心，强化理论武装和实践锻炼，全面提升队伍的管理能力和执法水平。要以培养基层实用人才和高技能人才为重点，以造就一批复合型拔尖人才为目标，以岗位培训、在职学位学历培训为手段，建立健全用人机制和激励机制，培养人才、吸引人才，营造讲奉献、讲团结、比技能的良好氛围，努力造就一支全局观念强、政治思想好、业务技术精、组织纪律严、工作作风硬的资源管理队伍。各级林业主管部门和森林资源管理机构，要进一步深入贯彻全国林业人才工作会议精神，高度重视和加强资源管理人才队伍的建设，积极创造资源管理人才脱颖而出、奋发有为的良好环境。

六、加强对森林资源管理工作的领导

21. 落实领导干部林业建设任期目标管理责任制。全面加强森林资源管理工作的领导，完善领导干部林业建设任期目标管理责任制，把森林资源的数量消长、质量升降和保护管理情况等作为责任目标考核的重要内容，真正将森林资源保护和发展的责任落实到地方各级政府领导肩上。要认真落实《全国森林资源林政管理系统"十一五"和中长期规划》，合理调整投资结构，加大资金投入总量，切实加强森林资源管理系统的装备和基础设施建设。按照事权划分的原则，将森林资源管理系统所需经费纳入财政预算。各级林业主管部门要大力宣传森林资源管理工作的地位和作用，广泛宣传森林资源管理战线的先进人物和先进事迹，形式多样地宣传森林资源管理的政策法规，在全社会形成爱林、护林的良好氛围。

22. 建立森林资源管理奖惩制度。要积极建立以政府奖励为导向、部门奖励为主体、定期表彰与适时表彰相结合的森林资源管理奖励制度，对在森林资源管理工作中做出突出贡献的单位和个人进行表彰奖励。要建立和完善破坏森林资源责任追究制度，严格执行国家林业局《关于违反森林资源管理规定造成森林资源破坏的责任追究制度的规定》，对因监督管理不力、有案不及时报告、案件查处不到位，导致森林资源破坏的单位及其有关责任人，依法严肃追究责任。要切实加强林政案件管理制度建设，抓好各类破坏森林资源案件的查处工作，规范受理、查处、报告程序，建立林政案件管理档案，做好林政案件统计分析工作，不断提高林政执法成效。

国家林业局

二〇〇五年九月二日

国家林业局关于进一步加强和规范林权登记发证管理工作的通知

（林资发〔2007〕33号）

各省、自治区、直辖市林业厅（局），内蒙古、吉林、龙江、大兴安岭森工（林业）集团公司，新疆生产建设兵团林业局：

《农村土地承包法》实施以来，森林、林木和林地使用权的流转行为大量发生。特别是近一时期，各种社会力量投资林业比较活跃，一些地方出现了林权登记发证工作不够规范，有的地方甚至出现违法登记乱发林权证的现象。为进一步加强林权登记发证管理工作，保证林权登记内容准确无误，维护林权权利人的合法权益，根据《森林法》、《农村土地承包法》的有关规定，现就有关问题通知如下：

一、高度重视林权登记发证工作，确保集体林权制度改革的顺利进行

林权登记发证工作，是推进集体林权制度改革、解放和发展林业生产力的核心工作；是依法治林，加强森林资源保护管理的重要内容；是巩固林业生态建设成果的有力手段，也是构建和谐社会、建设社会主义新农村的基础保障。各级林业主管部门要充分认识林权登记发证的重要意义，在当地人民政府的统一领导下，认真履行职责，把加强和规范林权登记发证摆上重要工作日程。要明确工作机构，组织得力工作队伍，配备专职工作人员和必需的设备，将工作经费纳入本级财政预算，保障林权登记发证工作正常开展。各地在进行集体林权制度改革过程中，凡将林地使用权和林木所有权通过家庭承包方式落实到农户的，要依法及时进行林权登记，确保农民拥有长期而稳定的林地承包经营权。

二、做好林权登记法律咨询，正确引导社会投资发展林业

各级林业主管部门要提高服务意识，正确引导各种社会主体投资林业。要做好有关林权登记的法律政策咨询工作，指导投资者依法投资林业。对投资人依法取得的农村林地承包经营权，属于可以进行登记范畴的，投资人申请登记的，要依法及时予以登记；对于投资人取得的不符合法律规定的登记范畴的权利，要及时向投资人说明理由。

三、认真履行职责，依法做好林权登记申请受理工作

各级林业主管部门作为同级地方人民政府的林权登记申请受理机关，必须严格依照《林木和林地权属登记管理办法》（国家林业局2000年第1号令）的要求，认真审查申请人提交的申请材料，把好林权登记申请受理关。

（一）林权登记发证的申请

1. 依法获得国有森林、林木和林地使用权的，由国有森林、林木、林地使用者申请林权登记；未确定使用权的，由县级林业主管部门登记造册，不发放林权证书。

2. 农民集体所有和国家所有由农民集体使用的森林、林木和林地，依法采取家庭承包或其他方式承包的，由承包方申请；承包后依法转让或者互换的，由新的承包方申请；未发包的，由集体所有者或依法使用国家所有森林、林木和林地的集体使用者申请。

3. 实施退耕还林的，由土地承包经营权人申请并依法办理土地变更手续和调整土地承包经营合同。

4. 经依法处理的林权争议，明确林权归属的，由林权权利人申请。

（二）林权登记发证的申请材料

1. 林权权利人申请林权登记时，必须提交林权登记申请表，个人身份证明、法人或者其他组织的资格证明、法定代表人或者负责人的身份证明、法定代理人或者委托代理人的身份证明和载明委托事项和委托权限的委托授权书，申请登记的森林、林木和林地权属证明文件，以及省、自治区、直辖市人民政府林业主管部门规定要求提交的其他有关文件。

2. 林权发生变更的，林权权利人应当到初始登记机关申请变更登记并提交林权登记申请表、原林权证、林权依法变更的有关证明文件。

（三）各级林业主管部门要以高度负责的工作态度，依法审查林权登记申请人的申请材料，对于登记申请材料齐全的，要依法及时予以受理；对林权登记申请表填写不准确，申请人有关身份证明材料或委托授权书不齐备、不合规，申请登记的权属证明文件和省、自治区、直辖市人民政府林业主管部门要求提交的其他有关文件缺失的，不得受理，并及时通知申请人补正材料后重新申请。

四、严格审查把关，确保林权登记合法有效

（一）对于已经受理的林权登记申请，承办登记事宜的林业主管部门要认真审查申请的森林、林木和林地的权属状况，依法履行公告程序，及

时完成现场勘验定界工作。对经审查符合登记条件的申请，报请同级人民政府核准登记，发放林权证。对经审查不符合登记条件的，不予登记并以书面形式告知申请人不予登记的理由。

（二）各级林业主管部门要把权属证明文件是否合法有效以及申请人是否具有申请资格作为林权登记审查的重点。按照《农村土地承包法》的有关规定，因农村集体林地承包经营权发生流转，当事人申请林地承包经营权变更登记时，对于以下几种情形应当不予登记：

1. 采取转让或互换方式对林地承包经营权进行流转，转让方未依法登记取得林权证，受让方直接申请登记的。

2. 采取转包或出租方式对林地承包经营权进行流转，原承包关系不变，受转包方和承租方申请登记的。

3. 没有稳定的非农职业或者没有稳定的收入来源的农户，将通过家庭承包取得的林地承包经营权转让给其他从事农业生产的农户，受让方申请登记的。

4. 有稳定的非农职业或者有稳定的收入来源的农户，将通过家庭承包方式取得的林地承包经营权采取转让方式转让给非农户，受让方申请登记的。

5. 不宜采取家庭承包方式的荒山、荒沟、荒丘、荒滩等农村林地发包给集体经济组织以外的单位或个人承包，若承包方不能提供该承包经本集体经济组织成员的村民会议三分之二以上成员或者三分之二以上村民代表的同意的证明文件和当地乡（镇）人民政府的批准文件，承包方申请登记的。

6. 不宜采取家庭承包方式的荒山、荒沟、荒丘、荒滩等，依法采用其他方式承包后，经依法登记取得林权证，其林地承包经营权不是采取转让方式流转的，受流转方申请登记的。

7. 其他不符合有关法律规定的申请林权登记条件的。

国有森林资源的流转，在国务院未制定颁布森林、林木和林地使用权流转的具体办法之前，受让方申请林权登记的，暂不予以登记。

五、加强林权登记原始档案管理，确保档案资料完整齐全

要健全林权登记档案管理。完整保存林权登记和林权证核发过程中形成的文件资料，做到登记申请、审查材料齐全，图表完备，坐落四至标注清楚，文字数据规范准确，申请表、登记册、林权证载明的登记内容与登记物现状一致。林权登记机关应当公开登记档案，接受公众查询和监督。要加强林权管理电子信息化建设，实现林权动态管理。

六、严格依法行政、强化岗位培训，确保林权登记发证准确无误

林权登记发证是一项法律性、政策性很强的工作，各级林业主管部门做为同级地方人民政府的林权登记事宜承办机关，必须严格依法行政，确保登记依据充分，登记内容准确，登记程序合法，发证准确无误。要加强对从事林权登记人员的业务培训和思想教育，使其须经考核合格后持证上岗，并严格实行岗位责任制。登记机关必须严格执行《财政部国家计委关于批准收取林权证工本费和林权勘测费的复函》（财综〔2001〕43号）、《国家计委财政部关于林权证工本费和林权勘测费收费标准及有关问题的通知》（计价格〔2001〕1998号）的规定，严禁乱收费。

自本通知下发之日起，各地要对已办理的林权登记和已发放的林权证进行复查，发现问题及时纠正，对违反法律规定和法定程序登记并发放林权证的，要依法予以撤销。各地在执行中遇到重大问题要及时向我局报告。

国家林业局

二〇〇七年二月八日

国家林业局关于切实加强集体林权流转管理工作的意见

（林政发〔2009〕232号）

各省、自治区、直辖市林业厅（局），新疆生产建设兵团林业局，国家林业局各司局、各直属单位：

为贯彻落实中央林业工作会议精神和《中共中央 国务院关于全面推进集体林权制度改革的意见》（中发〔2008〕10号）要求，切实加强集体林权流转管理和指导工作，依法管理和规范流转行为，维护广大农民和林业经营者的合法权益，促进林业又好又快发展，依据《中华人民共和国森林法》、《中华人民共和国农村土地承包法》、《中华人民共和国农村土地承包经营纠纷调解仲裁法》、《中华人民共和国村民委员会组织法》等有关法律法规，现就加强集体林权流转管理工作提出如下意见。

一、充分认识加强集体林权流转管理工作的重要性

（一）加强集体林权流转管理，是优化资源配置，促进林业生产力发展的必然要求。集体林地明晰产权、承包到户后，集体林权流转是实现森林资源资产变现，促进林地向经营能力强、生产效率高的经营者流动，实现规模经营，优化配置资源，进一步解放和发展林业生产力的必然要求。加强集体林权流转管理，对于维护农民及相关林权权利人的合法权益，培育健康有序的林权交易市场，促进林业生产力发展，具有十分重要的作用。

（二）加强集体林权流转管理，是落实处置权，实现兴林富民的客观需要。放活经营权、落实处置权、保障收益权是集体林权制度改革的基本要求。森林资源资产流转、变现，是落实处置权的重要内容，有利于让农民获取资金从事林业生产经营活动，增加森林资源。规范集体林权流转行为，搭建森林资源流转平台，对于盘活森林资源资产，促进生产要素向林区流动，做大做强林业产业，实现兴林富民，具有十分重要的意义。

（三）加强集体林权流转管理，是维护森林资源安全和社会和谐稳定，巩固集体林权制度改革成果的重要举措。由于相关法律法规不完善，一些地方集体林权流转处于不规范状态，暗箱操作，低价转让集体林地、林木

的现象时有发生，造成农民失山失地和集体森林资源资产流失，有的甚至引发林权纠纷、毁林和群体事件，对森林资源安全和林区和谐稳定带来了不利影响。加强集体林权流转管理工作，有利于防止农民失山失地，有利于维护流转各方的合法权益，有利于维护森林资源安全和林区和谐稳定，有利于巩固和扩大集体林权制度改革的成果。

二、加强集体林权流转管理的指导思想和基本原则

（四）指导思想。以邓小平理论、“三个代表”重要思想和科学发展观为指导，全面贯彻党的十七届三中全会、中央林业工作会议和《中共中央国务院关于全面推进集体林权制度改革的意见》精神，以稳定林地承包经营关系为基础，规范集体林权流转行为，建立健全林权流转服务体系，促进集体林权流转规范、有序、健康发展。

（五）基本原则。集体林权流转管理工作必须坚持农村基本经营制度，维护农民的林地承包经营权；坚持统筹兼顾、依法行政；坚持依法、自愿、有偿流转；坚持公开、公平、公正；坚持有利于森林资源的保护、培育、合理利用和林区的和谐稳定。

三、依法规范集体林权流转行为

（六）稳定林地家庭承包经营关系。为保护农民平等享有的集体林地承包经营权，维护农民的合法权益，对适宜家庭承包经营的集体林地应当实行家庭承包经营。要引导农民在获得林地承包经营权后一定期限内自主经营，引导农民依法通过转包、出租、互换、入股等形式流转。各地应根据实际情况，采取有效措施，防止炒买炒卖林权，防止农民失山失地，确保农民长期拥有可持续就业和增收的生产资料。

（七）建立规范有序的集体林权流转机制。依法采取转让方式流转林地承包经营权的，应当经原发包的集体经济组织同意；采取转包、出租、互换、入股、抵押或者其他方式流转的，应当报原发包的集体经济组织备案。集体统一经营的山林和宜林荒山荒地，在明晰产权、承包到户前，原则上不得流转；确需流转的，应当进行森林资源资产评估，流转方案须在本集体经济组织内提前公示，经村民会议三分之二以上成员同意或者三分之二以上村民代表同意后，报乡镇人民政府批准，并采取招标、拍卖或公开协商等方式流转。在同等条件下，本集体经济组织成员在林权流转时享有优先权。流转共有权的，应征得林权共有权利人同意。国有单位或乡镇林场经营的集体林地，其林权转让应当征得集体经济组织村民会议和该单位主管部门的同意。

（八）加强集体林权流转的引导。林地承包经营权和林木所有权流转，当事人双方应当签订书面合同，需要变更林权的，当事人应及时依法到林权登记机关申请办理林权变更登记。要引导发展农民林业专业合作社、家庭合作林场、股份制林场等林业合作组织，联合经营林地；鼓励广大农民和林业经营者与企业合作造林；鼓励短期限流转、部分林权流转、林森采伐权流转和本集体经济组织内部成员间的流转；鼓励到林业产权交易管理服务机构进行流转。对不宜实行家庭承包经营的，可以将林地承包经营权折股分给本集体经济组织成员后，再实行承包经营或股份合作经营。

（九）切实维护集体林权流转秩序。区划界定为公益林的林地、林木，暂不进行流转；但在不改变公益林性质的前提下，允许以转包、出租、入股等方式流转，用于发展林下种养业或森林旅游业。对未明晰产权、未勘界发证、权属不清或者存在争议的林权不得流转；集体林权不得流转给没有林业经营能力的单位和个人；流转后不得改变林地用途；流转期限不得超过原承包期限剩余期限。

（十）禁止强迫或妨碍农民流转林权。已经承包到户的山林，农民依法享有经营自主权和处置权，禁止任何组织或个人采取强迫、欺诈等不正当手段迫使农民流转林权，更不得迫使农民低价流转山林。已经承包到户的山林需要流转的，其流转方式、条件、期限等由流转双方依法协商确定，任何一方不得将自己的意志强加给另一方。党员干部特别是各级领导干部，要以身作则，绝不允许借改革之机为本人和亲友谋取私利。

四、妥善处理集体林权流转的历史遗留问题

（十一）全面核查集体林权流转的历史遗留问题。要结合本地实际开展梳理工作，全面掌握以往林权流转的时间、地点、面积、价格等，对群众反映强烈的流转活动，要依法对其合法性、有效性进行核查。对本次集体林权制度改革以前因林权流转造成无山无林可分的地方，更要认真对待，切实贯彻落实《中共中央 国务院关于全面推进集体林权制度改革的意见》精神，妥善解决这类历史遗留问题，维护本集体经济组织成员的合法权益，维护林区的社会稳定。

（十二）依法妥善处理集体林权流转的历史遗留问题。

本着“尊重历史、兼顾现实、注重协商、利益调整”的原则，依法妥善处理集体林权流转的历史遗留问题。对于集体林权制度改革前的流转行为，符合《中华人民共和国农村土地承包法》、《中华人民共和国村民委员会组织法》等有关法律规定、流转合同规范的，要予以维护；流转合同不规范的，要予以完善；不符合有关法律规定的，要依法予以纠正。

（十三）积极探索解决历史遗留问题的有效形式。对流转面积过大、价格过低、期限过长、群众反映强烈的，要采取协商的方式，通过让利、缩短流转期、折资入股等办法依法进行调整，特别是要把政策性让利真正落实给农民；也可以因地制宜地采取“预期均山”的办法予以解决。“预期均山”要按照集体林权制度改革的规范程序运作，既要保障农民平等享有林地承包经营权，又要依法保护林业经营者对承包林地的投资权益。

五、加强集体林权流转服务平台建设

（十四）加强集体林权流转服务。各地要建立健全林权流转运行机制和相应的规章制度，确保流转活动的公平性和合法性。要积极培育林权流转市场，制定林权交易规则，提供林业产权交易、森林资源资产评估、木竹检尺、林业科技、法律咨询等服务，形成规范有序的流转市场体系和管理服务体系。

（十五）加强流转森林资源资产的评估工作。要加强森林资源资产评估机构和评估队伍建设，规范流转森林资源资产评估行为，维护交易各方合法权益。流转森林资源资产的评估应当以具有相应资质的森林资源调查机构核查的森林资源实物量为基础，进行价值评估。从事流转森林资源资产实物量调查和价值评估的森林资源调查机构和资产评估机构应当符合国家规定的相关资质条件，并严格按照国家有关资源调查、资产评估相关法规和技术规范的规定和要求进行森林资源实物调查和资产价值评估。

（十六）加强集体林权流转的金融服务工作。为完善林业融资环境，改变林权抵押贷款难的状况，各地林业主管部门要采取有效措施，积极协助金融机构降低因开展林权抵押贷款、森林保险等业务带来的风险，做好抵押林权处置的服务工作和林地林木权属抵押登记管理工作；要积极探索建立林权收储中心、林业专业性担保公司等，化解林权融资风险，促进林业金融服务持续健康发展。

六、强化集体林权流转的管理工作

（十七）依法强化集体林权流转登记工作。各级林业主管部门要严格按照林权登记发证的有关规定，认真审查林权流转登记申请文件，特别是要认真审查其权属证明文件和流转决策程序的合法性、有效性、申请人的资格证明、流转合同和流转方式等内容，依法办理林权登记手续。对于合法规范的集体林权流转，需要变更林权的，林权登记机关应当及时受理，认真审查并进行林权变更登记；对于不符合法律法规相关规定的林权流转，登记机关不得给予林权变更登记。

（十八）加强集体林权纠纷调处和仲裁工作。要重视群众的来信来访，认真对待涉林纠纷。因集体林权流转发生纠纷的，要鼓励当事人自行和解；和解不成的，应当根据当事人的请求，由村民委员会、乡镇人民政府等进行调解；当事人和解、调解不成或者不愿和解、调解的，林地承包仲裁机构应当根据当事人的申请，及时依法给予仲裁。当事人不愿意提请仲裁的，也可以直接向人民法院起诉。各级林业主管部门应积极采取有效措施，指导纠纷调处和仲裁，维护各方的合法权益。

（十九）加强集体林权流转合同管理。为保障当事人的合法权益，集体林权流转应当依法签订书面合同，明确约定双方的权利和义务。省级林业主管部门应当统一制定本辖区内林权流转合同示范文本。县级林业主管部门或乡镇林地承包经营管理部门应当及时向达成流转意向的双方提供统一文本格式的流转合同，认真指导流转双方签订流转合同，并对林权流转合同及有关文件、文本、资料等进行归档，妥善保管。

（二十）加强集体林权流转收益管理。已承包到户的林权流转，转包费、租金、转让费等收益归转出方所有，或按照承包合同约定进行分配，任何组织和个人不得擅自截留、扣缴。集体经济组织经营的林权流转收益归本集体所有，纳入农村集体财务管理，用于本集体经济组织内部成员分配和公益事业。

（二十一）加强集体林权流转监管工作。各级林业主管部门应当加强对集体林权流转的监管，对弄虚作假、恶意串标、强买强卖等违法违规行为要及时制止，构成犯罪的要移送司法机关依法查处。要加强对林权流转后是否改变林地用途，有无违反国家政策法律等情况进行监督，对违反规定的，要依法予以查处。

七、加强集体林权流转管理工作的组织领导

（二十二）切实加强对集体林权流转管理工作的组织领导。集体林权流转事关广大农民群众的切身利益，事关林区社会的和谐稳定，事关集体林权制度改革成效及改革成果的巩固，涉及面广、政策性强、工作难度大。各地要高度重视，进一步增强责任感、使命感和紧迫感，认真研究，精心组织，加强领导，加大宣传和培训力度，确保集体林权流转的指导和监管收到实效。

（二十三）加强林权管理工作机构和队伍建设。各级林业主管部门要充分发挥职能作用，加强林权管理和交易服务机构建设，加强林地承包仲裁机构建设。选调一批业务素质高、工作能力强、思想作风正、敢于负责的人员，充实到林权管理和服务机构工作，为开展林权流转服务和监管提供组织保障。

（二十四）加强集体林权流转相关制度建设。各地要建立和完善林权流转的相关制度，针对流转中存在的突出矛盾和问题，研究制定规范流转的办法，尽快建立起林权流转服务和监管制度，为规范集体林权流转行为提供制度保证。

国家林业局

二〇〇九年十月二十七日

第四部分

规范性文件及其他

国家发展改革委办公厅关于森林资源资产价格评估管理有关问题的复函

（发改办价格〔2006〕2456 号）

黑龙江省物价局：

你局《关于森林资源资产价格评估管理有关问题的请示》（黑价认证〔2006〕166 号）收悉。经研究，现就有关问题复函如下：

按照《国务院对确需保留的行政审批项目设定行政许可的决定》（国务院令第 412 号）和《价格评估机构资质认定管理办法》（国家发展改革委第 32 号令）、《价格评估人员执业资格认定管理办法》（国家发展改革委第 33 号令）等有关规定，森林资源资产评估适用于涉及国家利益、公众利益的有形财产和无形资产价格评估。从事森林资源资产估价业务的价格评估机构和价格评估人员执业需通过国家发展改革委、省级价格主管部门的价格评估机构资质认定和价格评估人员执业资格认定。

鉴于上述规定，你局可以受理森林资源资产价格评估机构资质和价格评估人员执业资格认定行政许可工作，经认定的价格评估机构和价格评估人员可以从事森林资源资产价格评估业务。建议你局与省政府有关部门进一步加强沟通、协调，做好相关工作。

特此复函。

二〇〇六年十一月一日

价格评估专业人员资格认证暂行办法

（发改价证审〔2012〕55号）

第一条 为适应价格评估行业发展需要，提高价格评估专业人员业务水平和行为能力，根据《中华人民共和国价格法》和国家发展改革委等有关规定，制定本办法。

第二条 全国各级政府价格主管部门设立的价格认证机构开展价格评估专业人员资格认证工作，适用本办法。国家法律、法规另有规定的，从其规定。

第三条 本办法所称价格评估专业人员是指从事价格评估相关专业工作，具有一定工作经验，具备一定专业技能和学识的专业价格评估人员。

第四条 本办法所称价格评估专业人员资格认证是指依申请人申请，由国家或省级价格主管部门设立的价格认证机构，对申请人价格评估行为能力和专业水平进行考核确认，颁发《价格评估专业人员资格认证证书》的工作。

第五条 价格评估专业人员经省级以上政府价格主管部门设立的价格认证机构认证，取得《价格评估专业人员资格认证证书》，可从事相应价格评估专业工作。

第六条 价格评估专业人员按照专业技术水平和能力，设为高级价格评估专业人员和一般价格评估专业人员。

第七条 价格评估专业人员符合国家发展改革委《价格评估人员执业资格认定管理办法》的，可向国家或省级价格主管部门申请办理价格评估人员行政许可认定。

第八条 国家发展改革委价格认证机构统一协调全国价格认证机构开展价格评估专业人员资格认证工作。省级价格认证机构负责本地区价格评估专业人员资格认证工作。

第九条 高级价格评估专业人员的资格认证由国家发展改革委价格认证机构负责，具体事务性工作可委托有关单位承办。一般价格评估专业人员的资格认证由省级价格认证机构负责，并根据本办法制定具体规定。

第十条 价格评估专业人员资格认证实行统一认证标准、统一培训大纲、统一教材，分级实施。

第十一条 《价格评估专业人员资格认证证书》由国家发展改革委价格认证机构统一样式。国家和省级价格认证机构分别印制。

第十二条 凡中华人民共和国公民，遵纪守法，具有良好思想品德和职业道德，可以申请价格评估专业人员资格认证。

第十三条 具备以下条件之一的，可申请一般价格评估专业人员资格认证：

（一）取得价格评估相关专业中专学历，具有七年以上相关专业工作经历，其中从事价格评估相关工作满五年；

（二）取得价格评估相关专业大专学历，具有五年以上相关专业工作经历，其中从事价格评估相关工作满三年；

（三）取得价格评估相关专业本科及以上学历，具有三年以上相关专业工作经历，其中从事价格评估相关工作满一年；

（四）不具备上述学历，但按照省级以上人事主管部门有关规定，取得国家承认的初级专业技术职称，从事价格评估相关工作满四年。

第十四条 具备以下条件之一的，可申请高级价格评估专业人员资格认证：

（一）取得价格评估相关专业中专学历，具有八年以上相关专业工作经历，其中从事价格评估相关工作满七年；

（二）取得价格评估相关专业大专学历，具有六年以上相关专业工作经历，其中从事价格评估相关工作满五年；

（三）取得价格评估相关专业本科学历，具有四年以上相关专业工作经历，其中从事价格评估相关工作满三年；

（四）取得价格评估相关专业研究生学历，具有三年以上相关专业工作经历，其中从事价格评估相关工作满两年；

（五）取得价格评估相关专业博士学位，具有两年以上相关专业工作经历，其中从事价格评估相关工作满一年；

（六）不具备上述学历，但按照省级以上人事主管部门有关规定，取得国家承认的中级专业技术职称，从事价格评估相关工作满六年。

（七）已取得省级价格主管部门颁发的《价格评估专业人员资格认证证书》，连续从事价格评估相关工作满三年。

第十五条 价格评估专业人员资格认证程序包括申请、受理、初审、审核和证书送达。

第十六条 申请人符合本办法规定条件，申请资格认证时，应由本人向受理单位提出申请，并对提交材料的真实性负责。材料内容包括：

（一）价格评估专业人员资格认证申请表；

（二）学历和工作经历证明；

（三）所在单位同意证明；

（四）有效居民身份证（复印件）；

（五）价格评估专业人员资格认证考核合格证明；

（六）近期正面一寸免冠彩色照片两张。

第十七条 受理单位对申请材料齐全的，接收材料。申请材料不齐全的，受理单位应一次性告知申请人需要补正的全部内容。

第十八条 初审单位初审时，应审查申请人是否符合价格评估专业人员资格认证条件。

凡不符合本办法第十二条、十三条、十四条规定或有下列情形之一的，不予初审通过：

（一）受刑事处罚，自刑事处罚执行完毕之日起至申请价格评估专业人员资格认证之日止不满五年的；

（二）在价格评估及相关业务中犯有错误，受行政处罚以上处分或注销认证证书，自处罚决定或认证证书注销之日起至申请价格评估人员专业资格认证之日止不满两年的；

（三）提供虚假申请材料；

（四）有关法律、行政法规规定的其他情形。

第十九条 初审单位根据初审情况，在《价格评估专业人员资格认证申请表》中填写初审意见。

第二十条 初审完成后，初审单位应及时将有关材料整理汇总，并将高级价格评估专业人员的材料送国家发展改革委价格认证机构。材料内容包括：

（一）价格评估专业人员资格认证初审合格人员名册（文字版及电子版）；

（二）价格评估专业人员资格认证申请表；

（三）申请人申请材料（文字版及电子版）。

第二十一条 审核工作主要包括：

（一）审核初审单位初审程序的合法性；

（二）审核申请人申请材料的完备性；

（三）审核申请人申请材料是否符合规定条件。

第二十二条 审核单位应根据审核结果，在《价格评估专业人员资格认证申请表》中填写审核意见。

第二十三条 通过高级价格评估专业人员资格认证的，颁发加盖国家发展改革委价格鉴证证件专用章的《价格评估专业人员资格认证证书》，并送达申请人。

第二十四条 《价格评估专业人员资格认证证书》实行审验制度，具体办法另行规定。

第二十五条 《价格评估专业人员资格认证证书》内容变更的，须及时到价格评估专业人员资格认证机构办理变更手续。

第二十六条 价格评估专业人员应严格遵守有关法律法规、执业守则及技术规程，服从价格主管部门的监督和管理，保证价格评估结果的客观公正。有下列情形之一的，注销其价格评估专业人员资格：

（一）价格评估专业人员以欺骗、贿赂等不正当手段，通过价格评估专业人员资格认证的；

（二）价格评估专业人员未按时办理审验手续或审验不合格的；

（三）依法应注销的其他情形。

第二十七条 本办法由国家发展改革委价格认证机构负责解释。

第二十八条 相关专业价格评估专业人员资格认证具体实施办法另行颁布。

第二十九条 本办法自发布之日起施行。

辽宁省森林资源资产价格评估人员专业资格认证管理办法

（辽价发〔2010〕125号）

第一条 为促进森林资源资产价格评估行业发展，规范森林资源资产价格评估人员专业资格认证行为，加强对森林资源资产价格评估人员管理，根据《辽宁省涉案物品估价管理条例》、国家发展和改革委员会《价格评估机构资质认定管理办法》、《价格评估人员执业资格认定管理办法》、《价格认证管理办法》和辽宁省物价局《关于规范价格评估人员持证上岗制度的通知》的规定，制定本办法。

第二条 在辽宁省行政区域内，对森林资源资产价格评估人员专业资格培训、认证工作，适用本办法。

国家法律、法规另有规定的，从其规定。

第三条 森林资源资产价格评估人员专业资格在国家未有其他管理规定前实行全省统一培训、考试、认证制度，由省价格主管部门统一管理。

第四条 辽宁省价格认证中心具体管理考试大纲的拟定、培训教材的编写和命题工作以及考前培训、考试和认证等有关工作。

第五条 森林资源资产价格评估人员参加专业资格考试，须具备相应条件。具体条件由辽宁省价格认证中心制定。

第六条 森林资源资产价格评估人员专业资格考试合格者，经辽宁省价格认证中心认证，由辽宁省物价局颁发《森林资源资产价格评估人员专业资格证书》。

第七条 森林资源资产价格评估人员取得《专业资格证书》后，可按照《价格评估人员执业资格认定管理办法》、《辽宁省价格评估人员执业资格认定实施细则》的规定，申请价格评估人员执业资格认定。认定合格者，颁发《中华人民共和国价格评估人员执业资格证书》。

第八条 取得森林资源资产价格评估人员专业资格的人员，应受聘于一个具有价格评估机构资质的单位，经资质认定取得《执业资格证书》后，方可执业。

第九条 森林资源资产价格评估人员从事执业活动，由聘用单位接受委托并统一收取费用。

第十条 森林资源资产价格评估人员不得在两个以上价格评估机构执业。

第十一条 森林资源资产价格评估人员有以下权利：

（一）在执业资格范围内执行相关业务；

（二）签署价格评估报告；

（三）发起设立价格评估机构；

（四）保管和使用本人的资格证书；

（五）对本人的执业活动进行解释和辩护；

（六）参加继续教育；

（七）获得相应的劳动报酬；

（八）对侵犯本人权利的行为进行申诉。

第十二条 森林资源资产价格评估人员应当履行下列义务：

（一）遵守法律、法规、行业技术规范和职业道德规范；

（二）保证价格评估报告的客观、公正，并承担相应责任；

（三）保守在执业中知悉的国家秘密和他人的商业、技术秘密；

（四）与当事人或评估事项有利害关系的，应当主动回避；

（五）接受继续教育，努力提高执业水准。

第十三条 辽宁省价格主管部门是森林资源资产价格评估人员的管理部门。

辽宁省价格认证中心具体负责森林资源资产价格评估人员执业情况的监督检查和日常管理。

第十四条 辽宁省价格认证中心履行监督检查职责时，有权采取下列措施：

（一）要求被检查人员出示资格证书；

（二）要求被检查人员所在聘用单位提供有关人员签署的估价报告及相关业务文档；

（三）就有关问题询问签署估价报告的人员；

（四）纠正违反有关法律、法规和本办法及价格评估规范和标准的行为。

第十五条 森林资源资产价格评估人员有下列行为之一的，省价格主管部门可以给予警告、暂停执行业务、吊销《价格评估人员专业资格证书》、《价格评估人员执业资格证书》；构成犯罪的，依法追究刑事责任：

（一）伪造或以虚假和不正当手段获得《价格评估人员职业资格证书》、《价格评估人员执业资格证书》的；

（二）未按规定办理价格评估人员执业资格认定从事价格评估业务的；

（三）在执业过程中，索贿、受贿或者谋取合同约定费用外的其他利益的；

（四）在执业过程中实施商业贿赂的；

（五）与委托人串通或故意做不实的评估报告或因工作失误，造成重大损失的；

（六）允许他人以自己名义从事价格评估业务的；

（七）同时在两个以上价格评估机构执行业务的；

（八）以个人名义承接价格评估业务的；

（九）严重损害他人利益、名誉的行为；

（十）法律、法规禁止的其他行为。

第十六条 本办法由辽宁省物价局负责解释。

第十七条 本办法自发布之日起执行。

吉林省森林资源资产价格评估人员专业资格认证管理办法

（吉省价认〔2012〕28号）

第一条 为促进森林资源资产价格评估行业发展，规范森林资源资产价格评估人员专业资格认证行为，加强对森林资源资产价格评估人员管理，根据《中华人民共和国价格法》、国家发展和改革委员会《价格评估机构资质认定管理办法》、《价格评估人员执业资格认定管理办法》、《价格认证管理办法》和《吉林省价格评估机构资质认定实施细则》、《吉林省价格评估人员执业资格认定实施细则》的有关规定，制定本办法。

第二条 在吉林省行政区域内，对森林资源资产价格评估人员专业资格和执业资格的培训、认证工作，适用本办法。

国家法律、法规另有规定的，从其规定。

第三条 森林资源资产价格评估人员的专业资格和执业资格在国家未有其他管理规定前，实行全省统一培训、考试、认证制度，由吉林省物价局统一管理。

第四条 吉林省价格认证中心具体负责考试大纲的拟定、培训教材的编写和命题、考前培训、考试、专业资格认定和执业资格认定的初审等有关工作。

第五条 森林资源资产价格评估专业资格人员，须具备的条件是：

（一）大专以上学历；

（二）没有因故意犯罪而受到过处罚的经历。

执业资格人员须具备的条件是：

（一）大专以上学历；

（二）具有评估实际工作两年以上的经验；

（三）受聘于具有价格评估机构资质认定的单位；

（四）没有因故意犯罪而受到过处罚的经历。

第六条 森林资源资产价格评估人员专业资格考试合格者，经吉林省价格认证中心认证，由吉林省物价局颁发《森林资源资产价格评估师专业资格证书》。《森林资源资产价格评估师专业资格证书》有效期限为三年，每年应按规定时限到原发证机关申请办理森林资源资产价格评估专业资格继续认定手续。

第七条 森林资源资产价格评估人员取得《专业资格证书》后，可按照《价格评估人员执业资格认定管理办法》、《吉林省价格评估人员执业资格认定实施细则》的规定，申请价格评估人员执业资格认定。认定合格者，颁发《中华人民共和国价格评估人员执业资格证书》。

第八条 森林资源资产价格评估人员不得在两个以上价格评估机构同时执业。

第九条 森林资源资产价格评估人员有以下权利：

（一）在执业资格范围内执行相关业务；

（二）签署价格评估报告；

（三）发起设立价格评估机构；

（四）保管和使用本人的资格证书；

（五）对本人的执业活动进行解释和辩护；

（六）参加继续教育；

（七）获得相应的劳动报酬；

（八）对侵犯本人权利的行为进行申诉。

第十条 森林资源资产价格评估人员应当履行下列义务：

（一）遵守法律、法规、行业技术规范和职业道德规范；

（二）保证价格评估报告的客观、公正，并承担相应责任；

（三）保守在执业中知悉的国家秘密和他人的商业、技术秘密；

（四）与当事人或评估事项有利害关系的，应当主动回避；

（五）接受继续教育，努力提高执业水准；

第十一条 吉林省物价局是森林资源资产价格评估机构和评估人员的管理部门。吉林省价格认证中心具体负责森林资源资产价格评估机构和评估人员执业情况的监督检查和日常管理。

第十二条 吉林省价格认证中心履行监督检查职责时，有权采取下列措施：

（一）要求被检查人员出示资格证书；

（二）要求被检查人员所在聘用单位提供有关人员签署的估价报告及相关业务文档；

（三）就有关问题询问签署估价报告的人员；

（四）纠正违反有关法律、法规和本办法及价格评估规范和标准的行为。

第十三条 森林资源资产价格评估人员有下列行为之一的，吉林省物价局可以给予警告、暂停执行业务、吊销《价格评估人员专业资格证书》、

《价格评估人员执业资格证书》；构成犯罪的，依法追究刑事责任：

（一）伪造或以虚假和不正当手段获得《专业资格证书》、《执业资格证书》的；涂改、倒卖、出租、出借、非法转让《专业资格证书》、《执业资格证书》的；

（二）未按规定办理价格评估人员执业资格认定从事价格评估业务的；

（三）在执业过程中，索贿、受贿或者谋取合同约定费用外的其他利益的；

（四）在执业过程中实施商业贿赂的；

（五）与委托人串通或故意做不实的评估报告或因工作失误，造成重大损失的；

（六）允许他人以自己名义从事价格评估业务的；

（七）同时在两个以上价格评估机构执行业务的；

（八）以个人名义承接价格评估业务的；

（九）严重损害他人利益、名誉的行为；

（十）超越认定的执业范围执业的；

（十一）向负责监督检查的行政机关隐瞒有关情况、提供虚假材料或者拒绝提供反映其执业情况真实材料的；

（十二）法律、法规禁止的其他行为。

第十四条 森林资源资产价格评估机构资质认定按国家发展和改革委员会《价格评估机构资质认定管理办法》和《吉林省价格评估机构资质认定实施细则》的有关规定办理。

第十五条 本办法由吉林省物价局负责解释。

第十六条 本办法自发布之日起执行。

黑龙江省森林资源资产价格评估人员专业资格管理暂行办法

（黑价认字〔2012〕26号）

第一条 为适应森林资源资产价格评估工作需要，规范森林资源资产价格评估人员专业资格管理，促进森林资源资产价格评估行业健康发展，根据《中华人民共和国价格法》、《价格评估人员执业资格认定管理办法》等有关规定，结合本省实际，制定本办法。

第二条 在本省行政区域内，对森林资源资产价格评估人员专业资格管理，适用本办法。

国家法律、法规另有规定的，从其规定。

第三条 本办法所称森林资源资产价格评估人员专业资格管理是指对相关人员是否具备森林资源资产价格评估的专业资格进行审核、确认的行为。

第四条 在国家未有其他管理规定前，森林资源资产价格评估人员专业资格管理实行全省统一考试、证书核发制度。

第五条 省价格主管部门是森林资源资产价格评估人员专业资格的管理部门。省价格评估鉴证协会受省价格主管部门委托，具体负责森林资源资产价格评估人员专业资格的日常管理工作。

第六条 申请参加森林资源资产价格评估专业资格考试的人员，应当具备以下条件之一：

（一）具有林学、经济管理等相关专业大专学历或者取得初级专业技术职称，从事相关工作满五年；

（二）具有林学、经济管理等相关专业本科学历或者取得中级专业技术职称，从事相关工作满三年；

（三）具有林学、经济管理等相关专业研究生以上学历或者取得高级专业技术职称，从事相关工作满一年。

第七条 参加森林资源资产价格评估人员专业资格考试合格者，由省价格主管部门颁发《森林资源资产价格评估人员专业资格证书》。

第八条 取得《森林资源资产价格评估人员专业资格证书》的人员，可以按照《价格评估人员执业资格认定管理办法》申请价格评估人员执业资格认定。

第九条 取得《森林资源资产价格评估人员专业资格证书》的人员，应受聘于一个具有价格评估机构资质的单位，经资格认定取得《价格评估人员执业资格证书》后，方可执业。

第十条 森林资源资产价格评估人员，应当按照省价格主管部门规定接受继续教育。

第十一条 伪造、以虚假和不正当手段获得《森林资源资产价格评估人员专业资格证书》的，由省价格主管部门依法收回其《森林资源资产价格评估人员专业资格证书》。

第十二条 森林资源资产价格评估人员专业资格管理工作人员违反规定，对符合条件申请参加专业资格考试不予受理，或者对不符合申请条件、考试不合格者核发专业资格证书的，以及在森林资源资产价格评估人员专业资格管理工作中索取或者收受他人财物或者谋取其他利益的，按照有关规定追究相关责任人的责任。

第十三条 本办法由黑龙江省物价监督管理局负责解释。

第十四条 本办法自二〇一二年四月一日起执行。

资产评估准则——基本准则

（财政部　财企〔2004〕20号）

第一章　总　则

第一条　为规范注册资产评估师执业行为，保证执业质量，明确执业责任，维护社会公共利益和资产评估各方当事人合法权益，制定本准则。

第二条　本准则所称资产评估，是指注册资产评估师依据相关法律、法规和资产评估准则，对评估对象在评估基准日特定目的下的价值进行分析、估算并发表专业意见的行为和过程。

本准则所称注册资产评估师，是指经过国家统一考试或认定，取得执业资格，并依法注册的资产评估专业人员。

第三条　本准则所称资产评估准则，包括资产评估基本准则、资产评估具体准则、资产评估指南和资产评估指导意见。

第四条　注册资产评估师执行资产评估业务，应当遵守本准则。

第五条　注册资产评估师执行与价值估算相关的其他业务，可以参照本准则。

第二章　基本要求

第六条　注册资产评估师执行资产评估业务，应当遵守相关法律、法规和资产评估准则，具有良好的职业道德。

第七条　注册资产评估师执行资产评估业务，应当勤勉尽责，恪守独立、客观、公正的原则。

第八条　注册资产评估师应当经过专门教育和培训，具备相应的专业知识和经验，能够胜任所执行的评估业务。

第九条　注册资产评估师执行资产评估业务，可以聘请专家协助工作，但应当采取必要措施确信专家工作的合理性。

第十条　注册资产评估师应当对业务助理人员进行指导，并对业务助理人员工作结果负责。

第十一条　注册资产评估师执行资产评估业务，采用不同于资产评估准则规定的程序和方法时，不得违背本准则的基本要求，应当确信所采用程序和方法的合理性，并在评估报告中明确说明。

第三章　操作准则

第十二条　注册资产评估师执行资产评估业务，应当根据业务具体情况履行适当的评估程序。

第十三条　评估程序通常包括：

（一）明确评估业务基本事项；

（二）签订业务约定书；

（三）编制评估计划；

（四）现场调查；

（五）收集评估资料；

（六）评定估算；

（七）编制和提交评估报告；

（八）工作底稿归档。

注册资产评估师不得随意删减评估程序。

第十四条　注册资产评估师执行资产评估业务，应当根据评估目的等相关条件选择适当的价值类型，并对价值类型予以明确定义。

第十五条　注册资产评估师应当熟知、理解并恰当运用评估方法。

资产评估基本方法包括市场法、收益法和成本法。

第十六条　注册资产评估师执行资产评估业务，应当根据评估对象、价值类型、资料收集情况等相关条件，分析三种资产评估基本方法的适用性，恰当选择评估方法，形成合理评估结论。

第十七条　注册资产评估师执行资产评估业务，应当科学合理使用评估假设，并在评估报告中披露评估假设及其对评估结论的影响。

第十八条　注册资产评估师执行资产评估业务，应当形成能够支持评估结论的工作底稿。

第四章　报告准则

第十九条　注册资产评估师应当在执行必要的评估程序后，编制并由所在评估机构出具评估报告。

第二十条　注册资产评估师应当在评估报告中提供必要信息，使评估报告使用者能够合理理解评估结论。

第二十一条　注册资产评估师应当根据评估业务具体情况，提供能够满足委托方和其他评估报告使用者合理需求的评估报告。

第五章　执业责任

第二十二条　注册资产评估师执行资产评估业务，应当对评估结论的合理性承担责任。

第二十三条　遵守相关法律、法规和资产评估准则，对评估对象在评估基准日特定目的下的价值进行分析、估算并发表专业意见，是注册资产评估师的责任；提供必要的资料并保证所提供资料的真实性、合法性、完整性，恰当使用评估报告是委托方和相关当事方的责任。

评估结论不应当被认为是对评估对象可实现价格的保证。

第二十四条　注册资产评估师执行资产评估业务，应当关注评估对象的法律权属，并在评估报告中对评估对象法律权属及其证明资料来源予以必要说明。注册资产评估师不得对评估对象的法律权属提供保证。

第六章　附　　则

第二十五条　评估机构在执行资产评估业务过程中应当遵守本准则的相关规定。

第二十六条　中国资产评估协会可以根据本准则发布资产评估具体准则、资产评估指南和资产评估指导意见。

第二十七条　本准则自 2004 年 5 月 1 日起施行。

资产评估职业道德准则——基本准则

（财政部　财企〔2004〕20号）

第一章　总　　则

第一条　为规范注册资产评估师职业道德行为，提高注册资产评估师职业道德素质，维护注册资产评估师职业形象，制定本准则。

第二条　注册资产评估师执行资产评估业务，应当遵守本准则。

第三条　注册资产评估师执行与价值估算相关的其他业务，可以参照本准则。

第四条　注册资产评估师应当指导业务助理人员和专家遵守本准则。

第二章　基本要求

第五条　注册资产评估师应当诚实正直，勤勉尽责，恪守独立、客观、公正的原则。

第六条　注册资产评估师执行资产评估业务，应当遵守相关法律、法规和资产评估准则。

第七条　注册资产评估师应当维护职业形象，不得从事与注册资产评估师身份不符或可能损害职业形象的活动。

第八条　注册资产评估师执行资产评估业务，应当独立进行分析、估算并形成专业意见，不受委托方或相关当事方的影响，不得以预先设定的价值作为评估结论。

第九条　注册资产评估师执行资产评估业务，应当合理使用评估假设，并在评估报告中披露评估假设及其对评估结论的影响。

第十条　注册资产评估师应当在评估报告中提供必要信息，使评估报告使用者能够合理理解评估结论。

注册资产评估师不得出具含有虚假、不实、有偏见或具有误导性的分析或结论的评估报告。

第十一条　注册资产评估师应当遵守保密原则，除法律、法规另有规定外，未经委托方书面许可，不得对外提供执业过程中获知的商业秘密和业务资料。

第十二条 注册资产评估师不得采用欺诈、利诱、强迫等不正当手段招揽业务。

第十三条 注册资产评估师不得利用执业便利为自己或他人谋取不正当利益。

第十四条 注册资产评估师应当在资产评估机构执业，不得以个人名义执业，也不得同时在两家或两家以上评估机构执业。

第十五条 注册资产评估师执行资产评估业务，应当形成能够支持评估结论的工作底稿，并按有关规定管理和保存工作档案。

第十六条 注册资产评估师不得签署本人未参与项目的评估报告，也不得允许他人以本人名义签署评估报告。

第十七条 注册资产评估师应当接受中国资产评估协会的管理，履行中国资产评估协会规定的义务。

第三章 专业胜任能力

第十八条 注册资产评估师应当经过专门教育和培训，具备相应的专业知识和经验，能够胜任所执行的评估业务。

第十九条 注册资产评估师应当接受后续教育，保持和提高专业胜任能力。

第二十条 注册资产评估师应当如实声明其具有的专业胜任能力和执业经验，不得对其专业胜任能力和执业经验进行夸张、虚假和误导性宣传。

第二十一条 注册资产评估师执行资产评估业务，可以聘请专家协助工作，但应当采取必要措施确信专家工作的合理性。

第四章 与委托方和相关当事方的关系

第二十二条 注册资产评估师与委托方或相关当事方之间存在可能影响注册资产评估师公正执业的利害关系时，应当予以回避。

第二十三条 注册资产评估师执行资产评估业务，不得对委托方和相关当事方进行误导和欺诈。

第二十四条 注册资产评估师应当履行业务约定书中规定的义务，竭诚为委托方服务。

第二十五条 注册资产评估师不得向委托方或相关当事方索取约定服务费之外的不正当利益。

第二十六条 注册资产评估师应当与委托方进行必要沟通，提示评估报告使用者合理理解并恰当使用评估报告，并声明不承担相关当事人决策的责任。

第五章 与其他注册资产评估师的关系

第二十七条 注册资产评估师在执行资产评估业务过程中，应当与其他注册资产评估师保持良好的工作关系。

第二十八条 注册资产评估师不得贬损或诋毁其他注册资产评估师。

第二十九条 注册资产评估师不得以恶意降低服务费等不正当的手段与其他注册资产评估师争揽业务。

第六章 附 则

第三十条 评估机构在执行资产评估业务过程中应当遵守本准则的相关规定。

第三十一条 中国资产评估协会可以根据本准则发布资产评估职业道德具体准则。

第三十二条 本准则自2004年5月1日起施行。

中国森林公园风景资源质量等级评定

中华人民共和国国家标准 GB/T 18005—1999
1999-11-10 发布　2000-04-01 实施

前　言

我国蕴藏着丰富的森林风景资源，具有较大的森林旅游的利用价值，作为其主要体现形式的森林公园，在开发建设方面已取得较大进展，并日益受到重视。

为了规范森林公园风景资源质量等级的评定工作，以确定森林公园风景资源的保护标准、利用形式、开发规模和服务功能，加强对我国森林公园的分级管理和分类指导，为森林公园系统性的开发建设提供指导性依据，在总结多年实践经验和科研成果的基础上，参照国外的先进技术和经验，制定本标准。

本标准从森林公园风景资源质量、区域环境质量和旅游开发利用条件三方面确定评价结构和评价方法。

本标准的附录 A、附录 B、附录 C、附录 D 都是标准的附录。

本标准由国家林业局提出。

本标准由国家林业局森林公园管理办公室归口。

本标准起草单位：同济大学、中南林学院、东北林业大学、北京林业大学。

本标准主要起草人：丁文魁、吴楚材、李功阳、马建章、张启翔。

1　范围

本标准规定了我国森林公园风景资源质量等级评定的原则与方法，作为森林公园保护、开发、建设和管理的依据。

本标准适用于我国已建和待建各级森林公园。

2　引用标准

下列标准所包含的条文，通过在本标准中引用而构成为本标准的条文。本标准出版时，所示版本均为有效。所有标准都会被修订，使用本标准的各方应探讨使用下列标准最新版本的可能性。

GB 3096—1996 大气环境质量标准

GB 3838—1988 地面水环境质量标准

GB 15618—1995 土壤环境质量标准

3 定义

本标准采用下列定义。

3.1 风景资源 landscape resources

以景物环境为载体的，自然形成或人类创造的，有普遍社会价值的财富。

3.2 森林风景资源 forest landscape resources

森林资源及其环境要素中凡能对旅游者产生吸引力，可以为旅游业所开发利用，并可产生相应的社会效益、经济效益和环境效益的各种物质和因素。

3.3 风景资源质量 landscape resources quality

风景资源所具有的科学、文化、生态和旅游等方面的价值。

3.4 森林公园 forest park

具有一定规模和质量的森林风景资源与环境条件，可以开展森林旅游，并按法定程序申报批准的森林地域。

3.5 权数 weighted number

在统计计算中，用来衡量各变量在总体中作用大小的数值。

4 森林公园风景资源质量评价

4.1 评价原则

4.1.1 以对森林公园风景资源的详细调查为基础，按风景资源的特性和相关程度进行分类、分级。

4.1.2 通过定量评价，进行森林公园风景资源质量的综合性评定。

4.1.3 应能反映森林公园风景资源质量状况和环境特征，重点分析以森林为主体的风景资源的相对地位和开发森林旅游的可行性。

4.2 森林公园风景资源质量评价分值按指定的评价方法进行评价获得，满分值为30分。

4.3 评价方法

通过对风景资源的评价因子评分值加权计算获得风景资源基本质量分值，结合风景资源组合状况评分值和特色附加分评分值获得森林风景资源质量评价分值。

见附录 A 图 A1。

4.4　风景资源基本质量评价

森林公园风景资源分为地文资源、水文资源、生物资源、人文资源和天象资源五类。每类资源各包括五项评价因子，按评价因子间的相互地位和重要性确定评分值，评分值之和为该资源类的权数。

4.4.1　风景资源类型

4.4.1.1　地文资源

包括典型地质构造、标准地层剖面、生物化石点、自然灾变遗迹、名山、火山熔岩景观、蚀余景观、奇特与像形山石、沙（砾石）地、沙（砾石）滩、岛屿、洞穴及其他地文景观。

4.4.1.2　水文资源

包括风景河段、漂流河段、湖泊、瀑布、泉、冰川及其他水文景观。

4.4.1.3　生物资源

包括各种自然或人工栽植的森林、草原、草甸、古树名木、奇花异草等植物景观；野生或人工培育的动物及其他生物资源及景观。

4.4.1.4　人文资源

包括历史古迹、古今建筑、社会风情、地方产品及其他人文景观。

4.4.1.5　天象资源

包括雪景、雨景、云海、朝晖、夕阳、佛光、蜃景、极光、雾凇及其他天象景观。

4.4.2　风景资源评价因子

4.4.2.1　典型度

指风景资源在景观、环境等方面的典型程度。

4.4.2.2　自然度

指风景资源主体及所处生态环境的保全程度。

4.4.2.3　多样度

指风景资源的类别、形态、特征等方面的多样化程度。

4.4.2.4　科学度

指风景资源在科普教育、科学研究等方面的价值。

4.4.2.5　利用度

指风景资源开展旅游活动的难易程度和生态环境的承受能力。

4.4.2.6　吸引度

指风景资源对旅游者的吸引程度。

4.4.2.7　地带度

指生物资源水平地带性和垂直地带性分布的典型特征程度。

4.4.2.8　珍稀度

指风景资源含有国家重点保护动植物、文物各级别的类别、数量等方面的独特程度。

4.4.2.9　组合度

指各风景资源类型之间的联系、补充、烘托等相互关系程度。

4.4.3　对五类风景资源的评分值进行一次加权计算，计算出风景资源的基本质量评价分值。

4.4.4　风景资源组合状况评价

森林公园风景资源的组合状况用组合度评价。

4.4.5　特色附加分

风景资源单项要素在国内外具有重要影响或特殊意义，按附加分规定分值进行评分。

4.5　风景资源质量评价计算

4.5.1　风景资源基本质量评价分值按式（1）计算：

$$B = \Sigma X_i F_i / \Sigma F \quad (1)$$

式中：B——风景资源基本质量评价分值；

X——风景资源类型评分值；

F——风景资源类型权数。

4.5.2　风景资源组合状况按满分1.5分对组合度（Z）评分。

4.5.3　特色附加分（T）按满分2分评分。

4.5.4　森林公园风景资源质量评价分值按式（2）计算：

$$M = B + Z + T \quad (2)$$

式中：M——森林公园风景资源质量评价分值；

B——风景资源基本质量评分值；

Z——风景资源组合状况评分值；

T——特色附加分。

4.5.5　森林公园风景资源质量评价计算方法参照附录B。

4.5.6　评价因子的评分值越接近于权数，表示风景资源的基本质量越接近于理想状态值。

5　森林公园区域环境质量评价

5.1　森林公园区域环境质量评价分值按指定环境要素进行评价获得，满分值为10分。

5.2　森林公园区域环境质量评价指标包括：

大气质量、地表水质量、土壤质量、负离子含量、空气细菌含量。

5.3　森林公园区域环境质量评价分值（H）计算由各项指标评分值累加获得。

见附录C。

6　森林公园旅游开发利用条件评价

6.1　森林公园旅游开发利用条件评价分值按指定开发利用条件指标进行评价获得，满分值10分。

6.2　森林公园旅游开发利用条件评价指标包括：

公园面积、旅游适游期、区位条件、外部交通、内部交通、基础设施条件。

6.3　森林公园旅游开发利用条件评价分值（L）由各项指标评分值累加获得。

见附录D。

7　森林公园风景资源质量等级评定

7.1　森林公园风景资源质量等级评定分值按式（3）计算：

$$N = M + H + L \tag{3}$$

式中：N——森林公园风景资源质量等级评定分值；

M——森林风景资源质量评价分值；

H——森林公园区域环境质量评价分值；

L——森林公园旅游开发利用条件评价分值。

7.2　森林公园风景资源质量等级评定分值满分为50分。

7.3　森林公园风景资源质量等级确定标准

按风景资源质量评定分值划分为三级：

一级为40～50分，符合一级的森林公园风景资源，多为资源价值和旅游价值高，难以人工再造，应加强保护，制定保全、保存和发展的具体措施。

二级为30～39分，符合二级的森林公园风景资源，其资源价值和旅游价值较高，应当在保证其可持续发展的前提下，进行科学、合理的开发利用。

三级为20～29分，符合三级的森林公园风景资源，在开展风景旅游活动的同时进行风景资源质量和生态环境质量的改造、改善和提高。

三级以下的森林公园风景资源，应首先进行资源的质量和环境的改善。

附录 A（标准的附录）

森林公园风景资源质量评价及因子评分值

A1　森林公园风景资源质量评价见图 A1。

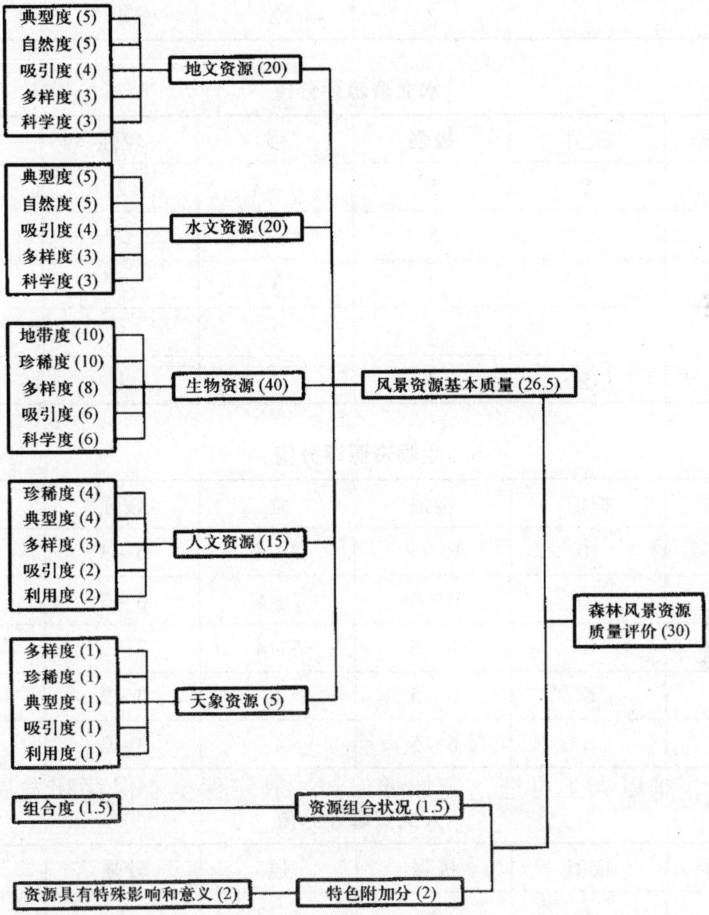

图 A1

A2　森林公园风景资源质量评价因子评分值见表 A1～表 A7。

表 A1　　地文资源评分值

评价因子	权值	极强	强	较强	弱
典型度	5	5	4~3	2	1~0
自然度	5	5	4~3	2	1~0
吸引度	4	4	3	2	1~0
多样度	3	3	2	1	1~0
科学度	3	3	2	1	1~0

表 A2　　水文资源评分值

评价因子	权值	极强	强	较强	弱
典型度	5	5	4~3	2	1~0
自然度	5	5	4~3	2	1~0
吸引度	4	4	3	2	1~0
多样度	3	3	2	1	1~0
科学度	3	3	2	1	1~0

表 A3　　生物资源评分值

评价因子	权值	极强	强	较强	弱
地带度	10	10~8	7~6	5~3	2~0
珍稀度	10	10~8	7~6	5~3	2~0
多样度	8	8~6	5~4	3~2	1~0
吸引度	6	6~5	4	3~2	1~0
科学度	6	6~5	4	3~2	1~0

表 A4　　人文资源评分值

评价因子	权值	极强	强	较强	弱
珍稀度	4	4	4~3	2	1~0
典型度	4	4	4~3	2	1~0
多样度	3	3	2	2~1	1~0
吸引度	2	2	2~1	1~0.5	0.5~0
利用度	2	2	2~1	1~0.5	0.5~0

表 A5　　天象资源评分值

评价因子	权值	极强	强	较强	弱
多样度	1	1～0.8	0.7～0.5	0.4～0.3	0.2～0
珍稀度	1	1～0.8	0.7～0.5	0.4～0.3	0.2～0
典型度	1	1～0.8	0.7～0.5	0.4～0.3	0.2～0
吸引度	1	1～0.8	0.7～0.5	0.4～0.3	0.2～0
利用度	1	1～0.8	0.7～0.5	0.4～0.3	0.2～0

表 A6　　组合状况评分值

评价因子	极强	强	较强	弱
组合度	1.5～1.2	1.1～0.8	0.7～0.4	0.3～0

表 A7　　特色附加分评分值

评价因子	极强	强	较强	弱
附加分	2～1.5	1.4～1.0	0.9～0.5	0.4～0

附录 B（标准的附录）

森林公园风景资源质量评价理想值计算

表 B1

资源类型	评价因子	评分值	权数	资源基本质量加权值	资源质量评价值
地文资源 X_1	典型度	5	20 F_1		
	自然度	5			
	吸引度	4			
	多样度	3			
	科学度	3			

续表

资源类型	评价因子	评分值	权数	资源基本质量加权值	资源质量评价值
水文资源 X_2	典型度	5	20 F_2	26.5 B	30 M
	自然度	5			
	吸引度	4			
	多样度	3			
	科学度	3			
生物资源 X_3	地带度	10	40 F_3		
	珍稀度	10			
	多样度	8			
	吸引度	6			
	科学度	6			
人文资源 X_4	珍稀度	4	15 F_4		
	典型度	4			
	多样度	3			
	吸引度	2			
	科学度	2			
天象资源 X_5	多样度	1	5 F_5		
	珍稀度	1			
	典型度	1			
	吸引度	1			
	利用度	1			
资源组合 Z	组合度	1.5	1.5		
特色附加分 T		2	2		

注：

$B = \Sigma X_i F_i / \Sigma F$

$M = B + Z + T$

附录 C（标准的附录）

森林公园区域环境质量评价评分标准

表 C1

评价项目	评价指标	评价分值
大气质量	达到国家大气环境质量（GB 3096—1996）一级标准	2
	达到国家大气环境质量（GB 3096—1996）二级标准	1
地面水质量	达到国家地面水环境质量（GB 3838—1988）一级标准	2
	达到国家地面水环境质量（GB 3838—1988）二级标准	1
土壤质量	达到国家土壤环境质量（GB 15618—1995）一级标准	1.5
	达到国家土壤环境质量（GB 15618—1995）二级标准	1
负离子含量	旅游旺季主要景点其含量为 5 万个/cm^3	2.5
	旅游旺季主要景点其含量为 1 万至 5 万个/cm^3	2
	旅游旺季主要景点其含量为 3 千至 1 万个/cm^3	1
	旅游旺季主要景点其含量为 1 千至 3 千个/cm^3	0.5
空气细菌含量	空气细菌含量为 1 千个/m^3 以下	2
	空气细菌含量为 1 千至 1 万个/m^3	1.5
	空气细菌含量为 1 万至 5 万个/m^3	0.5

注：各单项指标评分值累加得出环境质量评价分值，满分值为 10 分。

附录 D（标准的附录）

森林公园旅游开发利用条件评价指标评分标准

表 D1

评价项目		评价指标	评价分值
公园面积		森林公园规划面积大于500公顷	1
旅游适游期		大于或等于240天/年	2
		在150天/年至240天/年之间	1
		小于150天/年	0.5
区位条件		距省会城市（含省级市）小于100公里，或以公园为中心、半径100公里内有100万人口规模的城市，或100公里内有著名的旅游区（点）	2
		距省会城市（含省级市）或著名旅游区（点）100～200公里	1
		距省会城市（含省级市）或著名旅游区（点）超过200公里	0.5
外部交通	铁路	50公里内通铁路，在铁路干线上，中等或大站，客流量大	1
		50公里内通铁路，不在铁路干线上，客流量小	0.5
	公路	国道或省道，有交通车随时可达，客流量大	1
		省道或县级道路，交通车较多，有一定客流量	0.5
	水路	水路较方便，客运量大，在当地交通中占有重要地位	1
		水路较方便，有客运	0.5
	航空	100公里内有国内空港或150公里内有国际空港	1
内部交通		区域内有多种交通方式可供选择，具备游览的通达性	1
		区域内交通方式较为单一	0.5

续表

评价项目	评价指标	评价分值
基础设施条件	自有水源或各区通自来水，有充足变压电供应，有较为完善的内外通讯条件，旅游接待服务设施较好	2
	通水、电，有通讯和接待能力，但各类基础设施条件一般	1

注：各单项指标评分值累加得出风景旅游开发利用的评价值。

林业资源分类与代码　森林类型

中华人民共和国国家标准 GB/T 14721—2010

2010-06-30 发布　2011-01-01 实施

前　言

本标准代替 GB/T 14721.1—1993《林业资源分类与代码　森林类型》。

本标准与 GB/T 14721.1—1993 相比，主要变化如下：

——对术语条款修改和增删。

——根据我国森林类型的现状，在森林类型代码表中增加了一些类型。

——对附录 A 做了修改：增加了森林类型代码表中新增类型涉及的植物名称；增加了 1993 版标准在正文中出现，而附录 A 中未见的植物名称；删去 1993 版标准在正文中未见而在附录 A 中出现的植物名称。

本标准附录 A 为资料性附录。

本标准由国家林业局提出并归口。

本标准的起草单位：中国林业科学研究院森林生态环境与保护研究所。

本标准主要起草人：臧润国、张炜银、丁易。

本标准于 1993 年首次发布，本次为第一次修订。

1　范围

本标准规定了乔木林和具有一定盖度、面积并且相对稳定的灌木林的类型、代码及其分类原则。

本标准适用于森林资源管理、建立森林资源与环境信息系统，作为区分森林类型，进行信息交换和处理的统一标准。

2　术语和定义

下列术语和定义适用于本标准。

2.1　树种组成

2.1.1

森林类型 forest type

森林按其生态生活型、外貌、树种组成与结构所划分的类别。

2.1.2

纯林 pure forest

单一树种构成的森林或当存在多个树种时，其中有一个树种（即优势树种），其组成在65%以上。

2.1.3

混交林 mixed forest

组成森林的各树种中，任一树种的组成均不足65%。

2.1.4

优势树种 dominant tree species

优势种 dominant species

在主林层中，数量最多，盖度最大，对森林环境作用最明显，并对森林生态环境起指示作用的树种。

2.1.5

建群树种 edificator

建群种

主林层中的优势树种。

2.1.6

共建优势种 coedificator

共建种

建群种中，有两种以上共建优势的树种。

2.1.7

标志树种 character species

标志种

特征种

对森林生态环境和森林类型划分起指示作用的树种。

2.1.8

组成树种 composition trees species

在某一林层中，具有一定数量，占森林营养空间因而占有一定组成的树种。

2.2 **森林的生态外貌**

2.2.1

林层 storey

森林中，林木构成的层次。

2.2.2

乔木林　arbor forest

由具有高大明显主干的非攀缘性多年生木本植物为主体构成的植被，高度一般大于5 m。

2.2.3

灌木林　shrub forest

由生长低矮的多年生木本植物为主体构成植被，覆盖度大于30%，高度一般低于5 m。有以下四种：

a）有目的培养和经营的灌木林；

b）专门用作防护的灌木林；

c）分布在森林线上限的灌木林；

d）森林砍伐后生长起来的过渡次生灌木林。

前三种灌木林应计入森林覆被率，最后一种是宜林地上的灌木林，不计入森林覆被率。

2.2.4

针叶林　coniferous forest

由松、柏、杉等裸子植物的乔木树种为主构成的森林，针叶树占65%以上。

2.2.5

阔叶林　broadleaved forest

由双子叶乔木树种为主构成的森林，阔叶树合计占65%以上。

2.2.6

落叶阔叶林　deciduous broadleaved forest

由冬季落叶的双子叶乔木树种为主构成的森林，落叶阔叶树占65%以上。

2.2.7

常绿阔叶林　evergreen broadleavcd forest

亚热带湿润地区由终年保持绿色的常绿阔叶树乔木树种为主构成的森林，常绿阔叶树占65%以上。

2.2.8

雨林　rain forest

热带和亚热带湿润地区由高大常绿阔叶树种构成的茂密森林，林内富含藤本和寄（附）生植物。

2.2.9

季雨林　monsoon forest

南亚热带和热带季风区域的一种森林，上部林冠由旱季落叶树种构成。

2.2.10

矮曲林　dwarf forest

生长在森林线上限，高山顶部，分枝低矮弯曲的特殊森林，树高一般在10 m以下。

2.2.11

竹林　bamboo forest

由具有一定高度和密度的木质茎禾本科植物构成的森林。

2.2.12

经济林　nonwood forest

以生产果品、食用油料、工业原料和药材等为主要目的的林木。

3　分类原则

分类原则采用三级分类，由高层到低层分别为森林植被型、森林类型组和森林类型。

a）森林植被型

主林层优势树种（建群种）的生活型相同或相似的森林组成森林植被型。

b）森林类型组

主林层优势树种（建群种）间亲缘关系相近，因而在一些森林特征上相近的森林联合为森林类型组。一般由同一属或相近不同属的优势树种构成的森林联合而成。

c）森林类型

由主林层（即建群种或共建种）相同的森林组成。

4　编码方法

用五位层次码表示森林类型，自左至右分别表示森林植被型、森林类型组、森林类型，其结构如下：

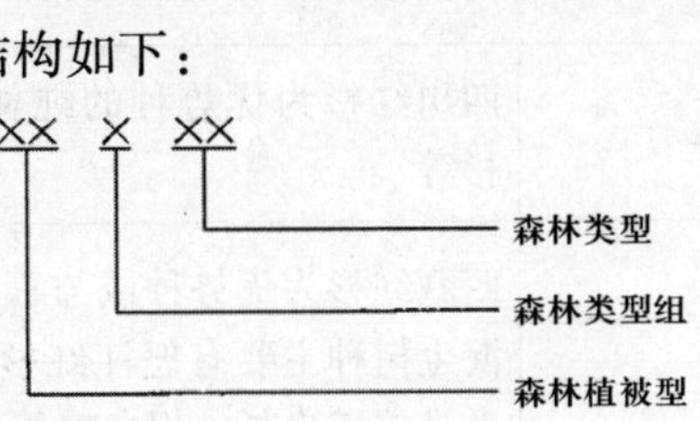

5 森林类型代码表

森林类型代码见表1，其中树种名参见附录A。

表1 森林类型代码表

代码	类型名称	说明
10000	乔木林	由乔木树种构成的森林
11000	针叶林	由针叶树为优势种构成的森林
11100	落叶松林组	由落叶松属各树种为优势种构成的森林
11101	兴安落叶松林	兴安落叶松为优势种的纯林，混生有白桦、樟子松等
11102	西伯利亚落叶松林	西伯利亚落叶松为优势种的纯林，混生树种主要有西伯利亚冷杉，西伯利亚红松、西伯利亚云杉、雪岭云杉、欧洲山杨、垂枝桦等
11103	长白落叶松林	长白落叶松为优势种的纯林，混生树种主要有红皮云杉、鱼鳞云杉、臭冷杉、紫椴、春榆、水曲柳、色木槭、蒙古栎、风桦等
11104	华北落叶松林	华北落叶松为优势种的纯林，混生树种主要有臭冷杉、白杄、白桦、风桦、色木槭等
11105	太白红杉林	太白红杉为优势种的纯林，混生树种主要有冷杉、红桦等
11106	红杉林	红杉为优势种的纯林，混生树种主要有四川红杉、大果红杉、云杉、冷杉等
11107	大果红杉林	大果红杉为优势种的纯林，混生树种主要有川滇高山栎、糙皮桦、长苞冷杉、川西云杉、丽江云杉、高山松等
11108	四川红杉林	四川红杉为优势种的纯林，混生树种有冷杉、云杉等
11109	西藏红杉林	西藏红杉为优势种或与喜马拉雅红杉组成共建种，混生树种主要有怒江红杉、大果红杉，林芝云杉、喜马拉雅冷杉、川白桦等

续表

代码	类型名称	说明
11111	日本落叶松林	日本落叶松为优势种的森林，混生有胡枝子、榛子、东北山梅花、盐肤木等
11112	喜马拉雅红杉林	喜马拉雅红杉为优势种的森林，混生有绣毛吴茱萸五加、康藏花楸、硬刺杜鹃等
11190	其他落叶松林	以其他落叶松属树种为建群种的森林
11200	冷杉林组	由冷杉属各树种为优势种构成的森林
11201	臭冷杉林	臭冷杉为优势种的纯林，混生树种主要有红皮云杉、鱼鳞云杉、风桦等
11202	西伯利亚冷杉林	西伯利亚冷杉为优势种的纯林，混生树种主要有西伯利亚落叶松等
11203	巴山冷杉林	巴山冷杉为优势种的纯林，混生树种主要有冷杉、云杉、红杉、铁杉、华山松、桦木属，槭属等
11204	秦岭冷杉林	秦岭冷杉为优势种的纯林，混生树种主要有巴山冷杉、红桦等
11205	黄果冷杉林	黄果冷杉为优势种的纯林，混生树种主要有鳞皮冷杉、川西云杉、青杄、川滇高山栎等
11206	长苞冷杉林	长苞冷杉为优势种的纯林，混生树种主要有鳞皮冷杉、川西云杉、川滇冷杉、丽江云杉、大果红杉等
11207	鳞皮冷杉林	鳞皮冷杉为优势种的纯林或与长苞冷杉、川滇冷杉组成混交林，其他组成树种主要有红杉、大果红杉、丽江云杉、方枝柏、大果圆柏等
11208	喜马拉雅冷杉林	喜马拉雅冷杉为优势种的纯林，混生树种主要有云南铁杉、丽江云杉、林芝云杉、怒江红杉、西藏红杉等
11209	苍山冷杉林	苍山冷杉为优势种的纯林，混生多种杜鹃
11211	岷江冷杉林	岷江冷杉为优势种的纯林，混生树种主要有青杄、紫果云杉、川西云杉、麦吊云杉、杜鹃属等
11212	冷杉林	冷杉为优势种的纯林

续表

代码	类型名称	说明
11213	川滇冷杉林	川滇冷杉为优势种的纯林，混生树种主要有丽江云杉、长苞冷杉、高山栎、杜鹃属等
11214	怒江冷杉林	怒江冷杉为优势种的纯林、混生树种主要有怒江红杉、云南铁杉、云南黄果冷杉、槭属等
11215	峨眉冷杉林	峨眉冷杉为优势种的森林，混生树种主要三尖杉、红豆杉、粗榧、华西枫杨、领春木等
11216	梵净山冷杉林	梵净山冷杉为优势种的森林，混生树种主要有扇叶槭、野樱、毛序花楸、红毛花楸、木姜子等
11217	急尖长苞冷杉林	急尖长苞冷杉为优势种的森林，混生有糙皮桦、白桦、川滇长尾槭、丽江槭等
11218	台湾冷杉林	台湾冷杉为优势种的森林，混生树种有铁杉、华山松等
11219	西藏冷杉林	西藏冷杉为优势种的森林，混生有云南铁杉、高山栎、乔松、长叶云杉等
11221	元宝山冷杉林	元宝山冷杉为优势种的森林，混生有南方铁杉、包果石栎、水青冈等
11222	资源冷杉林	资源冷杉为优势种的森林，混生有南方铁杉、褐叶青冈、多脉青冈等
11290	其他冷杉林	以其他冷杉属树种为建群种的森林
11300	云杉林组	由云杉属各树种为建群种构成的森林
11301	鱼鳞云杉林	以鱼鳞云杉为优势种的纯林，混生树种主要有臭冷杉、红皮云杉、红松等
11302	红皮云杉林	红皮云杉为优势种的纯林，混生树种主要有鱼鳞云杉、臭冷杉、红松、兴安落叶松或长白落叶松等
11303	西伯利亚云杉林	西伯利亚云杉为优势种的纯林，混生树种主要有西伯利亚落叶松、垂枝桦、苦杨、黑杨等

续表

代码	类型名称	说明
11304	雪岭云杉林	雪岭云杉为优势种的纯林，混生树种主要有西伯利亚落叶松、欧洲山杨、垂枝桦、天山桦等
11305	天山云杉林	天山云杉为优势种的纯林，有时混生圆柏及桦木
11306	白杆林	白杆为优势种的纯林，混生树种主要有青杆、黑桦、白桦、红桦、山杨等
11307	青杆林	青杆为优势种的纯林，混生树种主要有白杆、红桦、白桦、山杨等
11308	青海云杉林	青海云杉为优势种的纯林，混生树种主要有祁连圆柏，山杨、红桦等
11309	云杉林	云杉为优势种的纯林或与青杆组成共建优势种，混生树种主要有青杆、紫果云杉、川西云杉、岷江冷杉、鳞皮冷杉、红桦、川白桦等
11311	丽江云杉林	丽江云杉为优势种的纯林，混生树种主要有川西云杉、油麦吊云杉、川滇冷杉、长苞冷杉、鳞皮冷杉、桦属等
11312	林芝云杉林	林芝云杉为优势种的纯林，混生树种主要有川西云杉、喜马拉雅冷杉等
11313	川西云杉林	川西云杉为优势种的纯林，混生树种主要有丽江云杉、紫果云杉、鳞皮冷杉，黄果冷杉等
11314	紫果云杉林	紫果云杉为优势种的纯林，混生树种主要有川西云杉、岷江冷杉等
11315	麦吊云杉林	麦吊云杉为优势种的纯林，混生树种主要有岷江冷杉、铁杉、槭属、川白桦、红桦等
11316	油麦吊云杉林	油麦吊云杉为优势种的纯林，混生树种主要有丽江云杉、川滇冷杉、冷杉、云南铁杉、槭属、糙皮桦、香桦等

续表

代码	类型名称	说明
11317	长叶云杉林	长叶云杉为优势种的森林，混生有乔松、西藏冷杉、高山栎、头状四照花、长穗桦以及多种槭树等
11318	台湾云杉林	台湾云杉为优势种组成的森林，混生有铁杉、台湾扁柏、台湾果松、台湾冷杉和台湾杉木等
11319	西藏云杉林	西藏云杉为优势种组成的森林，混生有乔松、西藏冷杉、西藏红杉等
11390	其他云杉林	以其他云杉属树种为建群种的森林
11400	松林组	由松属各树种为优势种构成的森林
11401	樟子松林	樟子松为优势种的纯林，混生树种主要有兴安落叶松、蒙古栎、白桦、黑桦等
11402	西伯利亚红松林	西伯利亚红松为优势种的森林，混生树种主要有西伯利亚落叶松、西伯利亚冷杉、西伯利亚云杉等
11403	红松林	红松为优势种的森林，混生树种主要有蒙古栎、水曲柳、紫椴、黄檗、核桃楸、鱼鳞云杉等
11404	赤松林	赤松为优势种的森林，混生树种主要有蒙古栎、核桃楸、大叶朴、黄檀、黄连木、山合欢等
11405	兴凯松林	兴凯松为优势种的纯林，有时混生蒙古栎
11406	油松林	油松为优势种的森林，混生树种主要有栎属、坚桦、山杨、槭属、椴属、华山松、铁杉、千金榆等
11407	白皮松林	白皮松为优势种的森林，混生树种主要有油松、槲栎、栓皮栎、侧柏、辽东栎，锐齿槲栎、山杨等
11408	华山松林	华山松为优势种的森林，混交树种主要有高山松、干香柏、千金榆、滇青冈、尼泊尔桤木、槲栎、栓皮栎、山杨、红桦、锐齿槲栎、铁杉、云杉等
11409	黄山松林	黄山松为优势种的森林，混生树种主要有栎属、化香树、亮叶桦、水青冈、鹅耳枥、石灰花楸、玉兰、锥栗、甜槠栲、包果石栎、兰果树、银木荷等

续表

代码	类型名称	说明
11411	高山松林	高山松为优势种的森林，混生树种主要有川西云杉、川白桦、山杨、槭属等
11412	巴山松林	巴山松为优势种的森林，混生树种主要有华山松、三尖杉、栓皮栎、锐齿槲栎、刺叶高山栎、亮叶水青冈、米心水青冈、化香树、四照花、槭属、枫香、白桦、茅栗、漆树等
11413	马尾松林	马尾松为优势种的森林，其他组成树种主要有栎、栗、青冈、栲、木荷等属的一些种类，以及枫香、黄檀、化香、杉木、山合欢等
11414	云南松林	云南松为优势种的森林，混生树种主要有高山栲、黄毛青冈、锥连栎、大叶栎、栓皮铄、滇石栎、尼泊尔桤木、云南油杉、华山松等
11415	乔松林	乔松为优势种的森林，混生树种主要有云南铁杉、喜马拉雅冷杉、油麦吊云杉、垂枝柏、高山栎、糙皮桦、花楸树、槭属等
11416	思茅松林	思茅松为优势的纯林，混生树种主要有峨眉木荷、刺栲、印度栲、银叶栲、截果石栎、茶梨、滇楠、西南桦、栓皮栎等
11417	南亚松林	南亚松为优势种的纯林
11418	湿地松林	湿地松为优势种的纯林
11419	华南五针松林	华南五针松为优势种的森林，常见混交树种主要有长苞铁杉、金毛石烁、疏齿木荷、细叶青冈，甜槠栲、大果马蹄荷、五列木、桂南木莲、福建柏等
11421	长白松林	长白松为优势种的森林，混生有胡枝子、大黄柳和青楷槭等
11422	大明松林	大明松为优势种的森林，混生有长苞铁杉、水青冈、厚皮栲等

续表

代码	类型名称	说明
11423	刚松林	刚松为优势种的森林
11424	黑松林	黑松为优势种的森林
11425	火炬松林	火炬松为优势种的纯林
11426	加勒比松林	加勒比松为优势种的纯林
11427	西藏白皮松林	西藏白皮松为优势种的森林，混生树种主要有椒叶白蜡树、乔松和高山栎等
11428	西藏长叶松林	西藏长叶松为优势种的森林，混生树种有乔松、吉隆缘毛杨、长叶云杉等
11429	细叶云南松林	细叶云南松为优势种的森林，混生有栓皮栎、木棉等
11490	其他松林	以松属其他树种为建群种的森林
11500	铁杉油杉林组	以铁杉、油杉、黄杉、金钱松、银杉等属的树种为建群种的森林
11521	云南油杉林	云南油杉为优势种的森林，混生树种主要有云南松、华山松、滇青冈、高山栲、黄毛青冈等
11522	铁坚油杉林	铁坚油杉为优势种的森林，混生树种主要有马尾松、栓皮栎、化香树等
11531	金钱松林	金钱松为优势种的纯林或与水杉、水松、落羽杉构成混交林
11541	铁杉林	铁杉为优势种的纯林，混生树种主要有槭属、糙皮桦、多毛椴、川白桦、水青冈、鹅耳枥、山杨、漆树等
11542	云南铁杉林	云南铁杉为优势种，常见混交树种主要有云南黄果冷杉、丽江云杉、华山松，云南松、高山松、红豆杉、糙皮桦、栲属、银木荷、尼泊尔桤木、高山栎、长尾槭等

续表

代码	类型名称	说明
11543	长苞铁杉林	长苞铁杉为优势种，常见混交树种主要有缺萼枫香、疏齿木荷、水青冈、船柄茶、杜英、香桦、小叶青冈、甜槠栲、金叶含笑等
11544	南方铁杉树	南方铁杉为优势种的森林，混生树种主要有香桦、灰叶稠李、长苞铁杉等
11551	华东黄杉林	华东黄杉为优势种的森林，混生树种主要有黄山松、南方铁杉、木荷、玉兰等
11561	银杉林	银杉为优势种的纯林，混生有长苞铁杉、广东松等
11590	其他铁杉油杉林	以铁杉、油杉、黄杉、金钱松、银杉等属的其他树种为建群种的森林
11600	柏木林组	由柏科树种为建群种构成的森林
11610	柏木林	由柏木为优势种构成的纯林，混生树种主要有化香树、山合欢、青冈、小叶青冈、多穗石栎、黄樟、瓜木、光叶榉、小叶朴、黄连木、青檀等
11611	干香柏林	干香柏为优势种的纯林，混生树种主要有刺柏、长穗高山栎等
11612	巨柏林	巨柏为优势种的纯林
11613	西藏柏木林	西藏柏木为优势种的森林，混生树种有香椿、朴树、华山松、西藏润楠等
11620	侧柏林	侧柏为优势种的纯林，混生树种主要有榆、杨属、旱柳、槐、刺槐、臭椿、麻栎等
11630	翠柏林	翠柏为优势种的纯林
11640	圆柏林	由圆柏属各建群种如大果圆柏，祁连圆柏、方枝柏、垂枝香柏、塔枝圆柏、垂枝柏、高山柏等的一种或数种构成的森林
11641	方枝柏林	方枝柏为优势种的纯林，混生大果圆柏等

续表

代码	类型名称	说明
11642	大果圆柏林	大果圆柏为优势种的纯林，混生树种主要有川西云杉、紫果云杉、鳞皮冷杉、长苞冷杉等
11643	祁连山圆柏林	祁连山圆柏为优势种的纯林，混生有大果匮柏、青海云杉等
11644	垂枝香柏林	垂枝香柏为优势种的纯林
11645	塔枝圆柏林	塔枝圆柏为优势种的纯林，混生树种主要有鳞皮冷杉、川西云杉、岷江冷杉等
11646	垂枝柏林	垂枝柏为优势种的纯林，混生树种主要有苍山冷杉，云南铁杉、黄背栎、槭属等
11647	喜马拉推圆柏林	喜马拉雅圆柏为优势种的纯林，混生有杜鹃等
11648	昆仑方枝柏林	昆仑方技柏为优势种的纯林
11650	朝鲜崖柏林	朝鲜崖柏为优势种的森林
11660	杜松林	杜松为优势种的森林，混生树种主要有青海云杉、白桦、山杨、油松、侧柏等
11670	福建柏林	福建柏为优势种的森林，混生有杜鹃、杉木、红润楠、厚皮香、乌冈栎等
11680	日本扁柏林	日本扁柏为优势种的森林
11690	其他柏木林	以柏科其他树种为建群种的森林
11700	杉木林组	由杉科各树种为建群种构成的森林
11710	杉木林	杉木为优势种的纯林，混生树种主要有马尾松、枫香、山合欢、枹栎、化香、木荷、红楠、杜英、薯豆仕英、栲属、石栎属等
11720	柳杉林	柳杉为优势种的纯林，混生树种主要有杉木等
11730	水松林	水松为优势种的纯林
11740	水杉林	水杉为优势种的纯林，混生树种主要有杉木、红豆杉、水青冈、枫香、茅栗、锥栗、漆树、檫木、槭属、栎属、连香树等

续表

代码	类型名称	说明
11750	秃杉林	秃杉为优势种的纯林，混生树种主要有楸树、香叶树、刺楮、青冈栎、银木荷、华山松、杉木等
11790	其他杉类林	以杉科其他树种为建群种的森林
11800	针叶混交林组	针叶树占优势，针叶各树种的组成合计在65%以上
11810	落叶松针叶混交林	落叶松属树种为建群种，与其他针叶树种构成的针叶混交林
11811	落叶松云冷杉林	落叶松属为优势种，与云杉属、冷杉属的某些种构成的森林
11820	冷杉针叶混交林	冷杉属树种为建群种，与其他针叶树种构成的针叶混交林
11821	台湾冷杉台湾云杉林	台湾冷杉及台湾云杉为建群种，其他组成树种主要有台湾铁杉、高山柏等
11830	云杉针叶混交林	云杉属树种为建群种，与其他针叶树种构成的针叶混交林
11831	鱼鳞云杉臭冷杉林	共建优势种鱼鳞云杉和臭冷杉，其他混生树种主要有红皮云杉、风桦、岳桦、椴树、红松等
11832	云杉冷杉混交林	以云杉属及冷杉属各树种构成建群种的森林
11833	川西云杉鳞皮冷杉林	川西云杉、鳞皮冷杉组成共建种，混交树种主要有黄果冷杉、丽江云杉、紫果云杉、长苞冷杉、岷江冷杉、高山松、川白桦、糙皮桦、山杨等
11840	松树针叶混交林	松属树种为建群种，与其他针叶树构成的针叶混交林
11841	红松云冷杉林	红松为主与鱼鳞云杉、红皮云杉、臭冷杉组成共建种，组成树种主要有风桦、紫椴，裂叶榆等
11842	红松沙松冷杉林	红松为优势，沙松冷杉为标志种的针叶混交林，其他组成树种主要有风桦、紫椴、千金榆、槭属等

续表

代码	类型名称	说明
11843	马尾松杉木林	由马尾松和杉木组成的混交林
11850	杉类针叶混交林	以铁杉、油杉、黄杉、银杉、金钱松、雪松等属的树种为建群种，与其他树种构成的针叶混交林
11851	油杉铁杉林	由油杉、铁坚油杉、云南油杉、江南油杉、黄枝油杉等树种为建群种构成的森林
11852	银杉针叶混交林	银杉为建群种、组成树种有华南五针松、福建柏、亮叶水青冈、青冈栎、甜槠栲、猴头杜鹃等
11853	秃杉针叶混交林	秃杉为建群种，其他组成树种主要有铁杉、乔松青冈、滇藏木兰、云南樟、楠木、木荷、滇楸、刺栲、杉木、马尾松、石栎属等
11860	柏木针叶混交林	以柏科树种为建群种，与其他针叶树构成的针叶混交林
11879	杉木针叶混交林	以杉木为建群种与其他针叶树构成的针叶混交林
11890	其他针叶混交林	由其他针叶树种构成的混交林
11900	其他针叶林	由其他针叶树种为建群种构成的森林
12000	针叶混交林组	由针叶和阔叶树种构成的森林，针叶或阔叶的组成均在65%以下
12100	落叶松针阔混交林	以落叶松属与阔叶树为建群种构成的混交林
12200	冷杉针阔混交林	由冷杉属树种为建群种与阔叶树构成的森林
12300	云冷杉针阔混交林	云杉属与阔叶树及冷杉组成建群种的混交林
12311	鱼鳞云杉裂叶榆林	鱼鳞云杉与裂叶榆组成共建种，组成树种主要有风桦、红松、臭冷杉、紫椴、水曲柳，黄檗、色木槭等
12312	鱼鳞云杉风桦林	鱼鳞云杉、风桦（或岳桦）为共建优势种，其他组成树种主要有臭冷杉、红松、椴树等
12390	其他云杉阔叶混交林	云杉属其他树种为建群种与阔叶树种构成的森林
12400	松树针阔混交林	松属各树种为建群种，与阔叶树种构成混交林

续表

代码	类型名称	说明
12420	红松针阔混交林	红松为建群种与阔叶树紫椴、风桦、水曲柳、黄檗、核桃楸、春榆、裂叶榆、大青杨、色木槭、香杨、蒙古栎等多种阔叶树的某些种构成的森林
12421	红松蒙古栎混交林	红松与蒙古栎组成共建种，其他组成树种主要有紫椴、风桦、鹅耳枥、色木槭等
12422	红松椴树混交林	红松与椴树组成共建种，其他组成树种主要有风桦、裂叶榆、水曲柳、色木槭、蒙古栎、黄檗、核桃楸等
12423	红松春榆林	红松与春榆组成共建种，其他组成树种主要有水曲柳、风桦、香杨、紫椴、色木槭、白桦、裂叶榆，蒙古栎、臭冷杉等
12430	马尾松针阔混交林	马尾松为建群种，与栎属、栗属、青冈属、栲属、木荷属、化香属的某些种以及杉木、枫、厚皮香、赤杨叶等构成的森林
12431	马尾松枫香林	由马尾松、枫香组成共建种，其他混生树种主要有翅荚香槐、榔榆、冬青、柞木、紫弹树等
12432	马尾松石栎林	马尾松为优势种，其他混生树种主要有石栎、枫香、山合欢等
12433	马尾松银木荷甜槠栲林	由马尾松、银木荷、甜槠栲组成共建种，其他混生树种主要有黄杞、红皮树、玉兰、越南天料木、湘椴、圆锥石栎、枫香、赤杨叶、木姜润楠、蓝果树、木瓜红、银钟花、水青冈等
12434	马尾松木荷林	马尾松与木荷组成的混交林，其他混生树种主要有枫香，黄杞、山乌桕、大花枇杷、黧蒴栲、小红栲，石笔木、鹿角栲、臀形果、腺毛杜鹃等

续表

代码	类型名称	说明
12440	云南松针阔混交林	云南松为建群种，与栎属、栗属、青冈属、栲属、木荷属、桤木属等的一种或多种阔叶树组成的针阔混交林
12450	黄山松针阔混交林	黄山松为建群林，与黄杉、南方铁杉、福建柏、红豆杉、多脉青冈、水青冈、细叶青冈、包果石栎等多种针阔叶树种构成的森林
12490	其他松树针阔混交林	以其他松属树种为建群种，与阔叶树组成的针阔混交林
12500	铁杉油杉类针阔混交林	以铁杉、油杉、黄杉、雪松、银杉、金钱松等属的某些树种与其他针阔叶树种构成的混交林
12511	铁杉针阔混交林	铁杉为优势种，与槭属、多毛椴、糙皮桦、川白桦、白蜡树等构成的混交林
12512	云南铁杉针阔混交林	云南铁杉为优势种，与槭属、糙皮桦、木荷、光叶高山栎、黄背栎、多变石栎、华山松、云南黄果冷杉、丽江云杉、红豆杉等构成的混交林
12513	云南油杉针阔混交林	云南油杉为优势种、与滇青冈、高山栎、黄毛青冈、锐齿槲栎、麻栎、尼泊尔桤木等组成的混交林
12514	黄杉针阔混交林	黄杉为建群种，与油杉属、马尾松、甜槠栲、石栎、黄山松、南方铁杉、木荷、缺萼枫香、曼青冈、猴头杜鹃等构成的混交林
12600	柏木针阔混交林	由柏科树种为建群种，与阔叶树构成的针阔混交林
12621	福建柏针阔混交林	福建柏为建群种，与栲类、圆齿木荷、长苞铁杉、黄山松等组成的针阔混交林，混生树种主要有多脉青冈、细叶青冈、金毛石栎、大果马蹄荷等
12700	杉木针阔混交林	杉木与甜槠栲、栲、云山青冈、红楠、木荷、苦槠栲、赤杨叶、檫木、南酸枣、毛竹等构成的混交林

续表

代码	类型名称	说明
12711	杉木甜槠栲林	杉木，甜槠栲为共建优势种，其他组成树种主要有细叶青冈、枹栎、老鼠矢、白檀、黄檀、怀槐、鸡爪槭、三尖杉、银木荷、赤杨叶、锥栗、灯台树等
12712	杉木栲树林	杉木、栲树为共建优势种，其他组成树种主要有湘楠、黄丹木姜子、木荷、檫木、大萼红淡、华鼠刺、冬青属等
12781	杉竹混交林	以杉木为优势，杉木与毛竹的混交林，其他混生树种主要有甜槠栲、栲树、苦槠栲、木荷、赤杨叶等
12900	其他针阔混交林	由其他针叶树与阔叶树构成的混交林
12911	竹柏针阔混交林	竹柏为标志种的竹柏与青冈、甜槠栲、苦槠栲、石栎、木荷、南酸枣、闽楠、檫木、绵石栎、枫香、猴欢喜、黄檀、山黄皮、赤杨叶、南酸枣、樟属、毛竹等构成的森林
13000	落叶阔叶林	由落叶阔叶树为建群种构成的森林，落叶阔叶树的组成合计在65%以上
13100	栎及栗类林组	由栎属或栗属落叶树种为优势种构成的森林
13101	蒙古栎林	蒙古栎为优势种的纯林，混生树种主要有黑桦、椴树、色木槭、白桦、榆树、山杨及其他栎属等
13102	辽东栎林	辽东栎为优势种的纯林，混生树种主要有蒙古栎、黑桦、山杨、白桦、山杏等
13103	枹栎林	枹栎为优势种的纯林，混生树种主要有锐齿槲栎、栓皮栎、山杨、鹅耳枥等
13104	槲栎林	槲栎为优势种的纯林，混生树种主要有栎属、槭属、椴属、黄连木、鹅耳枥、盐肤木、油松、华山松等
13105	麻栎林	麻栎为优势种的纯林，混生树种主要有栓皮栎、槲栎、山合欢、盐肤木、化香树，黄檀、白栎、栾树、枫香、茅栗等

续表

代码	类型名称	说明
13106	栓皮栎林	栓皮栎为优势种的纯林，混生树种主要有麻栎、槲树、锐齿槲栎、山合欢、栾树、躺栎、青冈、短柄枹栎、白栎、峨眉木荷、黄檀、化香树、马尾松、油松等
13107	橿子栎林	橿子栎为优势种的纯林，混生树种主要有鹅耳枥、槲栎、华山松、油松、三尖杉等
13108	锐齿槲栎林	锐齿槲栎为优势种的纯林，其他组成树种主要有枹栎、栓皮栎、漆树、千金榆、山杨、椴树、华山松、鹅耳枥、油松等
13111	小叶栎林	小叶栎为优势种的纯林，混生树种有枫香等
13112	铁橡栎林	铁橡栎为优势种的纯林，混生树种主要有乌冈栎、栓皮栎等
13113	短柄枹栎林	短柄枹栎为优势种的森林，伴生树种有茅栗、湖北海棠、苦枥木、灯台树、细叶青冈、木荷、交让木等
13114	槲树林	槲树为优势种的森林，混生树种主要有栓皮栎、漆树、槲栎等
13115	黄山栎林	黄山栎为优势种的森林，混生有茅栗、日本椴、黄山木兰和黄山松等
13120	锥栗林	锥栗为建群种的纯林，混生树种主要有短柄枹栎、茅栗、黄檀、黄山松、化香树、小叶青冈等
13130	栎类混交林	优势种不明显，由栓皮栎、短柄枹栎、麻栎、槲栎、槲树、辽东栎、尖叶栎、岩栎等落叶栎类及其他树种构成的森林
13131	蒙古栎黑桦林	蒙古栎、黑桦组成共建种，其他组成树种主要有紫椴等
13132	槲树阔叶混交林	以槲树为优势种，混生树种主要有槲栎、栓皮栎、短柄枹栎、马尾松、油杉、侧柏、盐肤木等

续表

代码	类型名称	说明
13190	其他栎及栗类林	由其他落叶栎类为优势种构成的森林
13200	杨柳林组	由杨柳科各树种为优势种构成的森林
13211	山杨林	山杨为优势种的纯林，混生树种主要有白桦、栎属、椴属、槭属及松属等树种
13212	欧洲山杨林	欧洲山杨为优势种的纯林，混生树种主要有云杉、杨属等
13213	密叶杨林	密叶杨为优势种的纯林，混生树种主要有云杉、杨属等
13214	胡杨林	胡杨为优势种的纯林，混生树种主要有灰胡杨、尖果沙枣等
13215	灰胡杨林（灰杨）	灰胡杨为优势种的纯林，混生树种有胡杨、沙枣等
13216	苦杨林	苦杨为建群种，常见混生树种有银白杨、欧洲山杨、白柳、柳属、疣枝桦、西伯利亚云杉、西伯利亚落叶松等
13217	银灰杨林	以银灰杨为优势种的纯林，常见混生树种有银白杨、疣枝桦、黑杨等
13218	黑杨林	黑杨为建群种，常见混生树种有银白杨、银灰杨、白柳等
13219	青杨林	青杨为优势种的纯林、混生树种主要有巴山松、华山松、锐齿槲栎等
13221	大青杨林	大青杨为优势种的纯林，常见混生树种主要有山杨、白桦、紫椴、水曲柳、核桃楸、黄檗、裂叶榆、色木槭、钻天柳、辽东桤木及红松、冷杉属等
13222	银白杨林	银白杨为优势种的纯林，混生树种主要有银灰杨、黑杨、白柳、苦杨等
13223	毛白杨林	毛白杨为优势种的纯林
13224	长序杨林	长序杨为优势种的纯林，混生树种有尼泊尔桤木、高山松和云南松等

续表

代码	类型名称	说明
13225	冬瓜杨林	冬瓜杨为优势种的纯林，混生有小叶杨、红桦、青杆、青海云杉等
13226	额河杨林	以额河杨为优势种的纯林，混生树种主要有欧洲黑杨、银白杨、银灰杨和苦杨等
13227	二白杨林	二白杨为优势种的纯林
13228	河北杨林	河北杨为优势种的森林，混生有山杨、小叶杨、旱柳等
13231	山杨白桦林	山杨、白桦组成共建种，其他组成树种主要有水曲柳、春榆、青楷槭、色木槭、蒙古栎、黑桦等
13232	甜杨林	以甜杨为优势种的纯林，混生树种主要有钻天柳等
13233	香杨林	香杨为建群种，混生树种主要有水曲柳、春榆等
13234	滇杨林	以滇杨为建群种的纯林
13235	吉隆缘毛杨林	吉隆缘毛杨为优势种的森林，混生有乔松、通麦栎、长叶云杉、尼泊尔桤木等
13236	箭杆杨林	箭杆杨为优势种的纯林
13237	欧美杨林	以各种欧美杨为优势种的森林，混生有小叶杨、青杨、刺槐和旱柳等
13238	帕米尔杨林	帕米尔杨为优势种的纯林
13239	青海杨林	青海杨为优势种的纯林
13241	响叶杨林	响叶杨为优势种的森林，混生树种主要有枫香、黄连木、杉木、锥栗、板栗等
13242	小叶杨林	小叶杨为优势种的森林，混生有榆树、桦木、山杨、青杨、椴树、刺槐等
13243	新疆杨林	新疆杨为优势种的森林
13250	其他杨树林	以杨属其他树种为建群种构成的森林
13261	黄花柳林	黄花柳为优势种的纯林
13262	山柳林	山柳为优势种的纯林，混生树种主要有白桦、山杨、黑桦等

续表

代码	类型名称	说明
13263	旱柳林	旱柳为优势种的纯林
13264	钻天柳林	钻天柳为优势种的纯林，混生树种主要有日本桤、辽东桤木、大青杨、甜杨、春榆等
13265	白柳林	白柳为优势种，常见混生树种有银白杨、银灰杨、黑杨、疣枝桦等
13290	其他柳树林	由其他柳属树种为优势种构成的森林
13300	桦木桤木林组	由桦木科树种为优势种构成的森林
13311	白桦林	白桦为优势种的纯林，混生树种有落叶松属、栎属、椴属、槭属、山杨及桦木属其他树种
13312	黑桦林	黑桦为优势种的纯林，混生树种主要有兴安落叶松、蒙古栎、山杨、椴树、白桦等
13313	长穗桦林	长穗桦为优势种的森林，混生有水青树、飞蛾槭、红麸杨等
13314	垂枝桦林	垂枝桦为优势种的纯林，常见混生树种有西伯利亚云杉、西伯利亚落叶松、银灰杨、欧洲山杨、苦杨、疣枝桦等
13315	坚桦林	坚桦为优势种的纯林，混生树种主要有锐齿槲栎、华山松、槭属等
13316	天山桦林	天山桦为优势种，常见混生树种有天山云杉、欧洲山杨等
13317	红桦林	红桦为优势种的森林，混生树种主要有冷杉、华山松、白桦、锐齿槲栎、毛槭、扇叶槭、山杨、青杆及椴属等
13318	光皮桦林	光皮桦为优势种的森林，混生树种主要有冬瓜杨、华西枫杨、山杨、多脉青冈和响叶杨等
13319	川白桦林	川白桦为优势种的纯林，混生树种主要有丽江云杉、长苞冷杉、红杉、红桦，云南铁杉、油麦吊云杉等

续表

代码	类型名称	说明
13321	糙皮桦林	糙皮桦为优势种的纯林，混生树种主要有云杉属、冷杉属、铁杉属、槭属、红杉、山杨、川白桦、川滇高山栎等
13322	西南桦林	西南桦为优势种，其他组成树种主要有杯状栲、短刺栲、南酸枣、檫木、峨眉木荷、八角枫、山龙眼、麻栎、喜树、山黄麻等
13324	白桦蒙古栎林	白桦、蒙古栎组成共建种的森林
13325	风桦阔叶混交林	风桦为优势种的阔叶混交林，常见混生树种有紫椴、水曲柳、核桃楸、黄檗、白桦及红松、鱼鳞云杉、臭冷杉等
13329	其他桦木林	由桦木属其他树种为建群种构成的纯林
13331	日本桤木林	日本桤木为优势种或与尼泊尔桤木组成共建种的森林，混生树种主要有云杉、冷杉、落叶松等属的部分树种以及枫杨、水曲柳、核桃楸、盐肤木等
13332	尼泊尔桤木林	尼泊尔桤木为优势种的森林，混生树种主要有云南松、思茅松、云南油杉、锐齿懈栎、高山栲、麻栎、峨眉木荷、西南樺、刺栲、枫香、赤杨叶、川白桦、盐肤木等
13333	江南桤木林	江南桤木为优势种的森林
13334	川滇桤木林	以川滇桤木为优势种的森林
13335	鹅耳枥川滇桤木林	鹅耳枥、川滇桤木、各种槭树为优势种，其他组成树种主要有漆树、盐肤木、连香树、水青树、锐齿槲栎、椴树等
13336	辽东桤木林	辽东桤木为优势种的纯林，混生有水曲柳、核桃楸、白桦、春榆等
13400	槭树白蜡林组	以槭树属及白蜡树属、椴属各树种为建群种构成的森林
13412	元宝槭林	元宝槭为优势种的森林

续表

代码	类型名称	说明
13413	白牛槭林	白牛槭为优势种的森林
13481	色木槭椴树林	色木槭、紫椴、糠椴为共建种，其他树种还有核桃楸、水曲柳、春榆、裂叶榆、红松、黄檗及云杉、冷杉、杨、桦木等属的某些树种
13482	色木槭阔叶混交林	色木槭为优势种的阔叶混交林，常见混生树种有紫椴、风桦、蒙古栎、白牛槭、春榆、裂叶榆、水曲柳、红松等
13483	水曲柳核桃楸林	水曲柳、核桃楸组成共建种，其他组成树种主要有色木槭、春榆、蒙古栎、椴树、黄檗、山杨等
13484	椴树阔叶混交林	紫椴、糠椴、蒙椴等椴属树种为优势的阔叶混交林，其他常见树种主要有红松、鱼鳞云杉、臭冷杉、蒙古栎、春榆、水曲柳、大青杨、核桃楸等
13485	小叶白蜡林	以小叶白蜡为主与密叶杨、天山槭组成共建种，常见混生树种主要有天山桦、新疆野苹果等
13500	胡桃林组	由胡桃科树种为建群种的森林
13511	核桃楸林	核桃楸为优势种的纯林
13521	化香黄檀林	化香树为建群种，其他组成树种主要有栓皮栎、黄檀、锐齿槲栎、栓皮栎、麻栎、枫杨、山合欢等
13531	枫杨林	枫杨为优势种，混生树种主要有漆树、槭树属、山杨、椴树等
13581	核桃楸春榆水曲柳林	核桃楸、春榆、水曲柳组成共建种，其他组成树种还有色木槭、山杨、裂叶榆、椴树、香杨、黄檗等
13582	核桃楸春榆林	以核桃楸、春榆为共建优势种，其他组成树种还有水曲柳、色木槭、山杨、裂叶榆、椴树、香杨、黄檗等
13583	化香树糯米椴林	化香树与糯米椴或短毛椴组成共建种，其他组成树种主要有灯台树、短柄枹栎、白檀、黄檀、四照花、茅栗等

续表

代码	类型名称	说明
13600	榆树林组	以榆科各树种为建群种构成的森林
13611	榆树林	榆树为优势种的纯林，混生树种主要有刺槐、杨属及松属的某些树种
13612	春榆水曲柳林	春榆、水曲柳为优势种的混交林，常见混生树种主要有色木槭、紫椴、糠椴、核桃楸、白桦、山杨等
13616	大果榆林	大果榆为优势种的纯林，混生树种主要有色木槭、蒙古栎、花曲柳、山楂、山杨、紫椴等
13631	裂叶榆风桦林	裂叶榆与风桦组成共建种，其他组成树种主要有水曲柳、色木槭、白牛槭、核桃楸、蒙古栎，红松、鱼鳞松、臭冷杉等
13700	泡桐林	泡桐属为建群种的森林，由白花泡桐、楸叶泡桐、兰考泡桐、毛泡桐、光泡桐的一种或多种构成
13701	毛泡桐林	毛泡桐为优势种的纯林
13702	兰考泡桐林	兰考泡桐为优势种的纯林
13703	白花泡桐林	白花泡桐为优势种的纯林
13900	其他落叶阔叶林	由其他落叶阔叶树种组成的森林
13901	枫香林	枫香为优势种的纯林
13902	枫香糙叶树林	枫香、糙叶树为优势种，其他组成树种主要有樟树、木棉、柴桂、长柄苹婆、椿树等
13903	枫香黄连木林	枫香、黄连木组成共建种，其他组成树种主要有樟树、麻栎、亮叶水青冈、小叶栎、黄檀、红枝柴、豆梨、栲属等
13911	鹅掌柴林	鹅掌柴为优势种的纯林
13921	楸树林	楸树为优势种的纯林，组成树种主要有楸树、灰楸、刺槐、山杏等
13922	滇楸林	滇楸为优势种的纯林，混生树种主要有云南山檀、银木荷、黄花远志等

续表

代码	类型名称	说明
13923	刺楸阔叶混交林	刺楸为优势种的阔叶混交林，常见混生树种有紫椴、风桦、蒙古栎、核桃楸、水曲柳、红松等
13931	刺槐林	刺槐为建群种的纯林，混生树种主要有山合欢、楝树、黄檀、臭椿、加拿大杨、旱柳、榆树等
13932	刺槐臭椿林	刺槐与臭椿组成共建种，混生树种主要有栓皮栎、榆树、栾树等
13941	臭椿林	臭椿为优势种的纯林
13942	臭椿阔叶混交林	臭椿与栾树、榆树、山合欢、小叶白蜡、栓皮栎、槲树、麻栎等树种构成的混交林
13951	漆树栎类林	漆树为标志种，主要组成树种有漆树、华山松、枹栎、锐齿槲栎、山杨等
13961	南酸枣林	南酸枣为优势种的纯林
13962	南酸枣山合欢林	南酸枣、山合欢等组成共建种，其他组成树种主要有枫香、樟树、檫木、化香树、豆梨，粗糠树、茅栗等
13971	赤杨叶林	赤杨叶为优势种的纯林
13972	赤杨叶阔叶混交林	赤杨叶为建群种，其他组成树种主要有甜槠栲、苦槠栲、青冈等
13991	尖果沙枣林	尖果沙枣为优势的纯林，混生树种主要有胡杨等
13992	新疆野苹果林	新疆野苹果为优势种的纯林，混生树种主要有山杏、欧洲山杨、小叶白蜡、雪岭云杉等
13993	山杏林	以野生杏树为优势种的纯林，常见混生树种有新疆野苹果、山楂等
13994	山桃林	
13995	野核桃林	以野生核桃为优势种的纯林，常见混生树种有新疆野苹果、野杏等

续表

代码	类型名称	说明
13996	沙棘林	沙棘为优势种的纯林，混生树种主要有柳属、冷杉、云杉等
14000	落叶常绿阔叶混交林	由落叶阔叶与常绿阔叶树种构成的混交林
14100	栎类常绿阔叶混交林	由落叶栎类与常绿阔叶树种构成的阔叶混交林
14101	栓皮栎苦槠栲青冈林	以栓皮栎为主，其他落叶栎类主要有短柄枹栎、麻栎、白栎、小叶栎、槲栎、茅栗等，其组成合计在65%以上，常绿阔叶树种主要有苦储栲、青冈、冬青、樟树等
14102	栓皮栎岩栎林	以栓皮栎为主，主要建群种有栓皮栎、岩栎，其他混交树种主要有槲栎、锐齿槲栎、化香树、黄连木、匙叶栎、橿子栎、苦槠栲、女贞等
14111	麻栎尖叶栎林	以麻栎为主，其他落叶栎类主要有枹栎、栓皮栎、白栎、槲树、茅栗等，其组成合计在65%以上，常绿阔叶树种有尖叶栎、刺叶高山栎、女贞等
14200	水青冈常绿阔叶林	以水青冈属为主与常绿阔叶树种青冈属、石栎属、栲属，以及其他栎类、樟属、润楠属、木荷属等树种构成的混交林
14201	水青冈山矾林	落叶阔叶树种占优势，主要有水青冈、米心水青冈、三角枫、鹅耳枥属、红桦、华南桦、多种槭树等，常绿阔叶树种主要有四川山矾、润楠、新木姜子，披针叶冬青等
14202	水青冈青冈林	落叶阔叶树种占优势，主要建群种有亮叶水青冈、水青冈、米心水青冈及青冈等，其他组成树种有槭属、野漆、枫香、连香树、水青树、华南桦、椴属等，常绿阔叶树种有小叶青冈、厚皮栲、包果石栎、粗穗石栎、贵州石栎、曼青冈等

续表

代码	类型名称	说明
14203	水青冈鹿角栲林	由落叶阔叶水青冈、缺萼枫香与常绿阔叶云山青冈、鹿角栲为主构成，其他组成树种主要有木莲、桂南木莲、深山含笑、海南树参、五裂槭、野漆、毛八角枫等
14204	水青冈曼青冈杨梅叶蚊母树林	常绿阔叶树种占优势，主要有曼青冈、杨梅叶蚊母树、银木荷、江西石栎、冬青属，落叶阔叶树种有水青冈、亮叶水青冈、鸦头梨、兴山榆、椴树、糙皮桦等
14205	水青冈包果石砾林	落叶阔叶树种占优势，主要有水青冈、亮叶水青冈、米心水青冈、巴山水青冈、青榨槭、光皮桦、红桦，常绿阔叶树种有包果石栎、青冈、小叶青冈、曼青冈、四川山矾等
14300	青冈落叶阔叶混交林	以青冈属为优势种但组成不足65%，与其他阔叶树构成的混交林
14301	细叶青冈鹅耳枥林	组成树种以青冈属常绿阔叶为主，主要建群种有细叶青冈、青冈栎、川陕鹅耳枥、交让木、豹皮樟、木荷等，其他混生树种主要有擦木、枫香、白木乌柏、黄山木兰、野漆等
14302	多脉青冈枫香林	常绿为主的阔叶混交林，主要建群种有多脉青冈、缺萼枫香、尾叶甜槠栲，其他混交树种主要有木莲、银木荷、硬斗石栎、交让木、中华槭、裂叶白辛树、银钟花、野漆、川陕鹅耳枥等
14303	曼青冈蚊母树枫香林	常绿阔叶占优势，主要建群种有曼青冈、杨梅叶蚊母树、枫香，其他组成树种主要有绵石栎、银木荷、江西石栎、豺皮樟、凹叶冬青、长柄冬青、假大柄冬青、杨桐、水青冈、山榆、兴山榆、椴树、紫弹树、糙皮桦、川陕鹅耳枥等

续表

代码	类型名称	说明
14304	青冈交让木水青冈林	常绿阔叶树种占优势，主要建群种有青冈、交让木、米心水青冈，其他组成树种主要有绵石栎、川陕鹅耳枥、黄山木兰等
14306	青冈鹅耳枥化香树林	常绿落叶阔叶混交，优势不明显，主要建群种有青冈、细叶青冈、鹅耳枥、化香树等，其次有天竺桂、云南樟、红果黄肉楠、香叶树、虎皮楠、杨梅叶蚊母树、石楠、柞木、珊瑚朴、榉树、榔榆、青檀、黄檀、梾木等
14307	青冈铜钱树林	常绿与落叶阔叶混交，优势不明显，主要建群种有青冈、铜钱树等，其他组成树种有冬青、柞木，石栎、黄连木、化香树、黄檀、山合欢、栎属、糙叶树、小叶朴、榉树、榆树等
14308	滇青冈化香树林	常绿阔叶占优势，主要建群种有滇青冈、珠眼石栎、石栎、小叶青冈、桃叶石楠、树参、黄樟、绿叶润楠、大花枇杷、化香树、云贵鹅耳枥、野漆、朴树、紫弹树，糙叶树、榔榆、大果榉、南酸枣等
14309	青冈仪花青檀林	常绿落叶阔叶混交，无明显优势。主要建群种有青冈、仪花等，其他组成树种有华南朴、褐叶柄果木、黄葛树、金丝李、倒吊笔、海南栲、青檀、华南皂荚，朴树、小叶栾树、圆果化香树、南酸枣、鸡仔木等
14313	青冈石栎水青冈林	青冈、石栎组成共建种，其他组成树种主要有水青冈、檫木、枫香、木荷、光皮桦、五裂槭、野漆、石灰花楸等
14315	云山青冈亮叶水青冈林	常绿树种占优势，有云山青冈、小红栲、鹿角栲、褐叶青冈、银木荷等，落叶树种有亮叶水青冈、缺萼枫香、光皮桦、五裂槭、椴树等

续表

代码	类型名称	说明
14400	石栎落叶阔叶混交林	以石栎属为主含有少量青冈栲属树种，与落叶阔叶的水青树、桦木、槭、椴等属构成常绿与落叶阔叶混交林
14401	多变石栎水青树林	常绿阔叶占优势，以多变石栎、大叶石栎、青冈为主，其他树种主要有包果石栎、曼青冈、细叶青冈、永青树、灯台树、糙皮桦、漆树、多毛椴、青榨槭、化香树等
14402	包果石栎珙桐林	常绿阔叶占优势，以包果石铄、瓦山栲、大叶石栎、青冈、峨眉栲为主，落叶阔叶主要有珙桐、香桦、水青树、连香树、槭属等
14500	栲类落叶阔叶混交林	以栲属为优势与落叶阔叶树构成的混交林
14501	甜槠栲锥栗林	由甜槠栲、锥栗组成共建种，其他组成树种主要有青钩栲、青冈、苦槠栲、豺皮樟、虎皮楠、楠木、老鼠矢、茅栗、枫香、青榨槭、白檀、红枝柴、灯台树、小叶白辛树等
14502	苦槠白栎林	常绿树种以苦槠为主，还有青冈、冬青、石楠等，落叶树种以栎为主，有白栎、短柄枹栎、麻栎、栓皮栎、槲栎等
14503	尾叶甜槠缺萼枫香林	落叶树种除缺萼枫香较多外，还有中华槭、银钟花、华南桦、野漆、水青冈等，常绿树种有尾叶甜槠、曼青冈、硬斗石栎、银木荷和半枫荷等
14600	木荷落叶阔叶混交林	以木荷为优势种与青冈属、栲属、椴属、槭属、鹅耳枥等构成的阔叶混交林
14601	木荷鹅耳枥林	以木荷、川陕鹅耳枥、粗穗石栎组成共建种，混生树种主要有湘椴、水青冈、红枝柴、臭辣树，甜槠栲、化香、青冈、南酸枣、赤杨叶等

续表

代码	类型名称	说明
14602	木荷紫楲林	常绿阔叶木荷占优势与紫楲、青冈、冬青、野漆树、青钱柳、青榨楲、山合欢、赤杨叶等构成的阔叶混交林
14900	其他落叶常绿阔叶混交林	由其他落叶阔叶与常绿阔叶树种构成的混交林
14901	鱼骨木小叶栾树林	低矮常绿落叶阔叶混交，建群种为鱼骨木、小叶栾树，其他混生树种主要有柞木、土密树、倒吊笔、革叶铁榄、临桂石楠、翅荚香槐、无患子、青檀，朴树、榔榆、圆叶乌桕、黄连木、菜豆树、皂荚、铜钱树、鸡仔木、化香树等
14911	檫树林	檫木为建群种的纯林或与樟树、栲树、杉木、马尾松、毛竹构成的混交林
15000	常绿阔叶林	由常绿阔叶树为优势种构成的森林
15100	栲类常绿阔叶混交林	以栲属各树种为标志种与其他树种构成的混交林
15110	栲类混交林	以栲属树种为主的混交林，组成树种主要有栲树、罗浮栲、青钩栲、鹿角栲、南岭栲、黧蒴栲、木荷、青冈、红楠、大果马蹄荷、华润楠、披针叶杜英、毛桂、黄樟、蕈树等
15111	栲树林	以栲树为优势种的森林
15112	钩栲栲树林	以钩栲、栲树为共建种，其他组成树种主要有大叶青冈、绵石栎、薯豆杜英、披针叶杜英、红楠、青冈、黧蒴栲、石栎、黄瑞木、南酸枣等
15113	罗浮栲林	罗浮栲为优势种或与栲树、鹿角拷、青冈等组成共建种，组成树种主要有木荷、红楠、华南石栎、甜槠栲、光叶石楠、大叶含笑、木莲、石梓等

续表

代码	类型名称	说明
15114	小红栲甜槠栲林	小红栲、甜槠拷为共建优势种，其他组成树种主要有木荷、薯豆杜英、绵石栎、五列木、黄樟、青冈、剑叶翅子树、大叶冬青、红楠、罗浮栲、木莲、天竺桂、石笔木、黄丹木姜子等
15115	南岭栲栲树林	南岭栲为建群种或与栲、黧蒴栲组成共建种，其他组成树种主要有鹿角栲、木荷、披针叶杜英、半枫荷、楠木、黄檀、硬亮桂、广东琼楠、多花山竹子、光叶石栎等
15116	青钩栲林	青钩栲为优势种，其他组成树种主要有小红栲、栲树、甜槠栲、木荷等
15117	刺栲印度栲林	刺栲、印度栲为优势种，其他组成树种主要有蒺藜栲、峨眉木荷、云南黄杞、褐叶柄果木、绿叶桢楠、短尾鹅耳枥、合果含笑、滇石栎、澜沧栲等
15118	杯状栲罗浮栲林	杯状栲为优势种或与罗浮栲组成共建种，其他组成树种主要有截果石栎、水仙石栎、双齿山茉莉、云南柿、马蹄荷、红花荷、楠木、大叶木莲、黄杞、木瓜红、刺栲等
15120	栲树石栎林	以鹿角栲、硬斗石栎为共建优势种，其他组成树种主要有华润楠、披针叶杜英、虎皮楠、红楠、甜槠栲、山黄皮、黧蒴栲、杜英、栲树、厚叶冬青、越南天料木、华南石栎等
15121	元江栲石栎木荷林	元江拷、刺斗石栎、银木荷为共建优势种，其他组成树种主要有白穗石栎、滇青冈、船柄茶、茶梨、厚皮香、木莲、多花含笑、滇南木姜子、团香果、赤杨叶、大花八角等
15122	鹿角栲硬斗石栎林	以鹿角栲为建群种或与硬斗石栎组成共建种，其他组成树种主要有罗浮栲、小红栲、南岭栲、华润楠、披针叶杜英、甜槠栲、虎皮楠、红楠、黧蒴栲、杜英等

续表

代码	类型名称	说明
15123	小果栲截果石栎林	由小果栲和截果石栎组成共建种，其他组成树种主要有茶梨、毛枝青冈、四角蒲桃、短药蒲桃、峨眉木荷、银木荷、元江栲、黄毛青冈、包果石栎、赤杨叶、杯状栲等
15131	苦槠栲豺皮樟林	以苦储栲为建群种与豺皮樟、石栎等组成的混交林，其他组成树种主要有美叶石栎、木荷、青冈、冬青、花榈木、黄檀、红楠、湘楠、罗浮栲、枫香、山合欢、四川山矾等
15141	高山栲青冈林	以高山栲、黄毛青冈、滇石栎为共建优势种，其他组成树种主要有滇青冈、小叶青冈、尼泊尔桤木、栓皮栎、香叶树、槲栎等
15142	元江栲滇青冈林	元江栲、滇青冈、滇石栎为共建优势种，组成树种主要有银木荷、野山茶、山玉兰、珊瑚冬青、云南木犀榄、云南泡花树、露珠杜鹃、牛筋条、青皮木、香叶树、厚皮香、云南松、云南樟等
15151	甜槠栲木荷林	甜槠栲、木荷为共建优势种，其他组成树种主要有金毛石栎、小叶脊冈、薯豆杜英、绵石栎、蕈树、冬青、黄樟、雷公青冈、粗穗石栎、香桂、小叶青冈、罗浮栲、樟树、华南石栎、罗浮柿、细叶青冈、光叶石楠、木莲、红楠、树参等
15152	峨眉栲木荷林	以峨眉栲、木荷为共建优势种，组成树种还有粗穗石栎、大叶石栎、栲树、青冈、巴东栎、细叶青冈、大头茶、山矾、天竺桂、多种槭树等
15153	栲类杜英木荷林	以栲树、杜英、木荷为共建种，其他组成树种主要有多穗石栎、粗壮润楠，楠木、白楠、峨眉栲、厚壳桂、华鼠刺、小果冬青、黄杞、野漆、枫香、南酸枣等

续表

代码	类型名称	说明
15154	栲类木莲木荷林	以栲树、刺栲、木莲、木荷为共建种，其他组成树种有润楠属、水仙石栎、含笑、小花红花荷、猴欢喜、水青冈等
15155	栲类木荷林	以多种栲如印度栲、刺栲、思茅栲、银叶栲、棕毛栲和峨眉木荷为主，其他组成树种主要有小果石栎、截果石栎、槭果黄杞、茶梨、滇银柴、云南蒲桃、围涎树等
15161	栲类木莲林	瓦山栲、杯状栲等多种栲类与多种木莲如木莲、大果木莲等为优势，其他混生树种主要有硬斗石栎、滇石栎、刺斗石栎、柳叶黄肉楠、多果新木姜子、刀把木、野八角等
15171	栲类厚壳桂林	栲属与厚壳桂属树种组成共建种，其他组成树种主要有橄榄、红枝蒲桃、山杜英、红鳞蒲桃、黄桐、黄叶树，白桂木、水石梓、谷木、褐叶柄果木、糙叶水锦树、黄牛木、软荚红豆、山龙眼、榕树等
15172	小红栲厚壳桂林	小红拷与厚壳桂组成共建种，其他组成树种主要有樟树、榕树、薯豆杜英、黄杞、铁冬青、飞蛾槭、笔管榕、重阳木、无患子等
15173	刺栲厚壳桂林	刺栲与厚壳桂组成共建种，其他组成树种主要有鳞苞栲、红鳞蒲桃、赤皮青冈、樟树、台湾厚壳桂、台湾含笑、山蒲桃、桃叶石楠、桂林栲、硬壳桂、围涎树、山杜英、赤楠、薯豆杜英、黄杞、天竺桂、黄樟、黄桐、剑叶翅子树等
15174	桂林栲厚壳桂林	桂林栲与厚壳桂、黄果厚壳桂组成共建种，其他组成树种主要有乌榄、橄榄、山蒲桃、谷木、滇银柴，黄叶树、黄桐、褐叶柄果木、岭南山竹子、臀形果等

续表

代码	类型名称	说明
15175	细刺栲黄果厚壳桂林	细刺栲与黄果厚壳桂组成共建种，其他组成树种主要有橄榄、格木、披针叶杜英、华润楠、广东润楠、大果木榲子、岭南山竹子、峨眉木荷、猴欢喜、罗浮柿、白颜树、鹅掌柴等
15181	鳌蒴栲林	鳌蒴栲为优势种的森林
15200	青冈常绿阔叶林	以青冈为标志种，由青冈属某些树种和其他常绿阔叶树组成的常绿阔叶混交林
15211	青冈林	青冈为优势种的纯林或混交林
15212	黄毛青冈林	以黄毛青冈为优势种，其他组成树种主要有滇青冈、元江栲、川西栎、滇石栎、白穗石栎、毛枝青冈、大叶栎、峨眉栲、云南松、银木荷、贵州石栎、青皮木、厚皮香等
15213	细叶青冈云山青冈林	以细叶青冈、云山青冈为共建优势种，其他组成树种主要有甜槠栲、硬斗石栎、木荷、薯豆杜英、水青冈、光叶石楠、多穗石栎、红楠、榕叶冬青等
15221	滇青冈滇石栎林	以滇青冈为优势种，其他主要组成树种有滇石栎、云南油杉、锐齿槲栎、包果石栎、云南松、川西栎、掌叶梁王茶、厚皮香、灰背栎、滇润楠、长梗润楠等
15231	曼青冈鹿角拷林	以曼青冈为优势种或与鹿角栲、红楠组成共建种，其他组成树种主要有木荷、青钩栲、罗浮拷、杨桐、甜槠栲、小红栲、薯豆杜英、猴欢喜、杜英、华润楠、红皮树、虎皮楠、大花枇杷、云山青冈等
15241	青冈红楠林	以青冈为建群种或与红楠同为共建种的常绿阔叶混交林，其他组成树种主要有鹿角栲、苦槠栲、罗浮栲、绵石栎、石栎、紫楠、虎皮楠、大叶山矾、薯豆杜英、木荷、冬青、杉木、马尾松等

续表

代码	类型名称	说明
15242	青冈石栎含笑槭树林	由薄片青冈、木壳石栎、含笑及多种槭树等组成，其他混生树种还有木兰、黄丹木姜子等
15251	多脉青冈林	以多脉青冈为优势种，混生树种有杜鹃、甜槠、鹅掌楸等
15261	福建青冈林	福建青冈为优势种，主要伴生树种有青冈、栲树、多穗石栎、木荷、樟树、华杜英、毛冬青等
15271	褐叶青冈林	以褐叶青冈为优势种，混生树种主要有木荷、小红栲、亮叶水青冈、枫香、米心水青冈、华西花楸等
15281	云山青冈林	云山青冈为优势种，混生树种有潺槁木姜子、浙江新木姜、厚皮香、紫楠、闽楠、水青冈、毛竹、冬青、栲树等
15300	石栎常绿阔叶混交林	以石栎为标志种，由石栎属树种和其他阔叶树组成的常绿阔叶混交林
15306	石栎林	以石栎和其他常绿或落叶树种所组成的混交林，常见伴生树种有青冈、苦槠栲、樟、枫香等
15311	刺斗石栎林	刺斗石栎为主与滇青冈组成共建优势种，其他组成树种主要有滇木荷、美脉杜英、新樟、马蹄荷、川滇木莲等
15312	白穗石栎滇青冈林	白穗石栎、滇青冈为共建优势种，其他组成树种主要有元江栲、银木荷、峨眉栲及少量云南冬青、长毛楠、穗序鹅掌柴、曼青冈、掌叶梁王茶及槭属、桦木属某些树种等
15313	美叶石栎林	美叶石栎为建群种或与木荷、甜槠栲、栲树、鹿角栲组成共建种，其他组成树种有深山含笑、冬青、蓝果树、亮叶桦、南酸枣、润楠、云山青冈、毛桂、猴欢喜、黄丹木姜子、桃叶石楠等

续表

代码	类型名称	说明
15314	多变石栎林	多变石栎为优势种，与青冈、银木荷、硬斗石栎等组成的森林
15321	硬斗石栎鹿角栲林	硬斗石栎为建群种或与鹿角栲组成共建种，其他组成树种主要有华润楠、青冈、光叶石楠、杜英、甜槠栲、大叶含笑、盘柱冬青、猴欢喜、披针叶杜英、红楠、红皮树、虎皮楠等
15322	包果石栎蛾眉栲林	由包果石栎、峨眉栲组成共建种，与少量樟科、山茶科、木兰科、桦木科及冬青、槭属某些树种构成的森林
15331	杏叶石栎厚壳桂林	由杏叶石栎，瘤果石栎、白背厚壳桂组成共建种，其他组成树种主要有小叶白颜树、滨木犀榄、冬青、大萼木姜子、山矾等
15341	金毛石栎木荷甜槠栲林	以金毛石栎为主或与木荷、甜槠栲同为共建优势种，其他组成树种还有福建柏、长苞铁杉、小叶青冈、岭南酸枣、白花含笑、红楠、厚叶冬青等
15342	刺斗石栎滇木荷林	山刺斗石栎、滇木荷组成共建种，其他组成树种主要有川滇木莲、红花木莲等
15351	壶斗石栎银木荷林	壶斗石栎和银木荷占优势的森林，混生有粗穗石栎、多穗石栎、小叶青冈、滇青冈、厚皮香、红花木莲等
15400	樟类阔叶混交林	以樟科各树种为建群种的森林
15411	樟树林	樟树为建群种的纯林或混交林
15412	湘楠林	湘楠为建群种或与华南栲组成共建种，其他组成树种主要有大叶含笑、桂南木莲、木荷、薯豆杜英、山黄皮、黄瑞木、光叶石楠、苦槠栲、樟树、杜英、冬青、鹿角栲等

续表

代码	类型名称	说明
15413	楠木栲树林	由楠木和栲组成共建种，其他组成树种主要有曼青冈、苹婆猴欢喜、异叶鹅掌柴、贵州鹅耳枥、薯豆杜英、圆叶乌桕、蒙自苹婆等
15414	楠木林	楠木为建群种的纯林或混交林
15415	紫楠林	紫楠为优势种的森林，伴生有枫香、麻栎、苦槠栲、樟树等
15420	润楠阔叶混交林	以润楠为标志种，由润楠属各树种和其他阔叶树组成的常绿阔叶混交林
15421	红楠林	以红楠为建群种，其他主要组成树种有云山青冈、鹿角栲、甜槠栲、薯豆杜英、钩栲、华润楠、披针叶杜英、绢毛木兰、苦梓含笑、硬斗石栎、榕叶冬青、罗浮柿、老鼠矢等
15422	华润楠林	华润楠为建群种或与青冈、甜槠栲、栲树、鹿角栲组成共建种，其他组成树种主要有深山含笑、交让木、山杜英、山乌桕、薯豆杜英、密花树、杉木等
15423	润楠青冈林	以润楠属与青冈组成共建优势种，其他组成树种主要有木荷、光叶四照花、罗浮栲、赤杨叶、猴欢喜及樟属等
15424	纳槁润楠林	以纳槁润楠、基脉润楠为共建优势种，主要组成树种还有山龙眼、香皮树、多花山竹子等
15425	润楠栲树青冈林	以润楠、网脉琼楠、罗浮栲、青冈为主的常绿阔叶混交林，其他组成树种主要有黄樟、赤杨叶、猴欢喜、滇藏杜英、檫木、云南松、马蹄荷、云南蕈树、木荷等
15500	木兰阔叶混交林	以木兰科各属为建群种的森林

续表

代码	类型名称	说明
15507	木莲林	木莲为优势种的森林，混生有钩栲、亮叶含笑、栲树、华润楠、银木荷等
15509	海南木莲林	海南木莲为优势种的森林，混生树种有青冈属树种、石栎、木荷等
15511	川滇木莲刺斗石栎林	川滇木莲为优势种与刺斗石栎、水青树等构成的混交林
15521	深山含笑林	以深山含笑为建群种或与厚皮香、美叶石栎组成共建种，其他组成树种主要有木荷、云山青冈、小红栲、赤杨叶、鹅耳枥等
15523	火力楠林	火力楠为优势种的森林，混生树种有橄榄、刺拷、木荷、罗浮栲、樟树等
15600	山茶类阔叶混交林	以山茶科树种为建群种与其他树种构成的混交林
15612	木荷青冈栲树林	以木荷为建群种或与云山青冈、罗浮栲、红楠组成共建优势种，其他组成树种主要有薯豆杜英、大果马蹄荷、树参、尖嘴林檎、华南石栎等
15613	银木荷甜槠栲红楠林	银木荷为建群种或与甜槠栲、红楠组成共建优势种，其他树种主要有细叶青冈、云山青冈、石栎、水青冈、薯豆杜英、硬斗石栎、光叶石楠、毛桂、越南山矾、黄山松、铁杉等
15614	银木荷壶斗石栎林	由银木荷、壶斗石栎、多穗石栎组成共建种，其他组成树种主要有滇润楠、硬斗石栎、八角枫、尼泊尔桤木、圆齿木荷、水青树等
15620	厚皮香林	以厚皮香为优势种或与甜槠栲、虎皮楠等组成共建种，其他组成树种主要有杜英、山杜英、猴欢喜、中华蚊母树、密花树、青冈、木荚红豆、木荷、野漆等
15700	桉树林	以各种桉树为建群种的森林
15711	大叶桉林	以大叶桉为优势种的森林

续表

代码	类型名称	说明
15721	柠檬桉林	以柠檬桉为优势种的森林
15731	窿缘桉林	以窿缘桉为优势种的森林
15741	赤桉林	以赤桉为优势种的森林
15751	蓝桉林	以蓝桉为优势种的森林
15790	其他桉树林	以其他桉树为优势种的森林
15800	常绿栎类林	由川滇高山栎、黄背栎、帽斗栎、长穗高山栎、川西栎、光叶高山栎、刺叶高山栎、高山栎、灰背栎、匙叶栎、铁橡栎、锥连栎等壳斗科树种构成的森林
15801	川滇高山栎林	川滇高山栎为优势种的纯林
15802	黄背栎林	黄背栎为优势种的纯林
15803	帽斗栎林	帽斗栎为优势种的纯林或与长穗高山栎组成共建种的森林，其他混生树种主要有高山松、华山松、丽江槭等
15804	川西栎林	川西栎为优势种的纯林，混生少量高山栎、西南桦等
15805	高山栎林	高山栎为优势种的纯林，混生有云南铁杉、树形杜鹃、箭竹等
15807	锥连栎林	锥连栎为优势种的纯林，混生树种主要有清香木、毛叶黄杞、云南松、云南油杉、黄毛青冈等
15808	灰背栎林	灰背栎为优势种的纯林，混生树种主要有盐肤木等
15809	光叶高山栎林	光叶高山栎为优势种的纯林或与滇青冈组成共建种，混生树种主要有清香木、新樟等
15811	乌冈栎林	乌冈栎为优势种的纯林，混生树种主要有鹅耳枥、化香树、岩栎、黄连木等
15900	其他常绿阔叶林	以其他常绿树种为建群种构成的森林

续表

代码	类型名称	说明
15911	薯豆杜英林	薯豆杜英为建群种，与青冈、红楠、冬青、楠木、杨桐、马蹄荷，罗浮柿、野柿、云山青冈、赤杨叶、杉木等组成的混交林
15921	虎皮楠林	虎皮楠为建群种，与栲树、甜槠栲、青冈、多穗石栎、细叶香桂、楠木、黄丹木姜子、红楠、黄瑞木、深山含笑、山杜英、薯豆杜英、冬青属等组成的混交林
15931	小花红花荷滇桂木莲林	由小花红花荷、滇桂木莲为建群种，其他组成树种主要有野山茶、槭属、滇楠、毛果黄肉楠、楠木、大叶新木姜子、长蕊木兰、大果木姜子、冬青属、滇石栎等
15932	蚊母树林	以蚊母树为建群种，与虎皮楠、大叶楠、冬青、椤木石楠等组成的混交林
15933	大果马蹄荷林	大果马蹄荷为优势种，与虎皮楠、甜槠栲、黄瑞木、鹿角栲、小果冬青、深山含笑、豺皮樟、黄楠、软荚红豆、多穗石烁、杉木等组成的混交林
15941	猴欢喜红花荷栲树林	由膜叶猴欢喜、小花红花荷及栲属组成共建种，其他组成树种主要有硬斗石栎、滇藏杜英、薯豆杜英、银木荷、樟叶泡花树、红花木莲等
15951	大叶相思林	大叶相思组成的纯林，或与桉树组成混交林
15952	台湾相思林	台湾相思组成的纯林，或与马尾松、湿地松、杉木、桉树、刺栲、樟倒、木荷等组成混交林
15953	马占相思林	马占相思组成的纯林
15961	木麻黄林	引种的木麻黄属为优势种的森林
16000	季雨林和雨林	由热带多种干季落叶或常绿阔叶树种构成的复层茂密森林

续表

代码	类型名称	说明
16100	落叶季雨林	由热带多种干季落叶阔叶树种（包括部分落叶树种）构成的复层茂密森林
16111	木棉楹树林	以木棉、楹树为标志种，组成树种常见有西南猫尾树、对叶榕、南岭楝树、火绳树、居间紫薇、长果桑、八宝树、木蝴蝶、羊蹄甲、红椿、垂叶榕、重阳木、朴叶扁担杆、香合欢、粗糠柴、山黄麻、滇银柴、云山黄杞、厚皮树、毛麻楝等
16112	海南榄仁厚皮树林	由海南榄仁、厚皮树等多种落叶和半常绿树种构成，混交树种还有香合欢、银柴、小叶山樣子、黄豆树、冬青、毛叶青冈、海南椤、台湾椤、龙眼、毛柿、细基丸、剑叶翅子树等
16113	干果榄仁刺桐林	以干果榄仁及刺桐为主，与美脉杜英、八宝树、四数木、红椿、木棉、楹树等构成的混交林
16114	马蹄果刺椤林	以马蹄果、刺椤、山牡荆、小花五椏果、黄杞、滇银柴、印度椤、云南石梓等构成的复层混交林
16115	柚木林	柚木为优势与木棉，偏叶椿等树种组成的混交林
16116	羊蹄甲林	以羊蹄甲为优势的混交林，组成树种主要有余甘子、朴叶扁担杆、粗糠柴、翅果麻、木蝴蝶等
16190	其他落叶季雨林	由其他季节常绿阔叶树种为主与常绿树种构成的森林
16200	半常绿季雨林	常绿树种占优势，由热带干季落叶阔叶树种与常绿阔叶树构成的混交林
16211	擎天树风吹楠林	以擎天树为标志种的复层阔叶混交林，其他组成种主要有海南风吹楠、方榄、蚬木、金丝李、肥牛木、顶果木、中国无忧花、毛麻楝、水石梓

续表

代码	类型名称	说明
16212	望天树番龙眼林	望天树占上层优势并以望天树、番龙眼为标志种，其他混生树种主要有千果榄仁、樫木、云南肉豆蔻、红光树、版纳柿、景洪暗罗、梭果玉蕊、云南银钩花、云树、网脉肉托果、山韶子、胭脂木等
16221	陆均松蕈树林	由陆均松、蕈树组成共建种，其他组成树种主要有子凌蒲桃、长柄梭罗树、厚叶冬青、小叶白颜树、大萼木姜子等
16222	陆均松紫荆木石栎林	由陆均松、海南紫荆木、瘤果石栎、多穗石栎组成共建种，其他组成树种主要有杏叶石栎、光叶白颜树、白背厚壳桂、木荷等
16223	陆均松栲类林	以陆均松为标志种的复层混交林，常见混生树种有多种栲类、岭南青冈、五列木、线枝蒲桃，厚壳桂、滨木樨榄、光叶拟单性木兰、长柄梭罗树、短穗石栎、木荷、厚皮香等
16224	陆均松五列木林	以陆均松、五列木为标志种的复层混交林，组成树种还有岭南青冈、线枝蒲桃、厚壳桂、滨木犀榄、短穗石栎、长柄梭罗树、光叶拟单性木兰、海南粗榧、木荷、厚皮香等
16231	榕树香蒲桃林	以榕树、香蒲桃、假苹婆为主的复层混交林，组成树种还有潺槁木姜子、香叶树、鹅掌柴、土密树等
16232	高山榕毛麻楝林	由高山榕、毛麻楝为主的复层混交林，常见组成树种有樟叶朴、椰椰果、羊蹄甲、粗糠柴、乌墨蒲桃、八宝树、峨眉木荷、滇银柴、云南黄杞、剑叶翅子树、滇龙眼，重阳木、中国无忧花、仪花、楹树、木棉、菩提树、木蝴蝶、水同榕等
16233	见血封喉龙果林	以见血封喉、龙果为优势种的复层阔叶混交林，其他组成树种主要有橄榄、高山榕、剑叶翅子树、盆架树、番龙眼、白颜树、泰国黄叶树等

续表

代码	类型名称	说明
16234	无忧花槚木林	以无忧花、红果槚木、梭子果为主的复层阔叶混交林，其他组成树种主要有桄榔、大花五桠果、大叶山楝、肉实树、杜英、壳苹果、胭脂木、鹅掌柴、大叶藤黄、乌墨蒲桃、苹婆、羽叶楸、黄杞等
16235	铁刀木林	铁刀木为优势种，混生树种主要有粗糠柴、绒毛紫薇、鹊肾树、多花白头树、云南石梓、重阳木等
16236	刺桐千果榄仁林	以硬核刺桐、千果榄仁、木棉、美脉杜英、八宝树、四数木为主，其他组成树种主要有番龙眼、红椿、榅树、居间紫薇、常绿榆、川桑等
16237	铁力木林	以铁力木为优势种，其他组成树种主要有长穗桦、印度栲、红光树、高山榕、西南猫尾树，林生杧果、四蕊朴、番龙眼等
16238	四数木多花白头树林	以四数木、多花白头树为标志种，组成树种主要有家麻树、越南榆、毛紫薇、槟榔青、毛麻楝、番龙眼，槚木、油朴、剑叶翅子树、薄姜木、长果桑、光叶白颜树、闭花木、细子龙、水同榕、云树等
16239	蒲桃栲树林	由各类蒲桃（如子凌蒲桃、思茅蒲桃、线枝蒲桃等）及各种栲类（如青钩栲、罗浮栲等）组成建群种，其他组成树种主要有长柄梭罗树、二叶黄杞、小叶白颜树等
16241	黄桐围涎树林	以黄桐、围涎树、水石梓为主的复层混交林，其他组成树种主要有黄杞、檫子树、牛矢果、广东琼楠、银柴、小叶胭脂木、黄果厚壳桂等
16242	蕈树油丹林	蕈树、海南油丹、油丹组成共建种，其他组成树种主要有小叶白颜树、梭罗树和毛柿山矾、杜英等

续表

代码	类型名称	说明
15243	橄榄油丹林	由橄榄、油丹组成建群种，其他组成树种主要有光叶白颜树、中平树、红毛丹、琼榄、五椏果、米仔兰、鹅掌柴等
16244	樫木千果榄仁林	樫木、千果榄仁、细青皮、西藏天料木为主的复层林，其他组成树种主要有盖裂木、厚鳞石栎、大叶桂、马蛋果、米仔兰、苹婆、剑叶翅子树等
16245	合果含笑糖胶树林	合果含笑、厚果糖胶树组成共建种，树种组成复杂，其他组成树种主要有刺栲、思茅黄肉楠、峨眉木荷、浆果乌桕、网脉肉托果、云树、毛叶黄杞、槭叶翅子树、云南胡桐、薄姜木、榕属、截果石栎、橄榄、栲属、滇桂木莲、泰国黄叶树等
16251	小叶白颜九丁树林	小叶白颜树，九丁树、多种榕树为主组成的复层混交林，组成树种还有胭脂木、海南菜豆树、割舌树、青果榕、山木患等
16262	砚木金丝李林	以舰木、金丝李、肥牛木、卵叶桂、密花核果木为优势的复层混交林，其他组成树种主要有华南朴、广西槭、倒吊笔、菜豆树、长梗铜钱树、米杨噎、胭脂木、藤春、白桂木、岭南酸枣等
16265	紫荆木栎类林	由海南紫荆木、竹叶栎、盘壳栎组成共建种，其他组成树种主要有子凌蒲桃、大叶白颜树、谷木、冬青等
16290	其他半常绿季雨林	由其他热带干季落叶阔叶树与常绿阔叶树为建群种构成的森林
16300	常绿雨林	由热带常绿阔叶树种为优势构成的森林，多层，乔木树种高大，组成复杂，板根现象明显，木质藤本和附生高等植物丰富

续表

代码	类型名称	说明
16311	青梅林	以青梅为优势种的复层混交林，其他混生树种主要有油楠、光叶巴豆、海南暗罗、单叶豆、橄榄等
16312	青梅栎类林	由青梅、竹叶栎、盆果栎、黄背栎等组成共建种，其他组成树种主要有土沉香、橄榄，尖萼蒲桃，长叶柄柿等
16313	青梅荔枝林	由青梅、荔枝等组成共建种，其他组成树种主要有光叶巴豆、白背厚壳桂、细子龙、白茶树、榕树、油楠等
16314	青梅紫荆木林	由青梅、海南紫荆木等组成共建种，其他组成树种主要有白茶树、蒲桃属、栎属、润楠属、光叶白颜树、油丹等
16315	青梅细子龙林	由青梅与细子龙组成共建种，其他组成树种主要有光叶巴豆、厚皮树、岭南山竹子、银柴、润楠、黄杞、琼楠等
16316	青梅蕈树林	由青梅与蕈树组成共建种，其他组成树种主要有小叶白颜树、琼楠、疏脉柿等
16317	青梅木荷栎类林	由青梅、木荷、竹叶栎、盘壳栎组成共建种，其他组成树种主要有小叶白颜树、子凌蒲桃、多花山竹子等
16318	青梅蝴蝶树林	以青梅、蝴蝶树为主的复层阔叶混交林，其他组成树种主要有坡垒、樫木、栎子青冈、白背厚壳桂、油楠、肖蒲桃、黄叶树、水石梓、荔枝、硬壳桂等
16321	青钩栲鸡毛松林	以罗汉松科的鸡毛松为标志种的复层混交林，其他树种主要有青钩栲、阴香、海南蕈树、黄叶树、杜英、白肉榕、显脉新木姜子、木莲、黄樟、齿叶柃、鹅掌柴、多花山竹子、蒲桃属等

续表

代码	类型名称	说明
16331	千果榄仁番龙眼林	以千果榄仁、番龙眼为主的复层阔叶混交林，其他混生树种有剑叶翅子树、光叶天料木、梭果玉蕊、山楝、麻楝、硬核刺桐、八宝树、山韶子、木莲、红椿、蒲桃、光叶合欢等
16332	坡垒乌榄林	以坡垒为标志种的复层阔叶混交林，其他主要组成树种有橄榄、乌榄、小叶胭脂木、多花山竹子、绢毛杜英、香港樫木、梭子果、胭脂木、黄叶树、广东假黄树、山蒲桃、紫荆木、厚壳桂、蕈树、竹叶木荷、厚皮香、大花枇杷、水石梓等
16341	云南龙脑香多毛坡垒林	以云南龙脑香、多毛坡垒为主的复层阔叶混交林，其他树种主要有隐翼木、人面子、细子龙、樫木、麻楝、大叶山楝、龙眼、仪花、无忧花、糖胶树、梭果玉蕊、番龙眼、千果榄仁、橄榄、八宝树、团花、四数木等
16342	龙脑香樫木林	以龙脑香属的大果龙脑香、翅果龙脑香、陀螺龙罗香等与樫木、野树波罗组成共建优势种，其他组成树种主要有滇榄、千果榄仁、八宝树、四数木、槭叶翅子树、细青皮、红花木莲、润楠等
16343	肉托果穗序樫木林	以网脉肉托果、穗序樫木为标志种的复层混交林，主要组成树种还有泰国黄叶树、山木患、山牡荆、苹婆、滇楠、刺栲、截果石栎、龙果、峨眉木荷、云树、琼楠等
16344	阿萨姆娑罗双林	由阿萨姆娑罗双、大叶娑罗双组成共建种，其他组成树种主要有见血封喉、陀螺龙脑香、椿树、红椿、南亚含笑、高山大风子、无忧花、常绿臭椿、桄榔等

续表

代码	类型名称	说明
16345	滇木花生云南蕈树林	由滇木花生、云南蕈树、网脉肉托果等组成共建种，树种组成复杂，其他常见树种主要有毛叶黄杞、刺栲、细青皮、峨眉木荷、金叶含笑、重阳木、鸡毛松、小花红花荷、山韶子、美脉杜英、苹婆、越南栲、云南船柄茶等
16346	台湾肉豆蔻翅子树林	由台湾肉豆蔻、白翅子树、台湾山榄、长叶桂木、网脉新乌檀、台湾毛柿、大叶山榄等组成的复层混交林，其他组成树种主要有樫木、台湾木仔兰、番龙眼、大叶肉托果等
16347	肉托果合果含笑滇楠林	以网脉肉托果、合果含笑、滇楠为标志种的复层混交林，混生树种主要有滇南红厚壳、穗序桂木、盆架树、思茅黄肉楠、钝叶桂、大山龙眼、槭叶翅子树、细青皮、云南蕈树、樫木、峨眉木荷、龙果、泰国梭罗树、羽叶楸、滇桂木莲、山木患、刺栲等
16390	其他常绿雨林	由其他热带常绿阔叶树种构成的森林
17000	亚高山矮曲林	分布于森林线上限低矮弯曲的小乔木林
17101	偃松林	生长于森林上限以偃松为优势种的低矮森林
17200	杜鹃矮林	以猴头杜鹃、大喇叭杜鹃、秀雅杜鹃、都枝杜鹃的一种或多种为优势种的小乔木林，混生的其他树种还有美丽马醉木、冷箭竹、厚皮香、沙巴乌饭及山茶科某些种
17201	猴头杜鹃林	以猴头杜鹃为优势种的森林
17202	云锦杜鹃吊钟花林	以云锦杜鹃、吊钟花为建群种，其他混生树种有中华槭、野茉莉、茶条果、岩柃等
17203	杜鹃乌饭八角林	由树状杜鹃、乌饭树、八角树组成共建种，其他组成树种主要有南烛属、白珠属、马醉木属及吊钟花属各树种等

续表

代码	类型名称	说明
17300	吊钟花矮林	以吊钟花为优势种的小乔木林，混生树种主要有云锦杜鹃、野茉莉、中华槭及榕属某些种
17900	其他矮曲林	由其他分布于森林线上限的矮小乔木树种构成的森林
17901	岳桦矮曲林	岳桦为优势种的纯林，混生树种主要有花楸树、东北桤木、鱼鳞云杉、长白落叶松、臭冷杉等
17903	黄杨林	优势种为黄杨，其他混生树种主要有茶条果、白檀、粗榧、三尖杉、黄山花楸等
18000	红树林与珊瑚岛常绿林	
18100	红树林	
18111	海莲木榄林	以海莲和木榄为优势种，组成树种还有红海榄、榄李、海漆等
18112	红树角果木林	以红树、角果木为优势种、组成树种还有木榄、榄李等
18113	红海榄林	以红海榄为优势种，其他混生树种还有海莲、角果木、秋茄树、红榄李等
18115	桐花树林	以桐花树为优势种，混生树种还有秋茄付、海榄雌、老鼠簕等
18116	秋茄树恫花树林	以秋茄树和桐花树为优势种，混生树种还有海榄雌等
18117	海榄雌桐花树林	以海榄雌为优势种，混生树种还有桐花树、秋茄树等
18118	海桑林	以海桑为优势种的纯林
18119	水椰林	以水椰为优势种的纯林
18121	海漆林	海漆为优势种，混生树种有木果楝、瓶花木、银叶树、木榄、秋茄等

续表

代码	类型名称	说明
18122	角果木林	角果木为优势种，混生树种有木榄、海莲、木果楝等
18125	无瓣海桑林	引种无瓣海桑为优势种，混生有秋茄、桐花树等
18127	木榄林	木榄为优势种，混生有海莲、木果楝、秋茄、桐花树、海漆等
18129	银叶树林	银叶树为优势种，混生有黄槿、海杧果等
18300	珊瑚岛常绿林	
18311	麻疯桐林	以麻疯桐为优势种的纯林
18312	海岸桐林	以悔岸桐为优势种的纯林，混生树种有海棠果、麻疯桐等
18313	草海桐林	以草海桐为优势种的纯林，混生树种有海岸桐、银毛树、麻疯桐、海人树、海巴戟、露兜树等
18314	银毛树林	以银毛树为优势种的纯林，混生树种有海岸桐、草海桐等
18315	水芫花林	以水芫花为优势种的纯林
18316	许树林	许树为优势种的纯林
18317	南蛇簕林	南蛇簕为优势种的纯林
18318	伞序臭黄荆林	伞序臭黄荆占优势，混生有海岸桐、麻疯桐、银毛树等
20000	竹林	以各类竹子组成的纯林或仅混生少量针阔叶树种
21100	大径竹林	竹径在 3 cm 以上的竹林
21101	毛竹林	纯林，常有栲属、青冈属、润楠属、枫杨、杨属、檫木、枫香、山合欢、杉木、栓皮栎等混生
21102	桂竹林	纯林，常有栲属、榆属、枫香、杉木等混生
21104	唐竹林	纯林，常有多种常绿阔叶树混生
21105	车筒竹林	纯林
21106	硬头黄竹林	纯林

续表

代码	类型名称	说明
21107	凤凰竹林	纯林
21108	慈竹林	纯林，常混生八角枫、黄连木、榔栎、盐肤木等
21110	刚竹林	纯林，常有朴属、榆属等多种阔叶树混生
21111	泰竹林	纯林
21112	茶秆竹林	纯林，常混生马尾松、栲属、木荷等
21113	粉单竹林	纯林
21114	山骨罗竹林	常与雨林季雨林树种混生
21115	麻竹林	纯林
21116	龙竹林	纯林，有时混生树种常有刺栲、印度栲、云南樟、尼泊尔桤木、木荷等
21117	牡竹林	纯林，有时混生木棉、刺栲、黄牛木、羊蹄甲等
21118	簕竹林	纯林，有时混生少量阔叶树
21119	青皮竹林	纯林，有时混生少量阔叶树
21121	撑篙竹林	纯林
21122	薄竹林	纯林，有时混生少量阔叶树，如云南白颜树、山楝、番龙眼、梭果玉蕊等
21123	篦簩竹林	纯林，常混生阔叶树
21124	大薄竹林	纯林，林中常混生阔叶树，如云树、云南黄杞等
21199	其他大径竹林	由其他竹径在 3 cm 以上的竹种构成的竹林
21200	小茎竹林	胸径不足 3 cm 的竹林
21201	筇竹林	纯林，有时生长于常绿阔叶林下，混生树种主要有栲属、槭属、水青冈等
21202	箬竹林	箬竹为优势的竹林或生长于林下
21203	华箬竹林	华箬竹为优势的竹林或生长于林下
21204	大节竹林	纯林，常混生阔叶树种，如：木荷、八宝树、橄榄等
21205	箬叶竹林	箬叶竹为优势的竹林或生长于林下
21206	浙赣箬竹林	浙赣箬竹为优势的竹林或生长于林下

续表

代码	类型名称	说明
21207	箭竹林	单优势种纯林或二至三种箭竹混交，混生乔木树种主要有巴山冷杉、亮叶水青冈、鹅耳枥等
21208	玉山竹林	玉山竹为优势的纯林，常混生台湾冷杉、杜鹃属等
21211	短穗竹林	纯林
21212	矮形竹林	纯林，有时生长于常绿阔叶林下
21213	苦竹林	纯林或与大箭竹混生，有时混生冷杉、松属、桦属等
21214	泡竹林	纯林
21215	方竹林	方竹或方竹属竹种构成的纯林，常生长于乔木林内
21216	毛藤竹林	与滕竹组成混交林，常生长于季雨林内
21217	淡竹林	纯林，常有白栎、杨属、枫杨等混生
21218	水竹林	纯林，常有柳属、枫杨等阔叶树混生
21219	台湾桂竹林	纯林，常有阔叶树混生
21221	石竹林	纯林，常有阔叶树混生
21223	巴山木竹林	纯林，常混生冷杉、千金榆、红桦、山杨等
21299	其他小径竹林	由竹径小于 3 cm 的其他竹种构成的竹林
21400	竹木混交林	以竹类为优势种，与杉木、松属及阔叶树构成的森林
21410	竹杉混交林	以竹类为优势种，与杉木构成的混交林
21420	竹松混交林	以竹类为优势种，与松属各树种构成的混交林
21430	竹针阔混交林	以竹类为优势种，与各种针叶和阔叶树种构成的混交林
21440	竹阔混交林	以竹类为优势种，与各种阔叶树种构成的混交林
30000	经济林	人工经营管理或栽培的以获取果实、树脂、树胶、树液、树皮、树叶、寄生虫分泌物等产品的森林
31100	油料林	
31111	胡桃林	
31112	薄壳山核桃林	

续表

代码	类型名称	说明
31121	油茶林	
31122	浙江红花油茶林	
31123	攸县油茶林	
31124	高州油茶林	
31125	宛田红花油茶林	
31126	腾冲红花油茶林	
31127	广宁红花油茶林	
31128	小果油茶林	
31131	油桐林	
31132	千年桐林	
31141	油橄榄林	
31142	油棕林	
31151	乌桕林	
31154	文冠果林	
31161	翅果油树林	
31171	毛梾林	
31200	干果林	
31211	板栗林	
31212	枣树林	
31213	柿树林	
31214	银杏林	
31217	阿月浑子林	
31218	杨梅林	
31219	巴旦杏林	
31221	山杏林	
31222	槟榔林	
31223	山楂林	
31224	乌榄林	

续表

代码	类型名称	说明
31225	香榧林	
31226	腰果林	
31227	余甘子林	
31300	树胶树脂林	
31311	漆树林	
31312	紫胶虫寄生林	由钝叶黄檀、木豆、泡火绳、黄杞等可以放养胶虫的树种组成的纯林或混交林
31321	巴西橡胶林	
31400	调料林	
31411	花椒林	
31412	八角林	
31413	胡椒林	
31421	肉桂林	
31500	药用林	
31511	杜仲林	
31512	厚朴林	
31513	槟榔林	
31514	金鸡纳林	
31516	宁夏枸杞林	
31518	山茱萸林	
31600	饮料林	
31611	茶叶林	
31612	咖啡林	
31613	可可林	
31800	鲜果林	
31811	苹果林	
31812	梨树林	由各种梨树如白梨、褐梨、秋子梨、沙梨、夏梨等一种或多种梨树构成

续表

代码	类型名称	说明
31813	桃树林	
31814	杏树林	
31815	李树林	
31818	葡萄林	
31821	柑桔林	由柑、橙的一种或两种构成
31822	柚子林	
31823	龙眼林	
31824	荔枝林	
31825	香蕉林	
31826	椰子林	
31827	杧果林	
31828	樱桃林	
31829	橄榄林	由橄榄、乌榄构成的纯林或混交林
31832	波罗蜜林	
31833	阳桃林	
31834	猕猴桃林	
31835	番木瓜林	
31900	其他经济林	
31911	桑树林	
31912	棕榈林	
31913	蒲葵林	
40000	灌木林	由生长低矮的木本植物构成，高度低于 5 m
41000	针叶灌木林	以低矮的针叶树种为优势种构成的灌木林
41100	圆柏灌木林	以圆柏为优势种的灌木林
41101	高山柏灌木林	以高山柏为优势种的灌木林，常混生黄背栎等
41102	高山香柏灌木林	
41103	滇藏方枝柏灌木林	
41104	新疆方枝柏灌木林	

续表

代码	类型名称	说明
41106	喀什方枝柏灌木林	
41107	叉子圆柏灌木林	
41200	刺柏属灌木林	以刺柏属为优势种的灌木林
41201	西伯利亚刺柏灌木林	
41300	松属灌木林	以灌木型松属树种为优势种的灌木林
41301	地盘松灌木林	
42000	常绿革叶灌木林	以革质常绿阔叶树为优势种的灌木林
42100	杜鹃灌木林	
42101	雪层杜鹃灌木林	
42102	隐蕊杜鹃灌木林	
42103	太白杜鹃灌木林	
42104	爬枇杷灌木林	
42105	腺房杜鹃灌木林	
42106	川滇杜鹃灌木林	
42107	灰背杜鹃灌木林	
42108	腋花杜鹃灌木林	
42109	锈叶杜鹃灌木林	
42111	密枝杜鹃灌木林	
42112	山光杜鹃灌木林	
42113	两色杜鹃灌木林	
42115	金背枇杷灌木林	以金背枇杷为优势种，混生黄毛杜鹃等
42116	髯花杜鹃灌木林	
42117	毛喉杜鹃灌木林	
42118	刚毛杜鹃灌木林	
42121	理塘杜鹃灌木林	
42122	矮杜鹃灌木林	
42124	钟花杜鹃灌木林	
43000	落叶阔叶灌木林	以灌木型落叶阔叶树为优势种的灌木林

续表

代码	类型名称	说明
43100	壳斗科灌木林	以萌生灌木型壳斗科树种为优势种的灌木林
43111	矮高山栎灌木林	
43112	白栎灌木林	白栎为优势种的灌木林，常混生枹栎、麻栎等
43113	枹栎灌木林	
43114	栓皮栎灌木林	栓皮栎为优势种的灌木林，常混生白栎、枹栎、麻栎等
43115	麻栎灌木林	以麻栎为优势种的灌木林，常混生白栎、栓皮栎、映山红、檵木、马银花等
43116	乌冈栎灌木林	
43121	茅栗灌木林	以茅栗为优势种的灌木林，常混生白栎、盐肤木、化香等
43200	桦木科灌木林	以灌木型桦木科树种为优势种的灌木林
43211	甸生桦灌木林	
43212	圆叶桦灌木林	
43213	柴桦灌木林	
43221	榛子林	以榛为优势种的灌木林，常混生胡枝子等
43223	榛子胡枝子灌木林	以榛、胡枝子、蒙古栎为共建优势种的灌木林
43231	虎榛子绣线菊灌木林	以虎榛子及绣线菊为共建优势种的灌木林
43300	杨柳科灌木林	以灌木型杨柳科树种为优势种的灌木林
43311	黄花柳灌木林	以黄花柳为优势种的灌木林，常混生川康栒子、蔷薇属等
43312	蒙古柳灌木林	
43313	油柴柳灌木林	
43314	杯腺柳灌木林	
43315	皂柳灌木林	以皂柳为优势种的灌木林，混生胡枝子、榛子等
43316	山生柳灌木林	
43317	红皮柳灌木林	
43318	黄柳灌木林	以黄柳为优势种的灌木林，常混生沙棘等

续表

代码	类型名称	说明
43319	圆叶柳越桔灌木林	以圆叶柳、越桔为共建优势种的灌木林
43390	其他杨柳科灌木林	以其他柳属树种为优势种的灌木林
43400	豆科灌木林	以豆科树种为优势种的灌木林
43410	锦鸡儿灌木林	以锦鸡儿属为优势种的灌木林
43411	小叶锦鸡儿灌木林	
43412	柠条锦鸡儿灌木林	
43413	甘蒙锦鸡儿灌木林	
43414	准噶尔锦鸡儿灌木林	
43415	白皮锦鸡儿灌木林	
43416	昆仑锦鸡儿灌木林	
43417	多叶锦鸡儿灌木林	
43418	金雀花锦鸡儿灌木林	
43419	鬼箭锦鸡儿灌木林	
43421	新疆锦鸡儿灌木林	
43422	云南锦鸡儿灌木林	
43424	繁花锦鸡儿灌木林	
43425	锦鸡儿柳类灌木林	以锦鸡儿、柳属为共建优势种的灌木林
43426	变色锦鸡儿灌木林	
43427	毛刺锦鸡儿灌木林	
43429	其他锦鸡儿灌木林	
43431	美丽胡枝子灌木林	美丽胡枝子为优势种的灌木林，常混生胡颓子属及绣线菊属某些种
43432	短梗胡枝子灌木林	短梗胡枝子为优势种的灌木林，常混生杭子梢及胡枝子属其他种等
43433	胡枝子灌木林	
43434	铁扫帚灌木林	铁扫帚为优势种的灌木林，常混生胡枝子属
43439	其他胡枝子灌木林	以胡枝子属其他种为优势的灌木林

续表

代码	类型名称	说明
43441	白刺花狼牙刺灌木林	白刺花狼牙刺为优势种的灌木林，常混生密叶雀梅藤、马鞍叶羊蹄甲等
43442	西藏狼牙刺灌木林	
43451	紫穗槐灌木林	
43471	铃铛刺灌木林	
43481	杭子梢灌木林	
43500	蔷薇科灌木林	以蔷薇科树种为优势的灌木丛
43511	腺齿蔷灌木林	
43512	樱草蔷薇灌木林	
43513	刺玫蔷薇灌木林	
43514	黄蔷薇灌木林	黄蔷薇为优势种的灌木林，常混生白刺花狼牙刺、鲜黄小檗、胡颓子等
43515	峨眉蔷薇灌木林	
43516	蔷薇野花椒灌木林	以蔷薇属和花椒为标志种的灌木丛
43517	小果蔷薇火棘灌木林	以小果蔷薇和火棘为共建种的灌木丛
43519	其他蔷薇灌木林	
43521	灰栒子灌木林	
43531	山杏灌木林	山杏为优势种的灌木林，常混生大花溲疏、大果榆、绣线菊等
43532	西伯利亚杏灌木林	以西伯利亚杏为优势种的灌木林，混生小叶朴、绣线菊、鼠李属等
43533	山桃灌木林	山桃为优势种的灌木林，常混生黄蔷薇、白刺花狼牙刺等
43534	扁桃灌木林	
43541	金露梅灌木林	
43542	银器梅灌木林	
43550	花楸灌木林	以花楸属为优势的灌木林
43551	陕甘花楸灌木林	以陕甘花楸为优势的灌木林，混生湖北花楸等

续表

代码	类型名称	说明
43560	绣线菊灌木林	
43561	石蚕叶绣线菊灌木林	
43562	毛叶绣线菊灌木林	
43563	中华绣线菊灌木林	
43571	川梨火棘灌木林	以川梨为标志种的灌木林
43590	其他蔷薇科灌木林	以蔷薇科其他树种为优势种构成的灌木林
43600	胡颓子科灌木林	以胡颓子科树种为优势种的灌木林
43611	胡颓子灌木林	以胡颓子为优势种的灌木林，常混生黄栌、胡枝子属等
43700	柽柳科灌木林	以柽柳科为优势种的灌木林
43710	红柳灌木林	
43711	多枝柽柳灌木林	
43712	细穗柽柳灌木林	
43713	短穗红柳灌木林	
43715	刚毛柽柳灌木林	
43719	其他柽柳灌木林	以柽柳属其他种为优势种的灌木林
43800	蓼科及藜科灌木林	以蓼科及藜科树种为优势种的灌木林
43810	沙拐枣属灌木林	以沙拐枣属为优势种的灌木林
43811	泡果沙拐枣灌木林	
43812	无叶沙拐枣灌木林	
43813	白杆沙拐枣灌木林	
43814	红皮沙拐枣灌木林	
43815	密枝沙拐枣灌木林	
43816	蒙古沙拐枣灌木林	
43817	头状沙拐枣灌木林	
43818	塔里木沙拐枣灌木林	
43821	梭梭灌木林	
43822	白梭梭灌木林	

续表

代码	类型名称	说明
43830	白刺灌木林	以白刺属为优势种的灌木林
43831	泡泡刺灌木林	
43832	西伯利亚白刺灌木林	
43833	齿叶白刺灌木林	
43834	唐古特白刺灌木林	
43835	盐白刺灌木林	
43841	盐穗木灌木林	
43842	盐节木灌木林	
43851	枸杞灌木林	
43900	其他落叶阔叶灌木林	以其他种类的落叶阔叶树种为优势种构成的灌木林
43911	盐肤木灌木林	
43912	黄栌灌木林	以黄栌为优势种的灌木林，混生胡枝子属等
43921	马桑灌木林	以马桑为优势种的灌木林，常混生卫矛、火棘等
43923	水柏枝灌木林	
43931	连翘灌木林	以连翘为优势种的灌木林，常混生胡枝子、黄栌、榛等
43940	化香树灌木林	以化香树属为优势种的灌木林
43950	雀梅藤灌木林	以雀梅藤为优势种的灌木林
43960	小檗灌木林	以小檗属为优势种的灌木林
43961	秦岭小檗灌木林	
43962	伞花小檗灌木林	
43971	黄荆灌木林	
43972	荆条灌木林	
43973	荆条酸枣黄栌灌木林	以荆条、酸枣、黄栌为共建优势种的灌木林
43974	荆条酸枣灌木林	以荆条及酸枣为共建优势种的灌木林
43975	荆条马桑黄檀灌木林	以荆条、马桑、黄檀为共建优势种的灌木林
43981	余甘子灌木林	以余甘子为优势种的灌木林，常混生算盘子、杭子梢、青香木等

续表

代码	类型名称	说明
43982	麻疯树灌木林	以麻疯树为优势种的灌木林
44000	常绿阔叶灌木林	以常绿阔叶树为优势的灌木林
44101	映山红乌饭灌木林	以映山红、乌饭树为共建优势种的灌木林，常混生齿叶柃木、白栎等
44102	映山红檵木灌木林	以映山红、檵木、桃金娘为共建优势种的灌木林，常混生野牡丹等
44103	南烛属灌木林	以南烛属为优势种的灌木林
44104	大白杜鹃乌雅果灌木林	以大白杜鹃、乌雅果为共建优势种的灌木林，混生厚皮香、铁仔等
44105	狭叶南烛矮杨梅灌木林	以狭叶南烛、矮杨梅为标志种的灌木林
44200	桃金娘科灌木林	以桃金娘科树种为优势的灌木林
44211	桃金娘灌木林	桃金娘为优势，常混生银柴、野牡丹等
44212	桃金娘岗松灌木林	以桃金娘、岗松、野牡丹为共建优势种的灌木林，常混生大沙叶等
44213	番石榴灌木林	以番石榴为优势的灌木林，常混生红背山麻杆、黄荆、马缨丹等
44221	岗松山芝麻灌木林	岗松、山芝麻为共建优势种的灌木林，常混生桃金娘、米碎花、华山矾、银柴等
44300	金缕梅科灌木林	以金缕梅科树种为优势的灌木林
44301	檵木映山红灌木林	以檵木乌饭树映山红为共建优势种的灌木林
44400	忍冬科灌木林	以忍冬科树种为优势的灌木林
44411	荚蒾灌木林	以荚蒾属为优势的灌木林
44412	樟叶荚蒾竹叶椒灌木林	樟叶荚蒾、竹叶椒为优势的灌木林，常混生羊蹄甲、大叶紫珠及山麻杆属等
44413	霸王鞭灌木林	
44500	大戟科灌木林	以大戟科树种为优势的灌木林
44511	山麻杆浆果楝灌木林	以红背山麻杆、浆果楝为优势的灌木林

续表

代码	类型名称	说明
44512	中平树灌木林	以中平树为优势的灌木林，常混生银叶巴豆、破布叶、白背桐等
44600	番荔枝科灌木林	以番荔枝科树种为优势的灌木林
44611	假鹰爪灌木林	以假鹰爪为优势的灌木林，常见混生有斜叶澄广花、潺槁木姜子等
44612	小花龙血树灌木林	以小花龙血树为优势的灌木林，常混生青檀、浆果楝、红背山麻杆、潺槁木姜子等
44700	紫金牛科灌木林	
44711	铁仔小蘗灌木林	以铁仔及小蘗属某些种为共建优势种的灌木林，常混生小叶枸子等
44811	青香木铁仔灌木林	以青香木和铁仔为优势的灌木林
44900	其他常绿阔叶灌木林	以常绿阔叶树为优势的灌木林
44911	矮沙冬青灌木林	
44921	坡柳灌木林	
44922	水柳灌木林	以水柳为优势的灌木林，常混生柳叶蒲桃、榕属、木姜子属的灌木树种
44931	糙叶水锦树灌木林	以糙叶水锦树属为优势种的灌木林，常混生云南银柴等
44941	虾子花金合欢灌木林	以虾子花为优势的灌木林，常混生金合欢
44951	银合欢灌木林	以银合欢为优势种的灌木林，常混生平麻等
44960	黄连木灌木林	
44981	露兜树酒饼簕灌木林	露兜树、酒饼簕为优势的灌木林，有时混生仙人掌属、刺葵等
44982	仙巴掌灌木林	
44983	刺葵灌木林	
90000	自定义森林类型	本标准没有包括，而由使用者自行分类定义的森林类型

续表

代码	类型名称	说明
91100	自定义针叶林	由针叶树种构成的森林，但具体类型本标准没有包括，而由使用者自行分类定义的森林类型
91200	自定义落叶阔叶林	由落叶阔叶乔木树种构成的森林，但具体类型本标准没有包括，而由使用者自行分类定义的森林类型
91300	自定义落叶常绿阔叶混交林	由落叶及常绿阔叶乔木树种构成的森林，但本标准没有包括，而由使用者自行分类定义的森林类型
91500	自定义常绿阔叶林	由常绿阔叶乔木树种构成的森林，但本标准没有包括，而由使用者自行分类定义的森林类型
91600	自定义季雨林或雨林	属热带、亚热带季雨林或雨林森林类型，但本标准没有包括，而由使用者自行分类定义的森林类型
91700	自定义亚高山矮曲林	由生长在森林线上限的低矮弯曲的小乔木构成的森林，但本标准没有包括，而由使用者自行分类定义的森林类型
92000	自定义竹林	由竹类构成的森林，但具体类型本标准没有包括，而由使用者自行分类定义的森林类型
93000	自定义经济林	由经济林树种构成，但具体类型本标准没有包括，而由使用者自行分类定义的类型
94000	自定义灌木林	由生长低矮无明显主干的木本植成构成，但具体类型本标准没有包括，而由使用者自行分类定义的类型

附录A（资料性附录）

本标准内出现的树种名及其学名

表A.1　森林树种名录[1)]

序号	树种名	拉丁学名
	A	
	a	
1	阿月浑子	*Pistacia vera* Linn.
	ai	
2	矮杜鹃	*Rhododendron haemonium* Dwarf Azalea
3	矮高山栎	*Quercus monimotricha*（Hand. -Mazz.）
4	矮沙冬青	*Ammopiptanthus nanus*（Cheng. F）
5	矮形竹	*Indosasa shibataeoides*（McClure）
6	矮杨梅	*Myrica nana*（A. Cheval.）
	an	
7	桉类	*Eucalyptus*（spp.）
	ao	
8	凹叶冬青	*Ilex championii*（Loes.）
	B	
	ba	
9	八宝树	*Duabanga grandi flora*（Roxb. ex DC.） Walp.
10	八角	*Illicium verum* Hook. f.
11	八角枫	*Alangium chinense*（Lour.） Harms.
12	八角属	*Illicium*
13	巴旦杏	*Prunus communis* Fritsh
14	巴东栎	*Quercus engleriana* Seem.

1）以树种名称汉语拼音为序排列。

续表

序号	树种名	拉丁学名
15	巴山冷杉	*Abies fargesii* Franch.
16	巴山木竹	*Arundinaria fargesii* E. G. Camus
17	巴山水青冈	*Fagus pashanica* C. C. Yang
18	巴山松	*Pinus henryi* Mast.
19	巴西橡胶	*Hevea brasiliensis*（Willd. ex. A. Juss.） Muell. Arg.
20	霸王鞭	*Euphorbia royleana* Boiss.
	bai	
21	白背厚壳桂	*Cryptocarya maclurei* Merr.
22	白背桐	*Mallotus paniculatus*（Lam.） Muell.
23	白茶树	*Koilodepas hainanense*（Merr.） Airy Shaw.
24	白翅子树	*Pterospermum niveum* Vidal
25	白刺	*Nitraria sibirica* Pall.
26	白刺花狼牙刺	*Sophora viciifolia* Hance.
27	白刺属	*Nitraria*
28	白杆沙拐枣	*Calligonum leucocladum*（Schrenk） Bge.
29	白桂木	*Artocarpus hygargyreus* Hance
30	白花含笑	*Michelia mediocris* Dandy
31	白花泡桐	*Pauloconia fortunei* Hemsl.
32	白桦	*Betula platyphylla* Suk.
33	白蜡树	*Fraxinus chinensis* Roxb.
34	白梨	*Pyres bretschneideri* Rehd.
35	白栎	*Quercus fabri* Hance
36	白柳	*Salix alba* L.
37	白木乌桕	*Sapium japonicum*（Sieb. et Zucc.） Pax et Hoffm.
38	白楠	*Phoebe neurantha*（Hemsl.） Gamble var. *neurantha*
39	白牛槭	*Acer mandshuricum* Maxim.
40	白皮锦鸡儿	*Caragana leucophloea* Pojark.
41	白皮松	*Pinus bungeana* Zucc. ex Endl.

续表

序号	树种名	拉丁学名
42	白杆	*Picea meyeri* Rehd. et Wils.
43	白肉榕	*Ficus championii* Benth. in Journ. Bot. Kew Misc.
44	白穗石栎	*Lithocarpus leucostachyus* A. Camus
45	白梭梭	*Haloxylon persicum* Bunge ex Boiss. Et Buhse
46	白檀	*Symplocos paniculata*（Thunb.）Miq.
47	白辛树	*Pterostyrax psilophylla* diels ex perk
48	白颜树	*Gironniera subaequalis* Planch.
49	白珠树属	*Gaultheria* Kalm ex L.
50	柏科	*Cupressaceae* Bartling
51	柏木	*Cupressus funebris* Endl.
	ban	
52	板栗	*Castanea mollissima* Blume
53	版纳柿	*Diospyros xishuangbannaensis* C. Y. Wu & H. Chu
54	半枫荷	*Semiliquidambar cathayensis* Chang
	bao	
55	包果石栎	*Lithocarpus cleistocarpus* Rehd. et Wils.
56	薄壳山核桃	*Carya illinoensis* Koch.
57	薄片青冈	*Cyclobalanopsis lamellosa*（Smith）Oersted
58	薄竹	*Schizostachyum chinense* Rendle
59	枹栎	*Quercus glandulifera* Nakai
60	暴马丁香	*Syringa reticulata*（Blume）Hara var. *mandshurica*
61	豹皮樟	*Litsea coreana* var. *sinensis*（Allen）Yang et PHHuang
	bei	
62	杯腺柳	*Salix cupularis* Rehd.
63	杯状栲	*Castanopsis calathiformis*（Skan）Rehd. et Wils. in Sarg.
	bi	
64	笔管榕	*Ficus wightiana* Wall. ex Benth.
65	闭花木	*Cleistanthus saichikii* Hook. f. ex Planch.

续表

序号	树种名	拉丁学名
66	臂形果	*Pygeum to pengii* Merr.
	bian	
67	扁桃	*Prunus dulcis*（Miller）D. A. Webb
68	变色锦鸡儿	*Caragana versicolor* Benth.
	bin	
69	滨木犀榄	*Olea brachiata*（Loureiro）Merrill ex GW Groff.
70	槟榔	*Areca cathecr* L.
71	槟榔青	*Spondias pinnata*（LF）Kurz.
	cai	
72	菜豆树	*Radermachera sinica*（Hance）Hemsl.
	cang	
73	苍山冷杉	*Abies delavayi* Franch.
	cao	
74	糙皮桦	*Betula utilis* D. Don.
75	糙叶树	*Aphananthe aspera*（Thunb.）Planch.
76	糙叶水锦树	*Wendlandia scabra* Kurz
	cao	
77	草海桐	*Scaevola sericea* Vahl.
	ce	
78	侧柏	*Platycladus orienalis*（L.）Franco
79	簕竹	*Bambusa flexuosa* Munro
	cha	
80	叉子圆柏	*Sabina vulgaris* Ant.
81	茶秆竹	*Pseudosasa amabilis*（McClure）Keng f.
82	茶梨	*Anneslea fragrans* Wall. var. *fragrans*.
83	茶条果	*Symplocos ernestii* Dunn
84	檫木	*Sassa fras tzumu*（Hemsl.）Hemsl.

续表

序号	树种名	拉丁学名
	chai	
85	柴桂	*Cinnamomum tamala*（Buch. -Ham.）Th
86	柴桦	*Betula fruticosa* Pall.
87	豺皮樟	*Litsea chinensis* var. *oblongifolia*（Nees）Allen
	chan	
88	潺槁木姜子	*Litsea glutinosa*（Lour.）CB Rob.
	chang	
89	昌化鹅耳枥	*Carpinus tschonoskii* Maxim. var. *tschonoskii.*
90	长白落叶松	*Larix olgensis* Henry var. *Changpaiensis* Yang et Y. L. chou
91	长白松	*Pinus sylvestris* Linn.
92	长苞冷杉	*Abies georgei* Orr.
93	长苞铁杉	*Tsuga longibracteata* W. C. Cheng
94	长柄冬青	*Ilex pedunculosa* Miq.
95	长柄苹婆	*Sterculia longipitiolata* nobilis Smith
96	长柄梭罗树	*Reevesia longipediolata* Merr. et Chun
97	长梗润楠	*Machilus longipedicellata* Lec.
98	长果桑	*Morus laevigata* Wall
99	长毛楠	*Phoebe forrestii* W. W. Smith.
100	长蕊木兰	*Alcimandra cathcardii*（Hook. f. et Thoms.）Dandy.
101	长穗高山栎	*Quercus longispica*（Hand. -Mazz.）A. Camus.
102	长穗桦	*Betula cylindrostachya* Lindl.
103	长尾槭	*Acer caudatum* Wall. var. *caudatum.*
104	长序杨	*Populus pseudoglauca* C. Wang et P. Y. Fu
105	长叶柄柿	*Diospyros longipetiolata*
106	长叶云杉	*Picea smithiana*（Wall.）Boiss
107	常绿臭椿	*Ailanthus malabarica* DC.
108	常绿榆	*Ulmus lanceaefolia* Roxb. ex wall

续表

序号	树种名	拉丁学名
	chao	
109	朝鲜崖柏	*Thuja koraiensis* Nakai
	che	
110	车筒竹	*Bambusa sinospinosa* McClure.
	cheng	
111	柽柳	*Tamarix chinensin* Lour.
112	柽柳属	*Tamarix* L.
113	撑篙竹	*Bambusa pervariabilis* McClure.
114	橙	*Citrus sinensis* (Linn.) Osbeck cv. Liu Cheng
	chi	
115	匙叶栎	*Quercus spathulata* Seem.
116	齿叶白刺	*Nitraria roborowskii* Kom.
117	赤桉	*Eucalyptus camaldulensis* Dehnh.
118	赤楠	*Syzygium buxifolium* Hook. et Arn.
119	赤皮青冈	*Cyclobalanopsis gilva* (Blume) Oersted
120	赤松	*Pinus densiflora* Sieb. Et Zucc.
121	赤杨叶	*Alniphyllum fortunei* (Hemsl.) Makino
122	翅果龙脑香	*Dipterocarpus alatus* Roxb.
123	翅果麻	*Kydia calycina* Roxb.
124	翅果油树	*Elaeagnus mollis* Diels
125	翅荚香槐	*Cladrastis platycarpa* (Maxim.) Makino.
	chong	
126	重阳木	*Bischofia javanica* Blume
	chou	
127	臭椿	*Ailanthus altissima* (Mill.) Swingle
128	臭辣树	*Evodia fargesii* Dode.
129	臭冷杉	*Abies nephrolepis* (Trautv.) Maxim.

续表

序号	树种名	拉丁学名
	chuan	
130	川白桦	*Betula platyphylla* var. *szechuanica*（C. K. Schneider）Rehder
131	川滇长尾槭	*Acer caudatum* Wall. var. prattii Rehd.
132	川滇杜鹃	*Rhododendron traillianum* Forrest et W. W. Smith
133	川滇高山栎	*Quercus aquifolioides* R. et W.
134	川滇冷杉	*Abies forrestii* C. C. Rogers
135	川滇木莲	*Manglietia duclouxii* Finet et Gagnep.
136	川滇桤木	*Alnus ferdinandi-cobur gii* Schneid.
137	川康栒子	*Cotoneaster ambiguus* Rehd. et Wils.
138	川 梨	*Pyrus pashia* Buch. -Ham. ex D. Don.
139	川桑	*Morus notabilis* Schneid.
140	川陕鹅耳枥	*Carpinus fargesiana* H. Winkl.
141	川西栎	*Quercus gilliana* Rehd. et Wils.
142	川西云杉	*Picea likiangensis* var. *balfouriana*（Rehd. et Wils.）Hillier ex Slavin
143	船柄茶	*Hartia sinensis* Dunn
	chui	
144	垂叶榕	*Ficus benjamina* Linn.
145	垂枝柏	*Sabina recurva*（Buch. -Hamilt.）Ant
146	垂枝桦	*Betula pendula* Roth.
	chun	
147	春榆	*Ulmus propinqua* Koidz.
	ci	
148	慈竹	*Sinocalamus affinis*（Rendle）Mc Clure
149	刺柏	*Juniperus formosana* Hayata
150	刺柏属	*Juniperus* L.
151	刺斗石栎	*Lithocarpus echinotholus*（Hu）Chun et CC Huang ex YC Hsu et HW Jen.

续表

序号	树种名	拉丁学名
152	刺槐	*Robinia pseudoacacia* L.
153	刺栲	*Castanopsis hystrix* A. DC.
154	刺葵	*Phoenix hanceana* Naud.
155	刺玫蔷薇	*Rosa davurica* Pall.
156	刺楸	*Kalopanax xeptemlodus* (Thunb.) Koidz.
157	刺叶高山栎	*Quercus spinosa* David ex Franchet
	cu	
158	粗榧	*Cephalotaxus sinensis* (Rehder et E. H. Wilson) H. L. Li
159	粗糠柴	*Mallotus philippinensis* (Lam.) Muell. -Arg.
160	粗糠树	*Ehretia dicksonii* Hance.
161	粗穗石栎	Lithocarpus grandifolius
162	粗壮润楠	*Machilus robusta* W. W. Smith
	cui	
163	翠柏	*Calocedrus macrolepis* Kurz
	D	
	da	
164	大白杜鹃	*Rhododendron decorum* Franch.
165	大萼红淡	*Adinandra* macrosepala
166	大萼木姜子	*Litsea baviensis* Lec.
167	大果红杉	*Larix potaninii Batalin* var. *macrocapa* Law
168	大果榉	*Zelkova sinica* Schneid.
169	大果龙脑香	*Dipterocarpus pilosus* Roxb.
170	大果马蹄荷	*Exbucklandia tonkinensis* (Lec.) Stennis
171	大果木姜子	*Litsea lancilimba* Merr.
172	大果木莲	*Manglietia grandis* Hu et Cheng
173	大果榆	*Ulmus macrocarpa* Hance
174	大果圆柏	*Sabina tibetica* Kom.
175	大花八角	*Illicium macranthum* A. C. Smith

续表

序号	树种名	拉丁学名
176	大花枇杷	*Eriobotrya cavaleriei*（Lévl.）Rehd.
177	大花溲疏	*Deutzia grandiflora* Bunge
178	大花五桠果	*Dillenia turbinata* Finet et Gagnep.
179	大黄柳	*Salix raddeana* Laksch.
180	大戟科	*Euphorbiaceae*
181	大箭竹	*Sinarundinaria chungii*（Keng）Keng f.
182	大节竹	*Indosasa crassiflora* McClure
183	大喇叭杜鹃	*Rhododendron excellens* Hemsl. et Wils.
184	大明松	*Pinus taieaniana* var. *damingshanensis* Cheng et L. K. Fu
185	大青杨	*Populus ussuriensis* Kom.
186	大沙叶	*Pavetta arenosa* Lour. F. arenosa
187	大山龙眼	*Helicia grandis* Hemsl.
188	大头茶	*Gordonia axillaris*（Roxb.）Dietr.
189	大叶桉	*Eucalyptus robusta* Smith.
190	大叶冬青	*Ilex latifolia* Thunb.
191	大叶桂	*Cinnamomum iners* Reinw. ex Bl.
192	大叶含笑	*Michelia fallax* Dandy
193	大叶栎	*Quercus griffithii* Hook. f. et Thoms. ex Miquel
194	大叶木莲	*Manglietia megaphylla* Hu et Cheng.
195	大叶朴	*Celtis koraiensis* Nakai.
196	大叶青冈	*Cyclobalanopsis jenseniana*（Hand. -Mazz.）Cheng et T. Hong
197	大叶肉托果	*Semecarpus gigantifolia* Vidal.
198	大叶山矾	*Symplocos grandis* Hand. -Mazz.
199	大叶山楝	*Aphanamixis grandifolia* Bl.
200	大叶石砾	*Lithocarpus megalophyllus* Rehder et EH Wilson
201	大叶娑罗双	*Shorea robusta* Roxb
202	大叶藤黄	*Garcinia xanthochymus* Hook. f. ex. T. Anders

续表

序号	树种名	拉丁学名
203	大叶相思	*Acacia auriculiformis* A. Cunn. ex Benth
204	大叶新木姜子	*Neolitsea levinei* Merr.
205	大叶紫珠	*Callicarpa macrophylla* Vahl.
	dan	
206	单叶豆	*Ellipanthus glabrifolius* Merr.
207	淡竹	*Phyllostachys nigra* var. *henonis* Mak
	dao	
208	刀把木	*Cinnamomum pittosporoides* Hand. -Mazz.
209	倒吊笔	*Wrightia pubescens* R. Br.
	deng	
210	灯台树	*Cornus controversa* Hemsl.
	di	
211	地盘松	*Pinus yunnanemsis* var. *pygmaea*（Hsueh）Hsueh.
	dian	
212	滇藏杜英	*Elaeocarpus braceanus* Watt ex C. B. Clarke
213	滇藏方枝柏	*Sabina wallichiana*（Hook. f. et. Thoms）
214	滇藏木兰	*Magnolia campbelii* Hook. f. et Thoms
215	滇桂木莲	*Manglietia forrestii* W. W. Smith ex Dandy
216	滇榄	*Canarium strictum* Roxb.
217	滇龙眼	*Dimocarpus yunnanensis*（WT Wang）CY Wu et TL Ming.
218	滇木荷	*Schima noronhae* Reinw. ex Bl. Bijdr.
219	滇木花生	*Madhuca pasquieri*（Dubard）HJ Lam.
220	滇南红厚壳	*Calophyllum polyanthum* Wall. ex Choisy
221	滇南木姜子	*Litsea garrettii* Gamble
222	滇楠	*Phoebe nanmu*（Oliv.）Gamble
223	滇青冈	*Cyclobalanopsis glaucoides* Schotky
224	滇楸	*Catalpa fargesii f. duclouxii*（Dode）Gilmour
225	滇润楠	*Machilus yunnanensis* Lec.

续表

序号	树种名	拉丁学名
226	滇石栎	*Lithocarpus dealbatus*（JD Hooker et Thomson ex Miquel）Rehder.
227	滇杨	*Populus yunnanensis* Dode
228	滇银柴	*Aporosa yunnanensis* Metc.
229	甸生桦	*Betula humilis* Schrank
	diao	
230	吊钟花	*Enkianthus quinqueflorus* Lour.
231	吊钟花属	*Enkianthus* Lour.
	ding	
232	顶果木	*Acrocarpus fraxinifolius* Wight ex Arn.
	dong	
233	东北桤木	*Alnus mandshurica*（Callier ex C. K. Schneider）Hand. -Mazz.
234	东北山梅花	*Philadelphus schrenkii* Rupr.
235	冬瓜杨	*Populus purdomii* Rehd.
236	冬青	*Ilex chinensis* Sims
237	冬青属	*Ilex* L.
	dou	
238	都枝杜鹃	*Rhododendron shanii fang*
239	豆梨	*Pyrus calleryana* Dcne.
	du	
240	杜鹃属	*Rhododendron*
241	杜松	*Juniperus rigida* Sieb. et Zucc
242	杜英	*Elaeocarpus decipiens* Hemsl.
243	杜仲	*Eucommia ulmoides* Oliv.
	duan	
244	短柄枹栎	*Quercus glandulifera* var. *brevipetiolata* Nakai.
245	短刺栲	*Castanopsis echidnocarpa* A. DC.

续表

序号	树种名	拉丁学名
246	短梗胡枝子	*Lespedeza cyrtobotrya* Miq.
247	短毛椴	*Tilia breviradiata*（Rehd.）Hu et Cheng
248	短穗红柳	*Tamarix laxa* Willd.
249	短穗石栎	*Lithocarpus brachystachyus* Chun
250	短穗竹	*Brachytachyum densifolorum*（Rendle）Keng
251	短尾鹅耳枥	*Carpinus londoniana* var. *londoniana*
252	短药蒲桃	*Syzygium brachyantherum* Merr. et Perry
253	椴树	*Tilia tuan* Szyszyl.
254	椴属	*Tilia*
	dui	
255	对叶榕	*Ficus hispida* Linn. Ficus.
	duu	
256	钝叶桂	*Cinnamomum bejolghota*（Buch. -Ham.）Sweet
257	钝叶黄檀	*Dalbergia obtusifolis*（Baker）Prain
	duo	
258	多变石栎	*Lithocarpus variolosus*（Franch）Chun
259	多果新木姜子	*Neolitsea polycarpa* Liou
260	多花白头树	*Garuga floribunda* Decne
261	多花含笑	*Michelia floribunda Finet et Gagn.*
262	多花山竹子	*Garcinia multiflora* Champ
263	多脉青冈	*Cyclobalanopsis multinervis* Cheng et T. Hong
264	多毛椴	*Tilia intonsa* Wils. ex Rehd. et Wils.
265	多毛坡垒	*Hopea mollissima* C. Y. Wu
266	多穗石栎	*Lithocarpus polystachyus* Rehd
267	多叶锦鸡儿	*Caragana pleiophylla*（Regel）Pojark.
	E	
	e	
268	峨眉栲	*Castanopsis platyacantha* Rehd. et Wils.

续表

序号	树种名	拉丁学名
269	峨眉冷杉	*Abies fabri*（Mast.）Craib
270	峨眉木荷	*Schima wallichii*（DC.）Choisy.
271	峨眉蔷薇	*Rosa omeiensis* Rogle.
272	鹅耳枥	*Carpinus turczaninowii* hance.
273	鹅耳枥属	*Carpinus*
274	鹅掌柴	*Schefflera octophylla*（Lour.）Harms
275	鹅掌楸	*Liriodendron chinensis* Sarg
276	额河杨	*Populus* ×*jrtyschensis* Ch. Y. Yang
	er	
277	二白杨	*Populus gansuensis* C. Wang et H. L. Yang
278	二叶黄杞	*Engelhardia roxburghiana* var. *unijuga* Wall.
	F	
	fan	
279	番龙眼	*Pometia pinnata* Forst.
280	番石榴	*Psidium guajava* Linn.
281	繁花锦鸡儿	*Caragana maximowicziana* Fabr.
282	梵净山冷杉	*Abies fanjingshanensis* W. L. Huang，Y. L. Tu et S. Z. Fang
	fang	
283	方榄	*Canarium bengalanse* Roxb.
284	方枝柏	*Sabina saltuaria*（Rehd. et Wils）Cheng et WT Wang.
285	方竹	*Chimonobambusa quadrangularis*（Fenzi）Makino
	fei	
286	飞蛾槭	*Acer oblongum* Wall. ex DC.
287	肥牛木	*Cephalomappa sinensis*（chun et How）Kosterm.
	fen	
288	粉单竹	*Lingnania chungii*（McCl.）McCl.

续表

序号	树种名	拉丁学名
	feng	
289	风桦	*Betula costata* Trautv.
290	枫香	*Liquidambar formosana* Hance.
291	枫杨	*Pterocarya stenoptera* C. DC.
292	凤凰竹	*Bambusa multiplex* (Lour.) Raeuschel ex J. A. et J. H. Schult.
	fu	
293	福建柏	*Fokienia hodginsii* (Dunn) Henry et Thomas.
294	福建青冈	*Cyclobalanopsis chungii* (F. P. Metcalf) Y. C. Hsu et H. W. Jen ex Q. F. Zheng
	G	
	gai	
295	盖裂木	*Talauma hodgsoni* Hook. f. et Thoms
	gan	
296	干香柏	*Cupressus duclouxiana* Hichel
297	甘蒙锦鸡儿	*Caragana opulens* Kom
298	柑	*Citrus reticulata* Blanco
299	橄榄	*Canarium album* (Lour.) Rauesch.
	gang	
300	刚毛柽柳	*Tamarix hispida* Willd.
301	刚松	*Pinus rigida* Miller
302	刚竹	*Phyllostachys viridis* (Young) Mc Clure
303	岗松	*Baeckea frutescens* Linn.
	gao	
304	高山柏	*Sabina squamata* (Buch. -Hamilt.) Ant
305	高山栲	*Castanopsis delavayi* Franch.
306	高山栎	*Quercus semicarpifolia* Smith
307	高山榕	*Ficus altissima* Bl.

续表

序号	树种名	拉丁学名
308	高山松	*Pinus densata* Mast.
309	高州油茶	*Camellia gauchowensis* Chang
	ge	
310	割舌树	*Walsura robusta* Roxb.
311	革叶铁榄	*Sinosideroxylon wightianum* (Hook. et Arn.) Aubreville.
312	格木	*Erythrophleum fordii* Oliv.
	gong	
313	珙桐	*Davidia involucrata* Baill.
314	gou	
315	枸杞	*Lycium chinense* Miller
316	构栲	*Castanopsis tibetana* Hance.
	gu	
317	谷木	*Memecylon ligustri folium* Champ.
	gua	
318	瓜木	*Alangium platani folium* Harms.
	guang	
319	光泡桐	*Pavlownia tomentosa* var. *tsinlingensis* (Pai) Gong Tong.
320	光皮桦	*Betula lumini fera* H. Winkl
321	光叶巴豆	*Croton laevigatus* Vahl
322	光叶白颜树	Gironniera nitida
323	光叶高山栎	*Quercus rehderiana* Hand. -Mazz.
324	光叶合欢	*Albizzia lucidior* (Steud.) Nielsen
325	光叶榉	*Zelkova serrata* (Thunb.) Mak.
326	光叶拟单性木兰	*Parakmeria nitida* (WW Smith) Law.
327	光叶石楠	*Photinia glabra* (Thunb.) Maxim.
328	光叶四照花	*Dendrobenthamia melanotricha* (Pojark.) Fang
329	桄榔	*Arenga pinnata* (Wurmf.) Merr.
330	广东假黄树	*Xanthophytopsis kwangtungensis*

续表

序号	树种名	拉丁学名
331	广东琼楠	*Beilschmiedia fordii* Dunn
332	广东润楠	*Machilus kwantungensis* Yang
333	广东松	*Pinus kwangtungensis* Chun ex Tsi-ang
334	广宁红花油茶	*Camellia semiserrata* Chi
335	广西槭	*Acer kwangsinense*（Fang et Fang f.）Fang.
	gui	
336	鬼箭锦鸡儿	*Caragana jubata*（Pall.）Poir. var. *jubata.*
337	贵州鹅耳枥	*Carpinus kweichowensis* Hu
338	贵州石栎	*Lithocarpus elizabethae*（Tutcher）Rehd.
339	桂林栲	*Castanopsis chinensis*（Sprengel）Hance.
340	桂南木莲	*Manglietia chingii* Dandy
341	桂竹	*Phyllostachys bambusoides* Sieb. et Zucc.
	H	
	hai	
342	海岸桐	*Guettarda speciosa* Linn.
343	海巴戟	*Morinda citrifolia* L.
344	海榄雌属	*Avicennia* L.
345	海莲	*Bruguiera sexangula*（Lour.）Poir. var. *sexangula*
346	海杧果	*Cerbera manghas* Linn
347	海南暗罗	*Polyalthia laui* Merr.
348	海南菜豆树	*Radermachera hainanensis* Merr.
349	海南粗榧	*Cephaiotaxus hainanensis* Li
350	海南风吹楠	*Horsfieldia hainanensis* Merr.
351	海南栲	*Castanopsis hainanensis* Merr.
352	海南榄仁	*Terminalia hainanensis* Exell.
353	海南木莲	*Manglietia hainanensis* Dandy
354	海南树参	*Dendropanax hainanensis*（Merr. et Chun）Chun.
355	海南蕈树	*Altingia obovata* Merr. et Chun.

续表

序号	树种名	拉丁学名
356	海南紫荆木	*Madhuca hainanensis* Chun et How.
357	海漆	*Excoecaria agallocha* Linn.
358	海人树	*Suriana maritima* Linn.
359	海桑	*Sonneratia caseolaris* (Linn.) Engl.
360	海棠果	*Calophyllum inophyllum* Linn.
	han	
361	含笑	*Michelia figo* (Lour.) Spreng.
362	旱柳	*Salix matsudana* Koidz.
	hang	
363	杭子梢	*Campylotropis macrocarpa* (Bge.) Rehd.
	he	
364	合果含笑	*Paramichelia baillonii* (Pierre) Hu
365	河北杨	*Populus hopeiensis* Hu et Chow
366	核桃楸	*Juglans mandshurica* Maxim.
367	褐梨	*Pyrus phaeocarpa* Rehd.
368	褐叶柄果木	*Mischocarpus fuscescens* (Roxb.) Radlk.
369	褐叶青冈	*Cyclobalanopsis stewardiana* (A. Camus) Y. C. Hsu et H. W. Jen var. *stewardiana*
	hei	
370	黑桦	*Betula dahurica* Pall.
371	黑松	*Pinus thunbergii* Parlatore.
372	黑杨	Populus nigra Linn.
	hong	
373	红背山麻杆	Alchornea trewioides (Behth.) Muell. Arg.
374	红椿	Toona ciliata Roem.
375	红豆杉	Taxus chinensis (Pilg.) Rehd.
376	红麸杨	*Rhus punjabensis* Stewart var. *sinica* (Diels) Rehd. et Wils.

续表

序号	树种名	拉丁学名
377	红光树	Knema furfuracea (Hook. f. et Thoms.) Warb.
378	红果黄肉楠	Actinodaphne cupularis Hemsl Gamble
379	红果坚木	Dysoxylum binectariferum (Roxb.) Hook. f. ex Bedd.
380	红海榄	Rhizophora stylosa Griff.
381	红花荷	Rhodoleia championii Hook. f.
382	红花木莲	Manglietia insignis (Wall) Blume
383	红桦	Betula albo-sinensis Burk.
384	红榄李	Lumnitzera littorea (Jack.) Voigt.
385	红鳞蒲桃	Syzygium hancei Merr. et Perry.
386	红柳	Tamarix ramosissima Ledeb.
387	红毛丹	Nephelium lappaceum Linn.
388	红毛花楸	*Sorbus rufopilosa* Schneid
389	红楠	Machilus thunbergii Sieb. & Zucc.
390	红皮柳	Salix sino-purpurea L.
391	红皮沙拐枣	Calligonum rubicundum Bge.
392	红皮树	Stytax suberifolius Hook. et Arn.
393	红皮云杉	Picea koraiensis Nakai.
394	红润楠	*Machilus thunbergii* Sieb. et Zucc
395	红杉	Larix potaninii Batalin
396	红树	Rhizophora apiculata Bl.
397	红松	*Pinus koraiensis* Siebold et Zuccarini
398	红枝柴	*Meliosma oldhamii* Maxim.
399	红枝蒲桃	*Syzygium rehderianum* Merr. et Perry.
	hou	
400	猴欢喜	*Sloanea sinensis* (Hance) Hemsl.
401	猴头杜鹃	*Rhododendron simiarum* Hance
402	厚果糖胶树	*Alstonia pachycarpa* Merr. et Chun

续表

序号	树种名	拉丁学名
403	厚壳桂	*Cryptocarya chinensis*（Hance） Hemsl.
404	厚鳞石栎	*Lithocarpus pachylepis* A. Camus.
405	厚皮栲	*Castanopsis chunii* cheng
406	厚皮树	*Lannea coromandelica*（Houtt.） Merr.
407	厚皮香	*Ternstroemia gymnanthera*（Wight et Arn.） Beddome.
408	厚叶冬青	*Ilex pachyphylla* chun
	hu	
409	胡椒	*Piper nigrum* Linn
410	胡桃	*Juglans regia* Linn.
411	胡桃科	*Juglandaceae*
412	胡颓子	*Elaeagnus pungens* Thunb.
413	胡杨	*Populus euphratica* Oliv.
414	胡枝子	*Lespedeza bicolor* Turcz.
415	胡枝子属	*Lespedeza*
416	壶斗石栎	*Lithocarpus echinophorus* View.
417	湖北海棠	*Malus hupehensis*（Pamp.） Rehd.
418	湖北花楸	*Sorbus hupehensis* Schneid.
419	槲栎	*Quercus aliena* Blume.
420	槲树	*Quercus dentata* Thunb.
421	蝴蝶树	*Heritiera parvifolia* Merr.
422	虎皮楠	*Daphniphyllum oldhami*（Hemsl.） Rosenth.
423	虎榛子	*Ostryopsis davidiana* Decaisne.
	hua	
424	花椒	*Zanthoxylum bungeanum* Maxim.
425	花榈木	*Ormosia henryi* Prain.
426	花楸树	*Sorbus pohuashanensis*（Hance） Hedl.
427	花楸属	*Sorbus* L.
428	花曲柳	*Fraxinus rhynchophylla* Hance.

续表

序号	树种名	拉丁学名
429	华北落叶松	*Larix principis-rupprechtii* Mayr
430	华东黄杉	*Pseudotsuga gaussenii* Flous.
431	华杜英	*Elaeocarpus chinensis* (Gardn. et Champ.) Hk. f. ex Benth
432	华南桦	*Betula austro-sinensis* Chun ex P. C. Li
433	华南栲	*Castanopsis conoinna* (Champ. ex Benth.) A. DC.
434	华南朴	*Celtis austro-sinensis* Linndl. ex Planch.
435	华南石栎	*Lithocarpus fenestratus* (Roxburgh) Rehd.
436	华南五针松	*Pinus kwangtungensis* Chun ex Tsiang.
437	华南皂荚	*Gleditsia fera* (Lour.) Merr.
438	华润楠	*Machilus chinensis* (Champ. ex Benth.) Hemsl.
439	华箬竹	*Indocalamus sinicus* (Hance) nakai
440	华山矾	*Symplocos chinensis* (Lour.) Druce.
441	华山松	*Pinus armandi* Franch.
442	华鼠刺	*Itea chinensis* Hook. et Arn.
443	华西枫杨	*Pterocarya insignis* Rehd. et Wils
444	华西花楸	*Sorbus wilsoniana* Schneid.
445	化香树	*Platycarya strobilacea* Sieb. et Zucc.
446	化香属	*Platycarya* strobilacea Sieb. et Zucc.
447	桦木科	*Betulaceae*
448	桦木属	*Betula* L.
	hui	
449	怀槐	*Maackia amurensis* Rupr. et Maxim. var. *amurensis*
450	槐树	*Sophora japonica* L.
451	槐属	*Sophora*
	huang	
452	黄背栎	*Quercus pannosa* Hand. -Mazz.
453	黄檗	*Phellodendron amurense* Rupr.

续表

序号	树种名	拉丁学名
454	黄丹木姜子	*Litsea elongate*（wall. Ex Nees）Benth. Et Hook. F.
455	黄葛树	*Ficus lacor* Buch.
456	黄果厚壳桂	*Cryptocarya concinna* Hance.
457	黄果冷杉	*Abies ernestii* Rehd.
458	黄花柳	*Salix caprea* Linn.
459	黄花远志	*Polygala arillata* Buch. -Ham. ex D. Don
460	黄荆	*Vitex negundo* Linn.
461	黄连木	*Pistacia chinensis* Bunge
462	黄柳	*Salix gordejevii* Y. L. Chang et Skv.
463	黄栌	*Cotinus coggygria* Scop.
464	黄毛杜鹃	*Rhododendron rufum* Batalin
465	黄毛青冈	*Cyclobalanopsis delavayi*（Franch.）Schott.
466	黄牛木	*Cratoxylum ligustrinum*（Spach.）Bl.
467	黄杞	*Engelhardia roxburghiana* Wall.
468	黄蔷薇	*Rosa hugonis* Hemsl.
469	黄瑞木	*Adinandra millettii*（Hk. et Arn.）Benth. et Hk. f. ex Hance.
470	黄山花楸	*Sorbus amabilis* Cheng ex Yü.
471	黄山栎	*Quercus stewardii* Rehd.
472	黄山木兰	*Magnolia cylindrica* Wils.
473	黄山松	*Pinus taiwanensis* Hayata
474	黄杉	*Pseudotsuga sinensis* Dode
475	黄檀	*Dalbergia hupeana* Hance
476	黄桐	*Endospermum chinense* Benth.
477	黄杨	*Buxus sinica*（Rehd. et Wils.）Cheng
478	黄叶树	*Xanthophyllum hainanense* Hu.
479	黄樟	*Cinnamomum porrectum*（Roxb.）Kosterm.
480	黄枝油杉	*Keteleeria calcarea* Cheng et LK Fu.

续表

序号	树种名	拉丁学名
	hui	
481	灰背杜鹃	*Rhododendron hippophaeoides* Balf. F. et WW Smith
482	灰背栎	*Quercus senescens* Hand. -Mazz.
483	灰胡杨	*Populus pruinosa* Schrenk
484	灰楸	*Catalpa fargesii* Bur.
485	灰栒子	*Cotoneaster acutifolius* Turcz.
486	灰叶稠李	*Padus grayana*（Maxim.）Schneid
	huo	
487	火棘	*Pyracantha fortuneana*（Maxim.）Li
488	火炬松	*Pinus taeda* Linn.
489	火力楠	*Michelia macclurei* var. *sublanea*
490	火绳树	*Eriolaena malvacea* var. *spectabilis*（DC.）Planch
	J	
	ji	
491	鸡毛松	*Podocarpus imbricatus* BI.
492	鸡爪槭	*Acer palmatum* Thunb.
493	鸡仔木	*Adina racemosa*
494	基脉润楠	*Machilus decursinervis* Chun.
495	吉隆缘毛杨	*Populus ciliata* Wall. apud Royle var. *gyirongensis* C. Wang et Tung
496	急尖长苞冷杉	*Abies georgei* Orr var. smithii（Viguie et Gaussen）Cheng et L
497	蒺藜栲	*Castanopsis tribuloides*（Smith.）A. DC.
498	檵木	*Loropetalum chinense*（R. Br.）Oliver
	jia	
499	加勒比松	*Pinus caribaea* Morelet
500	加拿大杨	*Populus Canadensis* Moench.
501	家麻树	*Sterculia pexa* Pierre
502	荚蒾属	*Viburnum* L.

续表

序号	树种名	拉丁学名
503	假大柄冬青	*Ilex macropoda* var. *pseudomacropoda*
504	假苹婆	*Sterculia lanceolata* Cav.
505	假鹰爪	*Desmos chinensis* Lour.
	jian	
506	尖萼蒲桃	*Syzygium acutisepalum*（Hayata）Mori.
507	尖果沙枣	*Elaeagnus oxycarpa* Schlechtend.
508	尖叶栎	*Quercus oxyphylla*（Wils.）Hand. -Mazz.
509	尖嘴林檎	*Malus melliana*（Hand. -Mazz.）Rehd
510	坚桦	*Betula chinensis* Maxim.
511	坚木	*Dysoxylum gobara*（Buch. -Ham.）Merr.
512	见血封喉	*Antiaris toxicaria* Lesch.
513	剑叶翅子树	*Pterospermum lanceaefolium* Roxb
514	箭杆杨	*Populus nigra* Linn. var. *thevestina*（Dode）Bean
515	箭竹	*Fargesia spathacea* Franch.
	jiang	
516	江南桤木	*Alnus trabeculosa* Hand. -Mazz.
517	江南油杉	*Keteleeria cyclolepis* Flous.
518	江西石栎	*Lithocarpus kiangshiensis*
519	浆果乌桕	*Sapium baccatum* Roxb.
520	橿子栎	*Quercus baronii* Skan.
	jiao	
521	交让木	*Daphniphyllum macropodum* Miq.
522	椒叶白蜡树	*Fraxinus xanthoxyloides*（G. Don）DC.
523	角果木	*Ceriops tagal*（Perr.）C. B. Rob.
	jie	
524	截果石栎	*Lithocarpus truncatus* Rehd. et Wils
	jin	
525	金背枇杷	*Rhododendron przewalskii* Maxim.

续表

序号	树种名	拉丁学名
526	金合欢	*Acacia farnesiana* (Linn.) Willd.
527	金鸡纳树	*Cinchona ledgeriana* (Howard) Moens et Trim.
528	金露梅	*Potentilla fruticosa* Linn.
529	金毛石栎	*Lithocarpus chrysocomus* Chun et Tsiang
530	金钱松	*Pseudolarix kaempferi* (lindl.) Gord.
531	金雀花金鸡儿	*Caragana frutex* (L.) O. Koch
532	金丝李	*Garcinia paucinervis* Chun et How.
533	金叶含笑	*Michelia foveolata* Merr. ex Dandy var. *foveolata*.
534	锦鸡儿属	*Caragana* Fabr.
	jing	
535	荆条	*Vitex negumdo* Linn. var. *heterophylla* (Franch.) Rehd.
536	景洪暗罗	*Polyalthia cheliensis* Hu
	jiu	
537	九丁树	*Ficus nervosa* Heyne ex Roth
538	酒饼簕	*Atolantia buxifolia* (Poir.) Oliv.
	ju	
539	居间紫薇	*Lagerstroemia intermedia* Koehne.
540	榉树	*Zelkova schneideriana* Hand. -Mazz.
541	巨柏	*Cupressus gigantea* Cheng et L. K. Fu
	juan	
542	绢毛杜英	*Elaeocarpus nitentifolius* Merr. et Chun
543	绢毛木兰	*Magnolia albosericea* Chun et C. Tsoong
	K	
	ka	
544	咖啡	*Coffea arabica* L
545	喀什方枝柏	*Sabina pseudosabina* (Fisch. et Mey.) Cheng et W. T. Wang var. *turkestanica* (Kom.) C. Y. Yang

续表

序号	树种名	拉丁学名
	kang	
546	康藏花楸	*Sorbus thibetica* (Card.) Hand. -Mazz
547	糠椴	*Tilia mandshurica* Rupr. et Maxim.
	kao	
548	栲树	*Castanopsis fargesii* Franch.
549	栲属	*Castanopsis*
	ke	
550	壳斗科	*Fagaceae*
551	壳苹果	*Mytilaria laosensis* Lec.
552	可可	*Theobroma cacao* Linn.
	ku	
553	苦枥木	*Fraxinus insularis* Hemsl
554	苦杨	*Populus laurifolia* Ledeb.
555	苦槠栲	*Castanopsis sclerophylla* Schott.
556	苦竹	*Pleioblastus amarus* (Keng) Keng f.
557	苦梓含笑	*Michelia balansae* (A. DC.) Dandy
	kun	
558	昆仑锦鸡儿	*Caragana polourensis* (Leguminosae)
	L	
	lai	
559	梾木	*Cornus macrophylla* Wall.
	lan	
560	兰考泡桐	*Paulownia elongate* S. Y. Hu
561	蓝桉	*Eucalyptus globulus* Labill.
562	蓝果树	*Nyssa sinensis* Oliv.
563	澜沧栲	*Castanopsis mekongensis* A. Camus.
564	榄李	*Lummitzera racemosa* Willd.

续表

序号	树种名	拉丁学名
	lang	
565	榔榆	*Ulmus parvifolia* Jacq.
	lao	
566	老鼠簕	*Acanthas ilicifolius* Linn.
567	老鼠矢	*Symplocos stellaris* Brand.
	lei	
568	雷公青冈	*Cyclobalanopsis hui*（Chun）Y. C. Hsu &H. W.
	leng	
569	冷箭竹	*Bashania fangiana*（A. Camus）Keng f. et Wen.
570	冷杉	*Abies fabri*（Mast.）Craib.
571	冷杉属	*Abies* Mill.
	li	
572	梨属	*Pyrus* L.
573	黧蒴栲	*Castanopsis fissa*（Champion ex Bentham）Rehder et EH Wilson.
574	李	*Prunus salicina* Lindl.
575	李属	*Prunus*
576	理塘杜鹃	*Rhododendron litangense*
577	丽江槭	*Acer forrestii* Diels, View.
578	丽江云杉	*Picea likiangensis*（Franch）Pritz
579	栎属	*Quercus*
580	栎子青冈	*Cyclobalanopsis blakei*
581	荔枝	*Litchi chinensis* Sonn.
582	栗属	*Castanea*
	lian	
583	连翘	*Forsythia suspensa*（Thunb.）Vahl
584	连香树	*Cercidiphyllum japonicum* Sieb. et Zucc.
585	楝树	*Melia azedarach* Linn.

续表

序号	树种名	拉丁学名
	liang	
586	两色杜鹃	*Rhododendron dichroanthum* Diels
587	亮叶含笑	*Michelia fulgens* Dandy
588	亮叶桦	*Betula luminifera* H. Winkl.
589	亮叶水青冈	*Fagus lucida* Rehd. et Wils.
	liao	
590	辽东栎	*Quercus liaotungensis* Koidz
591	辽东桤木	*Alnus sibirica* Fisch
	lie	
592	裂叶白辛树	*Pterostyrax leveillei* Chun
593	裂叶榆	*Ulmus laciniata*（Trautv.） Mayr，Fremdl. Wald-u.
	lin	
594	林生芒果	*Mangifera sylvatica* Roxb.
595	林芝云杉	*Picea likiangensis* var. *linzhiensis* Cheng et L. K. Fu
596	临桂石楠	*Photinia chihsiniana* Kuan
597	鳞苞栲	*Castanopsis uraiana*（Hayata） Kanehira et Hatusima.
598	鳞皮冷杉	*Abies squamata* Mast
	ling	
599	岭南青冈	*Cyclobalanopsis chompionii* Mipa.
600	岭南山竹子	*Garcinia oblongifolia* Champ. ex Benth.
601	柃木	*Eurya japonica* Thunb.
602	领春木	*Euptelea pleiospermum* Hook. f. et. Thoms
	liu	
603	瘤果石栎	*Lithocarpus handelianus* A. Camus
604	柳杉	*Cryptomeria fortunei* Hooibrenk
605	柳叶黄肉楠	*Actinodaphne lecomtei* Allen
606	柳属	*Salix*

续表

序号	树种名	拉丁学名
	long	
607	龙果	*Pouteria grandi folia* (Wall.) Baehni
608	龙脑香属	*Dipterocarpus* Gaertn. F.
609	龙眼	*Dimocarpus longan* Lour.
610	龙竹	*Dendrocalamus giganteus* Munro.
611	窿缘桉	*Eucalyptus exserta* F. Muell.
	lu	
612	露兜树	*Pandanus tectorius* Sol.
613	露珠杜鹃	*Rhododendron irroratum* Franch.
614	陆均松	*Dacrydium pierrei* Hickel
615	鹿角栲	*Castanopsis lamontii* Hance.
	lü	
616	绿叶润楠	*Machilus viridis* Hand. -Mazz.
	luan	
617	栾树	*Koelreuteria pantculata* Laxm.
618	卵叶桂	*Cinnamomum rigidissimum* HT Chang.
	luo	
619	罗浮栲	*Castanopsis fabri* Hance.
620	罗浮柿	*Diospyros morrisiana* Hance.
621	椤木石楠	*Photinia davidsoniae* Rehd. &Wils.
622	落叶松	*Larix gmelinii* (Ruprecht) Kuzeneva
623	落叶松属	*Larix*
624	落羽杉	*Taxodium distichum* (Linn.) Rich.
	M	
	ma	
625	麻疯树	*Jatropha curcas* Linn.
626	麻疯桐	*Pisonia grandis* R. Br.
627	麻栎	*Quercus acutissima* Carruth.

续表

序号	树种名	拉丁学名
628	麻楝	*Chukrasia tabularis* A. Juss.
629	麻竹	*Dendrocalamus latiflorus* Munro.
630	马鞍叶羊蹄甲	*Bauhinia faberi* var. *microphylla* Oliv. ex Craib.
631	马蛋果	*Gynocardia odorata* R. Br.
632	马桑	*Coriaria sinica* Maxim.
633	马蹄果	*Protium serratum*（Wall. ex Colebr.）Engl.
634	马蹄荷	*Exbucklandia populnea*（R. Br.）R. W. Brown
635	马尾松	*Pinus massoniana* Lamb.
636	马银花	*Rhododendron ovatum*（Lindl.）Planch.
637	马缨丹	*Lantana camara* Linn.
638	马占相思	*Acacia mangium* Willd
639	马醉木属	*Pieris* D. Don
	mai	
640	麦吊云杉	*Picea brachytyla*（Franch.）Pritz.
	man	
641	曼青冈	*Cyclobalanopsis oxyodon* Oerst.
	mang	
642	芒果	*Mangifera indica* Linn.
	mao	
643	毛八角枫	*Alangium kurzii* Craib
644	毛白杨	*Populus tomentosa* Carr.
645	毛刺锦鸡儿	*Caragana tibetica* Kom.
646	毛冬青	*Ilex pubescens* Hook. et Arn.
647	毛桂	*Cinnamomum appelianum* Schewe
648	毛果黄肉楠	*Actinoda phne trichocarpa* Allen
649	毛果槭	*Acer nikoense* Maxim
650	毛梾	*Swida walteri*（Wanger.）Sojak
651	毛麻楝	*Chukrasia tabularis* A. Juss. var. *velutina*（Wall.）King.

续表

序号	树种名	拉丁学名
652	毛泡桐	*Paulownia tomentosa* Steud. Nomencl. Bot.
653	毛柿	*Diospyros strigosa* Hemal.
654	毛藤竹	*Dinochloa puberula* Muclure
655	毛序花楸	*Sorbus keissleri* (Schneid.) Rehd
656	毛叶黄杞	*Engelhardia colebrookiana* Lindl. ex Wall.
657	毛叶青冈	*Cyclobalanopsis kerrii* (Craib) Hu
658	毛叶绣线菊	*Spiraea mollifolia* Rehd.
659	毛枝青冈	*Cycloblanopsis helferiana* (A. DC.) Oerst.
660	毛竹	*Phyllostachys pubescens* Mazel ex H. ed Leh. , Bamb.
661	茅栗	*Castanea seguinii* Dode.
662	帽斗栎	*Quercus guyavaefolia* Lévl.
	mei	
663	美丽胡枝子	*Lespedeza formosa* (Vog.) Koehne
664	美丽马醉木	*Pieris formosa* (Wall.) D. Don
665	美脉杜英	*Elaeocarpus varunua* Buch. -Ham.
666	美叶石栎	*Lithocarpus calophyllus* Chun
	meng	
667	蒙椴	*Tilia mongolica* Maxim.
668	蒙古栎	*Quercus mongolica* Fisch. ex Turcz.
669	蒙古柳	*Salix mongolica* Siuzev
670	蒙古沙拐枣	*Calligonum mongolicum* Turcz.
671	蒙自苹婆	*Sterculia henryi* Hemsl.
	mi	
672	米碎花	*Eurya chinensis* R. Br.
673	米心水青冈	*Fagus engleriana* Seem.
674	米扬噎	*Streblus tonkinensis* (Dub. et Eherh.) Corner
675	米仔兰	*Aglaia odorata* Lour
676	密花核果木	*Drypetes confertiflora* Merr. et T. Chun

续表

序号	树种名	拉丁学名
677	密花树	*Rapanea neriifolia* (Sieb. et Zucc.) Mez
678	密叶雀梅藤	*Sageretia pycnophylla* Schneid.
679	密叶杨	*Populus talassica* Kom.
680	密枝杜鹃	*Rhododendron fastigiatum* Franch.
681	密枝沙拐枣	*Calligonum densum* Borszcz.
	mian	
682	绵石栎	*Lithocarpus henryi* Rehd. et Wils.
	min	
683	岷江冷杉	*Abies faxoniana* Rehd. et Wils
684	闽楠	*Phoebe bournei* (Hemsl.) Yang
	mo	
685	膜叶猴欢喜	*Sloanea dasycarpa* (Benth.) Hemsl.
	mu	
686	牡竹	*Dendrocalamus strictus* (Roxb.) Nees.
687	木豆	*Cajanus cajan* (Linn.) Millsp.
688	木瓜红	*Rehderodendron macrocarpum* Hu.
689	木果楝	*Xylocarpus granatum* Koenig
690	木荷	*Schima superba* Gardn. et Champ.
691	木荷属	*Schima*
692	木蝴蝶	*Oroxylum indicum* (Linn.) Bentham ex Kurz.
693	木荚红豆	*Ormosia xylocarpa* Chun ex L. Chen
694	木姜子	*Litsea pungens* Hemsl.
695	木壳石栎	*Lithocarpus xylocarpus* (Kurz) Markg.
696	木兰科	*Magnoliaceae*
697	木榄	*Bruguiera gymnorrhiza* (Linn.) Savigny
698	木莲	*Manglietia fordiana* Oliv.
699	木麻黄	*Casuarina equiseti folia* Linn.
700	木麻黄属	*Casuarina*

续表

序号	树种名	拉丁学名
701	木棉	*Bombax malabaricum* DC.
	N	
	na	
702	纳槁润楠	*Machilus nakao* S. Lee
703	nan	
704	南方铁杉	*Tsuga chinensis* (Franch.) Pritz. var. *tchekiangensis* (Flous) Cheng et L. K. Fu.
705	南岭栲	*Castanopsis fordii* Hance
706	南岭楝树	*Melia dubia* Cav.
707	南蛇簕	*Caesalpinia minax* Hance
708	南酸枣	*Choerospondias axillaris* (Roxb.) Burtt et Hill var. *axillaris*
709	南亚含笑	*Michelia doltsopa* Buch. -Ham. ex DC.
710	南亚松	*Pinus latteri* Mason
711	南烛属	*Lyonia* Nutt.
712	楠木	*Phoebe zhennan* S. Lee et F. N. Wei
	ni	
713	尼泊尔桤木	*Alnus nepalensis* D. Don
	ning	
714	柠檬桉	*Eucalyptus cirtriodora* Hook. f.
715	柠条锦鸡儿	*Caragana korshinskii* Kom.
	niu	
716	牛筋条	*Dichotomanthus tristaniaecarpa* Kurz.
717	牛矢果	*Osmanthus matsumuranus* Hayata
	nu	
718	怒江红杉	*Larix speciosa* Cheng et Law.
	nü	
719	女贞	*Ligustrum lucidum* Ait.

续表

序号	树种名	拉丁学名
	nuo	
720	糯米椴	*Tilia henryana* var. *subglabra* V. Engl.
	O	
	ou	
721	欧美杨	*Populus canadensis* Moench
722	欧洲黑杨	*Populus nigra* L.
723	欧洲山杨	*Populus tremula* L.
	P	
	pa	
724	爬枇杷	*Rhododendron purdomii* var. *nanum*
725	帕米尔杨	*Populus pamirica* kom
726	pan	
727	盘柱冬青	*Ilex kengii* S. Y. Hu in Journ.
	pao	
728	泡果沙拐枣	*Calligonum junceum*（Fisch. et Mey.）Litv.
729	泡泡刺	*Nitraria sphaerocarpa* Maxim.
730	泡竹	*Pseudostachyum polymorphum*
	pen	
731	盆果栎	*Quercus patelliformis* Munro.
732	盆架树	*Winchia calophlla* A. DC.
	pi	
733	披针叶杜英	*Elaeocarpus lancea folius* Roxb.
	pian	
734	偏叶榕	*Ficus semicordata* Buch. -Ham. ex J. E. Sm.
	ping	
735	平麻	*Sida fallax*
736	苹果	*Malus pumila* Mill.
737	苹婆	*Sterculia nobilis* Smith.

续表

序号	树种名	拉丁学名
738	苹婆猴欢喜	*Sloanea sterculiacea*（Benth.）Rehd. et Wils.
739	瓶花木	*Scyphiphora hydrophyllacea* Gaertn. F.
	po	
740	坡垒	*Hopea hainanensis* Merr. et Chun.
741	坡柳	*Dodonaea viscosa*（Linn.）Jacq. Enum.
742	破布叶	*Microcos paniculata* Linn.
	pu	
743	菩提树	*Ficus religiosa* Linn.
744	葡萄	*Vitis vinifera* Linn.
745	蒲葵	*Livistona chinensis*（Jacq.）R. Br.
746	蒲桃	*Syzygium jambos*（Linn.）Alston
747	蒲桃属	*Syzygium*
748	朴树	*Geltis sinensin* Pers.
749	朴叶扁担杆	*Grewia celtidifolia Juss.*
750	朴属	*Celtis*
	Q	
	qi	
751	桤木属	*Alnus*
752	槭果黄杞	*Engelhardea aceriflora*（Reinw.）Bl.
753	槭树科	Aceraceae
754	槭叶翅子树	*Pterospermum acerifolium* Willd.
755	槭属	*Acer*
756	漆树	*Toxicodendron vernicifluum*（Stokes）F. A. Barkl.
757	祁连圆柏	*Sabina przewalskii* Kom. f. pendula Cheng et L K Fu.
	qian	
758	千果榄仁	*Terminalia myriocarpa* Heurck et M. -A.
759	千金榆	*Carpinus cordata* Bl. var. *chinensis* Franch.
760	千年桐	*Vernicia montana* Lour

续表

序号	树种名	拉丁学名
	qiao	
761	乔松	*Pinus griffithii* McClelland
	qin	
762	秦岭冷杉	*Abies chensiensis* Tiegh.
763	秦岭小檗	*Berberis circumserrata* (Schneid.) Schneid.
	qing	
764	青冈	*Cyclobalanopsis glauca* (Thunberg) Oersted
765	青冈属	*Cyclobalanopsis*
766	青钩栲	*Castanopsis kawakamii* Hayata
767	青果榕	*Ficus variegata* Bl. var. *chlorocarpa* (Benth.) King
768	青海杨	*Populus przewalskii* Maxim.
769	青海云杉	*Picea crassifolia* Kom.
770	青楷槭	*Acer tegmentosum* Maxim
771	青梅	*Vatica astrotricha* Hance
772	青皮木	*Schoepfia jasminodora* Sieb. et Zucc.
773	青皮竹	*Bambusa textilis* McClure.
774	青杆	*Picea wilsonii* Mast.
775	青钱柳	*Cyclocarya paliurus* (Batal.) Iljinsk.
776	青檀	*Pteroceltis tatarinowii* Maxim.
777	青杨	*Populus cathayana* Rehd.
778	青榨槭	*Acer davidii* Franch
779	清香木	*Pistacia weinmanni folia* J. Poisson ex Franch.
780	擎天树	*Parashorea chinensis* Wang Hsie var. *kwangsiensis* Lin Chi
	qiong	
781	筇竹	*Qiongzhuea tumidinosa* Hsueh et Yi.
782	琼榄	*Gonocaryum maclurei* Merr.
783	琼楠	*Beilschmiedia intermedia* Allen.

续表

序号	树种名	拉丁学名
	qiu	
784	秋茄树	*Kandelia candel*（Linn.）Druce
785	秋子梨	*Pyrus ussuriensis* Maxim.
786	楸树	*Catalpa bungei* C. A. Mey
787	楸叶泡桐	*Paulownia catalpifolia* Gong Tong
	que	
788	缺萼枫香	*Liquidambar acalycina* Chang.
789	鹊肾树	*Streblus saper* Lour.
	R	
	ran	
790	髯花杜鹃	*Rhododendron anthopogon* D. Don.
	ren	
791	人面子	*Dracontomelon duperreanum* Pierre
	ri	
792	日本扁柏	*Chamaecyparis obtusa*（Siebold et Zuccarini）Enelicher
793	日本椴	*Tilia japonica* Simonk
794	日本落叶松	*Larix kaempferi*（Lambert）Carriere.
795	日本桤木	*Alnus japonica*（Thunb）Steud
	rong	
796	绒毛紫薇	*Lagerstroemia villosa* Wall. ex Kurz
797	榕树	*Ficus microcarpa* Linn. f.
798	榕叶冬青	*Ilex ficoidea* Hemsl.
799	榕属	*Ficus* L.
	rou	
800	肉桂	*Cinnamomum cassia* Presl.
801	肉实树	*Sarcosperma arboreum* Hook. f. in Benth. et Hook. f.
	ruan	
802	软荚红豆	*Ormosia semicastrata* Hance f. semicastrata.

续表

序号	树种名	拉丁学名
	rui	
803	锐齿槲栎	*Quercus aliena* Bi. var. *acuteserrata* Maxim.
	run	
804	润楠	*Machilus pingii* Cheng ex Yang.
805	润楠属	*Machilus* Nees
	ruo	
806	箬叶竹	*Indocalamus longiauritus* Hand. -Mazz.
807	箬竹	*Indocalamus tessellatus*（munro）Keng f.
	S	
	san	
808	三尖杉	*Cephalotaxus fortunei* Hooker.
809	三角枫	*Acer buergerianum* Miq
810	伞花小檗	*Berberis umbellata*
811	伞序臭黄荆	*Premna corymbosa*（Burm. F.）Rottl. et Willd
	sang	
812	桑树	*Morus alba* L.
	se	
813	色木槭	*Acer mono* Maxim
	sha	
814	沙巴乌饭	*Vaccinium chapaense* Merr.
815	沙拐枣属	*Calligonum* L.
816	沙棘	*Hippophae rhamnoides* Linn.
817	沙梨	*Pyrus pyrifolia*（Burm. F.）Nakai.
818	沙松冷杉	*Abies holophylla* Maxin
819	沙枣	*Elaeagnus angustifolia* Linn.
	shan	
820	山茶科	Theaceae
821	山杜英	*Elaeocarpus sylvestris*（Lour.）Poir

续表

序号	树种名	拉丁学名
822	山矾	*Symplocos caudata* Wall.
823	山骨罗竹	*Schizostachyum hainanense* Merrill ex McClure.
824	山光杜鹃	*Rhododendron oreodoxa* Franch.
825	山合欢	*Albizia kalkora* (Roxb.) Prain.
826	山黄麻	*Trema tomentosa* (Roxb.) Hara.
827	山黄皮	*Randia cochinchinensis* (lour.) merr.
828	山楝	*Aphanamixis polystachya* (Wall.) R. N. Parker
829	山龙眼	*Helicia formosana* Hemsl.
830	山麻杆属	*Alchornea* Sw.
831	山牡荆	*Vitex quinata* (Lour.) Will.
832	山木患	*Harpullia cupanioides* Roxb.
833	山蒲桃	*Syzygium levinei* (Merr.) Merr. et Perry
834	山韶子	*Nephelium chryseum* Bl.
835	山生柳	*Salix oritrepha* Schneid.
836	山桃	*Prunus davidiana* (Carr.) Franch
837	山乌桕	*Sapium discolor* (Champ. ex Benth.) Muell. -Arg.
838	山杏	*Prunus armeniaca* L. var. *ansu* Maxim.
839	山杨	*Populus davidiana* Dode.
840	山玉兰	*Magnolia delavayi* Franch.
841	山楂	*Crataegus pinnatifida* Bge.
842	山芝麻	*Helicteres angustifolia* Linn.
843	山茱萸	*Cornus officinalis* Sieb. et Zucc
844	杉科	Taxodiaceae
845	杉木	*Cunninghamia lanceolata* (Lamb.) Hook.
846	珊瑚冬青	*Ilex corallina* Franch
847	珊瑚朴	*Celtis julianae* Schneid.
848	陕甘花楸	*Sorbus koehneana* Schneid.
849	扇叶槭	*Acer flabellatum* Rehd

续表

序号	树种名	拉丁学名
	shen	
850	深山含笑	*Michelia maudiae* Dunn
	shi	
851	湿地松	*Pinus elliottii* Engelm.
852	石笔木	*Tutcheria spectabilis* Dunn.
853	石蚕叶绣线菊	*Spiraea chamaedryfolia* Linn.
854	石灰花楸	*Sorbus folgneri*（Schneid.）Rehd.
855	石栎	*Lithocarpus glaber*（Thunb.）Nakai
856	石栎属	*Lithocarpus*
857	石楠	*Photinia serrulata* Lindl.
858	石竹	*Phyllostachys nuda* McClure
859	石梓	*Gmelina chinensis* Benth
860	柿树	*Diospyros kaki* L. f.
	shu	
861	疏齿木荷	*Schima remotiserrata* Chang.
862	疏脉柿	*Diospyros susarticulata* Lec.
863	鼠李属	*Rhamnus* L.
864	薯豆杜英	*Elaeocarpus japonicus* Sieb. & Zucc
865	树参	*Dendropanax dentiger*（Harms）Merr.
866	树状杜鹃	*Rhododendron arboreum* Smith.
	shuan	
867	栓皮栎	*Quercus uariabilis* Blume.
	shuang	
868	双齿山茉莉	*Huodendron biaristatum*（WW Smith）Rehd.
	shui	
869	水柏枝	*Myricaria germanica*（L.）Desv.
870	水锦树属	*Wendlandia* Bartl. ex DC.
871	水柳	*Homonoia riparia* Lour.

续表

序号	树种名	拉丁学名
872	水青冈	*Fagus longipetiolata* Seem.
873	水青冈属	*Fagus* L.
874	水青树	*Tetracentron sinense* Oliv.
875	水曲柳	*Fraxinus mandshurica* Rupr.
876	水杉	*Metasequoia glyptostroboides* Hu et Cheng
877	水石梓	*Sarcosperma laurinum*（Benth.）Hook. f. .
878	水松	*Glyptostrobus pensilis*（D. Don）Koch.
879	水同榕	*Ficus harlandii* Benth.
880	水仙石栎	*Lithocarpus naiadarum*（Hance）Chun.
881	水芫花	*Pemphis acidula* J. R. et G. Forst
882	水椰	*Nypa fruticans* Wurmb.
883	水竹	*Phyllostachys congesta* Rendle.
	si	
884	思茅黄肉楠	*Actinodaphne henryi* Gamble
885	思茅栲	*Castanopsis ferox*（Roxb.）Spach
886	思茅蒲桃	*Syzygium szemaoense* Merr. et Perry
887	思茅松	*Pinus kesiya* var. *langbianensis* Royle ex Gordon
888	簓簩竹	*Schizostachyum pseudolima* McClure.
889	四川红杉	*Larix mastersiana* Rehd. et Wils. Masters Larch.
890	四川山矾	*Symplocos setchuensis* Brand
891	四角蒲桃	*Syzygium tetragonum* Wall.
892	四蕊朴	*Geltis tetrandra* Roxb.
893	四数木	*Tetrameles nudiflora* R. Br.
894	四照花	*Dendrobenthamia japonica*（DC.）Fang var. *chinensis*（Osborn）Fang.
	song	
895	松属	*Pinus* Linn.
	suan	

续表

序号	树种名	拉丁学名
896	酸枣	*Ziziphus jujuba* Mill. var. *spinosa* (Bunge) Hu ex HF Chow
897	算盘子属	*Glochidion* J. R. et G. Forst.
	sui	
898	穗序鹅掌柴	*Schefflera delavayi* (Franch.) Harms ex Diels.
899	穗序坚木	*Dysoxylum spicatum* H. L. Li
	suo	
900	梭果玉蕊	*Barringtonia fusicarpa* Hu
901	梭罗树	*Reevesia pubescens* Mast.
902	梭梭	*Haloxylon ammodendron* (C. A. Mey.) Bunge.
903	梭子果	*Eberhardtia aurata* (Pierre ex Dubard) Lec.
	T	
	ta	
904	塔里木沙拐枣	*Calligonum roborowskii* A. Los.
905	塔枝圆柏	*Sabina komarovii* (Florin) Cheng et WT Wang.
	tai	
906	台湾扁柏	*Chamaecyparis obtusa* (Sieb. et Zucc.) Endl. var. *formosana* (Hayata) Rehd
907	台湾桂竹	*Phyllostachys makinoi* Hayata.
908	台湾果松	*Pinus armandii* Franch. var. *mastersiana* (Hayata) Hayata
909	台湾含笑	*Michelia compressa* (Maxim.) Sarg. Gard. et For.
910	台湾厚壳桂	*Cryptocarya konishii*
911	台湾栲	*Castanopsis formosana* (Skan) Hayata
912	台湾冷杉	*Abies kawakamii* (Hayata) T. Ito
913	台湾冷杉	*Abies kawakamii* (Hayata) Ito
914	台湾毛柿	*Diospyros discolor* Willd.
915	台湾米仔兰	*Aglaia formosana* (Hayata) Hayata
916	台湾肉豆蔻	*Myristica cagayanensis* Merr.
917	台湾山榄	*Planchonella duclitan* (Blanco) Bakh. f.

续表

序号	树种名	拉丁学名
918	台湾杉木	*Cunninghamia konishii* Hayata
919	台湾铁杉	*Tsuga formosana* Hayata.
920	台湾相思	*Acacia richii* A. Gray.
921	台湾云杉	*Picea morrisonicola* Hayata
922	太白杜鹃	*Rhododendron purdomii* Rehd. et Wils
923	太白红杉	*Larix shinensis* Beissn.
924	泰国黄叶树	*Xanthophyllum siamense* Craib
925	泰国梭罗树	*Reevesia pubescens* var. *siamensis*（Craib）Anthony
926	泰竹	*Thyrsostachys siamensis*（Kurz ex Munro）Gamble
	tang	
927	唐古特白刺	*Nitraria tangutorum* Bobr.
928	唐竹	*Sinobambusa tootsik*（Makino）Makino
929	糖胶树	*Alstonia scholaris*（L.）R. Br.
	tao	
930	桃	*Prunus persica*（Linn.）Batsch
931	桃金娘	*Rhodomyrtus tomentosa*（Ait）Hassk
932	桃叶石楠	*Photinia prunifolia*（Hook. & Arn.）Lindl.
	teng	
933	腾冲红花油茶	*Camllia reticulata* f. simplex Sealy
934	藤春	*Alphonsea monogyna* Merr. et
935	藤竹	*Dinochloa utilis*
	tian	
936	天山桦	*Betula tianschanica* Ruprecht
937	天山槭	*Acer semenovii* Regel
938	天竺桂	*Cinnamomum japonicum* Sieb.
939	甜杨	*Populus suaveolens* Fisch
940	甜槠	*Castanopsis eyrei*（Champ. ex Benth.）Tutch.
941	甜槠栲	*Castanopsis eyrei*（Champ. ex Benth.）Tutch

续表

序号	树种名	拉丁学名
	tie	
942	铁刀木	*Cassia siamea* Lam.
943	铁冬青	*Ilex rotunda* Thunb
944	铁坚油杉	*Keteleeria davideana*（Bertr.）Beissn
945	铁力木	*Mesua ferrea* Linn.
946	铁杉	*Tsuga chinensis*（Franch.）Pritz.
947	铁橡栎	*Quercus cocciferoides* Hand. -Mazz
948	铁仔	*Myrsine Africana* Linn.
	tong	
949	通麦栎	*Quercus tungmaiensis* Y. T. Chang
950	铜钱树	*Paliurus hemsleyanus* Rehd.
	tou	
951	头状沙拐枣	*Calligonum caput-medusae* Schrenk
952	头状四照花	*Dendrobenthamia capitata*（Wall.）Hutch
	tu	
953	秃杉	*Taiwania flousiana* Gaussen
954	土沉香	*Aquilaria sinensis*（Lour.）Gilg
955	土密树	*Bridelia monoica*（Lour.）Merr
	tuan	
956	团花	*Anthocephalus chinensis*（Lam.）Rich. ex Walp.
957	团香果	*Lindera latifolia* Hook. f
	tuo	
958	陀螺龙脑香	*Dipterocarpus turbinatus*
	W	
959	瓦山栲	*Castanpsis ceratacantha* Rehd. et Wils
	wan	
960	宛田红花油茶	*Camellia polodonta* How

续表

序号	树种名	拉丁学名
	wang	
961	网脉琼楠	*Beilschmiedia tsangii* Merr.
962	网脉肉托果	*Semecarpus reticulata* Lecte
963	网脉新乌檀	*Neonauclea reticulate*
964	望天树	*Parashorea chinensis* Wang Hsie
	wei	
965	围涎树	*Pithecellobium clypearia* Benth
966	尾叶甜槠栲	*Castanopsis eyrei* var. *caudata*（Franch.）Cheng
967	卫矛	*Euonymus alatus*（Thumb.）Sieb
	wen	
968	文冠果	*Xanthoceras sorbifolia* Bunge
969	蚊母树	*Distylium racemosum* Sieb. et Zucc
	wu	
970	乌桕	*Sapium sebiferum*（Linn.）Roxb
971	乌饭树	*Vaccinium bracteatum* Thunb.
972	乌冈栎	*Quercus phillyraeoides* A. Gray
973	乌榄	*Canarium pimela* Leenh.
974	乌墨蒲桃	*Syzygium sumini*（Linn.）Skeels.
975	乌鸦果	*Vaccinium foragile* Franch.
976	无瓣海桑	*Sonneratia aptala* Buch-Ham
977	无患子	*Sapindus mukorossi* Gaertn.
978	无叶沙拐枣	*Calligonum aphyllum*（Pall.）Gurke
979	无忧花	*Saraca asoca*（Roxb.）De Wilde
980	五列木	*Pentaphylax euryoides* Gardn. et Champ.
981	五裂槭	*Acer olivuerianum* Pax
982	五桠果	*Dillenia indica* Linn

续表

序号	树种名	拉丁学名
	X	
	xi	
983	西伯利亚刺柏	*Juniperus sibirica* Burgsd.
984	西伯利亚红松	*Pinus sibirica* (Loud.) Mayr.
985	西伯利亚冷杉	*Abies sibirica* Ledeb
986	西伯利亚落叶松	*Larix sibirica* Ldb
987	西伯利亚杏	*Prunus sibirica* L
988	西伯利亚云杉	*Picea obovata* Ledeb.
989	西藏白皮松	*Pinus gerardiana* Wall
990	西藏柏木	*Cupressus torulosa* D. Don
991	西藏长叶松	*Pinus roxburghii* Sarg
992	西藏红杉	*Larix griffithiana* (Lindl. et Gord.) Hort et Carr
993	西藏狼牙刺	*Sophora moorcroftiana* (Benth.) Baker
994	西藏冷杉	*Abies spectabilis* (D. Don) Spach
995	西藏润楠	*Machilus yunnanensis* var. *tibetana* S. Lee
996	西藏天科木	*Homalium tibeticum*
997	西藏云杉	*Picea spinulosa* (Griff.) Henry
998	西南桦	*Betula alnoides* Buch. -Ham. ex D. Don
999	西南猫尾树	*Dolichandrone stipulate* stipulata (Wall.) Benth. Et Hook. F.
1000	喜马拉雅红杉	*Larix himalaica* Cheng et L. K. Fu
1001	喜马拉雅冷杉	*Abies spectabilis* (D. Don) Spach
1002	喜树	*Camptotheca acuminate* Decne.
1003	细齿叶柃	*Eurya nitida* Korth
1004	细刺栲	*Castanopsis tonkinensis* Seem.
1005	细基丸	*Polyathia cerasoides* (Roxb.) Benth. et Hook. f. ex Bedd
1006	细青皮	*Altigia excelsa* Noronha
1007	细穗柽柳	*Tamarix leptostachys* Bunge

续表

序号	树种名	拉丁学名
1008	细穗红柳	*Tamarix leptosrachys.*
1009	细叶青冈	*Cyclobalanopsis gracilis* (Rehd. Et Wils.) Cheng et T. Hong
1010	细叶云南松	*Pinus yunnanensis* var. *tenuiformis* Cheng et Law.
1011	细子龙	*Amesiodendron chinense* (Merr.) Hu
	xian	
1012	虾子花	*Woodfordia fruticosa* (Linn.) Kurz
1013	狭叶南烛	*Lyonia ovalifolia* (Wall.) Hand
	xian	
1014	仙巴掌	*Opuntia monacantha* (Willd.) Haw
1015	仙人掌	*Opuntia dillenii* Haw
1016	鲜黄小檗	*Berberis diaphana* Maxim.
1017	显脉新木姜子	*Neolitsea phanerophlebia* Merr
1018	蚬木	*Excetrodendron hsienmu* HT Chang & RH Miau
1019	线枝蒲桃	*Syzygium araiocladum* Merr. et Perry.
1020	腺齿蔷薇	*Rosa albertii* Regel
1021	腺房杜鹃	*Rhododendron adenogynum* Diels. View
	xiang	
1022	香椿	*Toona sinensis* (A. Juss.) Roem.
1023	香榧	*Torreya grandis* Fort. ex Lindl. cv. Merrillii
1024	香港樫木	*Dysoxylum hongkongense* (Tutch.) Merr.
1025	香桂	*Cinnamomum subavenium* Miq.
1026	香合欢	*Albizzia odoratissima* Benth
1027	香桦	*Betula insignis* Franch.
1028	香皮树	*Meliosma fordii* Hemsl.
1029	香蒲桃	*Syzygium odoratum* (Lour.) DC. Prodr.
1030	香杨	*Populus koreana* Rehd
1031	香叶树	*Lindera communis* Hemsl.
1032	湘椴	*Tilia endochrysea* Hand. -Mazz.

续表

序号	树种名	拉丁学名
1033	湘楠	*Phoebe hunanensis* Hand. -Mazz.
1034	响叶杨	*Populus adenopoda* Maxim
1035	橡胶树	*Hevea brasiliensis*（Willd. ex A. Juss.）Muell. Arg.
	xiao	
1036	小檗属	*Berberis* L.
1037	小果冬青	*Ilex micrococca* Maxim.
1038	小果栲	*Castanopsis fleuryi* Hick. et A. Camus
1039	小果蔷薇	*Rosa cymosa* Tratt.
1040	小果石栎	*Lithocarpus micrspermus*（A. Camus）Hu
1041	小果油茶	*Camellia meiocarpa* Hu
1042	小红栲	*Castanopsis carlesii*（Hemsl.）Hayata.
1043	小花红花荷	*Rhodoleia parvipetala* Tong
1044	小花龙血树	*Dracaena cambodiana* Pierre ex Gagnep
1045	小花五桠果	*Dillenia pentagyna* Roxb.
1046	小叶白蜡	*Fraxinus sogdiana* Bunge
1047	小叶白辛树	*Pterostyrax corymbosa* Sieb. et Zucc
1048	小叶白颜树	*Giroonniera cuspidate*（Bl.）Kurz
1049	小叶锦鸡儿	*Caragana micrymbosa* Lam
1050	小叶栎	*Quercus chenii* Nakai
1051	小叶栾树	*Koelreuteria minor* Hemsl.
1052	小叶朴	*Celtis bungeana* Bl.
1053	小叶青冈	*Cyclobalanopsis myrsinaefolia*（Blume）Oerst
1054	小叶山漾子	*Buchanania microphylla* Engl.
1055	小叶栒子	*Cotoneaster microphyllus* Wall. ex Lindl
1056	小叶胭脂	*Artocarpus styracifolius* Pierre
1057	小叶杨	*Populus Simonii* Carr.
1058	肖蒲桃	*Acmena acuminatissima*（Bl.）Merr. et Perry

续表

序号	树种名	拉丁学名
	xie	
1059	斜叶澄广花	*Orophea anceps* Pierr
	xin	
1060	新疆方枝柏	*Sabina pseudosabina* (Fisch. et Mey) Cheng et WT Wang.
1061	新疆锦鸡	*Caragana turkestanica* Kom
1062	新疆杨	*Populus alba var. pyramidalis* Bge
1063	新疆野苹果	*Malus sieversii* (Ledeb.) Roem
1064	新疆云杉	*Picea obovata* Ledeb.
1065	新木姜子	*Neolitsea aurata* (Hayata) Koidz
1066	新樟	*Neocinnamomum delavayi* (Lec.) Liou
	xing	
1067	兴安落叶松	*Larix gmelinii* Rupr
1068	兴凯松	*Pinus takahasii* Nakai
1069	兴山榆	*Ulmus bergmanniana* Schneid.
1070	杏	*Prunus armeniaca* L.
1071	杏叶石栎	*Lithocarpus amygdalifolius* (Skan) Hayata
	xiu	
1072	秀雅杜鹃	*Rhododendron concinnum* Hemsl
1073	绣毛吴茱萸五加	*A. evodiaefolius var.* fessugineus
1074	绣线菊	*Spiraea salicifolia* Linn
1075	锈叶杜鹃	*Rhododendron siderophyllum* Franch
	xu	
1076	许树	*Clerodendrum inerme* (L.) Gertn.
	xue	
1077	雪层杜鹃	*Rhododendron nivale* ssp. boreale
1078	雪岭云杉	*Picea schrenkiana* Fisch. et Mey
	xun	
1079	蕈树	*Altingia chinensis* (Champ.) Oliver ex Hance

续表

序号	树种名	拉丁学名
	Y	
	ya	
1080	鸦头梨	*M. xylocarpum* Hand. Mazz.
	yan	
1081	胭脂木	*Artrocarpus tonkinensis* A. chev. ex Gagnep
1082	岩栎	*Quercus acrodonta* Seem
1083	岩柃	*Eurya saxicola* HT Chang
1084	盐白刺	*Nitraria schoberi* L.
1085	盐肤木	*Rhus chinensis* Mill.
1086	盐节木	*Halocnemum strobilaceum* （Pall.） Bieb
1087	盐穗木	*Halostachys caspica* C. A. Mey. ex Schrenk
1088	偃松	*Pinus Pumila* （Pall.） Regel
	yang	
1089	羊蹄甲	*Bauhinia purpurea* Linn
1090	杨柳科	*Salicaceae*
1091	杨梅叶蚊母树	*Distylium myricoides* Hemsl.
1092	杨桐	*Adinandra millettii* （Hook. et Arn.） Benth. et Hook. f. ex Hance
1093	杨属	*Populus* L.
	yao	
1094	腰果	*Anacardium occidentale* Linn
	ye	
1095	野八角	*Illicium simonsii* Maxim
1096	野核桃	*Juglans cathayensis* Dode
1097	野茉莉	*Styrax japonicus* S. et Z
1098	野牡丹	*Melastoma candidum* D. Don
1099	野漆	*Toxicodendron succedaneum*（L.） O. Kuntze.
1100	野山茶	*Camellia cordifolia*（MetCamellia） Nakai

续表

序号	树种名	拉丁学名
1101	野树波罗	*Artocarpus chaplasha* Roxb
1102	腋花杜鹃	*Rhododendron racemosum* Franch
	yi	
1103	仪花	*Lysidice rhodostegia* Hance
1104	异叶鹅掌柴	*Schefflera diversifoliolata* Li
	yin	
1105	阴香	*Cinnamomum burmannii*（C. G. et Th. Nees）Bl.
1106	银白杨	*Populus alba* Linn.
1107	银柴	*Aporosa chinensis*（Champ.）Merr.
1108	银合欢	*Leucaena leucocephala*（Lam.）de Wit
1109	银桦	*Grevillea robusta* A. Cunn. ex R. Br.
1110	银灰杨	*Populus canescens*（Aiton）Sm
1111	银露梅	*Potentilla glabra* Lodd
1112	银毛树	*Messerschmidia argentea*（Linn. f.）Johnst.
1113	银木荷	*Schima argentea* Pritz. ex Diels
1114	银杉	*Cathaya argyrophylla* Chun et Kuang
1115	银杏	*Ginkgo biloba* Linn
1116	银叶巴豆	*Croton cascarilloides* Raeusch. f. cascariloides
1117	银叶栲	*Castanopsis argyrophylla* King ex Hook f
1118	银叶树	*Heritiera littoralis* Dryander
1119	银钟花	*Halesia macgregorii* Chun.
1120	隐蕊杜鹃	*Rhododenron intrium* Franch.
1121	隐翼木	*Crypteronia paniculata* Bl.
1122	印度栲	*Castanopsis* indica（Roxb.）A. DC.
	ying	
1123	樱草蔷薇	*Rosa primula* Bouleng.
1124	樱桃	*Prunus pseudocerasus* Lindl.
1125	樱叶杜英	*Elaeocarpus prunifolionides* Hu.

续表

序号	树种名	拉丁学名
1126	楹树	*Albizia chinensis*（Osbeck）Merr
1127	映山红	*Rhododendron simsii* Planch.
1128	硬刺杜鹃	*Rhododendron barbatum* Wall.
1129	硬斗石栎	*Lithocarpus hancei*（Benth.）Rehd.
1130	硬核刺桐	*Erythrina lithosperma* Bl. ex Miq.
1131	硬壳桂	*Cryptocarya chingii* Cheng
1132	硬毛马甲子	*Paliurus rigida* Hemsl.
1133	硬头黄竹	*Bambusa rigida* Keng et Keng f
	you	
1134	攸县油茶	*Camellia yuhsienensis* Hu
1135	油茶	*Camellia oleifera* Abel.
1136	油柴柳	*Salix caspica* Pall
1137	油丹	*Alseodaphne hainanensis* Merr
1138	油橄榄	*Olea europaea* L.
1139	油麦吊云杉	*Picea brachytyla* var. *complanata* Cheng ex Rehd.
1140	油楠	*Sindora glabra* Merr. ex de Wit.
1141	油朴	*Celtis wightii* Planch.
1142	油杉	*Keteleeria fortunei*（Murr.）Carr
1143	油松	*Pinus tabulaeformis* Cerr
1144	油桐	*Vernicia fordii*（Hemsl.）Airy Shaw
1145	油棕	*Elaeis guineensis* Jacq.
1146	柚	*Citrus grandis* Osbeck
1147	柚木	Tectona grandis Linn. f.
	yu	
1148	余甘子	*Phyllanthus emblica* Linn. Sp. Pl.
1149	鱼骨木	*Canthium dicoccum*（Caertn.）Teysmann et Binnedijk
1150	鱼鳞云杉	*Picea jezoensis* Cheng ex L. K. Fu，comb. nov
1151	榆科	*Ulmaceae*

续表

序号	树种名	拉丁学名
1152	榆树	*Ulmus pumila* L.
1153	榆属	*Ulmus* L.
1154	羽叶楸	*Stereospermum tetragonum*（Wall.） DC
1155	玉兰	*Magnolia denudate* Des
1156	玉山竹	*Yushania niitakayamensis*（Hayata） Keng f.
	yuan	
1157	元宝槭	*Acer truncatum* Bunge
1158	元宝山冷杉	*Abies yuanbaoshanensis* Y. J. Lu et L. K. Fu
1159	元江栲	*Castanopsis orthacantha* Franch
1160	圆柏	*Sabina chinensis*（Linn.） Ant.
1161	圆柏属	*Sabina* Mill.
1162	圆齿木荷	*Schima crenata* Korth.
1163	圆果化香树	*Platycarya longipes* Wu.
1164	圆叶桦	*Betrula rotundifolia* Spach
1165	圆叶柳	*Salix rotundifolia* Trautv.
1166	圆叶乌桕	*Sapium rotundifolium* Hemsl.
	yue	
1167	岳桦	*Betula ermanii* Cham.
1168	越桔	*Vaccinium vitis-idaea* Linn.
1169	越南山矾	*Symplocos cochinensis*（Lour.） S. Moore
1170	越南天料木	*Homalium cochinchinenese*（Lour.） Druce
	yun	
1171	云贵鹅耳枥	*Carpinus pubescens Forest*
1172	云锦杜鹃	*Rhododendron fortunei* Lindl.
1173	云南白颜树	*Gironniera yunnanensis* Hu
1174	云南船柄茶	*Hartia yunnanensis* Hu.
1175	云南冬青	*Ilex yunnanensis* Franch.
1176	云南红豆杉	*Taxus yunnanensis* Cheng et L. K. Fu.

续表

序号	树种名	拉丁学名
1177	云南黄果冷杉	*Abies ernestii* var. *salouenensis* Cheng et L. K. Fu
1178	云南黄杞	*Engelhardia spicata* Lesch.
1179	云南锦鸡儿	*Caragana franchetiana* Kom.
1180	云南木犀榄	*Olea yunnanensis* Hand. -Mazz
1181	云南泡花树	*Meliosma yunnanensis* Franch
1182	云南婆罗双	*Shorea assamica* Dyer
1183	云南蒲桃	*Syzygium yunnanensis* Merr. et Perry
1184	云南肉豆蔻	*Myristica yunnanensis* YH Li.
1185	云南山楂	*Crategus scabrisfolia*（Franch.）Rehd.
1186	云南石梓	*Gmelina arborea* Roxb.
1187	云南柿	*Diospyros yunnanensis* Rehd. et Wils.
1188	云南松	*Pinus yunnansis* Fr
1189	云南铁杉	*Tsuga dumosa*（D. Don）Eichler.
1190	云南蕈树	*Altingia yunnanensis* Rehd. et Wils.
1191	云南银钩花	*Mitrephora wangii* Hu
1192	云南油杉	*Keteleeria evelyniana* Mast.
1193	云南樟	*Cinnamomum glanduliferum* Meissn
1194	云山青冈	*Cyclobalanopsis nubium*（Hand. -Mazz.）Chun
1195	云杉	*Picea asperata* Mast.
1196	云杉属	*Picea*
1197	云树	*Garcinia cowa* Roxb.
	Z	
	zao	
1198	枣树	*Ziziphus jujuba* Mill.
1199	皂荚	*Gleditsia sinensis* Lam.
1200	皂柳	*Salix wallichiana* Anderss.
	zhan	
1201	展毛野牡丹	*Melastoma normale* D. Don

续表

序号	树种名	拉丁学名
	zhang	
1202	樟科	Lauraceae
1203	樟树	*Cinnamomum camphora*（linn.）presl
1204	樟叶荚蒾	*Viburnum cinnamomifolium* Rehd.
1205	樟叶梁王茶	*Nothopanax delavayi*（Fr.）Harms ex Diels
1206	樟叶泡花树	*Meliosma squamulata* Hance.
1207	樟叶朴	*Celtis cinnamomifolia*
1208	樟叶松	*Pinus sylvesris* var. mongolica Litvin
1209	樟属	*Cinnamomum* Trew
	zhe	
1210	浙赣箬竹	*Indocalmus migoi*（Nakai）keng f.
1211	浙江红花油茶	*Camellia chekiangoleosa* Hu
1212	浙江新木姜子	*Neolitsea aurata*（*Hayata*）*Koidz.* var. *chekiangensis*（*Nakai*）Yang et P. H. Huang
	zhen	
1213	榛	*Corylus heterophylla* Fisch. ex Trantv.
	zhi	
1214	直杆蓝桉	*Eucalyptus maideni* F. V. Muell.
	zhong	
1215	中国无忧花	*Saraca chinensis* Merr. et Chun
1216	中国绣线菊	*Spiraea chinensis* Maxim.
1217	中华柳	*Salix cathayana* Diels
1218	中华槭	*Acer sinense* Pax
1219	中华蚊母树	*Distylium chinense*（Fr.）Diels
1220	中平树	*Macaranga denticulate*（Bl.）Muell. Arg.
1221	钟花杜鹃	*Rhododendron campanulatum* D. Don subsp.
	zhu	
1222	珠眼石栎	*Lithocarpus iteaphylloides* Chun

续表

序号	树种名	拉丁学名
1223	竹柏	*Podocarpus nagi*（Thunb.）Zoll. et Mor. ex Zoll.
1224	竹叶椒	*Zanthoxylum armatum* DC.
1225	竹叶栎	*Quercus bambusifolia* Hance
1226	竹叶木荷	*Schima bambusifolia* Hu
1227	竹叶青冈	*Cyclobalanopsis bambusefolia*（Hance）Chun
	zhui	
1228	锥栗	*Castanea henryi*（Skan）Rehd. et Wils.
1229	锥连栎	*Quercus franchetii* Skan
	zhun	
1230	准葛尔锦鸡儿	*Caragana songarica* Grub.
	zi	
1231	资源冷杉	*Abies Ziyuanensis* L. K. Fu et. S. L. Mo
1232	子凌蒲桃	*Syzygium champiomi*（Benth.）Merr. et Perry.
1233	梓树	*Catalpa ovata* G. Don
1234	紫弹树	*Celtis biondii* Pamp.
1235	紫椴	*Tilia amurensis* Rupr.
1236	紫果冷杉	*Abies recurvata* Mast.
1237	紫果云杉	*Picea purpurea* Mast.
1238	紫荆木	*Madhuca subquincuncialis* H. J. Lam.
1239	紫楠	*Phoebe sheareri* Gamble
1240	紫槭	*Acer cordatum* Pax
1241	紫穗槐	*Amorpha fruticosa* Linn.
1242	紫檀	*Pterocarpus indicus* Willd.
	zong	
1243	棕榈	*Trachycarpus fortunei*（Hook.）H. Wendl.
1244	棕毛栲	*Castanopsis poilanei* Hick. et A. Camus
	zuan	
1245	钻天柳	*Chosenia arbutifolia*（Pallas）A. K. Skv.

续表

序号	树种名	拉丁学名
	zuo	
1246	柞木	*Xylosma japonicum*（Walp.）A. Gray

参考文献

[1]　中国森林编辑委员会．中国森林（第一卷）[M]．北京：中国林业出版社，1997.

[2]　中国植被编辑委员会．中国植被 [M]．北京：科学出版社，1980.

[3]　蒋有绪，郭泉水，马娟，等．中国森林群落分类及其群落学特征 [M]．北京：科学出版社/中国林业出版社，1998.

森林资源术语

中华人民共和国国家标准　GB/T 26423－2010

2011－01－14 发布　2011－06－01 实施

前　言

本标准由国家林业局提出。

本标准由国家林业局归口。

本标准起草单位：国家林业局调查规划设计院。

本标准主要起草人：翁国庆、唐小平、黄山如、刘悦翠、邓华锋、王红春、李炳凯。

1　范围

本标准规定了森林资源经营管理方面的术语和定义。

本标准适用于森林资源经营管理及相关的科研、教学、生产等领域。

2　森林调整

2.1

森林调整　forest regulation

通过适宜的森林经营措施将现实森林逐步导向满足森林经营目标的技术方法。

2.2

森林永续利用　sustained-yield forest management

均衡、持久、合理地发挥森林的再生作用，保证当前生产和生态服务，使森林资源能续用不竭的森林利用方式。

2.3

现代森林永续利用　modern sustained-yield forest

在一定经营范围内，能不间断地生产经济建设和人民生活所需的木材和林副产品，持续地发挥森林的生态效益、经济效益与社会效益，并在提高森林生产力的基础上，扩大森林的利用量。

2.4

林分　stand

内部林学特征相同且与四周相邻部分有显著区别的森林地段。

2.5

同龄林　even-aged forest

内部林木年龄相差不超过一个龄级的林分。

2.6

同龄林龄级结构　age class structure of even-aged forests

森林经营单位内同龄林面积的龄级分布。

2.7

异龄林　uneven-aged forest

内部林木年龄差异超过一个龄级的林分。

2.8

异龄林年龄结构　age class structure of uneven-aged forests

在异龄林内林木株数的年龄或龄级分布。

2.9

法正林　normal forest；model forest

具备能够实现严格永续利用条件的森林，或生长完满并具有特定模式的理想林分。

2.10

法正龄级分配　normal age class

森林经营单位内，各个年龄或龄级的林分都有，且各年龄或龄级林分所占面积相等。

2.11

法正林分排列　normal stand arrangement；normal stand distribution

在森林经营单位内各个龄级林分符合采伐与天然下种更新以及防风保护等要求的空间分布。

2.12

法正生长量　normal growth

森林经营单位内各个龄级林分都有相应于各林龄及各立地条件的充分生长量（完满疏密度），整个经营单位可保持一定的总生长量。亦即整个经营单位的法正生长量等于最老林分的蓄积量。

2.13

完全调整林　fully regulated forest

法正林的进一步发展，一种能够实现永续利用的森林结构。

2.14

轮伐期　rotation

在皆伐作业的森林经营单位内，把全部林分轮伐一遍所需的时间。对同一林地，林木成熟采伐后，通过更新、培育又达到成熟，再度进行采伐的间隔期限。

2.15

择伐周期　cutting cycle

回归年

在择伐作业中，采伐符合一定尺寸的林木后，保留的林木继续生长至再恢复到能够采伐利用的尺寸为止的经营周期。

2.16

择伐强度　intensity of selective cutting

择伐蓄积占林分总蓄积的百分比。

2.17

更新期　regeneration interval

森林采伐后距造林时的间隔期限。

2.18

调整期　adjustment period

对现实林不可能马上实现森林永续利用，要有一段调整使其达到永续利用状态的时期。

2.19

天然更新　natural regeneration

利用自然的力量，在没有人力的参与下重新形成新一代森林的过程。

2.20

人工更新　artificial regeneration

在各类迹地上用人工植苗、插条或直播方法形成新一代森林的过程。

2.21

人工促进天然更新　artificially promoted natural regeneration

在林冠下或迹地上，为保证森林天然更新所采取的人为辅助措施，包括种子年进行松土整地、补播补植、清除杂草灌木，控制更新地区放牧及伐区清理等方法形成新一代森林的过程。

2.22

伐前更新　pre-cut regeneration

森林采伐前在林冠下进行的森林更新。

2.23

伐后更新　post-cutting regeneration；regeneration after removal of old growth

森林采伐后在迹地上进行的森林更新。

2.24

区划轮伐法　division into annual coupes

区划面积法

面积配分法

将经营范围内的森林面积等分区划，每年按顺序采伐各年度伐区上林木的森林调整方法。

2.25

材积配分法　volume allotting method

将现在蓄积和各林分生长到轮伐期所期望的生长量总和分配到轮伐期各年，从而使轮伐期各年间能得到相等的年伐蓄积的方法。

2.26

材积平分法　volume framework method

将轮伐期划分为一定数量的分期，然后将森林经营类型（作业级）范围的材积平分于各分期，以分期来控制和调整收获量的方法。

2.27

面积平分法　area framework method

将轮伐期划分为一定数量的分期，然后将森林经营类型（作业级）范围内的林地面积平分于各分期，以分期来控制和调整收获量的方法。

2.28

折衷平分法　combined framework method

期望在轮伐期内实现林木材积的均衡利用和到下一轮伐期间实现法正龄级分配和排列的方法。

2.29

法正蓄积法　normal volume method；regulation of yield based on normal growing stock and normal increment

以现实林分蓄积和生长量作为收获的基础，以法正蓄积（理想森林结构）作为调整目标的一种森林收获量计算和调整的方法。

2.30

龄级法　age-class method

以森林永续利用为指导，以法正龄级分配为原则，按森林经营类型（作业级）编制的龄级表分析采伐量、生长量、蓄积之间的关系，结合森林调整，确定最近一个经理期的采伐面积和采伐蓄积，并通过采伐和更新，将现实林不均匀分配的龄级结构调整为均匀分配的龄级结构的方法。

2.31

面积控制法　method of area control

通过计算年伐面积确定年伐蓄积的森林调整方法。

2.32

材积控制法　method of volume control

通过计算年伐蓄积确定年伐面积的森林调整方法。

3　森林成熟

3.1

森林成熟　forest maturity

森林在其生长发育过程中达到最符合经营目的时的状态。

3.2

森林成熟龄　forest mature age

森林在其生长发育过程中达到最符合经营目的时的年龄。

3.3

数量成熟　quantitative maturity

树木材积生长量或林分蓄积平均生长量达到最大时的状态。

3.4

数量成熟龄　quantitative mature age

树木材积生长量或林分蓄积平均生长量达到最大时的年龄。

3.5

工艺成熟　technical maturity

树木或林分在生长发育过程中，目的材种平均生长量达到最大时的状态。

3.6

工艺成熟龄　technical mature age

林分在生长发育过程中，目的材种平均生长量达到最大时的年龄。

3.7

自然成熟　physical maturity

生理成熟

树木或林分生长发育到开始枯萎时的状态。

3.8

自然成熟龄　physical mature age

树木或林分生长发育到开始枯萎时的年龄。

3.9

更新成熟龄　regeneration maturity

树木或林分在采伐后能保证天然更新时的状态。

3.10

更新成熟龄　regeneration mature age

树木或林分在采伐后能保证天然更新时的年龄。

3.11

种子更新成熟　seed regeneration maturity

树木或林分开始大量结实时的状态。

3.12

种子更新成熟龄　seed regeneration mature age

树木或林分开始大量结实时的最低年龄。

3.13

萌芽更新成熟　sprout regeneration maturity

树木或林分采伐后具有旺盛萌芽力时的状态。

3.14

萌芽更新成熟龄　sprout regeneration mature age

树木或林分保持旺盛萌芽力时的最高年龄。

3.15

防护成熟　protection maturity

树木或林分发挥防护作用最大时的状态。

3.16

防护成熟龄　protection mature age

树木或林分发挥防护作用最大时的年龄。

3.17

经济成熟　financial maturity

在森林生长发育过程中，货币收入达到最多时的状态。

3.18

经济成熟龄　financial mature age；financial rotation

在森林生长发育过程中，货币收入达到最多时的年龄。

4　森林采伐

4.1

伐区　cutting area

同一年度内，用相同采伐类型采伐作业的、在地域上相连的森林地段。是森林采伐作业设计、施工、管理与监督的基本单位。

4.2

森林采伐　forest harvesting

根据森林资源经营管理的需要和森林、林木的生长发育状况，将森林中的林木伐倒、运出伐区，并清理和恢复森林的一项经营管理活动。

4.3

采伐类型　cutting type

根据采伐的目的与作用而划分的采伐类别。包括主伐、更新采伐和抚育间伐。

4.4

采伐方式　cutting methods

按照一定的空间配置和时间顺序，对林分或具有一定特征的林木进行采伐的程序。

4.5

森林主伐　forest harvest cutting；final cutting

为获取木材而对用材林中成熟林和过熟林分所进行的采伐作业。

4.6

主伐年龄　final age

采伐年龄　harvest age

伐期龄　cutting age

林分经过正常的生长发育，达到可以进行主伐利用时的最低年龄。

4.7

森林主伐方式　forest final cutting methods

按照一定的空间配置和时间顺序，对成熟林分或具有一定特征的成熟林木进行采伐的程序。包括皆伐、择伐和渐伐。

4.8

补充主伐　supplementary final cutting

对疏林、散生木和采伐迹地上已失去更新下种作用的母树的采伐利用活动。

4.9

更新采伐　regeneration cutting

为了恢复、提高或改善防护林和特用林的生态功能，进而为林分的更新创造良好条件所进行的采伐。

4.10

抚育采伐　tending cutting

从幼林郁闭起，到主伐前一个龄级止，为了改善林分条件，促进保留林木生长发育而进行的采伐。

4.11

皆伐　clear cutting

一次采伐完伐区上的林木的主伐方式。

4.12

择伐　selection cutting

在林分内，每隔一定时期，单株或群状地采伐达到一定大小或具有一定特征的成熟林木的主伐方式。

4.13

径阶择伐　diameter limit selection cutting

在异龄林中选取一定径阶（粗度）以上的林木进行采伐，保留下的小径木继续生长到采伐直径时，再度进行择伐。

4.14

渐伐　shelter wood cutting

在一个龄级期内，分数次（2次~4次）采伐完伐区上的林木，并完成森林天然更新的主伐方式。

4.15

透光伐　lighting cutting

为改善幼龄林分光照条件，减少幼龄林木与其他植物对生长空间的竞争而进行的抚育采伐方式。

4.16

生态疏伐　ecological thinning

为使森林形成林冠梯级郁闭，林内大、中、小立木都能直接接受阳光，诱导形成复层异龄林，增强森林生态系统的生态防护功能，而在防护林和特用林中龄阶段进行的抚育采伐。

4.17

景观疏伐　scenery cutting

为满足生态旅游对森林景观要求，而对特用林中风景林进行采伐的抚育采伐方式。

4.18

生长伐　accretion cutting

为加速林木生长和促进林木结实，在中龄林阶段进行的伐除生长过密和生长不良的林木，提高林分经济价值和防护效益的抚育采伐方式。

4.19

抚育间伐 forest intermediate cutting；thinning

为充分利用木材、增加用材林产出，并减少林木间竞争、改善保留林木生长发育条件而对用材林中龄林进行的利用性抚育采伐。

4.20

卫生伐 sanitary cutting

为改善林分卫生条件而伐除因遭受森林火灾、病虫害严重危害的林木以及枯死木、损伤木等的抚育采伐方式。

4.21

采伐强度 cutting intensity

采伐林分中，被采伐的材积或株数占采伐前林分蓄积或株数的百分比。

4.22

森林采伐量 forest harvesting rate；forest cutting level；forest cutting volume

森林经营单位在一定时期内的采伐的森林蓄积量。

4.23

年采伐量 annual yield

森林经营单位在一年内采伐的森林蓄积量。

4.24

年伐面积 annual cutting area

森林经营单位在一定时期内年均采伐森林的面积。

4.25

年伐蓄积 annual cutting volume

森林经营单位在一定时期内年均采伐森林蓄积。

4.26

标准年伐量 normal annual yield

根据森林永续利用的原则，市场的需求和森林调整的要求，统筹考虑经营单位的当前需要和长远利益，结合森林经营单位具体经济条件、需材情况和森林资源特点，加以论证和确定的各经营类型在经理期内的平均年伐量。

5 森林区划

5.1

森林区划 forest division

林地区划

为了科学经营森林，实现森林永续利用，合理安排空间秩序，针对行政管理、资源管理和组织生产作业的需要，对整个林区进行地域上的划分，将林区和不同的森林对象区划为不同的单位的过程。

5.2

国有林经营单位　national forest management unit

国有林区中主要从事森林资源培育和经营管理的企业单位。主要有国有林业局。

5.3

林场　forest farm

国有林经营单位下属的一个具体从事森林资源培育和经营管理的生产单位，或（集体林区中）独立的从事森林资源培育和经营管理的企业单位。

5.4

营林区　forest sub-farm；forest range

在林场内，为了合理地进行森林经营利用活动，开展多种经营以及考虑生产和职工生活的方便，根据有效经营活动范围，特别是护林防火工作量的大小而划分的经营管理单位。

5.5

林班　compartment

为便于森林资源经营管理、合理组织生产作业而划分的一种长期性的、最小的森林经营管理区划单元。

5.6

综合区划法　combined division method

把人工区划法与自然区划法结合起来应用进行林班区划的方法。

5.7

小班　subcompartment

内部特征基本一致，与相邻地段有明显区别，而需要采取相同经营措施的森林地块或小区。是森林资源规划设计调查、统计和森林经营管理的基本单位。

5.8

细班　subplot

森林调查中，面积 0.067 hm^2 以上，但达不到小班面积要求（通常 1 hm^2 以上）的小块林地。通常两个以上的细班组成小班。

5.9

林班标　signed-stake of compartment boundary

在各林班线的交叉点所设置的具有编号、能起指明位置和地面测站作用的标桩。

5.10

林种　category of forest

森林按照其经营目的或所发挥效益的不同而划分的分类单位。

5.11

林种区　forest category division

地域上相连、经营方向相同、林种相同的区域。

5.12

经营区　forest management division

地域上相连、经营利用方向和经营强度一致的林地区域。

5.13

森林经营类型　forest management type

在林种区内地域上不一定相连，但经营目的、林学技术设计和经营措施相同的小班的集合。

5.14

森林经营措施类型　silviculture treatment type；type of management strategy；type of forest management practices

按照森林培育和利用的主要环节或技术措施，将森林经营措施和技术特征相同的小班组织为同一类型的小班集合体。

5.15

林分改造　stand improvement

为了提高林分生产力，充分发挥森林多种效益，把低质低效林、低产林和其他不满足经营目的的森林，通过封山育林、补植补造、嫁接复壮、抚育采伐等措施，改造为林分结构合理、生态系统稳定、高产高效、符合经营目的的森林。

5.16

作业区　operating area

根据集材系统，按一个楞场或装车场所吸引的采伐范围划分的区域。

5.17

小班经营法　subcompartment management；method of management by subcompartment ；subcompartment method ；subcompartment based management

以一个小班或地域上相连接的几个小班集合作为基本经营单位，进行设计、开展经营活动的方法。

6　森林调查

6.1

森林调查　forest survey

森林资源调查　forest inventory

以森林、林地、林木以及森林范围内栖息的野生动、植物资源及其环境条件为对象的调查。

6.2

国家森林资源连续清查　national forest continuous inventory

全国森林资源连续清查

一类调查

以掌握宏观森林资源现状和动态为目的，以省（自治区、直辖市）为单位，利用固定样地为主进行定期复查的森林资源调查。

6.3

森林资源规划设计调查　forest inventory for planning and design

森林经理调查　forest management inventory

二类调查

以森林经营管理单位或行政区域为调查总体，查清森林、林木和林地资源的种类、分布、数量和质量，客观反映调查区域森林经营管理状况，为编制森林经营方案、开展林业区划规划、指导森林经营管理等需要进行的调查活动。

6.4

林业生产条件调查　forestry production baseline survey

为了正确确定森林经理对象内的森林经营方针，制定科学、合理的森林经营方案，对经理地区的自然条件、经济条件和过去经营情况进行的调查。

6.5

专业调查　thematic survey

在森林资源规划设计调查中为完成某一专项任务而进行的调查，是森林资源规划设计调查的重要组成部分。如森林生长量调查、消耗量调查、森林更新调查、森林土壤调查、森林病虫害调查、出材量调查、制表调查、立地条件调查等。

6.6

小班调查　subcompartment cruise

将森林资源的各项调查因子落实到小班的一种调查。

6.7

树种组　species group

在森林资源调查中，为统计汇总方便，而将生物学特征和生态学特点相似的树种归类合并而成的一类树种。

6.8

优势树种（组）　dominant tree species; dominant group

林分中蓄积量或株数最多的树种（组）。

6.9

组成树种　composition species

林分中优势树种（组）以外的树种。

6.10

树种组成　species composition

组成林分各树种（组）的蓄积量或株数所占比例。

6.11

目的树种　target species

由两个以上树种组成的林分中，最符合经营目的的树种。

6.12

主要树种　principal species

由两个以上树种组成的林分中，林木蓄积量或株数最多的树种。

6.13

林分类型　forest type; stand type

反映林分树种组成的指标。

6.14

纯林　pure stand

由一个树种（组）组成，或虽由两个以上树种组成但其中一个树种的蓄积或株数占林分蓄积或株数65%（含）以上的林分。

6.15

混交林　mixed stand

没有一个树种（组）的蓄积量或株数占林分蓄积量或株数65%（含）以上的林分。

6.16

森林起源　stand origin

森林形成的方式。

6.17

天然林　natural forest

由天然下种、人工促进天然更新或萌生形成的森林。

6.18

人工林　forest plantation; planted forest

由人工直播（条播或穴播）、植苗、分殖或扦插造林形成的森林。

6.19

天然更新等级　natural regeneration class

根据幼苗幼树株数和高度划分反映林分天然更新状况的指标。

6.20

树木年龄　tree age

树木自种子萌发后生长的年数。

6.21

林分年龄　stand age

平均年龄　average age

林龄

林分内各林木年龄的平均值。

6.22

绝对同龄林　absolute even-aged forest

林分内林木的年龄都相同的林分。

6.23

相对同龄林　relative even-aged forest

组成树种的林木年龄相差不足一个龄级的林分。

6.24

异龄林　uneven aged forest

林分中林木年龄相差超过一个龄级的林分。

6.25

全龄林　all aged forest

由所有龄级的林木所组成的林分。

6.26

龄级　age class

林木或林分按年龄的分级。

6.27

龄组　age group

根据林木生长发育阶段而进行的对林分龄级的分组。

6.28

幼龄林 young growth；young forest

处于生长发育初期的林分。

6.29

中龄林 half-mature forest

处于生长发育中期的林分。

6.30

近熟林 pre-mature forest

生长发育接近成熟的林分。

6.31

成熟林 mature forest

生长发育已经成熟并达到某种经营目的时的林分。

6.32

过熟林 over-mature stand

已经超过成熟阶段、生长发育开始衰退的林分。

6.33

经济林生产期 production stages of non-timber forests

根据经济林所处产期划分为产前期、初产期、盛产期、衰产期。

6.34

集约经营 intensive regime；intensive management

依靠科技进步和现代化管理，在一定的土地上集中投入较多的生产资料和劳动，以期获得更多产品或收益的森林经营方式。

6.35

常规经营 conventional（forest）management

在一定的土地上，按照社会平均的生产资料和劳动投入，采用成熟的、广泛使用的技术和手段，以期获得社会平均产品或收益的森林经营方式。

6.36

粗放经营 extensive management

在一定的土地上，以低于社会平均的生产资料和劳动投入，通常获得低于社会平均产品或收益的森林经营方式。

6.37

林层 storey

森林群落中由乔木树种林冠形成的水平层次的垂直分布状况。

6.38

单层林　one-storey stand

林冠的水平层次只有一层的林分。

6.39

复层林　muti-storey stand

林冠的水平层次有两层或两层以上的林分。

6.40

林分密度　stand density

林分内单位面积林木的数量。

6.41

株数密度　density of trees

林分内单位面积林木的株数。

6.42

郁闭度　crown density；shade density

林冠的垂直投影面积与林地面积之比，用十分法表示。

6.43

郁闭度等级　crown density class

根据森林经营管理的目的而将林分郁闭度划分成若干个等级。通常分为疏、中、密三个等级。

6.44

疏密度　degree of closing；degree of density；degree of stocking；density of the crop

林分每公顷胸高断面积（或蓄积）与相同条件下标准林分每公顷胸高断面积（或蓄积）之比，以十分法表示。

6.45

林分平均高　average height of stand；stand mean height

平均高

林分中林木树高的平均值。

6.46

条件平均高　average height

林分平均直径所对应的树高。

6.47

优势木　dominant tree；dominating stem

林分中每 100 m^2 的面积上，最粗或最高的树木。

6.48

优势木平均高　average top height

优势木的算术平均高。

6.49

平均胸径　mean diameter at breast height

林分中各林木胸径的断面积加权平均值。

6.50

算术平均胸径　arithmetic mean diameter at breast height

林分中各林木胸径的算术平均值。

6.51

林分断面积　basal area at breast height

林分中各林木胸高断面积的合计。

6.52

林分蓄积量　stand volume

林分蓄积

林分中各林木材积的合计。

6.53

特大径级　huge diameter class

胸径在38 cm（含）以上的径阶组。

6.54

大径级　large diameter class

胸径在26 cm~36 cm的径阶组。

6.55

中径级　middle diameter class

胸径在14 cm~24 cm的径阶组。

6.56

小径级　small diameter class

胸径在14 cm（不含）以下的径阶组。

6.57

立地等级　site class

立地质量　site quality

综合评价气候、土壤和生物等林地所处自然立地条件影响林地生产潜力高低的指标。

6.58

地位级　site class

依据林分平均年龄和平均树高的关系定量评价立地质量的指标。

6.59

地位级表　site class table

以林分平均高和平均年龄的关系为依据而编制成的林业数表。

6.60

地位指数　site index

以林分基准（或标准）年龄时的优势木平均高评价立地质量的定量评价指标。

6.61

地位指数表　site index table

以林分优势木平均高与林分优势木平均年龄的关系为依据编制成的林业数表。

6.62

覆盖度　coverage rate

灌木覆盖度

灌木树冠垂直投影面积与林地面积的百分比。

6.63

四旁树　"four-sides" plantation

生长在村（宅）旁、路旁、水旁、田旁等栽植连续面积达不到有林地标准的各种竹丛、树木。

6.64

散生木　scattered trees

生长在竹林地、灌木林地、未成林造林地、无立木林地、宜林地、非林地上达到起测直径的树木（不包括四旁树），以及生长在幼、中龄林上层达不到林层标准的高大树木。

6.65

林业用地　forest land; forestry land

林地

用于森林生态建设和森林资源培育、生产经营的土地和潮间带的红树林地，包括郁闭度0.20以上的乔木林地及竹林地、灌木林地、疏林地、采伐和火烧迹地、未成林造林地、苗圃地、森林经营单位辅助生产用地和宜林地。

6.66

有林地　forested land; timber stand

连续面积大于0.067 hm^2、郁闭度0.20以上、附着有森林植被的林地，包括乔木林、红树林和竹林。

6.67

乔木　arbor

有明显主干、成熟后树高 5 m 以上，胸径 5 cm 以上的树木。

6.68

乔木林　arboreal forests

由乔木（含因人工栽培而矮化的）树种组成的片林或林带。其中，乔木林带行数应在两行以上且行距小于等于 4 m 或林冠冠幅水平投影宽度在 10 m 以上。

6.69

竹林　forests of bamboos

附着有胸径 2 cm 以上的竹类植物的林地。

6.70

疏林地　open forest land; scattered woodland

由乔木树种组成，连续面积大于 0.067 hm^2、郁闭度在 0.10～0.19 之间的林地。

6.71

灌木林地　shrub land

附着有灌木树种或因生境恶劣矮化成灌木型的乔木树种以及胸径小于 2 cm 的小杂竹，连续面积大于 0.067 hm^2、覆盖度在 30% 以上的林地。

6.72

国家特别规定的灌木林　national specific provision shrubbery

根据国家有关法律法规的规定而被纳入森林覆盖率计算的灌木林。

6.73

未成林造林地　un-closed afforestation land

人工造林、封山（沙）育林后但尚未郁闭成林的林地。

6.74

苗圃地　nursery land

固定的林木、花卉育苗用地。

6.75

无立木林地　non-standing tree forest land

采伐迹地、火烧迹地和其他无立木林地的总称。

6.76

迹地　slash

受人为干扰或自然因素影响而达不到疏林地指标且尚未更新的林地。

6.77

采伐迹地　clear-cutted forestland

采伐后保留木达不到疏林地标准、尚未人工更新或天然更新达不到中等等级的林地。

6.78

火烧迹地　burned forest land

火灾后活立木达不到疏林地标准、尚未人工更新或天然更新达不到中等等级的林地。

6.79

宜林地　planned forest land

当前为非林地但已经过法定程序规划用作林地的土地。

6.80

辅助生产林地　auxiliary forest land

直接为森林培育和森林资源经营管理服务的工程设施与配套设施用地和其他有林地权属证明的土地。

6.81

森林覆盖率　forest coverage；percentage of forest cover

以行政区域为单位森林面积与土地面积的百分比。

6.82

林木绿化率　greening rate of trees

反映森林、林木和灌木林覆盖国土面积的指标。

6.83

林相图　stock map；stand map；forest map

反映森林经营单位的地物、地类及森林按优势树种及龄组分布特征的图。其特点是按不同的地类、不同的优势树种、不同的龄组进行着色。

6.84

森林资源分布图　forest resource distribution map

森林分布图

以林相图为基础，反映地类和林班内优势林分空间状况的图件资料。

6.85

森林资源档案　forest resource archives；forest resource record

以文字、图表及其电子文档等方式，按一定格式，记录和反映森林经营单位森林资源状况及其变化、森林资源经营管理活动和科学研究等方面情况，并按程序纳入档案管理的森林资源技术经济文件和资料。

7 森林资源经营管理

7.1

森林经营方案　forest management plan；forest working plan

森林经营主体根据国民经济和社会发展要求及国家有关方针政策编制的森林资源培育、保护和利用的中长期规划，以及对生产顺序和经营利用措施的规划设计。

7.2

编案单位　object of forest management planning

拥有森林资源资产所有权或经营权、处置权，经营界限明确，产权明晰，有一定经营规模和相对稳定的经营期限，能自主决策和实施森林经营，为满足森林经营需求而直接参与经济活动的经营单位、经济实体。

7.3

森林经营主体　forest managing body

森林资源经营管理决策权的所有者，可以是法人或自然人。

7.4

森林经营单位　forest management unit

具有一定面积、边界明确的森林区域，并能依照确定的经营方针和经营目标开展森林经营、具有法人资格的森林经营主体。

7.5

森林　forest

由乔木、直径2 cm以上的竹子组成且郁闭度0.20以上，以及符合森林经营目的的灌木组成且覆盖度30%以上的植物群落。包括郁闭度0.20以上的乔木林、竹林和红树林，国家特别规定的灌木林、农田林网以及村旁、路旁、水旁、宅旁林木等。

7.6

森林资源　forest resources

森林、林木、林地以及依托森林、林木、林地生存的野生动物、植物和微生物等的总称。

7.7

森林分类经营　classified forest management

国家或森林经营者根据生态保护和建设、社会和经济发展的需要，为最大限度地发挥森林多种效益而按照森林的主导功能及其自身特点和运营规律，将森林划分为生态公益林和商品林，并分别采取不同经营管理措施，以及相应的经济、社会、行政和法律手段的一种现代森林经营体制和发展模式。

7.8

森林生态系统经营　forest ecosystem management

从森林生态系统整体功能出发，以维持森林生态系统复杂的过程、路径及相互依赖关系，长期保持森林生态系统良好功能、自身健康为目标，按照生态系统发生、发展的演替规律，通过公众参与、分层次协调和控制，主要在生态系统层次上进行森林动态管理的一种经营管理模式。

7.9

森林可持续经营　sustainable forest management

通过现实和潜在森林生态系统的科学管理、合理经营，维持森林生态系统的健康和活力，维护生物多样性及其生态过程，以此来满足社会经济发展过程中，对森林产品及其环境服务功能的需求，保障和促进人口、资源、环境与社会、经济的持续协调发展。

7.10

森林资源经营管理　forest resource management

对森林资源进行区划、调查、分析、评价、经营规划与决策、信息管理等一系列工作的总称。

7.11

森林功能区划　division of forest functions

根据森林资源主导功能、生态区位、利用方向等，采用系统分析或分类方法，将经营区内森林划分为若干个独立的功能区域，实行分区经营管理，从整体上发挥森林资源的多功能特性的管理方法或过程。

7.12

森林分类区划界定　boundary delineation of forest management classes

依据森林分类体系，将林种划分按照一定的原则和要求，以行政区域或森林经营单位为单位，逐一落实到小班或地块，并通过合法程序，经政府批准，以签订合同规范形式确定有关各方权、责、利关系的过程。

7.13

生态公益林　non-commercial forest

以保护和改善人类生存环境、维持生态平衡、保存种质资源、科学实验、森林旅游、国土保安等需要为主要经营目的的森林、林木、林地，包括防护林和特种用途林。

7.14

商品林　commercial forest

以生产木材、竹材、薪材、干鲜果品和其他工业原料等为主要经营目的的森林、林木、林地，包括用材林、薪炭林和经济林。

7.15

重点公益林　prior non-commercial forest；key welfare forest

生态区位极为重要或生态状况极为脆弱，对国土生态安全、生物多样性保护和经济社会可持续发展具有重要作用，以提供森林生态和社会服务产品为主要经营目的的重点防护林和特种用途林。

7.16

一般公益林　common non-commercial forest

按照国家有关规定，未划入重点公益林的生态公益林。

7.17

森林采伐限额　forest cutting limit；forest fell limit；forest cutting quota

国家根据合理经营、可持续利用森林资源的原则，对森林、林木实行限额消耗的法定控制指标，是森林经营单位每年最大的采伐量。

7.18

林木采伐许可证　felling license；cutting license

采伐森林和林木的法律凭证。

7.19

木材运输证　timber transportation certificate

落实木材凭证运输的法律凭证。

7.20

木材经营加工许可证　timber sales and processing license

木材经营、加工的合法凭证。

7.21

森林资源监测　forest resource monitoring

根据森林资源经营管理和生态建设、科学研究等的需要，采用相应的技术方法和标准，按照确定的时空尺度，在特定范围内对森林资源分布、数量、质量的动态变化以及相关的自然和社会经济条件等数据进行采集、统计、分析和评价的工作。

7.22

森林资源综合监测　integrated forest resource monitoring

在一定时间和空间范围内，利用各种信息采集、处理和分析技术及其他相关技术，对森林生态系统、湿地生态系统、荒漠生态系统及其他相关的生态系统进行系统的观察、测定、分析和评价，以全面展现监测期间森林资源和生态状况变化，综合揭示各种因素的相互关系和内在变化规律，为森林资源经营管理和生态建设以及社会公众及时提供全面、准确信息服务的技术工作。

7.23

林权　forest ownership

森林所有者和经营者对森林、林木及林地的占有、使用、收益和处分的权利。

7.24

林权证　certificate of forest ownership

森林、林木和林地所有权或使用权的法律凭证。

参考文献

[1]　GB/T 15781　森林抚育规程

[2]　LY/T 1646—2005　森林采伐作业规程

[3]　国家林业局. 森林经营方案编制与实施纲要（试行），林资发〔2006〕227号印发.

[4]　国家林业局. 国家森林资源连续清查技术规定，林资发〔2004〕25号印发.

[5]　国家林业局. 森林资源规划设计调查主要技术规定，林资发〔2003〕61号印发.

[6]　国家林业局. 国家林业局关于开展全国森林分类区划界定工作的通知，林策发〔1999〕191号.

[7]　国家林业局. 全国营造林实绩综合核查工作方案，林资发〔2003〕105号印发.

[8]　国家林业局. "国家特别规定的灌木林地"的规定（试行），林资发〔2004〕14号.

[9]　林业部调查规划院. 森林调查手册. 中国林业出版社，1984.

[10]　中国农业百科全书编辑部. 中国农业百科全书（林业卷）. 农业出版社，1989.

[11]　《中国林业工作手册》编纂委员会. 中国林业工作手册. 2006.

[12]　雷加富. 中国森林生态系统经营. 中国林业出版社，2007.

[13]　南京林业大学. 新英汉林业词汇. 中国林业出版社，1988.

[14]　于政中. 森林经理学. 中国林业出版社，1993.

[15]　孟宪宇. 测树学. 中国林业出版社，2007.

[16]　陈青法，方灵兰. 简明林业词典. 甘肃人民出版社，1981.

汉语拼音索引

英文对应词索引

A

B

C

D

E

G

H

I

O

P

Q

R

S

森林资源规划设计调查技术规程

中华人民共和国国家标准 GB/T 26424—2010

2011－01－14发布 2011－06－01实施

目　次

前　言

本标准的附录A为规范性附录，附录B为资料性附录。

本标准由国家林业局提出并归口。

本标准起草单位：国家林业局调查规划设计院。

本标准主要起草人：唐小平、陈雪峰、翁国庆、张敏、李晖、李利国、龙新毛、王红春。

森林资源规划设计调查技术规程

1 范围

本标准规定了森林资源规划设计调查的对象、内容、程序、方法、成果等技术要求。

本标准适用于全国范围内的森林资源普查、规划设计调查以及森林资源调查管理。

2 规范性引用文件

下列文件中的条款通过本标准的引用而成为本标准的条款。凡是注日期的引用文件，其随后所有的修改单（不包括勘误的内容）或修订版均不适用于本标准，然而，鼓励根据本标准达成协议的各方研究是否可使用这些文件的最新版本。凡是不注日期的引用文件，其最新版本适用于本标准。

GB/T 18337.2　生态公益林建设　规划设计通则

LY/T 1812　林地分类

LY/T 1821—2009　林业地图图式

国家林业局　财政部　重点公益林区划界定办法（林策发［2004］94号）

国家森林资源连续清查技术规定（林资发［2004］25号）

中华人民共和国主要林木目录（第一批）（国家林业局令第3号）

林业专业调查主要技术规定（林资字［86］便字5号）

3 术语和定义

下列术语和定义适用于本标准。

3.1

森林资源规划设计调查　forest inventory for planning and design; forest management inventory

二类调查　forest second type inventory

以森林经营管理单位或行政区域为调查总体，查清森林、林木和林地资源的种类、分布、数量和质量，客观反映调查区域森林经营管理状况，为编制森林经营方案、开展林业区划规划、指导森林经营管理等需要进行的调查活动。

3.2

林班　compartment

为便于森林资源经营管理、合理组织林业生产而划分的一种长期性的、最小的森林经营管理区划单元。

3.3

小班　subcompartment

内部特征基本一致，与相邻地段有明显区别，而需要采取相同经营措施的森林地块或小区。是森林资源规划设计调查、统计和森林经营管理的基本单位。

3.4

林木生长量　tree increment

在一定时期内林木的直径、高度、蓄积等的变化量。

3.5

林种　category of forest

森林按照其经营目的或所发挥效益的不同而划分的分类单位。

3.6

立地质量　site quality

综合评价气候、土壤和生物等林地所处自然立地条件影响林地生产潜力高低的指标。

3.7

地位级　site class

依据林分平均年龄和平均树高的关系定量评价立地质量的指标。

3.8

地位指数　site index

以林分基准（或标准）年龄时的优势木平均高评价立地质量的定量评价指标。

3.9

平均木　average tree；average-stem

林分内具有平均直径和平均高的林木。

3.10

平均年龄　stand age

林分内各林木年龄的平均值。

3.11

胸高直径　diameter at breast height

胸径

林木胸高（距地面 1.3 m）处的直径。

3.12

断面积　basal area

树干横截面的面积。森林资源调查中通常采用胸高处的断面积，简称胸高断面积。

3.13

平均直径　mean diameter at breast height

反映林分林木粗度的基本指标。通常以林分平均胸高断面积对应的直径为林分平均直径，而不是林分内各林木胸径的算术平均值。

3.14

平均高　average height of stand; stand mean height

反映林分高度平均水平的调查因子。通常以具有平均直径的林木的高度作为平均高。

3.15

优势木　dominant tree; dominating stem

林分中每 100 m^2 的面积上，最粗或最高的树木。

3.16

优势木平均高　average top height

优势木的算术平均高。

3.17

林分生物量　stand biomass

林分中一定时间内所有高等植物的重量，包括乔木、灌木、草本的地上部分和地下部分。常用绝干重表示。

3.18

立木材积表　tree volume table

材积表

按立木材积与立木计测三要素（直径、树高和形数）之间的函数关系编制的数表。

3.19

林相图　stock map; stand map; forest map

反映森林经营单位的地物、地类及森林按优势树种及龄组分布特征的图。其特点是按不同的地类、不同的优势树种、不同的龄组进行着色。

3.20

森林分布图　forest resource distribution map

森林资源分布图

以林相图为基础，反映地类和林班内优势林分空间状况的图件资料。

4 调查范围与内容

4.1 调查范围

以森林经营管理单位为调查总体时，应调查经营管理范围内的所有土地；以行政区域为调查总体时，一般只调查行政区域内的森林、林木和林地。

4.2 调查内容

4.2.1 基本调查内容

基本调查内容包括：

a）核对森林经营单位的区划界线，并在经营管理范围内进行或调整经营区划；

b）调查各类林地的面积；

c）调查各类森林、林木蓄积；

d）调查与森林资源有关的自然地理环境和生态环境因素；

e）调查森林经营条件、前期主要经营措施与经营成效。

4.2.2 专项调查内容

下列调查内容以及调查的详细程度，应依据森林资源特点、经营目标和调查目的以及以往资源调查成果的可利用程度，由调查会议具体确定：

a）森林生长量和消耗量；

b）森林土壤；

c）森林更新；

d）森林病虫害；

e）森林火灾；

f）野生动植物资源；

g）生物量；

h）湿地资源；

i）荒漠化土地资源；

j）森林景观资源；

k）森林生态因子；

l）森林多种效益；

m）林业经济与森林经营情况；

n）其他专项调查。

5　主要调查指标

5.1　地类

林地的类型划分与技术要求执行 LY/T 1812 的规定。

5.2　森林类别

5.2.1　生态公益林

以保护和改善人类生存环境、维持生态平衡、保存物种资源、科学实验、森林旅游、国土保安等需要为主要经营目的的森林、林木、林地，包括防护林和特种用途林。依据 GB/T 18337.2 的有关要求区划为特殊保护、重点保护和一般保护三个保护等级。

生态公益林按事权等级划分为国家级公益林和地方公益林。国家级公益林区划界定执行《国家林业局　财政部　重点公益林区划界定办法》的相关规定。

5.2.2　商品林

以生产木材、竹材、薪材、干鲜果品和其他工业原料等为主要经营目的的森林、林木、林地，包括用材林、薪炭林和经济林。

5.3　林种

5.3.1　分类系统

有林地、疏林地和灌木林地根据经营目标的不同分为五个林种、二十三个亚林种，分类系统见表 1。

表 1　　林种分类系统表

林种	亚林种
（一）防护林	11. 水源涵养林
	12. 水土保持林
	13. 防风固沙林
	14. 农田牧场防护林
	15. 护岸林
	16. 护路林
	17. 其他防护林

续表

林种	亚林种
（二）特种用途林	21. 国防林
	22. 实验林
	23. 母树林
	24. 环境保护林
	25. 风景林
	26. 名胜古迹和革命纪念林
	27. 自然保护区林
（三）用材林	31. 短轮伐期工业原料用材林
	32. 速生丰产用材林
	33. 一般用材林
（四）薪炭林	41. 薪炭林
（五）经济林	51. 果树林
	52. 食用原料林
	53. 林化工业原料林
	54. 药用林
	55. 其他经济林

5.3.2　区划要求

5.3.2.1　防护林

5.3.2.1.1　水源涵养林

以涵养水源，改善水文状况，调节区域水分循环，防止河流、湖泊、水库淤塞，以及保护饮用水水源为主要目的的森林、林木和灌木林。具有下列条件之一者，应划为水源涵养林：

a）流程在500 km以上的江河发源地汇水区，主流与一级、二级支流两岸山地自然地形中的第一层山脊以内；

b）流程在500 km以下的河流，但所处地域雨水集中，对下游工农业生产有重要影响，其河流发源地汇水区及主流、一级支流两岸山地自然地形中的第一层山脊以内；

c）大中型水库与湖泊周围山地自然地形第一层山脊以内或平地1000 m以内，小型水库与湖泊周围自然地形第一层山脊以内或平地250 m

以内；

d）雪线以下500 m和冰川外围2 km以内；

e）保护城镇饮用水源的森林、林木和灌木林。

5.3.2.1.2　水土保持林

以减缓地表径流、减少冲刷、防止水土流失、保持和恢复土地肥力为主要目的的森林、林木和灌木林。具备下列条件之一者，应划为水土保持林：

a）东北地区（包括内蒙古东部）坡度在25°以上，华北、西南、西北等地区坡度在35°以上，华东、中南地区坡度在45°以上，森林采伐后会引起严重水土流失的；

b）因土层瘠薄，岩石裸露，采伐后难以更新或生态环境难以恢复的；

c）土壤侵蚀严重的黄土丘陵区塬面，侵蚀沟、石质山区沟坡、地质结构疏松等易发生泥石流地段的；

d）主要山脊分水岭两侧各300 m范围内的森林、林木和灌木林。

5.3.2.1.3　防风固沙林

以降低风速、防止或减缓风蚀、固定沙地，以及保护耕地、果园、经济作物、牧场免受风沙侵袭为主要目的的森林、林木和灌木林。具备下列条件之一者，应划为防风固沙林：

a）强度风蚀地区，常见流动、半流动沙地（丘、垄）或风蚀残丘地段的；

b）与沙地交界250 m以内和沙漠地区距绿洲100 m以外的；

c）海岸基质类型为沙质、泥质地区，顺台风盛行登陆方向离固定海岸线1000 m范围内，其他方向200 m范围内的；

d）珊瑚岛常绿林；

e）其他风沙危害严重地区的森林、林木和灌木林。

5.3.2.1.4　农田牧场防护林

以保护农田、牧场减免自然灾害，改善自然环境，保障农、牧业生产条件为主要目的的森林、林木和灌木林。具备下列条件之一者，应划为农田牧场防护林：

a）农田、草牧场境界外100 m范围内，与沙质地区接壤250 m～500 m范围内的；

b）为防止、减轻自然灾害在田间、草牧场、阶地、低丘、岗地等处设置的林带、林网、片林。

5.3.2.1.5　护岸林

以防止河岸、湖岸、海岸冲刷崩塌，固定河床为主要目的的森林、林木和灌木林。具备下列条件之一者，应划为护岸林：

a）主要河流两岸各200 m及其主要支流两岸各50 m范围内的，包括河床中的雁翅林；

b）堤岸、干渠两侧各10 m范围内的；

c）红树林或海岸500 m范围内的森林、林木和灌木林。

5.3.2.1.6 护路林

以保护铁路、公路免受风、沙、水、雪侵害为主要目的的森林、林木和灌木林。具备下列条件之一者，可以划为护路林：

a）林区、山区国道及干线铁路路基与两侧（设有防火线的在防火线以外）的山坡或平坦地区各200 m以内，非林区、丘岗、平地和沙区国道及干线铁路路基与两侧（设有防火线的在防火线以外）各50 m以内；

b）林区、山区、沙区的省、县级道路和支线铁路路基与两侧（设有防火线的在防火线以外）各50 m以内，其他地区10 m范围内的森林、林木和灌木林。

5.3.2.1.7 其他防护林：以防火、防雪、防雾、防烟、护鱼等其他防护作用为主要目的的森林、林木和灌木林。

5.3.2.2 特种用途林

以保存物种资源、保护生态环境，用于国防、森林旅游和科学实验等为主要经营目的的森林、林木和灌木林。

a）国防林：以掩护军事设施和用作军事屏障为主要目的的森林、林木和灌木林。具备下列条件之一者，可以划为国防林：

1）边境地区的森林、林木和灌木林；

2）军事设施周围的森林、林木和灌木林。

b）实验林：以提供教学或科学实验场所为主要目的的森林、林木和灌木林，包括科研试验林、教学实习林、科普教育林、定位观测林等。

c）母树林：以培育优良种子为主要目的的森林、林木和灌木林，包括母树林、种子园、子代测定林、采穗圃、采根圃、树木园、种质资源和基因保存林等。

d）环境保护林：以净化空气、防止污染、降低噪声、改善环境为主要目的，包括城市及城郊结合部、工矿企业内、居民区与村镇绿化区的森林、林木和灌木林。

e）风景林：以满足人类生态需求，优化美化环境为主要目的，分布在风景名胜区、各类公园、度假区、滑雪场、狩猎场及游览场所内的森林、林木和灌木林。

f）名胜古迹和革命纪念林：位于名胜古迹和革命纪念地，包括文化遗产地、历史与革命遗址地的森林、林木和灌木林，以及纪念林、文化林、古树名木等。

g）自然保护区林：各级自然保护区、自然保护小区内以保护和恢复典型生态系统和珍贵、稀有动植物资源及栖息地或原生地，或者以保存和重建自然遗产地为主要目的的森林、林木和灌木林。

5.3.2.3　用材林

5.3.2.3.1　短轮伐期工业原料用材林

以生产纸浆材及特殊工业用木质原料为主要目的，定向培育的森林、林木和灌木林。

5.3.2.3.2　速生丰产用材林

通过使用良种壮苗和实施集约经营，缩短培育周期，获取最佳收益，生长量达到相应树种速生丰产林指标要求的森林。

5.3.2.3.3　一般用材林

其他以生产木林和竹材为主要目的的森林、林木。

5.3.2.4　薪炭林

以生产热能燃料、原料为主要经营目的的森林、林木和灌木林。

5.3.2.5　经济林

5.3.2.5.1　果品林

以生产各种干、鲜果品为主要目的的森林、林木和灌木林。

5.3.2.5.2　食用原料林

以生产食用油料、饮料、调料、香料等为主要目的的森林、林木和灌木林。

5.3.2.5.3　林化工业原料林

以生产树脂、橡胶、木栓、单柠等非木质林产化工原料为主要目的的森林、林木和灌木林。

5.3.2.5.4　药用林

以生产药材、药用原料为主要目的的森林、林木和灌木林。

5.3.2.5.5　其他经济林

以生产其他林副、特产品为主要目的的森林、林木和灌木林。

5.3.3　林种优先级

当某地块同时满足一个以上林种划分条件时，应根据先生态公益林、后商品林的原则区划。商品林的亚林种按适地适树原则确定，公益林的二级林种按以下优先顺序确定：

a）国防林；

b）自然保护区林；

c）名胜古迹和革命纪念林；

d）风景林；

e）环境保护林；

f）母树林；

g）实验林；

h）护岸林

i）护路林

j）防火林；

k）水土保持林；

l）水源涵养林；

m）防风固沙林；

n）农田牧场防护林。

5.4　树种（组）、优势树种（组）与树种组成

5.4.1　树种（组）

主要调查树种（组）原则上与《国家森林资源连续清查技术规定》一致。各地可依据《中华人民共和国主要林木目录（第一批）》等规定，根据当地实际增加调查树种（组）。

5.4.2　优势树种（组）

在乔木林、疏林小班中，按蓄积量组成比重确定，蓄积量占总蓄积量比重最大的树种（组）为小班的优势树种（组）。

未达到起测胸径的幼龄林、未成林造林地小班，按株数组成比例确定，株数占总株数最多的树种（组）为小班的优势树种（组）。

经济林、灌木林按株数或丛数比例确定，株数或丛数占总株数或丛数最多的树种（组）为小班的优势树种（组）。

5.4.3　树种组成

乔木林、竹林按十分法确定树种组成。复层林应分别林层按十分法确定各林层的树种组成。组成不到5%的树种不记载。

5.5　龄级、龄组、竹度与生产期

5.5.1　龄级与龄组

乔木林的龄级与龄组根据优势树种（组）的平均年龄确定。主要树种（组）的龄级期限和龄组的划分标准见表2。

表 2　　　　主要树种龄级与龄组划分表

单位为年

树种	地区	起源	龄组划分					龄级期限
			幼龄林	中龄林	近熟林	成熟林	过熟林	
红松、云杉、柏木、紫杉、铁杉	北部	天然	≤60	61～100	101～120	121～160	>161	20
	北部	人工	≤40	41～60	61～80	81～120	>121	20
	南部	天然	≤40	41～60	61～80	81～120	>121	20
	南部	人工	≤20	21～40	41～60	61～80	>81	20
落叶松、冷杉、樟子松、赤松、黑松	北部	天然	≤40	41～80	81～100	101～140	>141	20
	北部	人工	≤20	21～30	31～40	41～60	>61	10
	南部	天然	≤40	41～60	61～80	81～120	>121	20
	南部	人工	≤20	21～30	31～40	41～60	>61	10
油松、马尾松、云南松、思茅松、华山松、高山松	北部	天然	≤30	31～50	51～60	61～80	>81	10
	北部	人工	≤20	21～30	31～40	41～60	>61	10
	南部	天然	≤20	21～30	31～40	41～60	>61	10
	南部	人工	≤10	11～20	21～30	31～50	>51	10
杨树、柳树、桉树、檫树、楝树、泡桐、木麻黄、枫杨、软阔类	北部	人工	≤10	11～15	16～20	21～30	>31	5
	南部	人工	≤5	6～10	11～15	16～25	>26	5
桦树、榆树、木荷、枫香、珙桐	北部	天然	≤30	31～50	51～60	61～80	>81	10
	北部	人工	≤20	21～30	31～40	41～60	>61	10
	南部	天然	≤20	21～40	41～50	51～70	>71	10
	南部	人工	≤10	11～20	21～30	31～50	>51	10
栎类、柞树、槠类、栲类、香樟、楠木、椴树、水曲柳、胡桃楸、黄波萝、硬阔类	南北	天然	≤40	41～60	61～80	81～120	>121	20
	南北	人工	≤20	21～40	41～50	51～70	>71	10
杉木、柳杉、水杉	南部	人工	≤10	11～20	21～25	26～35	>36	5

[a] 飞播造林同人工林。

5.5.2　竹度

竹林的龄级按竹度确定。一个大小年的周期一般为2年，称为一度。一度为幼龄竹，二、三度为壮龄竹，四度以上为老龄竹。

5.5.3　生产期

经济林划分为产前期、初产期、盛产期和衰产期四个生产期。

5.6　立地因子

5.6.1　地貌：

——极高山：海拔5000 m（含）以上的山地；

——高山：海拔为3500 m～4999 m的山地；

——中山：海拔为1000 m～3499 m的山地；

——低山：海拔低于1000 m的山地；

——丘陵：没有明显的脉络，坡度较缓和，且相对高差小于100 m；

——平原：平坦开阔，且相对高差小于50 m。

5.6.2　坡度：

——Ⅰ级为平坡0°～5°；

——Ⅱ级为缓坡6°～15°；

——Ⅲ级为斜坡16°～25°；

——Ⅳ级为陡坡26°～35°；

——Ⅴ级为急坡36°～45°；

——Ⅵ级为险坡46°以上。

5.6.3　坡向

按东、南、西、北、东北、东南、西北、西南及无九个方位确定坡向。

5.6.4　坡位

分脊、上、中、下、谷、平地六个坡位。

5.6.5　腐殖质层厚度和土层厚度

5.6.5.1　腐殖质层厚度

腐殖质层厚度分三个等级：

——厚：>5 cm；

——中：2 cm～4.9 cm；

——薄：<2 cm。

5.6.5.2　土层厚度

土层厚度根据土壤的A层＋B层厚度确定，厚度等级见表3。

表 3　　土层厚度等级表

单位为厘米

厚度级	A 层 + B 层厚度	
	亚热带山地丘陵、热带	亚热带高山、暖温带、温带、寒温带
厚层土	>80	>60
中层土	40～79	30～59
薄层土	<40	<30

5.7　其他

5.7.1　权属

权属包括所有权和使用权（经营权），森林资源权属分别林地、林木记载，分为林地所有权、林地使用权和林木所有权、林木使用权。

林地所有权分国有和集体，林木所有权分国有、集林、个人和其他。林地与林木使用权分国有、集体、个人和其他。

5.7.2　起源

天然林：由天然下种或萌生形成的森林、林木、灌木林。

人工林：由人工直播（条播或穴播）、植苗、分殖或扦插造林形成的森林、林木、灌木林。

飞播林：由飞机播种形成的森林、林木、灌木林。

5.7.3　天然更新等级

天然更新等级根据幼苗各高度级的天然更新株数确定，满足一个条件即可，见表 4。

表 4　　天然更新等级

单位为株每公顷

等级	高度		
	≤30 cm	31 cm～50 cm	≥51 cm
良好	>5000	>3000	>2500
中等	3000～4999	1000～2999	500～2499
不良	<3000	<1000	<500

5.7.4　林木质量

用材林近、成、过熟林林木质量划为三个等级：

a）商品用材树：用材部分占全树高 40% 以上。

b）半商品用材树：用材部分长度在 2 m（针叶树）或 1 m（阔叶树）以上，但不足全树高的40%。在实际计算时一半计入商品用材树，一半计入薪材树。

c）薪材树：用材部分在 2 m（针叶树）或 1 m（阔叶树）以下。

5.7.5　林分出材率等级

用材林近、成、过熟林林分出材率等级由林分出材量占林分蓄积量的百分比或林分中商品用材树的株数占林分总株数的百分比确定，满足一个条件即可，见表5。

表5　　用材林近、成、过熟林林分出材率等级表

出材率等级	林分出材率			商品用材树比率		
	针叶林	针阔混	阔叶林	针叶林	针阔混	阔叶林
1	>70%	>60%	>50%	>90%	>80%	>70%
2	50%～69%	40%～59%	30%～49%	70%～89%	60%～79%	45%～69%
3	<50%	<40%	<30%	<70%	<60%	<45%

5.7.6　可及度

用材林近、成、过熟林可及度分为即可及、将可及和不可及：

——即可及：具备采、集、运条件的林分。

——将可及：近期将具备采、集、运条件的林分。

——不可及：因地形或经济原因暂时不具备采、集、运条件的林分。

5.7.7　径阶与径级组

林木调查起测胸径为 5.0 cm，视林分平均胸径以 2 cm 或 4 cm 为径阶距并采用上限排外法。

径级组的划分标准为：

——小径组：6 cm～12 cm；

——中径组：14 cm～24 cm；

——大径组：26 cm～36 cm；

——特大径组：38 cm 以上。

5.7.8　林层

林层划分应同时满足以下四个条件：

a）各林层每公顷蓄积量大于 30 m^3；

b）相邻林层间林木平均高相差 20% 以上；

c）各林层平均胸径在 8 cm 以上；

d）主林层郁闭度大于0.30，其他林层郁闭度大于0.20。

5.7.9　大径木蓄积比等级

复层林或异龄林小班中达到大径木标准的林木蓄积占小班总蓄积的比率，分为以下三级：

——Ⅰ级：大径级、特大径级蓄积量占小班总蓄积量大于70%；

——Ⅱ级：大径级、特大径级蓄积量占小班总蓄积量为30%～69%；

——Ⅲ级：大径级、特大径级蓄积量占小班总蓄积量小于30%。

5.7.10　郁闭度、覆盖度等级

5.7.10.1　有林地郁闭度等级

高：郁闭度0.70以上；

中：郁闭度0.40～0.69；

低：郁闭度0.20～0.39。

5.7.10.2　灌木林覆盖度等级

密：覆盖度70%以上；

中：覆盖度50%～69%；

疏：覆盖度30%～49%。

5.7.11　群落结构类型

完整结构：具有乔木层、下木层、草木层和地被物层4个植被层的森林。

复杂结构：具有乔木层和其他1～2个植被层的森林。

简单结构：只有乔木一个植被层的森林。

5.7.12　自然度

天然林按照植被状况与原始顶极群落的差异，或次生群落位于演替中的阶段划为3级：

——Ⅰ：原始或受人为影响很小而处于基本原始的植被；

——Ⅱ：有明显人为干扰的天然植被或处于演替中期或后期的次生群落；

——Ⅲ：人为干扰很大，演潜逆行处于极为残次的次生植被阶段或天然植被几乎破坏殆尽，难以恢复的逆行演替后期。

5.7.13　散生木和四旁树

5.7.13.1　散生木

生长在竹林地、灌木林地、未成林造林地、无立木林地和宜林地上达到起测胸径的林木，以及散生在幼林中的高大林木。

5.7.13.2　四旁树

在宅旁、村旁、路旁、水旁等地栽植的面积不到0.067 hm^2 的各种竹从、林木。

5.7.14　森林覆盖率与林木绿化率

5.7.14.1　森林覆盖率

森林覆盖率按式（1）计算。

$$P = \frac{F_a}{L_a} \times 100\% + \frac{S_{ta}}{L_a} \times 100\% \qquad (1)$$

式中：

P——森林覆盖率；

F_a——有林地面积；

L_a——土地总面积；

S_{ta}——国家特别规定灌木林面积。

5.7.14.2　林木绿化率

林木绿化率按式（2）计算。

$$P_g = \frac{F_a}{L_a} \times 100\% + \frac{S_a}{L_a} \times 100\% + \frac{B_4}{L_a} \times 100\% \qquad (2)$$

式中：

P_g——林木绿化率；

S_a——灌木林面积；

B_4——四旁树占地面积[1)]。

6　森林经营区划

6.1　经营区划系统

经营区划系统应同经营范围或行政范围界线保持一致，分别经营管理层级区划到林班，集体林一般区划到行政村，如行政村的面积较大时，可在村内区划林班。对过去已区划的界线，应相对固定，无特殊情况不宜更改。

6.2　林班区划

林班区划原则上采用自然区划或综合区划，地形平坦等地物点不明显的地区，可以采用人工区划。林班面积一般为 100 hm^2 ~500 hm^2。自然保护区、东北与内蒙古国有林区、西南高山林区和生态公益林集中地区的林班面积根据需要可适当放大。

林班区划线应相对固定，无特殊情况不宜更改。对于自然区划界线不太明显或人工区划的林班线应现地伐开或设立明显标志，并在林班线的交

1）四旁树占地面积按 1650 株/hm^2（每亩 111 株）计。

叉点上埋设林班标桩。

6.3　小班划分

6.3.1　小班划分条件

小班划分应尽量以明显地形地物界线为界，同时兼顾资源调查和经营管理的需要考虑下列基本条件：

a）权属不同；

b）森林类别及林种不同；

c）生态公益林的事权与保护等级不同；

d）林业工程类别不同；

e）地类不同；

f）起源不同；

g）优势树种（组）比例相差二成以上；

h）Ⅵ龄级以下相差一个龄级，Ⅶ龄级以上相差两个龄级；

i）商品林郁闭度相差0.20以上，公益林相差一个郁闭度级，灌木林相差一个覆盖度级；

j）立地类型不同。

6.3.2　小班重新划分条件

森林资源复查时，应尽量沿用原有的小班界线。但对上期划分不合理、因经营活动等原因造成界线发生变化的小班，应根据小班划分条件重新划分。

6.3.3　小班面积

小班最小面积和最大面积依据林种、绘制基本图所用的地形图比例尺和经营集约度而定。最小小班面积在地形图上不小于4 mm^2，对于面积在0.067 hm^2以上而不满足最小小班面积要求的，仍应按小班调查要求调查、记载，在图上并入相邻小班。南方集体林区商品林最大小班面积一般不超过15 hm^2，其他地区一般不超过25 hm^2。

无林地小班、非林地小班最大面积不限。

6.3.4　设立国家级生态公益林标志

国家级生态公益林小班，应尽量利用明显的地形、地物等自然界线作为小班界线或在小班线上设立明显标志，使小班位置固定下来，作为地籍小班统一编码管理。

6.4　森林分类区划

森林分类区划是在综合考虑国家和区域生态、社会和经济需求后，依据国民经济发展规划、林业发展规划、林业区划等宏观规划成果进行的区划。森林分类区划以小班为单位，原则上与已有森林分类区划成果保持一致。

7 调查准备

7.1 调查数表准备

森林资源规划设计调查应提前准备和检验当地适用的立木材积表、形高表（或树高-断面积-蓄积量表）、立地类型表、森林经营类型表、森林经营措施类型表、造林典型设计表等林业数表。为了提高调查质量和成果水平，可根据条件编制、收集或补充修订立木生物量表、地位指数表（或地位级表）、林木生长率表、材种出材率表、收获表（生长过程表）等。

7.2 调查图、卡准备

参考上期调查的小班数量，或者经营管理面积，准备调查图卡，以备外业调查记载、内业统计、整理计算。

7.3 仪器装备准备

根据调查人员数量、外业工作量等，准备外业调查必要的调查仪器、设备。

8 小班调查

8.1 原则

8.1.1 根据调查单位的森林资源特点、调查技术水平、调查目的和调查等级，可采用不同的小班调查方法。

8.1.2 小班调查应充分利用上期调查成果和小班经营档案，以提高小班调查精度和效率，保持调查的连续性。

8.2 小班调绘

8.2.1 调绘方法

根据实际情况，可分别采用以下方法进行小班调绘：

a）采用由测绘部门最新绘制的比例尺为1:10000～1:25000的地形图到现地进行勾绘。对于没有上述比例尺的地区可采用由1:50000放大到1:25000的地形图。

b）使用近期拍摄的（以不超过两年为宜）、比例尺不小于1:25000或由1:50000放大到1:25000的航片、1:100000放大到1:25000的侧视雷达图片在室内进行小班勾绘，然后到现地核对，或直接到现地调绘。

c）使用近期（以不超过一年为宜）经计算机几何校正及影像增强的比例尺1:25 000的卫片（空间分辨率10 m以内）在室内进行小班勾绘，然后到现地核对。空间分辨率10 m以上的卫片只能作为调绘辅助用图，不能直接用于小班勾绘。

8.2.2　全球定位系统（GPS）应用

现地小班调绘、小班核对以及为林分因子调查或总体蓄积量精度控制调查而布设样地时，可用全球定位系统（GPS）确定小班界线和样地位置。

8.3　小班测树因子调查

8.3.1　样地实测法

在小班范围内，通过随机、机械或其他的抽样方法，布设圆形、方形、带状或角规样地，在样地内实测各项调查因子，由此推算小班调查因子。布设的样地应符合随机原则（带状样地应与等高线垂直或成一定角度），样地数量应满足第6章的精度要求。

8.3.2　目测法

当林况比较简单时采用此法。调查前，调查员要通过30块以上的标准地目测练习和一个林班的小班目测调查练习，并经过考核，各项调查因子目测的数据80%项次以上达到允许的精度要求时，才可以进行目测调查。

小班目测调查时，应深入小班内部，选择有代表性的调查点进行调查。为了提高目测精度，可利用角规样地或固定面积样地以及其他辅助方法进行实测，用以辅助目测。目测调查点数视小班面积不同而定：

3 hm^2 以下	1～2个
4 hm^2～7 hm^2	2～3个
8 hm^2～12 hm^2	3～4个
13 hm^2 以上	5～6个

8.3.3　航片估测法

航片比例尺大于1:10000时可采用此法。调查前，分别林分类型或树种（组）抽取若干个有蓄积量的小班（数量不低于50），判读各小班的平均树冠直径、平均树高、株数、郁闭度等级、坡位等，然后到实地调查各小班的相应因子，编制航空像片树高表、胸径表、立木材积表或航空像片数量化蓄积量表。为保证估测精度，应选设一定数量的样地对数表（模型）进行实测检验，达到90%以上精度时方可使用。

航片估测时，先在室内对各个小班进行判读（可结合小班室内调绘工作），利用判读结果和所编制的航空像片测树因子表估计小班各项测树因子。然后，抽取5%～10%的判读小班到现地核对，各项测树因子判读精度达到第13章精度要求的小班超过90%时可以通过。

8.3.4　卫片估测法

8.3.4.1　适用条件

卫片的空间分辨率应达到3 m。

8.3.4.2　建立判读标志

根据调查单位的森林资源特点和分布状况，以卫星遥感数据景幅的物候期为单位，每景选择若干条能覆盖区域内所有地类和树种（组）、色调齐全且有代表性的勘察路线。将卫星影像特征与实地情况对照获得相应影像特征，并记录各地类与树种（组）的影像色调、光泽、质感、几何形状、地形地貌及地理位置（包括地名）等，建立目视判读标志表。

8.3.4.3　目视判读

根据目视判读标志，综合运用其他各种信息和影像特征，在卫星影像图上判读并记载小班的地类、树种（组）、郁闭度、龄组等判读结果。

对于林地、林木的权属、起源，以及目视判读中难以区别的地类，要充分利用已掌握的有关资料、询问当地技术人员或到现地调查等方式确定。

8.3.4.4　判读复核

目视判读采取一人区划判读，另一个复核判读方式进行，二人在“背靠背”作业前提下分别判读和填写判读结果。当两名判读人员的一致率达到90%以上时，二人应对不一致的小班通过商议达成一致意见，否则应到现地核实。当两判读人员的一致率达不到90%以上时，应分别重新判读。对于室内判读有疑问的小班应全部到现地确定。

8.3.4.5　实地验证

室内判读经检查合格后，采用典型抽样方法选择部分小班进行实地验证。实地验证的小班数不少于小班总数的5%（但不低于50个），并按照各地类和树种（组）判读的面积比例分配，同时每个类型不少于10个小班。在每个类型内，要按照小班面积大小比例不等概选取。各项因子的正判率达到90%以上时为合格。

8.3.4.6　蓄积量调查

结合实地验证，典型选取有蓄积量的小班，现地调查其单位面积蓄积量，然后建立判读因子与单位面积蓄积量之间的回归模型，根据判读小班的蓄积量标志值计算相应小班的蓄积量。

8.4　小班调查测树因子

各种小班调查方法允许调查的小班测树因子见表6。

表6　　不同调查方法应调查的小班测树因子表

测树因子	调查方法			
	样地法	目测法	航片估测法	卫片估测法
林层	√	√	√	
起源	√	√	√	√

续表

测树因子	调查方法			
	样地法	目测法	航片估测法	卫片估测法
优势树种（组）	√	√	√	√
树种组成	√	√		
平均年龄（龄组）	√	√	√	√
平均树高	√	√	√	
平均胸径	√	√	√	
优势木平均高	√	√	√	
郁闭度	√	√	√	√
每公顷株数	√	√	√	
散生木蓄积量	√	√		
每公顷蓄积量	√	√	√	√
枯倒木蓄积量	√	√		
天然更新	√	√		
下木覆盖度	√	√		

9　小班调查因子调查记载

9.1　不同小班调查记载要求

分别森林类别和地类调查、记载各小班调查因子，详见表7。

表7　　不同地类小班调查因子表

项目	地类												
	乔木林	竹林	疏林地	国家特别规定灌木林	其他灌木林	人工造林未成林地	封育未成林地	苗圃地	采伐迹地	火烧迹地	宜林地	其他无立木林地	辅助生产林地
空间位置	1，2	1，2	1，2	1，2	1，2	1，2	1，2	1，2	1，2	1，2	1，2	1，2	1，2
权属	1，2	1，2	1，2	1，2	1，2	1，2	1，2	1，2	1，2	1，2	1，2	1，2	1，2

续表

项目	地类												
	乔木林	竹林	疏林地	国家特别规定灌木林	其他灌木林	人工造林未成林地	封育未成林地	苗圃地	采伐迹地	火烧迹地	宜林地	其他无立木林地	辅助生产林地
地类	1，2	1，2	1，2	1，2	1，2	1，2	1，2	1，2	1，2	1，2	1，2	1，2	1，2
工程类别	1，2	1，2	1，2	1，2	1，2	1，2	1，2		1，2	1，2	1，2	1，2	
事权	2	2	2	2	2	2	2		2	2	2	2	
保护等级	2	2	2	2	2	2	2		2	2	2	2	
地形地势	1，2	1，2	1，2	1，2	1，2	1，2	1，2		1，2	1，2	1，2	1，2	
土壤/腐殖质	1，2	1，2	1，2	1，2	1，2	1，2	1，2		1，2	1，2	1，2	1，2	
下木植被	1，2	1，2	1，2	1，2	1，2	1，2	1，2		1，2	1，2	1，2	1，2	
立地类型	1，2	1，2	1，2	1，2	1，2	1，2	1，2		1，2	1，2	1，2	1，2	
立地质量	1	1	1	1	1	1	1		1	1	1	1	
天然更新	1，2	1，2	1，2				1，2		1，2	1，2	1，2	1，2	
造林类型									1，2	1，2	1，2	1，2	
林种	1，2	1，2	1，2	1，2	1，2								
起源	1，2	1，2	1，2	1，2	1，2	1，2	1，2						
林层	1												
群落结构	2												
自然度	1，2	1，2	1，2	1，2	1，2								
优势树种（组）	1，2	1，2	1，2	1，2	1，2	1，2	1，2						
树种组成	1	1	1			1	1						
平均年龄	1，2		1，2	1		1，2	1，2						
平均树高	1，2	1，2	1，2	1，2	1，2	1，2	1，2						
平均胸径	1，2	1，2	1，2										
优势木平均高	1												
郁闭/覆盖度	1，2	1，2	1，2	1，2	1，2								

续表

项目	地类												
	乔木林	竹林	疏林地	国家特别规定灌木林	其他灌木林	人工造林未成林地	封育未成林地	苗圃地	采伐迹地	火烧迹地	宜林地	其他无立木林地	辅助生产林地
每公顷株数	1	1	1			1，2	1，2						
散生木				1，2	1，2	1，2	1，2		1，2	1，2	1，2	1，2	
每公顷蓄积量	1，2	1，2	1，2										
枯倒木蓄积量	1，2		1，2										
健康状况	1，2	1，2	1，2	1，2	1，2	1，2	1，2						
调查日期	1，2	1，2	1，2	1，2	1，2	1，2	1，2	1，2	1，2	1，2	1，2	1，2	1，2
调查员姓名	1，2	1，2	1，2	1，2	1，2	1，2	1，2	1，2	1，2	1，2	1，2	1，2	1，2

注：1 为商品林，2 为公益林。

9.2　一般小班调查因子记载

一般小班调查因子记载下列各项：

——空间位置：记载小班所在的县（局、总场、管理局）、林场（分场、乡、管理站）、作业区（工区、村）、林班号、小班号。

——权属：分别土地所有权和使用权、林木所有权和使用权调查记载小班的土地、林木权属。

——地类：按最后一级地类调查记载小班地类。

——工程类别：小班的工程类别分为天然林保护工程，退耕还林工程，环京津风沙源治理工程，三北与长江中下游等重点地区防护林建设工程、野生动植物保护和自然保护区建设工程、速生丰产用材林工程、其他工程。

——事权：生态公益林（地）小班填写事权等级（国家级、地方级）。

——保护等级：生态公益林（地）小班填写保护等级（特殊保护、重点保护、一般保护）。

——地形地势：记载小班的地貌、平均海拔、坡度、坡向和坡位等因子。

——土壤：记载小班土壤名称（记至土类）、腐殖质层厚度、土层厚度（A层+B层）、质地、石砾含量等。

——下木植被：记载下层植被的优势和指示性植物种类、平均高度和覆盖度。

——立地类型：查立地类型表确定小班立地类型。

——立地质量：根据小班优势木平均高和平均年龄查地位指数表，或根据小班主林层优势树种平均高和平均年龄查地位级表确定小班的立地质量。对疏林地、无立木林地、宜林地等小班可根据有关立地因子查数量化地位指数表确定小班的立地质量。

——天然更新：调查小班天然更新幼树与幼苗的种类、年龄、平均高度、平均根径、每公顷株数、分布和生长情况，并评定天然更新等级。

——造林类型：对适合造林的小班，根据小班的立地条件，按照适地适树的原则，查造林典型设计表确定小班的造林类型。

——林种：按林种划分技术标准调查确定，记载到亚林种。

——起源：按主要生成方式调查确定。

——林层：商品林按林层划分条件确定是否分层，然后确定主林层。并分别林层调查记载郁闭度、平均年龄、株数、树高、胸径、蓄积量和树种组成等测树因子。除株数、蓄积量以各林层之和作为小班调查数据以外，其他小班调查因子均以主林层的调查因子为准。

——自然度：根据干扰程度记载。

——群落结构：公益林根据植被的层次多少确定群落结构类型。

——自然度：天然林根据干扰的强弱程度记载到级。

——优势树种（组）：分别林层记载优势树种（组）。

——树种组成：分别林层用十分法记载。

——平均胸径：分别林层，记载优势树种（组）的平均胸径。

——平均年龄：分别林层，记载优势树种（组）的平均年龄。平均年龄由林分优势树种（组）的平均木年龄确定，平均木是指具有优势树种（组）断面积平均直径的林木。

——平均树高：分别林层，调查记载优势树种（组）的平均树高。在目测调查时，平均树高可由平均木的高度确定。灌木林设置小样方或样带估测灌木的平均高度。

——优势木平均高：在小班内，选择3株优势树种（组）中最高或胸径最大的立木测定其树高，取平均值作为小班的优势木平均高。

——郁闭度或覆盖度：有林地小班用目测或仪器测定各林层林冠对地面的覆盖程度，取小数2位；灌木林设置小样方或样带估测并记载覆盖度，用百分数表示。

——每公顷株数：商品林分别林层记载活立木的每公顷株数。

——散生木：分树种调查小班散生木株数、平均胸径，计算各树种材积和总材积。

——每公顷蓄积量：分别林层记载活立木每公顷蓄积量。

——枯倒木蓄积量：记载小班内可利用的枯立木、倒木、风折木、火烧木的总株数和平均胸径，计算蓄积量。

——健康状况：记载林地卫生、林木（苗木）受病虫危害和火灾危害以及林内枯倒木分布与数量等状况。林木病虫害应调查记载林木病虫害的有无以及病虫种类、危害程度。森林火灾应调查记载森林火灾发生的时间、受害面积、损失蓄积。

——调查日期：记录小班调查时的年、月、日。

——调查员姓名：由调查员本人签字。

9.3　其他小班调查因子调查记载

9.3.1　用材林近成过熟林小班

除按9.2记载小班因子外，还要调查记载小班的可及度状况：

a）即可及、将可及小班采用实测标准地（样地）、角规控制检尺、数学模型等方法调查或推算各径级组株数和蓄积量。

b）即可及、将可及小班采用实测标准地（样地）、数学模型等方法调查或推算商品用材树、半商品用材树和薪材树的株数和蓄积。

c）即可及、将可及小班根据小班蓄积量和林分材种出材率表或直径分布和单木材种出材率表确定材种出材量。

9.3.2　择伐林小班

对于实行择伐方式的异龄林小班，采用实测标准地（样地）、角规控制检尺等调查方法调查记载小班的直径分布。

9.3.3　人工幼林、未成林人工造林地小班

除按9.2记载小班因子外，还要调查记载整地方法、规格、造林年度、造林密度、混交比、成活率或保存率及抚育措施。

9.3.4　竹林小班

对于商品用材林中的竹林小班增加调查记载小班各竹度的株数和株数百分比。

9.3.5　经济林小班

9.3.5.1　有蓄积量的乔木经济林小班，应参照用材林小班调查计算方法调查记载小班蓄积量。

9.3.5.2　调查各生产期的株数和生长状况。

9.3.6　公益林小班

下经理期有经营活动的公益林或天然异龄林小班应参照用材林小班的要求补充调查因子。

9.3.7　辅助生产林地小班

调查记载辅助生产林地及其设施的类型、用途、利用或保养现状。

9.4　林网、四旁树、散生木调查

9.4.1　林网调查

达到有林地标准的农田牧场林带、护路林带、护岸林带等不划分小班，但应统一编号，在图上反映，除按照生态公益林的要求进行调查外，还要调查记载林带的行数、行距。

9.4.2　城镇林、四旁树调查

达到有林地标准地城镇林、四旁林视其森林类别分别按照商品林或生态公益林的调查要求进行调查。在宅旁、村旁、路旁、水旁等地栽植的达不到有林地标准的各种竹丛、林木，包括平原农区达不到有林地标准的农田林网树，以街道、行政村为单位，街段、户为样本单元进行抽样调查。

9.4.3　散生木调查

散生木应按小班进行全面调查、单独记载。

10　调查总体蓄积量控制

10.1　控制总体

以调查范围为总体进行蓄积量抽样调查控制。调查面积小于5000 hm^2或森林覆盖率小于15%的总体可以不进行抽样控制，也可以与相邻调查区域联合进行抽样控制，但应保证控制范围内调查方法和调查时间的一致性。

10.2　总体精度

总体抽样控制精度根据调查区域的性质确定：

a）以商品林为主的调查总体为90%；

b）以公益林为主的调查总体为85%；

c）自然保护区、森林公园为80%。

10.3　抽样方法

在抽样总体内，采用机械抽样、分层抽样、成群抽样等抽样方法进行抽样控制调查，样地数量要满足抽样控制精度要求。

10.4　样地调查与精度计算

样地实测可以采用角规测树、每木检尺等方法。根据样地样木测定的结果计算样地蓄积量，并按相应的抽样理论公式计算总体蓄积量、蓄积量标准误和抽样精度。

10.5　精度控制

当总体蓄积量抽样精度达不到规定的要求时，要重新计算样地数量，并布设、调查增加的样地，然后重新计算总体蓄积量、蓄积量标准误和抽样精度，直至总体蓄积量抽样精度达到规定的要求。

10.6　蓄积量控制

将各小班蓄积量汇总计算的总体蓄积量（包括林网和四旁树蓄积量）与以总体抽样调查方法计算的总体蓄积量进行比较：

a）当两者差值不超过 ±1 倍的标准误时，即认为由小班调查汇总的总体蓄积量符合精度要求，并以各小班汇总的蓄积量作为总体蓄积量。

b）当两者差值超过 ±1 倍的标准误，但不超过 ±3 倍的标准误时，应对差异进行检查分析，找出影响小班蓄积量调查精度的因素，并根据影响因素对各小班蓄积量进行修正，直至两种总体蓄积量的差值在 ±1 倍的标准误范围以内。

c）当两者差值超过 ±3 倍的标准误时，小班蓄积量调查全部返工。

11　专项调查

11.1　调查主要内容与方法

由调查会议确定的生长量调查、消耗量调查、土壤调查、森林病虫害调查、森林火灾调查、珍稀植物、野生经济植物资源调查、野生动物资源调查、湿地资源调查、荒漠化土地资源调查、森林多种效益计量、评价调查和林业经济调查等各专项调查，可按照林业部制定的《林业专业调查主要技术规定》和其他有关专项调查技术规定（或实施细则）的调查方法执行。

11.2　调查重点

各地在开展森林资源规划设计调查时，应根据当地森林资源的特点和调查的目的等，对调查的内容及其详细程度有所侧重：

a）以森林主伐利用为主的地区，应着重对地形、可及度，以及用材林的近、成、过熟林测树因子等进行调查。

b）以森林抚育改造为主的地区，应着重对幼中龄林的密度、林木生长发育状况等林分因子以及立地条件进行调查。

c）以更新造林为主的地区，应着重对土壤、水资源等条件及天然更新状况等进行调查，以做到适地适树，保证更新造林质量。

d）以自然保护为主的地区，应着重调查被保护对象种类、分布、数量、质量、自然性以及受威胁状况等。

e）以防护、旅游等生态公益效能为主的林区，应分别不同的类型，着重调查与发挥森林生态公益效能有关的林木因子、立地因子和其他因子。

12 统计与成图

12.1 成果统计

12.1.1 统计要求：

a）所有调查材料，应经专职检查人员检查验收。

b）小班调查材料验收完毕后才能进行资源统计。各种统计成果报表在形式和内容上均要相同。

12.1.2 统计方法：

a）统计报表采用由小班、林班向上逐级统计汇总方式进行。

b）当小班由几个地块合并而成时，可选择面积最大的地块或根据经营方向确定一个地块的调查因子作为合并小班的调查因子，但小班蓄积量为各地块的蓄积量之和。在统计汇总时，采用合并后小班的调查因子。

12.1.3 内业统计

按照森林经营区划系统分层进行统计汇总。

12.1.4 统计表

统计表分权属统计汇总。统计表格式见附录 A 和附录 B。其中表 A.1 按土地所有权统计，表 A.2 按林木所有权统计。

12.2 成果图

12.2.1 成果图绘制

各种规划设计调查成果图可采用计算机或手工等制图手段绘制，图式应符合 LY/T 1821—2009 的规定。

12.2.2 基本图编制

12.2.2.1 基本图主要反映调查单位自然地理、社会经济要素和调查测绘成果。它是求算面积和编制林相图及其他林业专题图的基础资料。

12.2.2.2 基本图图幅按国际分幅编制。

12.2.2.3 基本图比例尺根据调查单位的面积大小和林地分布情况确定，可采用1:5000；1:10000；1:25000 等不同比例尺。

12.2.2.4 基本图的底图采用：

a）计算机成图：直接利用调查单位所在地的国家基础地理信息数据绘制基本图的底图，或将符合精度要求的最新地形图输入计算机，并矢量化，编制基本图的底图。

b）手工成图：用符合精度要求的最新地形图手工绘制基本图的底图。

12.2.2.5 基本图编制：

a）将调绘手图（包括航片、卫片）上的小班界、林网转绘或叠加到基本图的底图上，在此基础上编制基本图。转绘误差不超过 0.5 mm。

b）基本图的编图要素包括各种境界线（行政区域界、国有林业局、林场、营林区、林班、小班）、道路、居民点、独立地物、地貌（山脊、山峰、陡崖等）、水系、地类、林班注记、小班注记。

12.2.3　林相图编制

以林场或乡（村）为单位，用基本图为底图进行绘制，比例尺与基本图一致。林相图根据小班主要调查因子注记与着色。凡有林地小班，应进行全小班着色，按优势树种确定色标，按龄组确定色层。其他小班仅注记小班号及地类符号。

12.2.4　森林分布图编制

以经营单位或县级行政区域为单位，用林相图缩小绘制。比例尺一般为1:50000～1:100000。其绘制方法是将林相图上的小班进行适当综合。凡在森林分布图上大于4 mm^2 的非有林地小班界均需绘出。但大于4 mm^2 的有林地小班，则不绘出小班界，仅根据林相图着色区分。

12.2.5　森林分类区划图和专题图编制

12.2.5.1　森林分类区划图编制

以经营单位或县级行政区域为单位，用林相图缩小绘制。比例尺一般为1:50000～1:100000。该图分别工程区、森林类别、生态公益林保护等级和事权等级着色。

12.2.5.2　专题图编制

以反映专项调查内容为主的各种专题图，其图种和比例尺根据经营管理需要，由调查会议具体确定。

12.3　面积量算

12.3.1　技术要求

12.3.1.1　按照“层层控制，分级量算，按比例平差”的原则进行面积量算。即先量算调查总体的面积，再量算内部各层经营管理区域、林班（村）面积，最后量算小班面积。

12.3.1.2　一个图幅上的各部分面积，要分别量测进行平差。

12.3.2　量算方法

用地理信息系统（GIS）绘制成果图时，可直接用地理信息系统量算林班和小班面积。手工绘制成果图时，可用几何法、网点网格法或求积仪等量算林班和小班面积。

12.3.3　面积平差

各林班面积之和与上一层经营区划单位面积相差不到1%，林班内各小班面积之和与林班面积相差不到2%时，可进行平差，超出时应重新量算。

12.3.4 面积单位与精度

面积量算以公顷为单位，精确到0.1 hm^2。

13 调查精度

13.1 允许误差

主要小班调查因子允许误差分别经营单位性质、小班森林类别等分为A、B、C三个等级：

a）国有森林经营单位和重点林区县，商品林小班允许误差采用等级“A”；

b）其他区域的商品林小班、所有单位的一般生态公益林小班允许误差采用等级“B”；

c）自然保护区、原始林区小班允许误差采用等级“C”。

各等级的允许误差见表8。

表8　主要小班调查因子允许误差表

%

调查因子	误差等级		
	A	B	C
小班面积	5	5	5
树种组成	5	10	20
平均树高	5	10	15
平均胸径	5	10	15
平均年龄	10	15	20
郁闭度	5	10	15
每公顷断面积	5	10	15
每公顷蓄积量	15	20	25
每公顷株数	5	10	15

13.2 其他要求

小班调查时确定的小班权属、地类、林种、起源不得有错。

14　主要成果

14.1　表格材料

14.1.1　小班调查簿

森林资源规划设计调查的小班调查簿格式由各地自定。

14.1.2　统计表

应提交下列6种统计表，格式见附录A。

a）各类土地面积统计表；
b）各类森林、林木面积蓄积统计表；
c）林种统计表；
d）乔木林面积、蓄积按龄组统计表；
e）生态公益林（地）统计表；
f）红树林资源统计表。

14.2　图面材料

图面材料包括：

a）基本图，比例尺为1:5000～1:25000；
b）林相图，比例尺为1:10000～1:50000；
c）森林分布图，比例尺为1:50000～1:100000；
d）森林分类区划图，比例尺为1:50000～1:100000；
e）其他专题图。

14.3　文字材料

文字材料包括：

a）森林资源规划设计调查报告；
b）专项调查报告；
c）质量检查报告。

14.4　电子文档

与上述表格材料、图面材料和文字材料相对应的电子文档。

附录 A（规范性附录）

森林资源规划设计调查主要统计表格式

表 A.1 各类土地面积统计表

单位为公顷

统计单位	总面积	林地使用权	森林类别	林地																							非林地	森林覆盖率	林木绿化率
				合计	有林地				疏林地	灌木林地				未成林造林地			苗圃地	无立木林地				宜林地				辅助生产林地			
					小计	乔木林地	红树林地	竹林地		小计	国家特别规定灌木林		其他灌木林	小计	人工造林未成林地	封育未成林地		小计	采伐迹地	火烧迹地	其他无立木林地	小计	宜林荒山荒地	宜林沙荒地	其他宜林地				
											灌木经济林	其他																	
1	2	3	4	5	6	7	8	9	10	11	12	13	14	15	16	17	18	19	20	21	22	23	24	25	26	27	28	29	30

注：总面积为林地与非林地之和。

表 A.2　　各类森林、林木面积蓄积统计表

统计单位	林木使用权	面积总计 hm^2	蓄积量总计 m^3	四旁树和散生木株数合计 株	有林地						疏林		四旁树		散生木	
					面积合计 hm^2	乔木林地		红树林	竹林							
						面积 hm^2	蓄积 m^3	面积 hm^2	面积 hm^2	株数 株	面积 hm^2	蓄积 m^3	株数 株	蓄积 m^3	株数 株	蓄积 m^3
1	2	3	4	5	6	7	8	9	10	11	12	13	14	15	16	17

表 A.3　　林种统计表

统计单位	林种	亚林种	面积合计 hm^2	蓄积合计 m^2	有林地																疏林		灌木林		
					小计	乔木林												红树林	竹林				小计	国家特别规定灌木林	其他灌木林
						小计		幼龄林		中龄林		近熟林		成熟林		过熟林									
					面积 hm^2	面积 hm^2	蓄积 m^3	面积 hm^2	蓄积 m^3	面积 hm^2	蓄积 m^3	面积 hm^2	蓄积 m^3	面积 hm^2	蓄积 m^3	面积 hm^2	蓄积 m^3	面积 hm^2	面积 hm^3	株数 万株	面积 hm^2	蓄积 m^3	面积 hm^2	面积 hm^2	面积 hm^2
1	2	3	4	5	6	7	8	9	10	11	12	13	14	15	16	17	18	19	20	21	22	23	24	25	26

表 A.4　　乔木林面积蓄积按起源、优势树种、龄组统计表

统计单位	起源	优势树种	小计		幼龄林		中龄林		近熟林		成熟林		过熟林	
			面积 hm^2	蓄积 m^3	面积 hm^2	蓄积 m^3	面积 hm^2	蓄积 m^3	面积 hm^2	蓄积 m^3	面积 hm^2	蓄积 m^3	面积 hm^2	蓄积 m^3
1	2	3	4	5	6	7	8	9	10	11	12	13	14	15

表 A.5　　生态公益林统计表

单位为公顷

统计单位	总面积	工程类别	事权等级	合计	有林地				疏林地	灌木林地			未成林造林地			苗圃地	无立木林地				宜林地			
					小计	乔木林	红树林	竹林		小计	国家特别规定灌木林	其他灌木林	小计	人工造林未成林地	封育未成林地		小计	采伐迹地	火烧迹地	其他无立木林地	小计	宜林荒山荒地	宜林沙荒	其他宜林地
1	2	3	4	5	6	7	8	9	10	11	12	13	14	15	16	17	18	19	20	21	22	23	24	25

表 A. 6　　红树林资源统计表

单位为公顷

统计单位	林地使用权	树种（或群落类型）	地类								林种				郁闭度等级			
			合计	有林地	未成林造林地			宜林地			合计	自然保护区林	护岸林	其他特种用途林	合计	高	中	低
					小计	人工造林未成林地	封育未成林地	小计	规划造林地	其他宜林地						≥0.7	0.40~0.69	0.20~0.39
1	2	3	4	5	6	7	8	9	10	11	12	13	14	15	16	17	18	19

附录 B（资料性附录）

森林资源规划设计调查其他统计表格式

表 B.1　　用材林面积蓄积按龄级统计表

统计单位	林木使用权	亚林种	合计		Ⅰ龄级		Ⅱ龄级		Ⅲ龄级		Ⅳ龄级		Ⅴ龄级		Ⅵ龄级		Ⅶ龄级		Ⅷ以上龄级	
			面积 hm^2	蓄积 m^3	面积 hm^2	蓄积 m^3	面积 hm^2	蓄积 m^3	面积 hm^2	蓄积 m^3	面积 hm^2	蓄积 m^3	面积 hm^2	蓄积 m^3	面积 hm^2	蓄积 m^3	面积 hm^2	蓄积 m^3	面积 hm^2	蓄积 m^3
1	2	3	4	5	6	7	8	9	10	11	12	13	14	15	16	17	18	19	20	21

表 B.2　　用材林近成过熟林面积蓄积按可及度、出材等级统计表

统计单位	起源	优势树种	可及度								出材等级							
			合计		即可及		将可及		不可及		合计		Ⅰ		Ⅱ		Ⅲ	
			面积 hm^2	蓄积 m^3	面积 hm^2	蓄积 m^3	面积 hm^2	蓄积 m^3	面积 hm^2	蓄积 m^3	面积 hm^2	蓄积 m^3	面积 hm^2	蓄积 m^3	面积 hm^2	蓄积 m^3	面积 hm^2	蓄积 m^3
1	2	3	4	5	6	7	8	9	10	11	12	13	14	15	16	17	18	19

表 B. 3　　用材林近成过熟林各树种株数、材积按径级组、林木质量统计表

统计单位	起源	龄组	树种	径级组										林木质量							
				合计		小径组		中径组		大径组		特大径组		合计		商品用材树		半商品用材树		薪材树	
				株数百株	材积 m^3	株数百株	材积 m^3	株数百株	材积 m^3	株数百株	材积 m^3	株数百株	材积 m^3	株数百株	材积 m^3	株数百株	材积 m^3	株数百株	材积 m^3	株数百株	材积 m^3
1	2	3	4	5	6	7	8	9	10	11	12	13	14	15	16	17	18	19	20	21	22

表 B. 4　　用材林、一般生态公益林异龄林面积蓄积按大径木比等级统计表

统计单位	起源	优势树种	合计		大径比＜30%		大径比 30% ~70%		大径比＞70%	
			面积 hm^2	蓄积 m^3	面积 hm^2	蓄积 m^3	面积 hm^2	蓄积 m^3	面积 hm^2	蓄积 m^3
1	2	3	4	5	6	7	8	9	10	11

表 B. 5 经济林统计表

统计单位	林木使用权	起源	树种	乔木										灌木				
				合计		产前期		初产期		盛产期		衰产期		合计 hm^2	产前期 hm^2	初产期 hm^2	盛产期 hm^2	衰产期 hm^2
				面积 hm^2	株数百株	面积 hm^2	株数百株	面积 hm^2	株数百株	面积 hm^2	株数百株	面积 hm^2	株数百株					
1	2	3	4	5	6	7	8	9	10	11	12	13	14	15	16	17	18	19

表 B. 6 竹林统计表

统计单位	起源	林种	合计		毛竹林					杂竹		散生毛竹
						株数						
			面积 hm^2	株数百株	面积 hm^2	小计百株	幼龄竹百株	壮龄竹百株	老龄竹百株	面积 hm^2	株数百株	株数百株
1	2	3	4	5	6	7	8	9	10	11	12	13

表 B. 7 **灌木林统计表**

单位为公顷

统计单位	使用权	起源	优势树种	合计				国家规定灌木林				其他灌木林			
				合计	疏	中	密	小计	疏	中	密	小计	疏	中	密
1	2	3	4	5	6	7	8	9	10	11	12	13	14	15	16

公益林与商品林分类技术指标

中华人民共和国林业行业标准 LY/T 1556—2000
国家林业局2000－12－04批准 2001－02－01实施

前 言

林业分类经营实质上是按照森林主导功能的差异将森林分为生态公益林与商品林，分别按各自特点和规律运营的一种经营管理体制和发展模式。实施林业分类经营，可以从根本上转变林业经济体制和经济增长方式，实现市场经济条件下的森林资源合理配置，较好地解决林业作为物质生产部门和公益事业部门双重功能的矛盾，满足社会对森林不同功能的多样性需求。

森林分类区划是林业分类经营的基础与前提，本标准是为了指导全国的森林分类区划工作，规范森林的主导功能类型、分类指标和技术指标而制定的。

本标准由国家林业局科技司提出。

本标准由国家林业局调查规划设计院起草。

本标准主要起草人员林进、唐小平、周洁敏、李荣玲、程小玲。

1 范围

本标准规定了适用于林业分类经营的森林分类系统、公益林与商品林的分类指标体系和原则性技术指标，明确了森林分类区划的优先等级。

本标准适用于全国范围内的森林分类区划。

2 定义

本标准采用下列定义。

2.1 林业分类经营 forest classification management

根据社会对森林生态和经济的两大需求，按照森林多种功能主导利用原则，相应地将森林、林木、林地区划为不同森林类别，分别按各自特点与规律运营的一种经营管理体制和经营模式。

2.2 森林类别 forest type

按森林多功能主导利用途径的不同所划分的森林类型，分为公益林与商品林两个类别。

2.3 （生态）公益林 non-commercial forest

为维护和创造优良生态环境，保持生态平衡，保护生物多样性等满足人类社会的生态需求和可持续发展为主体功能，主要是提供公益性、社会性产品或服务的森林、林木、林地。

2.4 商品林 commercial forest

以生产木（竹）材和提供其他林特产品，获得最大经济产出等满足人类社会的经济需求为主体功能的森林、林地、林木，主要是提供能进入市场流通的经济产品。

2.5 生态脆弱性 ecological fragility

森林生态系统一经破坏后就难以恢复良性生态环境以及生态环境极易因自然条件改变而造成偶发或多发性自然灾害的程度。

2.6 生态重要性 ecological importance

具有重要生态价值的森林生态系统以及需要提供森林环境保护的濒危动植物种类和人类社会设施的重要程度。

2.7 地利指数 convenience index for management

采用山体坡度、潜在路网密度（等级公路）和林地规模三项因子评价林地机械化作业与集约经营便利程度的量化指数。

2.8 季内降水变率 rate of quarterly precipitation change

近三年一个季度内最大一次降水量与最小一次降水量之差与最大一次降水量之比，用百分数表示。

2.9 裸岩率；岩石覆盖率 rock coverage

林地上裸露岩石遮盖面积与总面积之比，用百分数表示。

2.10 土壤侵蚀程度 soil erodibility

土壤遭受侵蚀过程中所达到的不同阶段，根据土壤剖面中 A 层（表土层）、B 层（心土层）及 C 层（母质层）的丧失情况加以判断。

2.11 植被盖度 vegetation coverage

地面上植冠（含乔木、灌木、草本）覆盖面积与总面积之比，用 10 分法表示，最大为 1.0。

3 类型区域

为适应我国幅员辽阔、各地自然地理和社会经济差异悬殊的特点，便于进行林业分类经营布局和分区分类经营管理，以我国经济区划和林业区划成果为基础，原则上以省为单位，将全国分为六个不同的类型区，详见表1。

表1　　林业分类经营类型区域表

类型区域	省（区、市）
东北区	黑龙江、吉林、辽宁、内蒙古东北部三盟一市
中原华北区	山西、山东、河南、河北、天津、北京
中南华东区	湖南、福建、湖北、江西、上海、江苏、浙江、安徽
热带沿海区	广东、广西、海南
西南区	四川、重庆、贵州、云南、西藏东南部
西北区	甘肃、青海、宁夏、新疆、陕西、内蒙古中西部、西藏其他地区

注：台湾省和香港特别行政区、澳门特别行政区未列入本表

4　森林分类系统

按森林提供的主导产品属性不同建立“森林类别—林种—二级林种”三级森林分类系统，见表2。

表2　　森林主导功能分类系统

类别	林种	二级林种	主要功能
公益林	特种用途林	国防林	保护国界、掩护和屏障军事设施
		科教实验林	提供科研、科普教育和定位观测场所
		种质资源林	保护种质资源与遗传基因、种质测定、繁育良种、培育新品种
		环境保护林	净化空气、防污抗污、减尘降噪、绿化美化小区环境
		风景林	维护自然风光和游憩娱乐场所
		文化林	保护自然与人类文化遗产，历史及人文纪念
		自然保存林	留存与保护典型森林生态系统、地带性顶极群落、珍贵动植物栖息地与繁殖区和具有特殊价值森林

续表

类别	林种	二级林种	主要功能
公益林	防护林	水土保持林	减缓地表径流、减少水力侵蚀、防止水土流失、保持土壤肥力
		水源涵养林	涵养和保护水源、维护和稳定冰川雪线、调节流域径流、改善水文状况
		护路护岸林	保护道路、堤防、海岸、沟渠等基础设施
		防风固沙林	在荒漠区、风沙沿线减缓风速、防止风蚀、固定沙地
		农田牧场防护林	改善农区牧场自然环境、保障农牧业生产条件
		其他防护林	防止并阻隔林火蔓延、防雾、护渔、防烟等
商品林	用材林	一般用材林	培育工业及生活用材、生产不同规格材种的木（竹）材。
		工业纤维林	培育造纸及人造板工业等所需木（竹）纤维材
		薪炭林	生产木质热能原料和生活燃料
	经济林	果品林	生产干、鲜果品
		油料林	生产工业与民用油加工原料
		化工原料林	生产松脂、橡胶、生漆、白蜡、紫胶等林化原料
		其他经济林	生产饮料、药料、香料、调料、饲料、花卉、林（竹）食品等林特产品及加工原料

5 森林分类指标体系

5.1 生态脆弱性

用生态脆弱性等级表示，具体选用坡度、植被盖度、裸岩率、土壤侵蚀程度、沙丘类型、农田牧场分布特点、海岸基质类型等指标衡量某一具体地段的生态脆弱程度，详见表3。

表3　生态脆弱性等级划分因子及其域值表

因子	类型区	生态脆弱性等级			
		1	2	3	4
坡度	东北区	>36°	26°~35°	16°~25°	≤15°
	中南热带	>46°	36°~45°	26°~35°	≤25°
	其他区	>36°	31°~35°	26°~30°	≤25°
植被盖度	西北	≤0.2°	0.3°~0.4°	0.5°~0.6°	>0.7°
	其他区	≤0.1°	0.2°~0.3°	0.4°~0.5°	>0.6°
裸岩率	全国	>51%	41%~50%	21%~40%	≤20%
土壤侵蚀程度	西北、西南、热带区	严重侵蚀（崩山、深度沟蚀、侵蚀沟活动明显），沟壑密度3 km/km²，沟蚀面积>21%	强度侵蚀（沟蚀、重度面蚀），沟壑密度1~3 km/km²，沟蚀面积15%~20%	中度侵蚀（表土面蚀较严重），沟壑密度<1 km/km²，沟蚀面积<10%	轻度或无明显侵蚀，表土层基本完整
	其他区	表土层无保留，心土层裸露，受剥蚀。沟壑密度>2 km/km²，沟蚀面积>15%	表土层保留厚度<1/2，心土层和母质层完整。沟壑密度<2 km/km²，沟蚀面积<15%	表土层开始受剥蚀，心土层和母质层完整	表土层完整
风力侵蚀程度	全国	极强度侵蚀（广布沙丘、沙垄，活动性大）	强度侵蚀（有活动或半固定性沙丘或风蚀残丘）	中度侵蚀（常见半固定、固定的沙滩、沙垄或沙质土）	轻、微度侵蚀
农田牧场分布特点	全国	—	面积大，集中连片	面积较大，但交错分布	零星分布
海岸基质类型	全国	沙质海岸线200 m以内或泥质海岸线100 m以内	泥质海岸线200 m以外500 m以内或泥质海岸线100 m以外300 m以内	砾质	基岩完整

注：表中类型区按生态公益林建设类型区划结果。

5.2 生态重要性

用生态重要性等级表示，具体选用河流流程、水库库容、公路与铁路等级、自然保护区保护级别、森林公园与风景名胜区级别等指标衡量某地段的生态重要程度，见表4。

表4　生态重要性等级划分因子及其阈值表

对象	生态重要性等级			
	1	2	3	4
河流	流程1000 km以上河流和一级支流发源地汇水区	流程500 km以上河流和一级支流发源地汇水区，以及1000 km以上河流一级支流上游两侧自然地形第一层山脊以内地段	其他河流发源地汇水区及中上游两侧	其他河流中下游两侧
水体	高原湖泊、饮用水源湖库周边自然地形中第一层山脊以内和平坦处500 m以内地段	库容1000万m^3～1亿m^3湖库周边自然地形中第一层山脊以内和平坦处500 m以内地段	库容10万m^3～1000万m^3湖库周边	库容10万m^3以下湖库周边
公路、铁路		生态脆弱性等级2级以上山区国道、省主干线两侧一面坡以内，生态脆弱性等级2级以下山区和风沙区国道、省道两侧100 m以内，平原地区两侧6～12 m以内地段	县、乡村及以下级公路两侧	
自然保护区	核心区	缓冲区	实验区	
森林公园、风景名胜区	国家级	省（自治区、直辖市）级	地（市）、县级	

注：生态重要性3、4级的河流、水体、道路两侧范围由各地自行规定。

5.3 财务内部收益率

主要考虑一个经营周期总产出与直接培育和经营森林相关的劳动消耗或劳动占用之比衡量森林经营的技术经济效果（或期望效果），选用财务内部收益率表示。

5.4　林地生产力

用材林采用单位面积林地的林分蓄积年生长量衡量林地生产力水平。

5.5　地利指数

林地进行机械化作业和集约化经营的便利程度。具体选择山体坡度、潜在路网密度（等级公路）和林地规模三个因子分别等级按表5计算得分，三项因子分值之和为地利指数。

表5　　地利因子域值及得分表

等级	一级	二级	三级	四级
山体坡度，(°)	≤5	6～15	16～25	≥26
潜在路网密度，m/hm^2	>5	3.1～5	2.6～3	≤2.5
林地规模，hm^2	>10	5.1～10	3.1～5	<3
得分	3	2	1	0

6　森林分类技术指标

分别公益林与商品林两大系列和具体二级林种确定分类技术指标。公益林选择生态脆弱性和生态重要性两个指标进行区划，商品林在考虑生态脆弱性和生态重要性的同时，加上财务内部收益率、林地生产力和地利指数三项指标进行区划。

6.1　公益林

6.1.1　符合下列条件的森林、林木、林地直接划定为公益林：

——在国境线以内第一层山脊或平坦地区至少5 km内，以及军事禁区内保护与屏障国防设施的森林、林木、林地划为国防林。

——经各级林业主管部门批准划定或科研教学部门建设的用于各种教学、实验和定位观测的森林、林木、林地划为科教实验林。

——根据林业生产需要建设或划定的专门保护遗传和物种基因，繁育良种、培育新品种的物种保护地、植物园、树木园、种子园、母树林、测定林、采穗圃和苗圃等划为种质资源林。

——镇以上城区和城乡结合部、居民点和厂矿周围起美化环境、防污抗污、减尘降噪、净化空气等作用的森林、林木、林地划为环境保护林，其城乡结合部、厂矿周边的范围在本标准中不作具体规定。

——经林业或建设部门批准划入各级城市园林、森林公园、风景名胜区、旅游度假区、滑雪场、狩猎场等游憩场所范围内的森林、林木、绿地划为风景林。

——在历史遗址和人文纪念地（纪念物）周围，以及具有特殊纪念意义的森林、林木（含古树名木）划为文化林。

——已经各级政府部门批准划入各级自然保护区、保护小区、保护点内的森林和林木，以及未经人为干扰或干扰较轻的地带性顶级群落划定为自然保存林。

6.12　其他公益林分别类型区域，考虑生态脆弱性和生态重要性指标以及相关因子后划定，生态脆弱性和生态重要性等级1、2级的地段划为公益林，3级的地段由各省（区、市）自行规定。

——水土保持林：重点考虑生态脆弱性指标，包括坡度、植被盖度、裸岩率、土壤侵蚀程度等因子。上述因子1、2级的地段；雨季降水变率大于70%地区的上述因子3级以上地段；高海拔地区山脊两侧100～200 m以内地段均应划为水土保持林或水土保持林用地，其他地区由各地自行规定。

——水源涵养林：主要考虑生态重要性指标，河流、水体周围1、2级的地段均应划为水源涵养林用地。

——防风固沙林：划分时以生态脆弱性指标为主。主要包括风蚀等级、裸岩率、海岸基质类型等因子。下列地段的森林、林木、林地应划为防风固沙林或防风固沙林用地；

风蚀等级3级以上林木可以生长的地段：

年均降水300 mm以下的地区，5 m/s以上的大风天数超过40天/年的地段；

海岸基质类型为沙质、泥质地区，顺台风盛行登陆方向离固定海岸线500～1000 m范围内，其他方向200 m以内的地段。

——农田牧场防护林：划分时重点考虑农田、草牧场分布特点，以下地段的森林、林木应划定为农田牧场防护林：

农田草牧场面积较大，集中连片地区的农田、草牧场周围100 m以内地段；

农田、草牧场交错分布地区的小片林木；

年均降水300 mm以下的风蚀地区，5 m/s以上的大风天数超过30天/年以上地段；

农田或草牧场与沙质地区接壤250～500 m以内地段；

在农田、草牧场范围内为了防止崩塌、滑坡、风害等灾害而在田间、阶地、低丘及岗地设置的林带、林网。

——护路护岸林：以下地段划为护路护岸林：

在公路、铁路两侧1、2级范围内的地段划为护路林。

人工堤、渠、坝两侧各10 m以内地段；

流程1000 km以上河流中下游固定河床两岸各100 m，流程500 km以上1000 km以下河流中下游固定河床两岸各50 m。

6.2 商品林

商品林原则上应在生态脆弱性等级3、4级和生态重要性等级4级的林地上进行分类区划。

6.2.1 工业纤维林

地利指数大于6，并满足表所列的年均蓄积量生长指标。

表6　工业纤维林年均蓄积生长量指标

树种	基准年龄	平均胸径，cm	生长量，m^3/（年·hm^2）
杨树	7	9	6
桉树	7	9	6
落叶松	15	8	5
马尾松	15	10	8

6.2.2 经济林

地利指数6以上，并且财务内部收益率大于同期银行存款利率。

6.2.3 薪炭林

由各省（区、市）自行确定技术标准。

6.2.4 上述技术指标未包含的森林，划为一般用材林。

7 森林分类区划优先级

按上述分类标准划定公益林与商品林时，同一地段森林同时满足一种以上二级林种的分类技术标准，此时应按照森林分类优先级进行区划。

依据森林受保护的严格程度将公益林与商品林划为四个分类优先级。一级最先区划，二、三级次之，四级最后区划，前三级为公益林，第四级为商品林。同一优先级的森林类型以表7中排序先后为准（第三级的排序各地可依据自然条件、灾害类型及危害程度的不同重新确定）。

表 7　　森林分类优先级表

优先级	二级林种
一级	国防林、自然保存林、文化林、风景林、环境保护林
二级	科教实验林、种质资源林、护路护岸林
三级	防火林、水土保持林、水源涵养林、防风固沙林、农田牧场防护林
四级	经济林，工业纤维林、薪炭林、一般用材林

8　公益林保护等级

公益林按重要程度分为特殊保护林、重点保护林与一般保护林三个保护等级。

8.1　特殊保护林

位于生态脆弱性等级和生态重要性等级 1 级地段的公益林，以及所有的国防林、自然保护区核心区、原始林和其他需要特殊保护的森林、林木、林地。

8.2　重点保护林

位于生态脆弱性等级与生态重要性等级 2 级地段内的公益林，以及所有的实验林、环境保护林、文化林、风景林和其他需要重点保护的森林、林木、林地。

8.3　一般保护林

除特殊保护和重点保护之外的公益林。

9　附则

9.1　本标准自发布之日起实施。

9.2　本标准由国家林业局负责解释。

9.3　各省（区、市）可根据本标准，结合具体情况制定地方标准或实施细则，报国家林业局备案。

附录 A

一般用材林主要树种林分蓄积生长量指标

表 A1

类型区	树种组	基准龄 年	年均胸径 cm	生长量 m^3/(年·hm^2)	主要培育树种
东北区	针叶树	30	16.0	8.0	落叶松、红松、杨树、樟子松
	杨树	15	16.0	10.0	
中原华北区	针叶树	20	13.0	8.5	落叶松、杨树、泡桐
	杨树	15	24.0	14.0	
	其他阔叶树	15	36.0	16.0	
中南华东区	针叶树	20	14.0	9.5	杉木、湿地松、火炬松、马尾松、杨树、泡桐、檫木
	杨树	15	38.0	18.5	
	其他阔叶树	15	24.0	14.0	
热带沿海区	针叶树	20	16.0	10.0	杉木、马尾松、火炬松、湿地松、加勒比松、桉树、南洋楹、马占相思
	桉树、相思	10	25.0	11.0	
	阔叶林	20	18.0	12.5	
西南区	针叶树	20	14.0	9.0	杉木、马尾松、湿地松、云南松、思茅松、华山松、柳杉、油杉、桉树、柚木、西南桦
	杨、桉树	7	25.0	13.0	
	其他阔叶树	20	15.0	10.0	
西北区	杨树	15	18.0	13.5	杨树

中国森林可持续经营标准与指标

中华人民共和国林业行业标准　LY/T 1594—2002
国家林业局 2002－10－12 发布　2002－12－01 实施

前　言

本标准由中国林科院林业可持续发展研究中心提出并归口。

本标准起草单位：中国林科院林业可持续发展研究中心。

本标准起草人：张守攻、肖文发、江泽平、刘金龙、朱春全、臧润国、陆文明、史作民、雷静品、孙晓梅、姜春前、马娟、黄清林。

本标准为首次发布。

引　言

森林是陆地生态系统的主体，是维护人类自下而上环境，使国家经济和整个生物处于良好状态的根本保证。1992 年联合国环境与发展大会（UNCED）认为，实现各种类型森林的可持续经营是满足当代和后代的需要，是贯彻《关于森林问题的原则声明》、《21 世纪议程》第十一章的关键。

1992 年联合国环境与发展大会以后，有关国际组织召开了一系列国际会议对森林保护与可持续经营问题进行了讨论，提出了一系列的标准与指标体系框架。主要有：

a）赫尔辛基进程。1993 年 6 月制定欧洲森林可持续性管理的行动框架，并在后续会议上（1995 年 2 月）形成了有关欧洲森林可持续管理的标准与指标体系。

b）蒙特利尔进程。1993 年 9 月在加拿大蒙特利尔召开了“温带与北方森林可持续发展会议”，提出了初步的森林可持续经营的标准与指标，并组建了“标准与指标工作组”。于 1995 年 2 月在智利的圣地亚哥形成了温带和北方森林保护和可持续经营的标准和指标框架，即“圣地亚哥宣言”。

蒙特利尔进程的 12 个成员国，代表了全球 90% 的世界温带和北方森林，中国是蒙特利尔进程的成员国。

c）国际热带木材组织（ITTO）制定了热带林可持续经营的政策标准。

联合国粮农组织（FAO）与ITTO共同组织的协调全球森林可持续经营行动的专家会议（罗马，1995年2月）确定由FAO负责对全球森林的可持续经营进行协调，以形成全球性的标准与指标框架。

中国政府十分重视森林保护与可持续经营问题，并积极参与国际上的有关活动。本标准的制定将充分吸纳国际上有关标准与指标体系的命题成分，与国际上的标准和指标体系接轨。鉴于中国地域辽阔，人口、社会经济发展和自然条件千差万别，森林类型复杂多样，森林资源数量、质量不同，经营状况各异。遵循既适应国际林业可持续发展的要求，又适合中国的具体情况的原则，根据中国自然条件、社会经济条件首先制定国家水平上的核心指标体系，然后再根据各区域的具体条件进行区域划分，扩充相应的特征指标，制定出可操作的指标体系。

1 范围

本标准规定了中国森林保护与可持续经营应该遵守的标准框架。

本标准适用于国家水平森林可持续经营。

2 术语和定义

下列术语和定义适用于本标准。

2.1

森林可持续经营　sustainable forest management

森林作为生态系统具有多种经济利益和环境价值，以及决策过程中的广泛公众参与。其目的在于保证森林连续有效地满足当代人们的物质生产、文化精神生活和无形的利益需求，而且有利于长期的经济与社会发展。

森林资源的保护、管理、开发、利用等活动应在尊重国家主权和区域平等的条件下，既能满足当代人的需求，又不损害未来世代满足他们自己需求的能力。

2.2

标准　criteria

由一系列定期监测以评价变化的相关指标所表示的特征。

2.3

指标　indicator

可以测量或描述的定量或定性变量，并可定期监测其变化的趋势。

2.4

监测 monitoring

对指标的变化进行定期和系统的测定与评价。

2.5

森林类型 forest type

依据我国国情和通常采用的森林分类系统，根据植被，尤其是森林组成和/或特定的因素所确定的森林群落类型。

2.6

生态系统 ecosystem

由植物、动物、微生物群落和它们赖以生存的非生命环境相互作用而形成的一个有生命的、开放的动态复合系统。

3 生物多样性保护

生物多样性系指生命有机体及其赖以生存的生态复合体的多样性与变异性。它包括生态系统多样性、物种多样性和遗传多样性。生态系统多样性是生物圈内栖息地、生物群落和生态学过程的多样化，以及生态系统内栖息地差异和生态学过程变化的多样性；物种多样性是指物种水平的生物多样性，是森林物种的丰富性；遗传多样性是指种内的遗传变异性，包括种内不同地理种群之间和同一种群之内的基因多样性。

3.1 生态系统多样性指标

3.1.1 森林类型占森林面积的比值

3.1.2 按龄级或演替阶段划分的森林类型的面积及比值

3.1.3 人工林中针叶树与阔叶树的比例

3.1.3.1 相关问题

a）中国幅员辽阔，气候及地貌类型复杂，森林生态系统类型多样；

b）中国人工林面积大，树种单一；

c）中国是一个发展中国家，保护与发展矛盾突出。

3.1.3.2 数据

数据可获得。主要来源于国家森林资源清查统计数据。

3.1.3.3 方法

可以根据国家森林资源清查和典型抽样调查获得数据。

3.1.3.4 说明

森林资源清查和调查体系，提供了森林面积、蓄积和生长的基本数据，但不能反映森林群落类型、多样性及森林演替的状态。

3.1.4 按世界保护联盟（IUCN）或其他分类系统划定为保护类林地

的森林类型面积

3.1.5　按龄级或演替阶段确定为保护区的森林类型面积的比值

3.1.5.1　依据

IUCN 于 1993 年将自然保护区划分为：

a）科学保护区；

b）国家公园；

c）自然纪念物；

d）野生生物保护地/生境与物种管理区；

e）受保护的陆地景观/海洋景观；

f）受管理的资源保护区。

不同龄级或演替阶段的保护区的生物多样性及其保护价值是不同的。

3.1.5.2　相关问题

a）我国的保护区可划分为三大类型：

1）森林生态系统类型自然保护区，是指以森林植物及其生态环境所形成的自然生态系统作为主要保护对象的自然保护区，如：热带雨林、亚热带常绿阔叶林等植被类型的自然保护区；

2）野生动植物类型自然保护区，是以珍稀濒危动植物和重要经济动植物种群及自然生境作为主要保护对象；

3）湿地类型保护区，以保护湿地生态系统为主要保护对象。

b）保护与发展的矛盾。

c）不同类型和大小的保护区的确定和划分。

3.1.5.3　数据

数据可获得。主要是主管部门的统计数据。

3.1.5.4　方法

通过统计调查和遥感技术，建立数据库。

3.1.5.5　说明

a）我国的保护区建设工作力度不断得到加强，但保护区的管理水平较差或不同保护区之间管理水平的差异较大；

b）尽管许多基础调查工作比较困难，但需要开展关于保护区的基本特征数据的进一步调查。

3.1.6　森林片段化程度

3.1.6.1　依据

森林片段化包括总生境面积减少和剩余地区被分割成非连续的碎片。森林的片段化降低了生态系统的抗干扰能力和物种的生存与繁殖能力。

3.1.6.2　相关问题

a）片段化与森林覆盖率的减少；

b）片段化与森林系统内基因资源的减少；

c）从物种的繁衍和基因多样性的维持角度，破碎化导致了种群基因流的变化。

3.1.6.3　数据

森林的片段化数据在我国很难得到。我国目前只有少数地区有成片的原始森林，如大小兴安岭、长白山、横断山、天山、神农架等，大部分地区的森林遭到破坏而演替成次生林。

3.1.6.4　方法

a）现代高新技术如RS和GIS技术等为森林的空间分布和片段化测量提供了精确的方法；

b）应用种群遗传学方法获得基因库片段化的信息。

3.1.6.5　说明

a）指标的应用，将主要考虑森林覆盖率的减少。

b）如果没有对生物多样性变化和生态过程的度量的经验，不可能阐明森林的片段化。适度的片段化有利于生物多样性保护。但人类活动常常使森林生态系统过渡片段化。

c）本指标的评价应更多地以天然林为基础。

3.2　物种多样性指标

3.2.1　森林物种的数量

3.2.2　根据立法或科学评价，确定处于不能维持自身种群生存力的森林物种的状态

3.2.2.1　依据

a）物种的数量是衡量生物多样性的最直接和最明显的指标；

b）物种受威胁现状和特有程度、濒危状况、灭绝速率及原因，是研究物种水平生物多样性的重要内容，也是研究对森林生物多样性进行保护与可持续利用的基础。

3.2.2.2　相关问题

a）指标列出了森林经营必须关注的物种的数量，但不能反映森林经营对物种多样性变化趋势的影响；

b）物种数量随时间变化的趋势；

c）一些濒危物种很难受森林经营者所控制；

d）物种数量指标的有效性取决于有效的检测，但对一些濒危物种的检测是很困难的。因此需要根据难易程度来规划监测的水平。

3.2.2.3　数据

a）准确的数据很难得到。主要来源于中国《珍稀濒危保护植物名录》、《国家重点保护动物名录》、濒临灭绝危险的动植物红皮书。

b）通过专项调查，关于珍稀濒危物种的状态数据部分可准确获得。

3.2.2.4　方法

森林物种的数量可通过对森林生态系统的本底调查得到。

3.2.2.5　说明

a）我国森林物种构成划分为：

1）乔木；

2）灌木；

3）草本；

4）真菌，尤其是与林木共生的菌根真菌；

5）昆虫；

6）鸟类；

7）哺乳动物；

8）两栖动物；

9）爬行动物等。

b）森林生态系统中关键种的保护应放在特别优先的地位，因为它控制着生物群落的组成结构，并决定其他物种的存在。

IUCN 根据濒危程度将物种划分为：灭绝种（EX）；濒危种（E）；脆弱种（V）；稀有种（R）；与未知种（I）。

3.3　遗传多样性指标

遗传多样性是物种遗传与进化的基础，一个物种的遗传变异愈丰富对环境的适应性就愈大。在保护一个物种时有可能失具有遗传差异的种群，所以对于具有重要经济价值和具有遗传学意义的一些森林物种应实行特别保护。

3.3.1　分布范围显著减少的森林物种数量

3.3.2　从多种生境中监测到的代表种的种群水平

3.3.3　已开展种质基因保存的物种数

3.3.3.1　相关问题

a）必须包括商用和非商用物种；

b）森林经营对商用物种的遗传多样性影响较大，因此应当予以关注。

3.3.3.2　数据

分布范围显著减少的森林物种数量和已开展种质基因保存的就地和异地保存的物种数的相关数据比较容易得到，而从多种生境中监测到的代表种的种群水平的相关数据几乎还没有。

3.3.3.3　方法

种群遗传学方法。种质基因保存分为就地保存和异地保存。

3.3.3.4　说明

分布范围明显减少的物种，其遗传变异性和生存力都会降低。

4　森林生态系统生产力的维持

森林生态系统生产力的维持是森林资源持续利用、生物多样性保护、缓解气候变化和防治土地退化的物质保证。本标准的制定主要以木材收获为森林生态系统生产力的基础。

4.1　林地面积和能够用于木材生产的林地净面积

4.1.1　依据

林地面积和能够用于木材生产的林地净面积是预测木材生产能力的主要因子。林地的木材生产与地上部分生物量的主立地质量关系十分密切。

4.1.2　相关问题

a）不同类型林地面积的确定；

b）立地质量与森林生产力的关系；

c）活立木蓄积、林木生长量和收获量。

4.1.3　数据

林地面积数据具有准确来源，但用于木材生产的林地面积数据的不确定性大。

4.1.4　方法

通过全国森林资源清查数据及林业资源统计年鉴获得。有关的面积及其比例可采取抽样调查结合遥感技术的方法。

4.1.5　说明

该指标可以用于预测木材供应潜力及用于木材生产的林地比例。

4.2　各森林类型面积和活立木蓄积

4.2.1　依据

一定的林地面积和生长量是维持一个森林生态系统的能量输入、流动及维持其有序结构的基础和标志。不同的森林类型，由于其物理和生物环境不同，以及所经历的发展阶段不同，因而具有不同的蓄积量和生长量。该指标是森林生产力的基础。

4.2.2　相关问题

a）目前中国在国家级森林经营中将森林划分为公益林和商品林两大类。森林类型可以粗略地分为针叶林和阔叶林，也可以根据优势树种进行细分。

b）与碳贮存、森林采伐规划及生物多样性紧密相关。

4.2.3 数据

该指标给出森林生产力的基本测度，数据相对容易获取。主要来源于全国森林资源清查结果。

4.2.4 方法

传统森林资源清查方法及遥感技术相结合，最好是通过不同森林类型内的固定样地调查。

4.2.5 说明

该指标应具有动态特征，以反映森林生态系统生产力随时间的变化趋势。面积及蓄积随森林类型的分类体系的变化而异。

4.3 林业用地中各类土地面积的比例

4.3.1 依据

为维持森林生产力，在保持现有林业用地面积总量的基础上，应加速低产林的改造，减少无林地面积，尤其应注意宜林荒山荒地的植树造林。

4.3.2 相关问题

林业用地中各类土地面积的划分。

4.3.3 数据

通过林业森林资源统计报表中获取。

4.3.4 方法

地面调查结合航空测量和卫星遥感技术。

4.3.5 说明

a）主要指有林地、疏林地、灌木林地、未成林造林地、苗圃及无林地等；

b）该指标体现了加强林地利用的潜力，通过低产林的改造和无林地向有林地转化，提高林地的生产潜力；

c）面积随林业用地类型的划分标准的不同而不同。

4.4 用材林总活立木蓄积

4.4.1 依据

木材生产仍是森林培育的重要目标，随着人口及经济的增长，对木材的需求也正日益加剧。

4.4.2 相关问题

我国实施天然林保护工程以后用材林的划分标准需要进一步界定。

4.4.3 数据

根据全国森林资源清查结果，数据容易获得。用材林划分标准的界定决定了数据的准确性及其应用价值。

4.4.4 方法

森林资源调查方法。

4.4.5 说明

该指标反映了用材林的资源贮备。

4.5 人工林面积及其活立木蓄积

4.5.1 依据

随着经济的发展，工业和人民生活对木材的需求不断增长，导致天然林日益减少，发展人工林特别是定向集约经营的工业人工林已经成为林业发展的重点。

4.5.2 相关问题

a）中国人工林发展的布局与总体规划；

b）人工阔叶林和混交林的发展。

4.5.3 数据

全国森林资源清查结果及林业统计年鉴。

4.5.4 方法

采用森林资源调查方法。

4.5.5 说明

该指标反映人工用材林的供给能力。

4.6 可供木材生产的林地面积与蓄积按龄级的分配格局

4.6.1 依据

根据森林经理永续利用理论，林分面积和蓄积按幼、中、近、熟、过等龄级的一定比例分配，以及在空间上的规律分布是永续收获的基本条件之一。

4.6.2 相关问题

a）龄级分为幼龄林、中龄林、近熟林、成熟林和过熟林；

b）确定不同树种及不同起源的林分的龄级标准。

4.6.3 数据

从全国森林资源清查资料中获取。

4.6.4 方法

采用森林资源抽样调查方法。

4.6.5 说明

该指标用于预测森林资源的发展趋势，反映木材供给潜力。

4.7 用材林年采伐量不大于年生长量

4.7.1 依据

在用材林经营中，采伐量不大于生长量是木材持续利用的基本保证。

如果年采伐量超过年生长量，随着时间的发展，必将导致森林资源的下降，影响利用的可持续性。

4.7.2　相关问题

尽管存在争议和不确定性，但用材林采伐同样必须实现生态上的可持续性。在集体和私有林的采伐中，预测木材采伐的可持续性具有一定的困难，但用材林的采伐量应根据国家制定的采伐限额和市场共同确定。采伐必须严格遵循国家采伐规程。

4.7.3　数据

从林业统计年鉴查得。但应对天然林、人工林以及国有林、集体林和私有林进行分类报告。林权的转移会给数据的可靠性和价值带来不确定性。

4.7.4　方法

采用资源调查方法，最好通过固定样地调查。

4.7.5　说明

a）森林的年生长量是指活立木的连年生长量的净平均值；

b）年木材采伐量包括卫生伐、生长伐、主伐等各种采伐的收获量；

c）该指标为用材林可持续经营的基本原则。森林的采伐必须根据可持续的森林经营规划方案进行操作；

d）对超限额采伐木材市场交易要严格控制。

4.8　非木质林产品收获量

4.8.1　依据

非木质林产品（如：毛皮、林果、蘑菇、猎物、药材、野生花卉等）的利用由来已久，但对其在国民经济中发挥的巨大作用却没有得到应有的认可。非木质林产品是食物、饲料、医药、化工等的主要原料，对提供食品、保健、就业机会，提高山区居民生活水平起着积极的作用。因此有必要对非木质林产品的收获量进行研究，通过采取有效的措施，实现非木质林产品的可持续经营、开发和利用。

4.8.2　相关问题

a）非木质林产品的开发利用与生物多样性保护的关系；

b）非木质林产品年收获量的波动；

c）需要规范收集数据的方法；

d）缺乏关于非木质林产品可持续生产量的基础信息；

e）需要进一步提高山区居民对非木质林产品保护和利用的认识并尊重传统林业知识。

4.8.3　数据

尽管对山野菜、食用菌、林果、药材、野生花卉等非木质林产品每年均有利用，但由于大多属于周围社区居民的无组织采摘，相关统计数据不易掌握，部分数据可以通过查阅林业资源统计年鉴获取。

4.8.4　方法

a）非木质林产品的资源清查，主要采用小区抽样调查技术，确定各种经济物种的丰富度，可持续收获的再生能力等，并据此确定其可持续经营的水平；

b）列出现有或有潜力的非木质林产品，通过对当地社区咨询，规范统计相应的年收获量；

c）持证收获。

4.8.5　说明

a）该指标反映非木质林产品的供求关系及其可持续经营的水平；

b）非木质林产品的收获量不应对森林生长和生物多样性构成威胁；

c）非木质林产品的年收获量也应低于年生长量。

5　森林生态系统的健康与活力

5.1　超过历史波动范围的事件所影响的森林面积及其比例

5.1.1　依据

本指标主要给出有关大强度的、对森林生态系统正常结构和功能造成严重破坏的干扰事件对森林的影响情况。影响森林生态系统健康的事件包括火灾、病害、虫害、风灾、地震与泥石流、冻害、水灾、沿海风暴潮等自然过程。当其强度和范围超过一定程度时，就会突破历史波动的正常阈值，从而对森林的健康造成危害。

5.1.2　相关问题

a）根据中国南北地理、气候和森林类型的差异，森林特大火灾一般划分为三级：

1）受灾面积3.33万hm^2以上；

2）东北地区受灾面积0.67～3.33万hm^2，南方地区受灾面积0.33万hm^2；

3）东北地区受灾面积0.33～0.67万hm^2，南方地区受灾面积0.07～0.33万hm^2。

b）考虑到中国社会、经济的现实状况和森林可持续发展的重要作用与地位，结合目前中国森林火灾的状况，及其防火减灾，维持和恢复森林生态系统的健康与活力的能力，中国应努力达到以下目标：

1）森林火灾次数和受害率稳中有降，力争不发生大的森林火灾；

2）森林防火基础建设基本实现网络化和现代化；

3）森林防火体系基本健全。

c）考虑到中国造林营林的历史，人工纯林面积的数量巨大，森林病、虫、鼠害还会在今后一个时期内大量发生，应根据“预防为主，综合治理”的方针，按照《中华人民共和国森林法》和《中华人民共和国进出境动植物检疫法实施条例》、《中华人民共和国森林病虫害防治条例》等防治、治理和减少各种森林病虫害。但森林病虫害防治的根本是实施生态系统管理，在造林和营林的各个环节都要模拟各地天然林生态系统的结构与功能规律，使病、虫、鼠等的数量被持续控制在一定的水平，从而使各类森林生态系统始终都维持健康和正常的生长发育状态。

d）考虑到中国地形复杂，江河众多，海岸线较长，气候多变，因此台风、地震与泥石流、洪水、沿海风暴潮等对森林的危害也很大，给中国的森林资源造成很大损失，但目前缺乏有关受影响和危害的森林的准确数据和判断指标。

5.1.3　数据

有关森林病、虫、鼠害的数据可从全国或区域的森林病、虫、鼠害的调查中获得，而有关森林火灾、风灾等的数据可从全国森林资源和森林火灾监测系统加上地面调查获得。

5.1.4　方法

可采用传统的抽样调查和遥感监测相结合的方法，开展全国统一时间和方法的调查，将不同区域的数据加以汇总。

5.1.5　说明

关于不同干扰事件的正常历史波动范围或阈值，部分可从气象、林业等部门的调查研究和历史记录中求得。应当对历史波动周期、波动范围或阈值加以明确的界定。同时，在森林火灾领域，必须考虑人为的因素。

5.2　有害气体和酸雨的危害面积与比例

5.2.1　依据

人类活动所导致的酸雨、有害气体排放，当其强度和范围超过一定程度时，就会超过森林生态系统的忍受能力，从而对森林的健康造成危害。根据森林的受害程度，对国家不同地区有害气体和酸雨形成强度和范围进行控制，从而确保森林的健康和正常生长。

5.2.2　相关问题

a）酸雨的危害除直接从生理和生长上损害森林植物外，另一重要影响是破坏森林赖以生存的土壤系统。对土壤系统的变化，主要考虑影响土壤酸碱度的理化指标，如盐基饱和度、pH 值和阳离子交换量等。

b）在中国未来的酸雨防治方面，应该努力达到以下目标：

1）贯彻执行有害气体排放补偿制度；

2）环境保护法第二十八条；

3）提高煤的利用效率，节省能源，降低二氧化硫（SO_2）等有害气体的排放；

4）加强酸性雨危害的预防，包括工业酸性沉降物排放的限制、社会制度与法律保障、生物学和生态学措施预防等。

5.2.3　数据

有关酸雨和有害气体发生的面积和强度的数据在我国西南的部分地区有一定的数据积累，也有某些城市及其郊区的受害森林面积的部分统计资料，但对于大多数地区来说，有关的数据还很缺乏。

5.2.4　方法

有关酸雨和有害气体的调查和统计方法，国家环保部门已有相应的程序和方法。受酸雨危害森林的统计，可应用野外抽样与遥感监测结合的方法。

目前，中国酸性降雨酸度等级划分的数量指标见表 1。

表 1　　中国酸性降雨酸度等级划分

降水平均 pH 值	等级
<5.0	Ⅰ
5.0～5.6	Ⅱ
5.7～7.0	Ⅲ
>7.0	Ⅳ

其中，等级Ⅰ和等级Ⅱ的酸性降雨面积占中国酸雨地区面积的 90% 以上，出现频率为 60%。而且出现了部分 pH 值小于 4.0～4.5 的重酸雨地区，如重庆、柳州等地的局部地区。

5.2.5　说明

有害气体和酸雨对森林的危害，应根据不同地区和不同森林类型，制定相应的受害症状和程度的标准，从而对不同受害程度的面积做出估算。在工业城市及其郊区的森林中应设立长期定位监测站点，才能获得准确的数据。

5.3 温室气体对森林植被及敏感森林生态系统类型的影响

5.3.1 依据

大气中某些气体，如二氧化碳（CO_2）、甲烷（CH_4）、氮氧化物（N_xO）、氟氯化碳（CFC）、一氧化碳（CO）等虽然在大气中的含量很少，却能大量吸收来自太阳和地球的长波辐射，起着阻止地球向宇宙散失热量的作用。这些温室气体的存在有利于维持地球生命所需的热量，但是温室气体的大量排放则会造成全球气温的迅速上升，引起气候的剧烈波动，并对地球的生命支撑系统如森林等带来一系列的影响。

5.3.2 相关问题

a）温室气体的控制是一个全球性的问题，森林植被在减少和缓冲大气温室气体中具有非常重要的作用，但毁林开荒、燃烧森林有机物等会增加大气中的温室气体排放量；

b）不同的森林生态系统对不同气体的敏感程度是不同的；

c）森林对一定数量和浓度的温室气体具有吸收和净化的作用；

d）科学和准确地确定温室气体对森林植被的影响是十分困难的，本指标本身只能是对一种科学问题的综合描述。

5.3.3 数据

目前只对某些温室气体和某些森林的敏感性方面有少量数据，大量的准确数据有待通过进一步的研究获得。

5.3.4 方法

有关温室气体含量的测定方法可采用物理学和环境化学的方法，而有关森林吸收和敏感性方面可采用生理学和环境毒理学的方法。温室气体对森林植被的影响的有关数据需要通过长期的、综合的监测和分析。

5.3.5 说明

虽然目前该指标的数据不易获取，而且不确定性很大，但随着全球环境问题的日益突出，特别是在中国工业化和现代化建设加速发展的情况下，将这一指标纳入森林可持续经营的指标体系，对于中国森林资源的合理保护和健康发展具有重要的意义。

5.4 基本生态过程或生态系统中指示性生物组成减少的林地面积和百分比

5.4.1 依据

森林生态系统的动植物种类及其数量是生态系统功能得以发挥的基础，生态系统的生物组成明显减少时，森林的健康与活力就会下降，生态系统的完整性和连续性就会遭到破坏。生物组成明显减少的林地面积及其比例是一个地区森林健康的一个重要指标。

5.4.2　相关问题

森林中生物组成减少的原因十分复杂。中国大面积单一树种的人工造林，导致林种单一、结构简单，从而致使林分生物组成减少，系统稳定性下降，可持续利用能力降低。应尽量增加混交林的面积和比例，对物种减少的天然林和次生林进行保护、恢复和重建，促进中国森林的可持续经营。

5.4.3　数据

目前有关的数据还非常缺乏。

5.4.4　方法

采用群落学的调查统计方法，有关的面积及其比例可采用典型抽样和遥感判读的方法。

5.4.5　说明

目前许多森林由于人类活动的干扰而物种数量在不断下降，但由于以前的基础调查数据和目前数据的积累不足，确切的数量变化幅度仍不清楚，对什么是明显的物种组成变化的林地目前还不能确定具体的标准。

6　水土保持

水土保持是指对人为活动造成的水土流失所采取的预防和治理措施。一方面要防止人为活动导致森林生态系统中土壤和水及其中所含的有机及无机物质数量和质量的衰退，改善和保护森林生态系统为人类和其他生物提供水资源的数量和质量。另一方面要利用以树木为主的生物措施治理人为活动造成水土流失的地区。

6.1　土壤侵蚀严重的林地面积和百分率

6.1.1　依据

本指标旨在测量森林地区导致土壤肥力显著降低或溪流中沉积物质明显增加的土壤侵蚀（水蚀和风蚀）的范围。该指标对于水文学、生产力、生物多样性、碳循环，以及生态系统功能等非常重要。

6.1.2　相关问题

a）影响林地土壤侵蚀的事件主要包括火灾、放牧、设施建设（如林道）、采伐、整地和更新、幼林抚育等。森林是防治侵蚀最好的植被类型和土地利用方式，退耕还林可以减少侵蚀。重要的是减缓或控制新增的水土流失，操作规程、侵蚀减缓措施（指南）是减少侵蚀的主要办法；

b）极端事件非常关键，水资源质量的下降与此强烈相关。

6.1.3　数据

本指标的历史性资料极难获得，对“土壤侵蚀严重”进行科学的定义很困难，不易测算地区性的侵蚀范围。

现有的数据来源包括：为数不多的土壤侵蚀监测样地；降雨模拟的试验数据；少数侵蚀过程观测样地。

6.1.4　测算方法

a）目前，测量土壤侵蚀的方法还仅局限于研究层次，但有一些有效的替代方法，如根据森林类型及其利用方式的样地资料进行报告。样地观测应当有对照，对照的设置应考虑地质、地形、风、水文等的自然差异，没有森林采伐等人类影响。样地的利用类型、强度和频率都应当很清楚。样地观测项目包括陆地迁移和进入水道的沉积物种类及数量；经营活动及降雨事件；选定时刻的土壤流失；利用人工模拟降雨测算不同降雨量情况下特定森林经营活动产生的侵蚀水平等等。测算方法包括：研究（操作）层次上的侵蚀测量方法的应用；经营规划及实施方案中数据的分析；地理信息系统及遥感；基于侵蚀量与环境影响之间关系的模拟等等。

b）过渡性指标包括：

1）已采取水土保持措施的林地面积和百分率；

2）按照操作规程开展人类活动的坡地面积；

3）土壤侵蚀敏感性（根据地面裸露的时期与同期降雨可能性之间的关系确定）；

4）降雨集中时期的人为活动（如采伐、游憩、通车等）比例。

6.1.5　说明

理想的情况是，干扰地区的土壤侵蚀速率应当不超过未干扰地区（对照地区）的土壤侵蚀。上述各项内容的测定结果应当与应变性管理策略相结合，以便取得好的结果（水土流失得到控制）；如果某些措施的水土保持效果不好，则应改进这些经营措施。

6.2　坡度在25°及以上的坡耕地退耕还林（草）的面积和百分率

6.2.1　依据

本指标用于评价陡坡耕地的治理情况。中国是多山国家，高山陡坡的农业耕种相当普遍，这是造成我国水土流失的最主要原因之一。

6.2.2　相关问题

a）国家规定在25°以上陡坡地禁止开垦种植农作物。对已开垦种植农作物的，应当在建设基本农田的基础上，根据实际情况，逐步退耕，植树种草，恢复植被，或者修建梯田；

b）刀耕火种、游耕在某些地区仍然存在，由此造成的水土流失不容忽视。

6.2.3 数据

可以获得。通过林业统计资料、政府文件等获得。

6.2.4 方法

利用统计资料求算。包括3个分指标：

a）实际退耕还林的面积和需要退耕还林的面积；

b）实际退耕还草的面积和需要退耕还草的面积；

c）实际退耕还林还草的面积和需要退耕还林还草的面积。

6.2.5 说明

原则上，25°以上陡坡的耕地必须还林或还草。特殊情况下，必须修筑梯田。需要重视的是，退耕还林（草）恢复或重建的植被类型，一定要根据植物地理学和当地的原生植被类型来确定。

6.3 主要用于生态保护目的的林地面积和百分率

6.3.1 依据

本指标用于评价以生态保护为主要目的（如集水区、防洪涝林、防雪崩林、护岸林等）的林地面积和比例。对于进行采伐的林分，如果需要减轻土壤侵蚀和维持水质量，则采取防护措施对于保护河流、溪流具有重要作用。

6.3.2 相关问题

a）认识到森林经营中可能对森林土壤和水资源的破坏，国家规定在多用途林区（如兼具水源涵养功能的用材林，兼具生产功能的水土保持林）的营林设施建设和森林经营中应考虑到水土保持，对公益林则只准进行抚育和更新性质的采伐。

b）应当根据土地权属、经营目标、防护功能等对森林分类。需要有全国统一的集水区分类、溪流分类（如一级、二级、三级溪流）和相应的制图方法。制图时，应考虑许多季节性溪流。

6.3.3 数据

本指标容易获得数据。数据来源包括：林业统计年鉴、政府文件、野外调查资料、遥感资料、各类地图、各类数据库等。

6.3.4 方法

不同的流域等级采取不同的防护措施是十分重要的，这可能还因所处的地域、侵蚀风险、地形或其他影响水土资源的重要因素的不同而不同。地面测量保护地区的边界（如溪流缓冲带）是非常困难的，地理信息系统对于此类工作很有用。

过渡性指标包括：

a）重要流域水土保持林的面积和百分率；

b）不同树种的面积和比例。

6.3.5　说明

保护功能应当成为实际森林经营操作的组成部分，这一点相当重要。应当报告需要进行保护的水土资源或重要流域是否得到了应有的保护。

6.4　森林集水区溪流量和持续时间显著偏离历史变化范围的百分率和公里数

6.4.1　依据

本指标用于评价森林经营和其他因素对水流量及其波动的影响。森林经营、毁林或造林等通过改变林区水量再分配（如林冠截留、蒸腾等）而增加或减少径流。这些因素对于溪流健康、生命和财产、淡水供应等具有重要意义。本指标必须与指标6.5结合使用。

6.4.2　相关问题

a）本指标中参数的变化是否“显著”，需要根据区域的不同确定不同的阈值。流出森林生态系统的水量与植被（如枯落物）和土壤（如土壤总孔隙度）的特性有关。水的质量反映在水中的无机浮悬物、营养物质（氮、磷、钾等）及人工合成的有害化合物（肥料、杀虫剂等）的含量。生态系统内水质量、数量及变化会影响林地生产力和林中其他生物的生境。流出系统外的水的质量、数量及变化会影响流域中生物（尤其是水生生物）的生境。森林能够调节水量和净化水质等，应当在数量和质量上保持水源涵养林。

b）本指标未涉及地下水变化，但它在某些地区可能很重要。

6.4.3　数据

数据较难获得。可通过对当地居民的调查，了解溪流或河流以往的水流量。

6.4.4　方法

方法有集水区定位研究；对代表性溪流的长期监测；使用水文学模型进行预测等等。

6.4.5　说明

本指标可有效地评估土地利用方式的变化和森林经营的综合影响。溪流量的变化也可能是流域内有林地以外的土地利用所引起的。

6.5　水体生物多样性和理化性质显著偏离历史变动范围的林区水面的百分比

6.5.1　依据

林区水体中动、植物区系的变化反映了水体生境质量和水质量，水体物理、化学性质则从另一侧面体现了水生环境的健康状况及人类用水（饮用、灌溉、游憩等）的质量。对这些变量的适时监测表明目前的或过去的经营措施对水质量的正面或负面影响，由此对经营措施做出相应的调整，以维持或提高水的质量。

水体质量的评价，在较小的尺度上多采用水体生物多样性来衡量，而在较大的尺度上则多采用水体理化性质来表征。

6.5.2　相关问题

a）林区水体的度量包括溪流密度、长度，湖泊的面积等。

b）森林经营与水量和水质的关系。沉积物影响到水体理化性质的多数方面。

c）森林地区水体生物多样性的间接评价体系。

d）针对不同的用水目的，已有一些关于水质量的国家标准或地方标准。

6.5.3　数据

a）有关林区水体的数量和分布等，目前的统计数据还只有面积或长度较小的水体的部分数据，大部分面积或长度较小的水体的数据还得不到。

b）有关水体中动植物的数据则基本得不到，历史性数据则更加缺乏。水体理化性质的数据可从水文站或一些长期径流场定位观测站获得。

6.5.4　测算方法

a）有关林区水体的数量和分布等可以通过森林资源清查和遥感等方法获得。水体动植物种类和数量只有采用典型抽样和长期定位监测的方法，水体理化性质包括水体的pH值、释放氧气量、化合物含量（导电性）、沉积物、温度变化等。首先制定国家水平的历史变动范围或基准条件，在缺乏有关数据的地区，选择干扰相对较小的立地作为研究基础。

b）根据历史的、当前的记录，以已知的变动性为基础对显著变化进行定义，对于采用较小干扰的立地，必须考虑时空的变化。

6.5.5　说明

a）林区水体中动植物变化和理化性质变化的历史性数据的获取是极为困难的，但可用那些没有遭到破坏的处于原始状态的地段的数据作为基本的历史参照。

b）对林区水体的生物多样性进行定期（如1~5年）监测是非常需要的，应将其纳入全国森林生态系统定位监测的体系中。

c）本指标的目的是评价水质量与森林经营活动频率、强度及范围的关系。水质量的变化也可能是由于自然现象或森林经营以外的其他因素所致。

6.6 水土流失地区的治理面积和治理率

6.6.1 依据

用于评价对人为活动引起的水土流失的控制。

6.6.2 相关问题

a）水土流失地区的治理进展，既与水土保持综合治理的技术进步有关，也与相关政策的合理性及执行状况密切相关。

b）国家制定的水土保持指导方针为“预防为主，全面规划，综合防治，因地制宜，加强管理和注重实效”。水土流失地区主要采用小流域综合治理技术。

6.6.3 数据

数据较容易获得。但仍需要一些补充研究。

数据来源包括：各级林业及水利部门的统计文件，专家调查报告等。

6.6.4 测算方法

本指标包括如下的2个分指标：

——中轻度以上水土流失地区的治理面积和治理率；

——轻度水土流失地区的治理面积和治理率。

由于各流域成土自然条件的差异，可按实际情况确定允许流失量的大小，可以从200，500，1000 t/（km^2·年）起算。

6.6.5 说明

不同强度的土壤侵蚀的治理优先程度不同，治理策略和治理技术也相异，土壤侵蚀强度分级指标见表2。

表2　　土壤侵蚀强度分级指标

级别	年平均侵蚀模数 t/km^2	年平均流失厚度 mm
轻度侵蚀	（200，500，1000）~2500	（0.16，0.4，0.8）~2
中度侵蚀	2500~5000	2~4
强度侵蚀	5000~8000	4~6
极强度侵蚀	8000~15000	6~12
剧烈侵蚀	>15000	>12

6.7 人工林立地指数严重下降的面积和百分率

6.7.1 依据

本指标用于测算人工林地力明显衰退的范围。我国的人工林面积广大，与阔叶林相比，针叶林的地力维护能力较差，一些主要人工造林树种都不同程度地存在着林地土壤退化、生产力持续下降的趋势。

6.7.2 相关问题

a）土壤保持应包括防止地力衰退，地力衰退除受土壤侵蚀影响外，还可表现在土壤理化性质、土壤酶、土壤微生物区系的变化上；

b）复杂的林分结构对于维持地力和防止水土流失具有重要作用。目前的人工林结构过于简单，影响森林整体功能的发挥；

c）森林采伐必须遵守国家采伐规程；

d）人工林的一些经营措施，如整地，是有利于土壤物理性质改善的。需要评估使用杀虫剂和锄草剂对森林土壤物理性质的影响。

6.7.3 数据

有关的数据缺乏，需要长期的试验研究。一些典型森林类型试验地的数据是可获得。

6.7.4 方法

a）典型抽样调查结合3S（遥感、地理信息系统、全球定位系统）技术。林地生产力的变化程度可通过一些间接指标来反映，如林下指示性植物、地表枯落物、幼树的数量、根生长等；

b）本指标还包括3个补充指标：

——人工林中阔叶林的面积和比率；

——重茬人工林的面积和比率；

——土壤物理性质因人为因素而显著变化或板结的森林面积和比例。

6.7.5 说明

人工林立地质量下降可能是因树种单一或选择不当、轮伐期短、炼山、整地方式、林下间作、连作、滥樵等人为营林措施和其他人为活动，造成系统中主要营养物质的输入和输出赤字、水土流失、土壤有机质或其他土壤物理和化学性质的改变、土壤酶活性和微生物区系的改变，或生物毒素的积累等。人为活动对土壤物理性质的影响，会改变土壤生产力、森林水文效应和其他生态系统过程。森林收获过程中采用机械设备是造成土壤容重变化的重要原因。林道和集材道对森林土壤物理性质影响很大。

6.8 在国家规定应必须进行水土保持的坡地从事生产活动时，已采取水土保持措施的面积和百分率

6.8.1 依据

用于评估使用坡地进行生产时水土保持措施的实施程度。不合理的坡地利用是水土流失的重要原因。

6.8.2 相关问题

a）坡地的土地利用规划。

b）需要改善坡耕地的耕种技术及其防护措施，以及坡地的营林技术体系和采伐利用技术体系。

6.8.3 数据

数据可从各种林业统计报告中获得。

6.8.4 测算方法

包括2个分指标：

——国家规定应采取水土保持措施的坡耕地上，现有农事活动已采取水土保持措施的面积和百分率；

——国家规定应当采取水土保持措施的坡地上，从事营林活动已采取水土保持措施的面积和百分率。

6.8.5 说明

在小于禁垦坡度而大于5°的坡地上从事农业生产活动和林业经营活动（如整地造林、抚育幼林等）应当采取水土保持措施。

6.9 森林地被物保护的程度和面积及比例

6.9.1 依据

用于测算森林地被物的保护情况。

6.9.2 相关问题

a）薪炭林的发展是保护森林地被物的重要途径；

b）替代能源的开发，如沼气利用、太阳能利用，风能力等。

6.9.3 数据

数据缺乏。

6.9.4 方法

抽样调查。

6.9.5 说明

森林地被物对于维持林地生产力，防止水土流失，保护野生动物生境等都具有重要意义。

6.10 受难降解有害物质累积危害的林地面积及比例

6.10.1 依据

该指标反映造成环境恶化的人工化合物及污染物影响林地的程度，而这些有害物质反过来又影响到其周围的森林。

6.10.2 相关问题

a）人工林使用农药、除草剂、化肥等的副作用；

b）厂矿区工业生产对周围森林的影响。

6.10.3 数据

数据缺乏，需要长期的研究。

6.10.4　方法

a）测定项目包括：除草剂、杀虫剂的施用量和范围（应充分了解施用与积累的关系），有毒物质积累的量和范围。据此进行估算。

b）测算方法包括：

1）区分易于积累有害物质的立地（如酸性矿物质的流失）；

2）建立确定有害物质的土壤化验技术程序；

3）通过对许可、发证或其他手段进行监测，以获得有效的数据。

6.10.5　说明

通过测定指标与国家农业的污染标准，如果该指标接近或超出制定的标准，就应采取相应的措施。

7　森林对全球碳循环的贡献

森林对全球碳循环的贡献代表了森林经营活动对全球生态系统功能的影响。全球生态循环是一个涉及全球有限资源如水、碳、氮和其他生命维持要素自我调节的复杂过程，森林的存在依赖于这些过程。

7.1　森林总生物量生产（分类）

7.2　薪炭林面积与消耗量及其贡献

7.2.1　依据

a）森林总生物量的生产是计算森林碳循环的基础。

b）薪材的短缺往往加剧了森林的破坏。因此，考虑到化石燃料资源的限制和中国人口、社会、经济的发展速度，必须大力发展薪炭林，以保护天然林、用材林和其他特种用途林等资源。

7.2.2　相关问题

a）本条与第3章关系密切，如森林面积和生产力等；

b）考虑到森林生态过程的复杂性，本标准不考虑森林（含林分类型）生长过程中碳的积累与释放的具体过程。

7.2.3　数据

基础生物量数据和薪炭林面积与消耗数据可获得。

7.2.4　方法

a）生物量估算方法和模拟模型计算方法；

b）材积生物量估算模型。

7.2.5　说明

有关全球变化中碳平衡及森林对碳循环贡献的研究还很不深入，现有数据几乎都是根据森林资源数据及森林中其他过程的一些零散资料进行的估算。

7.3　林产品生产量、消耗量及其贡献

7.4　毁林面积及其贡献

7.5　森林的吸收

7.5.1　依据

主要依据森林蓄积的变化，以及木材用于住房、家具等永久保存的比例来估计森林采伐所引起的二氧化碳（CO_2）排放量。

7.5.2　相关问题

a）不同林产品的消耗周期不同；

b）关于林产品的计算以最终产品为依据。

7.5.3　数据

根据统计计算，目前中国森林总生物量年消耗 226.2 Mt，年永久贮存总生物量 19.9 Mt，森林总生物年生长量 211.9 Mt，年二氧化碳排放量 92.9 Mt 碳，年二氧化碳吸收量 95.3 Mt 碳，二氧化碳年净吸收量 2.4 Mt 碳。

7.5.4　方法

采用不同林产品消耗速率的估算。

7.5.5　说明

木材转向长期保存的林产品的比例越大，被储存于木材中的碳就越多。因此需要系统监测林产品的产销动态。

7.6　森林土壤碳排放

7.7　森林泥炭二氧化碳、甲烷等的排放

7.7.1　依据

土壤碳库是森林生态系统碳库的重要组成部分，而森林泥炭是森林生态系统多年来碳积累的结果。森林泥炭是向大气中排放二氧化碳和甲烷的重要源之一。

7.7.2　相关问题

森林经营直接影响森林土壤碳的储量和森林泥炭在大气中排放二氧化碳和甲烷的数量。

7.7.3　数据

基本不可获得。

7.7.4　方法

采用典型定位观测和模拟模型的方法。

7.7.5　说明

关于森林土壤碳排放和森林泥炭二氧化碳、甲烷等的排放方面只在个别地区进行了部分研究工作。

8　长期社会效益的保持和加强

森林的作用可概括为三个方面：保护环境（生态作用），生产各种产品（经济作用）和满足人们的社会、文化和精神需求（社会作用）。森林的经济效益指森林能为人类提供各种各样的林产品和非木质产品，以及生产和销售这些产品而产生的经济价值。森林的社会效益指森林能满足人类对森林的各种社会、文化和精神需求。满足社会需求的森林长期多种社会效益的保持和加强意味着森林的经济效益、生态效益和社会效益的不断协调发展，森林的持续经营和林业的持续发展才能成为现实。

8.1　生产、消费和劳动就业

8.1.1　人口年增长率和社会经济发展速度

林区人口的数量及其变动直接影响着林区的社会经济状况，对森林的保护和经营的状况也具有非常重要的影响。生产和消费是体现森林经济效益的最重要指标，它主要反映木质和非木质林产品的供求关系，以及供求活动中所产生的经济价值和社会效应，国际贸易是影响林产供求关系的一个重要因素。林业生产中，木质和非木质林产品收获量的多少直接影响着森林经营的经济和社会效应。

8.1.2　木质和非木质林产品的年需求量

8.1.3　木质和非木质林产品的年生产量

8.1.4　木质和非木质林产品的供求平衡

8.1.5　木质和非木质林产品的年进出口量

8.1.6　木质和非木质林产品的产值及在加工后附加价值

8.1.6.1　依据

林区人口的数量及其变动直接影响着林区的社会经济状况，对森林的保护和经营的状况也具有非常重要的影响。人口的增长必须与当地的社会经济状况相协调。在森林资源资源不断减少的地区，应严格控制林区人口数量。生产和消费是体现森林经济效益的最重要指标，它主要反映木质和非木质林产品的供求关系，以及供求活动中所产生的经济价值和社会效应，国际贸易是影响林产供求关系的一个重要因素。林业生产中，木质和非木质林产品收获量的多少直接影响着森林经营的经济和社会效应。

8.1.6.2　相关问题

a）人口变动与森林承载力的关系；

b）木质和非木质林产品的高效利用；

c）林产品贸易与森林认证的关系。

8.1.6.3　数据

大部分的数据可从林业统计年鉴中获得。

8.1.6.4　方法

查阅林业统计年鉴和相关资料，典型案例分析。

8.1.6.5　说明

应从林区社会经济大系统的角度综合分析人口、资源与环境的关系。天然林保护工程实施后，对非木质林产品的开发在林区经济中将占有越来越大的比例。

8.1.7　林业部门提供的直接或间接就业机会

8.1.8　林业部门各就业门类的劳动生产率和职工收入

8.1.8.1　依据

林业是国民经济中必不可少的一个行业，它不仅在维护国家生态安全方面具有不可替代作用，而且还为国民经济和社会发展提供了木材和其他林产品。林业不仅直接为本行业的人口提供了就业机会，而且还会间接地为林业行业以外的人口提供就业机会。林业部门不同就业门类的劳动生产率和职工的收入水平，对林业生产的经济效益和森林经营管理都具有直接的影响。

8.1.8.2　相关问题

a）人口变动与森林承载力的关系；

b）天然林保护工程实施后林区人口的转产和分流；

c）林业企业的技术改造和劳动生产率的提高；

d）林区职工的收入与林业科技、管理人才队伍的稳定。

8.1.8.3　数据

大部分的数据可从林业统计年鉴中获得。

8.1.8.4　方法

查阅林业统计年鉴和相关资料，典型案例分析。

8.1.8.5　说明

在统计就业情况时，不仅要考虑与森林有关的直接就业机会，而且应考虑间接的林业部门以外的就业机会。在计算林业的劳动生产率时，应考虑林业生产各个环节的成本，并充分考虑林业生产周期长和直接经济效益和投资回报率低的特点。

8.2　对林业部门的投资

8.2.1　对林业生产的投资

8.2.1.1　依据

我国对林业生产的投资长期不足，造成了“以林养林”的格局。随着可采伐森林资源的减少，特别是实施天然林保护工程以后，需要国家增加对林业和林区财政转移支付的力度。

8.2.1.2　相关问题

a）林业生产包括森林生长、森林健康管理、更新造林、人工林（工业用和环境用）、林产工业的基建、固定资产、森林的游憩或旅游等方面。

b）中国是个发展中国家，对林业和林区财政转移支付的力度依赖于国家经济的发展。

c）鼓励私有机构等各种社会力量投资林业生产。

d）天然林和人工林投资和成本是不同的，应当分别对待。

e）不同地区、不同目标的森林林道建设的投资难以统一。

f）应当考虑到拥有小面积森林的林农和兼业农户。

8.2.1.3　数据

数据部分可获得。人工林投资的数据难以获得。

8.2.1.4　方法

从国家相关部门和林业企业获得。对个体农户则采用典型调查和抽样调查相结合的方法。

8.2.1.5　说明

——需要考虑投资变化的趋势和森林保护与可持续经营的关系；

——我国不同地区、不同类型企业间财务和会计记录水平差异很大；

——在逐步向社会主义市场经济过渡的过程中，财务和会计制度在不断完善。

8.2.2　对林业研究、教育、开发和推广的投资

8.2.2.1　依据

人力资源开发、科技创新和推广利用有利于提高森林资源利用的效率，加速森林的培育，促进森林保护和可持续经营。

8.2.2.2　相关问题

a）在森林经营和利用上，特别应当重视传统知识的作用，需要研究将现代科技和传统知识结合起来；

b）需要重视知识产权的保护，但应当注意到，促进森林保护和可持续经营的技术具有公益性，应当鼓励技术的辐射，特别是从发达地区向贫困地区辐射。

8.2.2.3　数据

基本可获得。

8.2.2.4　方法

从国家有关部门（科技、林业主管部门）、林业年鉴和企业获得。

8.2.2.5 说明

科技创新和成果应当关注可能使用者的社会经济因素。

8.2.3 上述各类投资的回收率

8.2.3.1 依据

投资内部收益率反映了森林经营和相关产业投资是否在经济上值得。

8.2.3.2 相关问题

a）这个指标对人工林是比较合适的，但对天然林则比较复杂；

b）拥有小规模森林的农户这个指标只具有参考价值。因为在中国农村往往农民劳动力投入的价值难以决定。

8.2.3.3 数据

大部分数据是难以获得的。只有少量大型林业企业具有比较全面的财务和会计记录，森林经营只是在试验地条件下是准确的，建立模型对一般森林经营水平上的估计只具有参考价值。

8.2.3.4 方法

从政府有关部门（经贸、林业主管部门）、林业企业及通过典型调查和模型分析获得。

8.2.3.5 说明

森林经营的投资回报，基本上没有包括森林经营所提供的环境服务效益。应当使公益林、或具有一定公益目的的森林经营采取经济补偿措施，以达到社会平均投资内部回收率。

8.3 森林游憩、旅游以及社会、文化、精神价值

8.3.1 以游憩和旅游为主要经营目的的林地面积及其占森林总面积的比例，以及用于一般游憩和旅游设施的数目和类型

8.3.1.1 依据

森林的社会价值包括劳动就业、娱乐、美学、社会文化、自然教育、精神及历史价值的贮备。随着我国经济的发展、人民生活水平的提高、交通条件的改善和城市居住环境的恶化，以及休闲时间的增加，人们对森林提供游憩和旅游服务的需求日益迫切。为了满足这一方面的需要，我国政府相继建立了不同类型的自然保护区和森林公园，特别是在一些大城市周围，为了满足市民日益增长的户外游憩的需要，在郊区开辟了大量的森林游憩景点。森林提供人们旅憩服务的林地面积和旅游设施的数量和质量是衡量森林社会效益的基本指标。

8.3.1.2 相关问题

a）以游憩和旅游为主要经营目的的林地包括各级森林公园和对外开放的各类自然保护区；

b）用于旅游的设施数目和类型包括森林公园和对外开放的自然保护区用于一般游憩和旅游设施的数目和类型。旅游业涉及很多社会生产和服务部门，如旅游饭店、交通设施、景点设施、旅游商店等。

8.3.1.3 数据

从林业统计年鉴获取。

8.3.1.4 方法

林地面积采用资源调查方法，旅游设施的数目及类型根据各旅游区年度报表统计（各旅游区的设施、类型等记录）。

8.3.1.5 说明

该指标反映了旅游区及其所提供活动满足社会需要的程度。

8.3.2 森林旅游接待能力和实际人数

8.3.2.1 依据

旅游与环境的关系是双重的。一方面因为有了良好的自然环境或人文环境，旅游才能发展起来，旅游的发展及其所产生的广泛效应，也会进一步唤醒和增强人们保护环境的意识；另一方面，也正由于旅游的发展，游人的骤然增加，往往会破坏原有的环境，造成环境的退化，甚至危及自然景观的存在。因此了解森林旅游的接待能力（游憩承载力）及实际游人数的关系对于协调旅游发展与环境保护的关系，以及促进森林旅游业的持续和健康发展具有重要意义。

8.3.2.2 相关问题

a）森林旅游接待能力（游憩承载力）主要描述一个系统（森林公园或保护区）平衡各种变化能力的极限，可以简单地定义为在对生物及自然环境不造成永久性破坏，同时对游憩体验不产生显著影响的前提下，旅游区每年所接待的最大游人数量。

b）游憩承载力的概念包括自然环境、人工环境及社会环境三个方面：

1）自然环境承载力比人工环境承载力复杂，一般不容易进行定性或定量的测定；

2）人工环境承载力没有完全的定义，其最显著的特点是可以通过设施及管理等技术的实施得到明显改善；

3）社会环境承载力由于包括更为微妙、更难预测的人与环境（自然及人工环境）的关系，因此较上述两个方面更难定义。

8.3.2.3 数据

每年的游人数根据国家旅游及林业主管部门公布的统计数据；森林旅游的接待能力的数据目前在我国还没有开展相关研究。

8.3.2.4 方法

a）生态：植被、动物、土壤、水质等环境影响评价方法，建立游憩行为模型。

b）经济：采用成本效益分析、单效益及多效益模式等方法。

c）社会心理：采用问卷式的社会调查法。

d）每年接待的实际游人数：以售出的门票数计。

8.3.2.5 说明

该指标对管理者协调旅游开发与环境保护的关系，进行森林游憩和旅游发展规划，以及制定有效经营措施提供理论依据。

8.4 社会文化精神价值

8.4.1 用于保护文化和其他精神需求的林地面积和其占森林总面积的比例

8.4.1.1 依据

森林在文化、历史古迹，以及作为宗教、情感、信仰、价值观等方面的重要性越来越受到关注，它是人类文化遗产和生活品位的组成部分。

8.4.1.2 相关问题

a）需要森林经营者理解地方文化；

b）保护传统而不保护落后，往往难以达到共识。森林社会文化往往是在一个封闭条件下形成的，地域性和民族性很强，容易受到外来文化的冲击；

c）中国是个发展中国家，人民对发展经济、改善生活有强烈的愿望，但容易忽视对森林文化、社会和精神价值的保护。

8.4.1.3 数据

数据难以获得。各地对重点名树古木已经采取了保护措施，并有记录，但没有关于保护价值方面的分类。

8.4.1.4 方法

普查。

8.4.1.5 说明

森林文化、社会和精神价值的内涵比名树古木的内涵要广泛得多。

9 法律及政策保障体系

9.1 立法

9.1.1 明晰森林资源权属

9.1.1.1 依据

明确森林资源的权属是激励对森林长期投资和可持续管理的基础。中国森林的林地所有权归国家和集体所有，有关森林权属的立法能够明确林地的使用权、林木的所有权、经营权和受益权，促进荒山、中幼林和成过熟林采伐权的流通，并需要提供实现上述手段的机制。

9.1.1.2　相关问题

a）中国森林资源权属依据《森林法》第三条界定；

b）中国实施林权证制度；

c）中国林地纠纷的解决程序，先由三个人协商，协商不成的，由政府依法处理，当事人不服由法院裁决。

9.1.1.3　数据

数据部分可获得。

9.1.1.4　方法

林业统计年鉴、森林资源清查报告和案例调查分析。

9.1.1.5　说明

这个指标要反映有关森林权属方面的立法框架、监测和评价国家和区域水平上法律制度框架实施的效果。

9.1.2　森林资源保护管理

9.1.2.1　依据

中国森林资源不足，不能满足国民经济发展和生态环境建设的需求，这个指标要求建立一个有利于促进森林资源保护的法律框架。

9.1.2.2　相关问题

a）中国森林资源实施分类管理，将森林分为以下五类：防护林、用材林、经济林、薪炭林和特种用途林；

b）中国森林实施限额采伐制度。其原则为用材林消耗量低于生长量和根据合理利用、持续利用原则确定的采伐限额。实施林木采伐许可证制度。采伐限额每五年制定一次，采伐证每年发放一次；

c）坚持森林资源上管一级的原则；

d）建立森林资源和野生动物资源监测制度。

9.1.2.3　数据

部分可获得。

9.1.2.4　方法

从森林资源二类清查和林业统计年鉴获得。

9.1.2.5　说明

这个指标反映森林管理方面的立法框架、监测和评价森林管理法律制度实施的效果。中国正处于计划经济向社会主义市场经济过渡的时期，政府相应地逐步过渡到采用市场调节手段管理森林。

9.1.3　森林经营行政法规

9.1.3.1　依据

中国正在建立与社会主义市场经济体制相适应的政府职能，以实现政府行政有法可依、依法行政。

9.1.3.2　相关问题

中国正逐步建立起以《森林法》为核心及与之相配套的森林经营行政法规。

9.1.3.3　数据

有系统的数据资料。

9.1.3.4　方法

林业统计年鉴和案例调查分析，具有较好的执法统计数据。

9.1.3.5　说明

这个指标反映与社会主义市场经济相适应的森林行政法规建立和完善程度，依法行政执行情况和保障依法行政的机制，监测和评价国家和区域水平上行政法律制度框架实施的效果。

9.2　促进森林保护和可持续经营的政策

9.2.1　促进森林资源分类经营的政策和实施

9.2.1.1　依据

按照森林的用途和生产经营目的划定公益林和商品林。

a）公益林，即以社会公益为经营目标的森林，指防护林和特种用途林。公益林以满足国土保安和改善生态环境的公益事业需要为主，由政府通过财政统筹解决资金。

b）商品林，即以投资获利并由此满足社会对林产品的需求为经营目标的森林，包括用材林、经济林以及部分薪炭林。商品林的经营列入基础产业，以市场为导向，由经营者自主经营、自负盈亏，国家给予必要的扶持。商品林生产项目列入基础性建设项目管理，采伐限额依据森林经营方案单独制定。

9.2.1.2　相关问题

a）森林都具有一定程度的环境服务功能，商品林和公益林划分容易产生分歧。

b）中国没有建立起完善的公益林管理投入机制。

9.2.1.3　数据

基本可获得。

9.2.1.4　方法

林业统计年鉴。

9.2.1.5 说明

这个指标旨在评价促进中国森林分类经营的政策框架，推行森林分类经营，促进森林分类经营的政策机制，监测和评价国家和区域水平上政策框架及实施的效果。

9.2.2 促进公众参与林业的政策和执行

9.2.2.1 依据

公众参与是森林可持续经营必不可少的部分，提高公众对森林价值的认识和林业参与意识，鼓励公众的参与的行动，是现代林业发展的必由之路。

9.2.2.2 相关问题

a）发展乡村林业和城市林业；

b）逐步增加公众参与林业决策的机会；

c）利益分配机制。

9.2.2.3 数据

部分可获得。

9.2.2.4 方法

林业统计年鉴和案例调查分析。

9.2.2.5 说明

评价促进公众参与森林保护和可持续经营的政策框架，以及形成公众参与林业的机制。该指标的评价是困难的。

9.2.3 促进人力资源培养的政策和实施

9.2.3.1 依据

提高林业工作者自身素质，培养林业现代化亟需的高层次的应用型、复合型人才，是实现我国森林保护和可持续经营的重要条件。

9.2.3.2 相关问题

a）新的林业科技体制；

b）优化林业教育结构，提高林业高等教育的办学质量；

c）发展林业职业教育和成人教育，实行“先培训后就业”、“先培训后上岗”制度；

d）加强对林农实用技术的培训，提高林区从业人员的整体素质。

9.2.3.3 数据

大部分数据可获得。

9.2.3.4 方法

林业统计年鉴和案例调查分析。

9.2.3.5　说明

这个指标旨在评价森林保护和可持续经营人力资源发展的政策框架，以及形成人力资源培养的政策机制。

9.2.4　促进林业产业结构调整的政策和实施

9.2.4.1　依据

以公有制林业为主体，鼓励发展股份制和股份合作制林业、非公有制林业，建立多种经济成分共同发展的林业经营政策机制。真正落实“谁造谁有”，使林业发展和林业经营者的切身利益紧密结合在一起，最大限度地调动广大社会力量参与林业建设，加速植树造林、国土绿化的进程。调整林业产业结构，提高林业产业素质，改善林业基础设施，从而使森林保护和可持续经营进入良性循环状态。

9.2.4.2　相关问题

a）林业产业由营林业、木材采运业、林产品加工业、多种经营业和森林旅游业等构成；

b）要建立以森林资源为依托，以林产工业为龙头的结构，改变单纯以营林和木材生产为主体的生产模式；

c）营林业要逐步实行产业化；

d）林产工业以制浆造纸、人造板、松香业为林产工业发展的重点，辅以林机工业、家具和木竹制品业等；

e）扶持发展林业深加工产业，提供高附加值产品，增加林业产业的自身发展能力；

f）实施山区、沙区林业综合开发；

g）开发森林旅游业和非木质林产品资源；

h）林业产业结构调整过程中职工人员分流和再就业。

9.2.4.3　数据

大部分数据可获得。

9.2.4.4　方法

林业统计年鉴和案例调查分析。

9.2.4.5　说明

这个指标旨在评价林业产业结构调整的政策和实施的框架。

9.2.5　基础设施建设政策和实施

9.2.5.1　依据

林业基础设施是森林保护和可持续经营的重要基础和保障。必须加大对林业基础设施建设的投资。

9.2.5.2 相关问题

a）建立、健全森林防火、病虫鼠害防治、制止乱砍滥伐或乱捕滥猎野生动植物的林业三防体系；

b）建立、健全林木种苗管理机构和质量监督检验体系；

c）建立、健全林业基础信息和林业生态环境监测体系；

d）加快林道建设。

9.2.5.3 数据

大部分数据可获得。

9.2.5.4 方法

林业统计年鉴和案例调查分析。采用现代技术手段，如3S技术采集和分析数据。

9.2.5.5 说明

林业基础设施投资主要以国家投资为主，国家对林业基础设施投资强度取决于中国经济发展的水平。

9.3 促进森林保护和可持续经营的经济政策和实施

9.3.1 林业生产优惠经济政策和实施

9.3.1.1 依据

鉴于林业生产单位要兼顾经济、生态、社会三大效益，林业生产周期长、风险大、市场竞争力相对弱的状况，国家在财政、税收、投资、信贷和价格等方面对林业实施增加投入、减免税收的优惠政策。

9.3.1.2 相关问题

a）国家对森林经营、林区“三剩物”加工利用采取优惠税收政策；

b）对林区，特别是贫困山区加大财政转移支付；

c）商品林基地建设、新林区开发、林产工业等建设项目，作为基础产业实行优惠政策性投资；

d）制定优惠经济政策吸引和利用好国外资金，加快我国林业重点工程建设。

9.3.1.3 数据

部分可获得。

9.3.1.4 方法

林业统计年鉴和案例调查分析。

9.3.1.5 说明

这个指标旨在评价促进森林保护和可持续经营经济政策框架，以及促进森林保护和可持续经营市场化政策机制。

9.3.2 森林生态效益补偿基金制度建立及实施

9.3.2.1 依据

防护林和特种用途林的经营者有获得森林生态效益补偿的权利。国家设立森林生态效益补偿基金，用于提供生态效益的防护林和特种用途林的森林资源、林木的营造、抚育、保护和管理。

9.3.2.2 相关问题

森林生态效益补偿基金规模取决于国家财政转移支付的能力，而中国是发展中国家。中国于2000年开始设立森林生态效益补助基金。

9.3.2.3 数据

可获得。

9.3.2.4 方法

林业统计年鉴。用生态经济学方法计算。

9.3.2.5 说明

这个指标旨在评价森林生态效益补偿基金的规模、效益和管理水平，以及森林生态效益补偿基金的融资政策机制。

10 信息及技术支撑体系

测定与监控是森林保护和可持续经营得以正常运行的保证，研究与发展是可持续发展指标体系不断完善的基础。受条件所限，在相当长的时间内都会有描述型指标和数量化指标共存的现象。因此，要确定一些替代方法解决描述型指标的监控和不同地区同类指标之间的可比性问题。已经实现量化的指标，将尽量依赖国家现有、在建和拟建的几个全国性监测网络体系，如森林防火体系、森林病虫害防治体系、林业信息网络体系和林业生态环境监测体系、森林资源监测体系以及重点林区的监测体系等，对于一些林业系统内无法得到的监测数据，将通过跨行业的信息交换取得。

本标准主要涉及测定与监控。

10.1 监测和评价

10.1.1 第3章中各指标的相关数据的可获得性和程度

10.1.1.1 依据

信息的监测是森林保护和可持续经营的宏观决策基础。测定与监测是充分利用国家各级各类监测网络，采用国际标准，对森林可持续经营指标体系中定义的指标进行动态监测。

10.1.1.2 相关问题

a）需考虑同一指标在不同地区的差异；

b）指标的测定和监控首先必须明确所用的指标的性质和作用以及这些

指标的选取标准。

10.1.1.3　数据

a）每个指标数据可获得性和现时性的图表。

b）对于所有标准中的指标，有的数据是现存的，有的数据经过研究是可以得到的，而有的数据是很难得到的。

c）对一些指标，数据难以获得或不准确的，可以采用描述的方法。

10.1.1.4　方法

不同指标的测定和监控的方法各不相同。

10.1.1.5　说明

时间序列上的变化趋势可以提高报告的准确性。

10.1.2　森林调查、评估、监测和其他相关信息的范围、频率和统计数据的可靠性

10.1.2.1　依据

一个全面和及时的调查数据是所有森林规划的科学基础。

10.1.2.2　相关问题

a）私有林的数据很缺乏；

b）要尽量建立和健全全国性的资源和生态监测网络体系；

c）信息要逐步实现共享。

10.1.2.3　数据

a）通过全国性的资源与生态监测网络获得，包括对一些重要活动的描述性报告。

b）林业统计年鉴。

10.1.2.4　方法

通过全国性的监测网络得到。

10.1.2.5　说明

这些数据可以表示森林清查和监测所涉及到的所有森林价值，并应用于森林经营规划。

10.1.3　国内测算方法与国际通用测算方法的转换

10.1.3.1　依据

指标的测定和监控同时还要结合国内外测算方法，并进行必要的比较研究。

10.1.3.2　相关问题

必须全面掌握国外通用测算的方法。国家明确规定，在公开发表的文献或正式文件中必须使用法定的计量单位。由于各国自然条件的差异，相对统计数据的可比性存在一定问题。在本指标体系不断完善的过程中，将

对涉及中国特殊情况的指标或统计数据的意义加以说明，并对那些与其他国家计算方法不同的部分，给出对等转换公式。

10.1.3.3 数据

本指标仅涉及国内外现有的测算方法，不涉及应用这些测算方法所需的相关数据。

10.1.3.4 方法

系统收集国际标准化测算方法，完善国内测算体系。

10.1.3.5 说明

国内测算方法应逐步与国际标准化方法接轨。

10.2 研究与发展

10.2.1 森林生态系统的结构和功能特征

10.2.1.1 依据

充分认识森林生态系统的结构与功能是实现森林可持续经营的基础。

10.2.1.2 相关问题

a）全国森林生态系统长期定位站、点网络的扩大；

b）全国林业生态工程效益监测网络体系的建设。

10.2.1.3 数据

典型森林生态系统的结构和功能数据可获得10～20年的数据。

10.2.1.4 方法

森林生态系统结构和功能定位研究。全国森林生态系统长期定位监测网络。

10.2.1.5 说明

a）森林生态系统长期定位研究需要国家的长期投入；

b）森林生态系统定位研究的规范化和标准化；

c）注重投资效益。

10.2.2 森林环境效益的核算体系及核算技术

10.2.2.1 依据

a）森林是国家生态安全和社会经济可持续发展的基本保障；

b）森林保护与可持续经营应纳入国民经济和社会发展体系；

c）森林环境效益的核算体系应纳入国民经济核算体系；

d）森林环境效益的核算研究是开展森林生态效益补偿机制的基础。

10.2.2.2 相关问题

a）国家已经设立森林生态效益补助资金；

b）补偿机制实施的难点是宣传执行的问题。应进一步提高决策者和公众对森林价值重要性，以及执行效益补偿制度对林业发展的重要性的认识。

10.2.2.3　数据

a）森林环境效益核算中资源数据可以通过资源清查体系得到；

b）对典型的森林生态系统类型，有关森林基本环境服务功能的数据是现存的，但区域性数据基本不可获得；

c）有的数据经过研究是可以得到的；

d）部分现有数据缺乏规范化。

10.2.2.4　方法

环境经济学和系统分析的方法。

10.2.2.5　说明

其他行业相关数据具有重要的参考价值。不同部门数据信息的共享程度直接关系到效益核算工作的效率和结论的科学性、准确性。

10.2.3　科学技术贡献率的评价

10.2.3.1　依据

科学技术贡献率是衡量科学技术在推动林业发展进程中的作用的一个重要指标。

10.2.3.2　相关问题

a）影响科学技术进步贡献率的因素很多，计算方法也不相同；

b）真正要提高科学技术进步在林业发展中的贡献率，还得从林业科学技术本身着手，即通过大量的研究和开发来提高科学技术水平并加速科学技术的应用和推广。

10.2.3.3　数据

计算科学技术进步贡献率需要的大部分数据可以获得。

10.2.3.4　方法

林业统计年鉴和典型案例分析，个别难以获取的数据也可以用估算的方法。

10.2.3.5　说明

科学技术是森林保护与可持续经营的关键因素和动力，要加大对科技投入，加快科技成果向生产力转化周期。

10.2.4　人为干扰对森林影响的预测能力的提高

10.2.4.1　依据

需要预测人为干扰对森林的影响，以保证森林保护与可持续经营长期目标的实现。

10.2.4.2　相关问题

预测能力取决于森林清查数据的质量和知识的积累。

10.2.4.3　数据

大部分数据可获得。在一些点或局部区域/流域已经存在良好的基础数据和预测模型。

10.2.4.4　方法

a）长期生态定位研究；

b）森林资源清查；

c）林业统计年鉴。

10.2.4.5　说明

在不同的尺度上建立预测模型是开展此项工作的基础。

10.2.5　可能的气候变化对森林影响的预测能力

10.2.5.1　依据

气候变化特别是由于温室效应对森林的影响是全球性的课题。但影响的性质和程度具有很大的不确定性，需要通过研究进一步提高人类的预测分析能力。

10.2.5.2　相关问题

a）气候变化对森林的影响和森林对气候变化的响应。

b）成功的预测必须是许多相关学科知识的综合。

10.2.5.3　数据

从全球范围，在区域尺度，已经获得了许多重要的研究与预测结果；中国已经开展了气候变化对森林分布、生产力变化等方面的研究，并得出了相关的结果。

10.2.5.4　方法

a）卫星遥感技术等现代高新技术是获取有关区域性宏观基础数据的有效方法，但预测模型的构建和有关森林的基础数据的获取必须依靠传统的调查研究方法；

b）国家之间、国内不同部门之间数据信息的共享。

10.2.5.5　说明

目前，森林对气候变化的影响和响应的有关预测存在很大的不确定性，不同模型的预测结果差异很大，需要根据中国森林的具体情况进行大量细致的研究，同时借鉴国外的研究经验和结果，加强国内不同部门和不同学科间的协调与合作。

古树名木代码与条码

中华人民共和国林业行业标准　LY/T 1664—2006

国家林业局 2006－08－31 发布，2006－12－01 实施

目　次

前　言

本标准的附录 A 和附录 B 为资料性附录。

本标准由全国绿化委员会办公室提出。

本标准由国家林业局归口。

本标准起草单位：全国绿化委员会办公室、中国标准化研究院。

本标准主要起草人：伍赛珠、黄燕滨、周力军、黄泽霞、王毅。

1　范围

本标准规定了古树名木代码的结构、编制及条码符号的表示方法。

本标准适用于古树名木管理信息系统中的数据采集、信息处理与交换。

2　规范性引用文件

下列文件中的条款通过本标准的引用而成为本标准的条款，凡是注日期的引用文件，其随后所有的修改单（不包括勘误的内容）或修订版均不适用

于本标准，然而，鼓励根据本标准达成协议的各方研究是否可使用这些文件的最新版本。凡是不注日期的引用文件，其最新版本适用于本标准。

GB/T 2260　中华人民共和国行政区划代码

LY/T 1439　森林资源代码　树种

3　术语和定义

下列术语和定义适用于本标准。

3.1

古树　ancient trees

树龄在100年以上（含100年）的树木。

3.2

名木　famous trees

珍贵稀有的、具有重要历史文化价值、纪念意义及科研价值的树木。

3.3

古树群　community of ancient trees

在特定区域内成片生长并相互依存的多株古树组成的群体。

3.4

主体代码　key code

唯一标志一株古树名木或一片古树群的代码。

3.5

特征代码　characteristic code

表示一株古树名木或一片古树群的特征信息的代码。

4　古树名木的主体代码

4.1　主体代码的编码原则

4.1.1　唯一性

古树名木的主体代码不得出现重码，也不可将多个主体代码赋予同一株古树名木或同一片古树群。

4.1.2　稳定性

古树名木的主体代码一经确定，不应随意改变。主体代码不随特征代码的变化而变化。

4.2　主体代码的结构

古树名木主体代码由县级绿化委员会代码和序列码组成。单株古树名木的主体代码由11位数字组成，结构见图1a）。古树群的主体代码由8位数字组成，结构见图1b）。

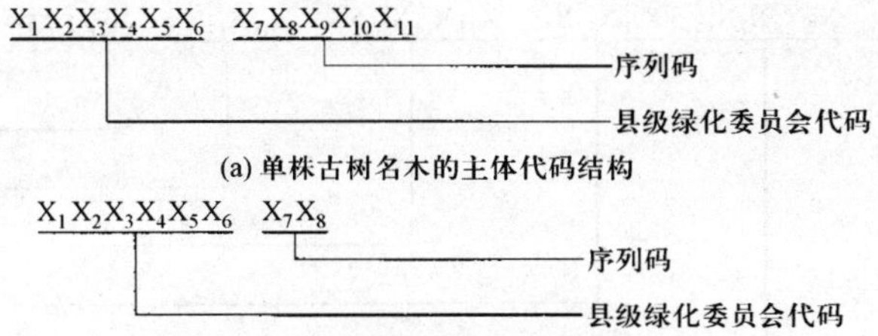

(a) 单株古树名木的主体代码结构

(b) 古树群的主体代码结构

图1　古树名木主体代码的结构

4.3　主体代码的编制

古树名木主体代码的组成码段的编制见表1。编码示例参见附录A。

表1　　主体代码的编制

组成码段	占位符	说明
县级绿化委员会代码	$X_1X_2X_3X_4X_5X_6$	唯一标志县级绿化委员会，用6位数字表示，采用县级绿化委员会所在地的行政区划代码，见GB/T 2260。
序列码	$X_7X_8X_9X_{10}X_{11}$（单株古树名木）	由县级绿化委员会赋予单株古树名木或一片古树群的代码。单株古树名木采用5位流水号，古树群采用2位流水号。
	X_7X_8（古树群）	

5　古树名木的特征代码

5.1　单株古树名木的特征代码

5.1.1　单株古树名木特征代码的结构

单株古树名木的特征代码由22位数字组成，包括名木标志代码、级别代码、种类代码、树龄代码、树高代码、胸围代码、冠幅代码、生长势代码和生长环境代码。具体结构如图2所示。

5.1.2　单株古树名木特征代码的编制

单株古树名木特征代码的组成码段的编制见表2。编码示例参见附录A。

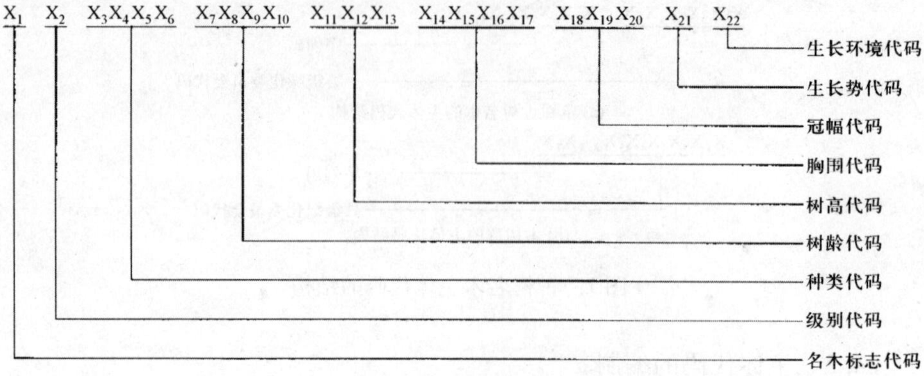

图2 单株古树名木特征代码的结构

表2　　　　单株古树名木特征代码的编制

组成码段	占位符	说明
名木标志代码	X_1	古树为1，名木为2，既是古树又是名木的为3。
级别代码	X_2	用1位数字表示，见表3。
种类代码	$X_3X_4X_5X_6$	描述古树名木的种类，用4位数字表示，采用LY/T 1439中树木种类的代码。
树龄代码	$X_7X_8X_9X_{10}$	古树名木的树龄，用4位数字表示。
树高代码	$X_{11}X_{12}X_{13}$	为古树名木的树高测量值，以米（m）为单位，计至小数点后1位，用3位数字表示。
胸围代码	$X_{14}X_{15}X_{16}X_{17}$	为古树名木的胸围测量值，以厘米（cm）为单位，计至整数，用4位数字表示。
冠幅代码	$X_{18}X_{19}X_{20}$	为古树名木冠幅测量平均值，以米（m）为单位，计至整数，用3位数字表示。
生长势代码	X_{21}	表示古树名木生长情况，见表4。
生长环境代码	X_{22}	表示古树名木生长环境情况，见表5。

注：主管单位可根据自身管理需求进行特征描述，并按照实际测量值编制特征代码。不必描述或代码值不足以填满规定位数的，可用“0”补足位。

表 3　　**级别代码表**

项目	级别		
	一级古树	二级古树	三级古树
树龄	500 年以上	300 年~499 年	100 年~299 年
代码	1	2	3

表 4　　**生长势代码表**

项目	生长势			
	正常	弱	濒危	死亡
代码	1	2	3	4

表 5　　**生长环境代码表**

项目	生长势		
	好	中	差
代码	1	2	3

5.2　古树群的特征代码

5.2.1　古树群特征代码的结构

古树群特征代码由 23 位数字组成，包括株数代码、面积代码、种类代码、树龄代码、树高代码和胸围代码。具体结构见图 3。

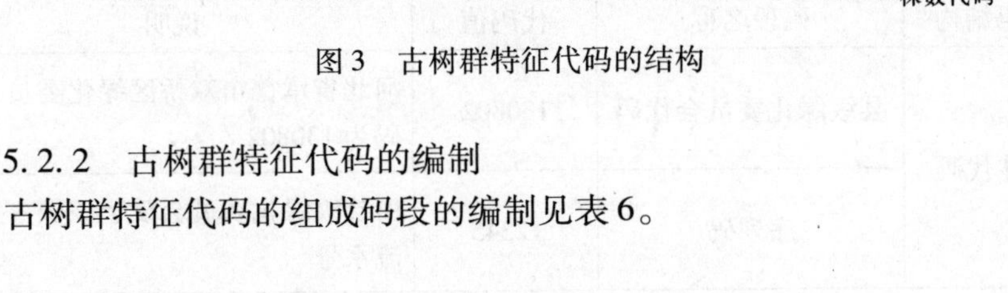

图 3　古树群特征代码的结构

5.2.2　古树群特征代码的编制

古树群特征代码的组成码段的编制见表 6。

表 6　　　　古树群特征代码的编制

组成码段	占位符	说明
株数代码	$X_1X_2X_3X_4X_5$	古树群的株数，用 5 位数字表示。
面积代码	$X_6X_7X_8$	古树群所占面积，以公顷（hm^2）为单位，计至小数点后 1 位，用 3 位数字表示。
种类代码	$X_9X_{10}X_{11}X_{12}$	描述古树群的主要树种，用 4 位数字表示，采用 LY/T 1439 中树木种类的代码。
树龄代码	$X_{13}X_{14}X_{15}X_{16}$	古树群的平均树龄，以年为单位，用 4 位数字表示。
树高代码	$X_{17}X_{18}X_{19}$	古树群的林分平均树高，以米（m）为单位，计至小数点后 1 位，用 3 位数字表示。
胸围代码	$X_{20}X_{21}X_{22}X_{23}$	为古树群的林分平均胸围值，以厘米（cm）为单位，计至整数，用 4 位数字表示。

注：主管单位可根据自身管理需求进行特征描述，并按照实际测量值编制特征代码。不必描述或代码值不足以填满规定位数的，可用“0”补足位。

6　古树名木代码的条码表示

古树名木代码可采用一维条码或二维条码表示，参见附录 B。

附录 A（资料性附录）

古树名木代码的编码示例

对于一棵生长在河北省承德市双桥区的树龄为 300 年，高 2.5 m 的古桑，其编码如表 A.1 所示。

表 A.1　　　　古树名木代码的编码示例

代码结构	码段名称	代码值	说明
主体代码	县级绿化委员会代码	130802	河北省承德市双桥区绿化委员会代码为 130802
	序列码	12345	由县级绿化委员会赋予该棵古桑的流水号

续表

代码结构	码段名称	代码值	说明
特征代码	名木标志码	1	古树为1
	级别代码	2	古桑为二级古树
	种类代码	0791	树种为桑树，查 LY/T 1439 得树种代码
	树龄代码	0300	这棵古桑树龄为 300 年
	树高代码	025	古桑树高测量值为 2.5 m
	胸围代码	0120	古桑胸围测量值为 120 cm
	冠幅代码	003	古桑冠幅测量平均值为 3 m
	生长势代码	1	古树生长正常
	生长环境代码	1	古树生长环境良好

该棵古桑的主体代码为 13080212345，特征代码为 120791030002501200311。

附录 B（资料性附录）

古树名木代码的条码表示示例

B.1 一维条码示例

古树名木的主体代码和特征代码可以用一维条码表示。在进行古树名木管护或档案管理工作时，扫描识读该条码，通过以主体代码为关键字，查询数据库，从而获得单株古树名木或一片古树群在数据库中存储的全部信息。图 B.1 表示主体代码为“13080212345”（附录 A 列举的古桑）的 CODE 128 条码符号。

B.2 二维条码示例

二维条码可以表示与古树名木普查建档工作有关的全部图文信息。在进行古树名木管护或档案管理工作时，扫描该条码即可获得单株古树名木或一片古树群的普查建档全部信息，而无需外部数据库支持。图 B. 2 是一个 PDF417 条码符号，存储信息为附录 A 中列举的古桑在普查建档中的有关信息。

13080212345

图 B. 1　CODE 128 条码示例

图 B. 2　PDF417 条码示例

森林生态系统服务功能评估规范

中华人民共和国林业行业标准 LY/T 1712—2008

国家林业局2008－04－28发布 2008－05－xx实施

前 言

本标准由国家林业局提出并归口。

本标准负责起草单位：中国林业科学研究院森林生态环境与保护研究所。

本标准参加起草单位：北京林业大学、北京中林资产评估有限公司。

本标准主要起草人：王兵、杨锋伟、郭浩、李少宁、王燕、马向前、余新晓、鲁绍伟、王宏伟、魏文俊。

本标准为首次发布。

1 范围

本规范界定了森林生态系统服务功能评估的数据来源、评估指标体系、评估公式等。

本规范适用于中华人民共和国范围内森林生态系统主要生态服务功能评估工作，但不涉及林木资源价值、林副产品和林地自身价值。

2 术语和定义

以下术语和定义适用于本标准。

2.1

森林生态系统服务功能：forest ecosystem services

森林生态系统与生态过程所形成及维持的人类赖以生存的自然环境条件与效用。主要包括森林在涵养水源、保育土壤、固碳释氧、积累营养物质、净化大气环境、森林防护、生物多样性保护和森林游憩等方面提供的生态服务功能。

2.2

森林生态系统服务功能评估：assessment of forest ecosystem services

采用森林生态系统长期连续定位观测数据、森林资源清查数据及社会公共数据对森林生态系统服务功能开展的实物量与价值量评估。

2.3

涵养水源：water conservation

森林对降水的截留、吸收和贮存，将地表水转为地表径流或地下水的作用。主要功能表现在增加可利用水资源、净化水质和调节径流三个方面。

2.4

保育土壤：soil conservation

森林中活地被物和凋落物层层截留降水，降低水滴对表土的冲击和地表径流的侵蚀作用；同时林木根系固持土壤，防止土壤崩塌泻溜，减少土壤肥力损失以及改善土壤结构的功能。

2.5

固碳释氧：carbon fixation，oxygen released

森林生态系统通过森林植被、土壤动物和微生物固定碳素、释放氧气的功能。

2.6

积累营养物质：nutrient accumulation

森林植物通过生化反应，在大气、土壤和降水中吸收 N、P、K 等营养物质并贮存在体内各器官的功能。森林植被的积累营养物质功能对降低下游面源污染及水体富营养化有重要作用。

净化大气环境：atmosphere environmental purification

森林生态系统对大气污染物（如二氧化硫、氟化物、氮氧化物、粉尘、重金属等）的吸收、过滤、阻隔和分解，以及降低噪音、提供负离子和萜烯类（如芬多精）物质等功能。

2.8

森林防护：action of forest against natural calamities

防风固沙林、农田牧场防护林、护岸林、护路林等防护林降低风沙、干旱、洪水、台风、盐碱、霜冻、沙压等自然灾害危害的功能。

2.9

物种保育：species conservation

森林生态系统为生物物种提供生存与繁衍的场所，从而对其起到保育作用的功能。

2.10

森林游憩：forest recreation

森林生态系统为人类提供休闲和娱乐的场所，使人消除疲劳、愉悦身心，有益健康的功能。

2.11

净初级生产力：Net primary production（NPP）

为绿色植物光合作用固定的有机物总量与植物自养呼吸的有机物质之差。

2.12

提供负离子：negative-ion supply

空气负离子就是大气中的中性分子或原子，在自然界电离源的作用下，其外层电子脱离原子核的束缚而成为自由电子，自由电子很快会附着在气体分子或原子上，特别容易附着在氧分子和水分子上，而成为空气负离子。

森林的树冠、枝叶的尖端放电以及光合作用过程的光电效应均会促使空气电解，产生大量的空气负离子。植物释放的挥发性物质如植物精气（又叫芬多精）等也能促进空气电离，从而增加空气负离子浓度。

3 数据来源

根据我国森林生态系统研究现状，本规范推荐在森林生态系统服务功能评估中最大限度地使用森林生态站长期连续观测的实测数据，以保证评估结果的准确性。

本规范所用数据主要有三个来源：

1. 中国森林生态系统定位研究网络（CFERN）所属森林生态站依据森林生态系统定位观测指标体系（LY/T1606－2003）开展的长期定位连续观测研究数据集；
2. 国家林业局森林资源清查数据；
3. 权威机构公布的社会公共资源数据。

4 评估指标体系

其评估指标体系见图1，共包括8个类别14个评估指标。

5 评估公式

森林生态系统服务功能实物量评估公式见表1，森林生态系统服务功能价值量评估公式见表2，数据汇总表详见附表1～9，森林生态系统服务功能评估社会公共数据表（推荐使用价格）见附表10。

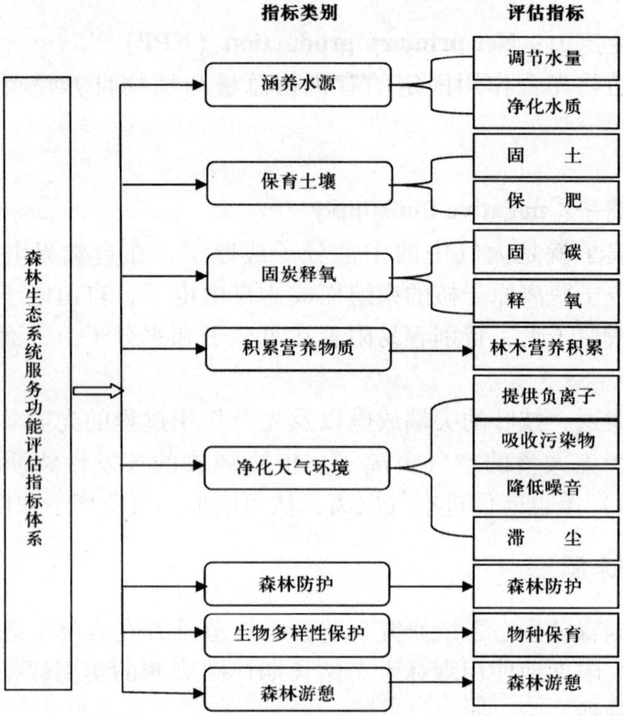

图1　森林生态系统服务功能评估指标体系

表1　森林生态系统服务功能实物量评估公式及参数设置

功能类别	指标		计算公式和参数说明
涵养水源	调节水量		$G_{调}=10A(P-E-C)$　$G_{调}$ 为林分调节水量功能，单位：$m^3.a^{-1}$；　P 为降水量，单位：$mm.a^{-1}$； E 为林分蒸散量，单位：$mm.a^{-1}$　C 为地表径流量，单位：$mm.a^{-1}$；　A 为林分面积，单位：hm^2。
保育土壤	固土		$G_{固土}=A(X_2-X_1)$　$G_N=AN(X_2-X_1)$　$G_P=AP(X_2-X_1)$　$G_K=AK(X_2-X_1)$ $G_{固}$ +为林分年固土量，单位：$t.a^{-1}$；　X_1 为林地土壤侵蚀模数，单位：$t.hm^{-2}.a^{-1}$；　X_2 为无林地土壤侵蚀模数，单位：$t.hm^{-2}.a^{-1}$；
	保肥		G_N 为减少的氮流失量：ta^{-1}；　G_P 为减少的磷流失量：$t.a^{-1}$； G_K 为减少的钾流失量：$t.a^{-1}$；　N 为土壤含氮量，单位：%； P 为土壤含磷量，单位：%；　K 为土壤含钾量，单位：%；　A 为林分面积，单位：hm^2。
固碳释氧	固碳	植被固碳	$G_{植被固碳}=1.63R_{碳}AB_{年}$　$G_{植被固碳}$ 为植被年固碳量，单位：$t.a^{-1}$； $R_{碳}$ 为 CO_2 中碳的含量，为 27.27%；　$B_{年}$ 为林分净生产力，单位：$t.hm^{-2}.a^{-1}$；　A 为林分面积，单位：hm^2。
		土壤固碳	$G_{土壤固碳}=AF_{土壤}$　$G_{土壤固碳}$ 为土壤年固碳量，单位：$t.a^{-1}$； $F_{土壤}$ 为单位面积林分土壤年固碳量，单位：$t.hm^{-2}.a^{-1}$；　A 为林分面积，单位：hm^2。
	释氧		$G_{氧气}=1.19AB_{年}$ $G_{氧气}$ 为林分年释氧量，单位：$t.a^{-1}$；　$B_{年}$ 为林分净生产力，单位：$t.hm^{-2}.a^{-1}$；　A 为林分面积，单位：hm^2。
积累营养物质	林木营养积累	固氮量 固磷量 固钾量	$G_{氮}=AN_{营养}B_{年}$　$G_{磷}=AP_{营养}B_{年}$　$G_{钾}=AK_{营养}B_{年}$ $G_{氮}$ 为林分固氮量，单位：$t.a^{-1}$　$G_{磷}$ 为林分固磷量，单位：$t.a^{-1}$； $G_{钾}$ 为林分固钾量，单位：$t.a^{-1}$；　$N_{营养}$ 为林木氮元素含量，单位：% $P_{营养}$ 为林木磷元素含量，单位：%；　$K_{营养}$ 为林木钾元素含量，单位：%； $B_{年}$ 为林分净生产力，单位：$t.hm^{-2}.a^{-1}$；　A 为林分面积，单位：hm^2。

续表

功能类别	指标		计算公式和参数说明
净化大气环境	生产负离子量		$G_{负离子}=5.256\times10^{15}\times Q_{负离子}AH/L$　$G_{负离子}$为林分年提供负离子个数，单位：个.a^{-1}； $Q_{负离子}$为林分负离子浓度，单位：个.cm^{-3}；　H 为林分高度，单位：m； L 为负离子寿命，单位：分钟；　A 为林分面积，单位：hm^2。
	吸收污染物	吸收二氧化硫量	$G_{二氧化硫}=Q_{二氧化硫}A$　$G_{二氧化硫}$为林分年吸收二氧化硫量，单位：t.a^{-1}； $Q_{二氧化硫}$为单位面积林分吸收二氧化硫量，单位：kg.hm^{-2}.a^{-1}；　A 为林分面积，单位：hm^2。
		吸收氟化物量	$G_{氟化物}=Q_{二氧化硫}A$　$G_{氟化物}$为林分年吸收氟化物量，单位：t.a^{-1}； $Q_{氟化物}$为单位面积林分吸收氟化物量，单位：kg.hm^{-2}.a^{-1}；　A 为林分面积，单位：hm^2。
		吸收氮氧化物量	$G_{氮氧化物}=Q_{氮氧化物}A$　$G_{氮氟化物}$为林分年吸收氮氧化物量，单位：t.a^{-1}； $Q_{氮氧化物}$为单位面积林分年吸收氮氧化物量，单位：kg.hm^{-2}.a^{-1}　A 为林分面积，单位：hm^2。
		吸收重金属量	$G_{重金属}=Q_{重金属}A$　$G_{重金属}$为林分年吸收重金属量，单位：t.a^{-1}； $Q_{重金属}$为单位面积林分年吸收重金属量，单位：kg.hm^{-2}.a^{-1}；　A 为林分面积，单位：hm^2。
净化大气环境	降低噪音		林分降低噪音量由森林生态站直接测定，单位：分贝。
	滞尘		$G_{滞尘}=Q_{滞尘}A$　$G_{滞尘}$为林分年滞尘量，单位；t.a^{-1}； $Q_{滞尘}$为单位面积林分年滞尘量，单位：kg.hm^{-2}.a^{-1}；　A 为林分面积，单位：hm^2。
	森林防护		农田防护林森林防护的实物量可折算为农作物产量，单位：t.a^{-1}；防风固沙林可折算为牧草产量，单位：t.a^{-1}；海岸防护林可折算为其他实物量。

表 2　森林生态系统服务功能价值量评估公式及参数设置

功能类别	指标	计算公式和参数说明
涵养水源	调节水量	$U_{调}=10C_{库}A(P-E-C)$　　$U_{水质}=10KA(P-E-C)$　　$U_{调}$为林分年调节水量价值，单位：元.a^{-1}； $U_{水质}$为林分年净化水质价值，单位：元.a^{-1}；　P 为降水量，单位：mm.a^{-1}　E 为林分蒸散量，单位：mm.a^{-1}；
	净化水质	C 为地表径流量，单位：mm.a^{-1}； $C_{库}$为水库建设单位库容投资（占地拆迁补偿、工程造价、维护费用等等），元.m^{-3}； K 为水的净化费用，单位：元.t^{-1}；　A 为林分面积，单位：hm^2。
保育土壤	固土	$U_{固土}=AC_{土}(X_2-X_1)/\rho$　　$U_{肥}=A(X_2-X_1)(NC_1/R_1+PC_1/R_2+KC_2/R_3+MC_3)$ $U_{固土}$为林分年固土价值，单位：元.a^{-1}；　$U_{肥}$为林分年保肥价值，单位：元.a^{-1}； X_1为林地土壤侵蚀模数，单位：t.hm^{-2}.a^{-1}；　X_2为无林地土壤侵蚀模数，单位：t.hm^{-2}.a^{-1} $C_{土}$为挖取和运输单位体积土方所需费用，单位：元.m^{-3}；　A 为林分面积，单位：hm^2；
	保肥	ρ 为林地土壤容重，单位：t.m^{-3}；　N 为林分土壤平均含氮量，单位:%；　P 为林分土壤平均含磷量，单位:%； K 为林分土壤含钾量，单位:%；　M 为林分土壤有机质含量，单位:%；　R_1为磷酸二铵化肥含氮量，单位:%； R_2为磷酸二铵化肥含磷量，单位:%；　R_3为氯化钾化肥含钾量，单位:%； C_1为磷酸二铵化肥价格，单位：元.t^{-1}；　C_2为氯化钾化肥价格，单位：元.t^{-1}；　C_3为有机质价格，单位：元.t^{-1}。
固碳释氧	固碳	$U_{碳}=AC_{碳}(1.63R_{碳}B_{年}+F_{土壤碳})$ $U_{碳}$为林分年固碳价值，单位：元.a^{-1}；　$B_{年}$为林分净生产力，单位：t.hm^{-2}.a^{-1}；　$C_{碳}$为固碳价格，单位：元 t^{-1}； $R_{碳}$为 CO_2 中碳的含量，为27.27%；　$F_{土壤碳}$为单位面积林分土壤年固碳量，单位：t.hm^{-2}.a^{-1}；　A 为林分面积，单位：hm^2。

续表

功能类别	指标	计算公式和参数说明
固碳释氧	释氧	$U_{\text{氧}}=1.19C_{\text{氧}}AB_{\text{年}}$ $U_{\text{氧}}$为林分年释氧价值，单位：元．a^{-1}；　$B_{\text{年}}$为林分净生产力，单位：t. hm^{-2}．a^{-1}； $C_{\text{氧}}$为氧气价格，单位：元．t^{-1}；　A 为林分面积，单位：hm^2。
积累营养物质	林木营养积累	$U_{\text{营养}}=AB_{\text{年}}\ (N_{\text{营养}}C_1/R_1+P_{\text{营养}}C_1/R_2+K_{\text{营养}}C_2/R_3)$ $U_{\text{营养}}$为林分年营养物质积累价值，单位：元．a^{-1}；　$N_{\text{营养}}$为林木含氮量，单位：%； $P_{\text{营养}}$为林木含磷量，单位：%；　$K_{\text{营养}}$为林木含钾量，单位：%；　R_1为磷酸二铵化肥含氮量，单位：%； R_2为磷酸二铵化肥含磷量，单位：%；　R_3为氯化钾化肥含钾量，单位：%； C_1为磷酸二铵化肥价格，单位：元．t^{-1}；　C_2为氯化钾化肥价格，单位：元．t^{-1}； $B_{\text{年}}$为林分净生产力，单位：t. hm^{-2}．a^{-1}；　A 为林分面积，单位：hm^2。
净化大气环境	提供负离子	$U_{\text{负离子}}=5.256\times10^{15}\times AHK_{\text{负离子}}\ (Q_{\text{负离子}}-600)\ /L$；　$U_{\text{二氧化硫}}=K_{\text{二氧化硫}}Q_{\text{二氧化硫}}A$；　$U_{\text{氟}}=K_{\text{氟化物}}Q_{\text{氟化物}}A$； $U_{\text{氮氧化物}}=K_{\text{氮氧化物}}Q_{\text{氮氧化物}}A$；　$U_{\text{重金属}}=K_{\text{重金属}}Q_{\text{重金属}}A$；　$U_{\text{噪音}}=K_{\text{噪音}}A_{\text{噪音}}$；　$U_{\text{滞尘}}=K_{\text{滞尘}}Q_{\text{滞尘}}A$。 $U_{\text{负离子}}$为林分年提供负离子价值，单位：元．a^{-1}；　$K_{\text{负离子}}$为负离子生产费用，单位：元．个$^{-1}$； $Q_{\text{负离子}}$为林分负离子浓度，单位：个．cm^{-3}；　L 负为离子寿命，单位：分钟；
	吸收污染物	H 为林分高度，单位：m；　$U_{\text{二氧化硫}}$为林分年吸收二氧化硫价值，单位：元．a^{-1}； $K_{\text{二氧化硫}}$为二氧化硫治理费用，单位：元．kg^{-1}；　$Q_{\text{二氧化硫}}$为单位面积林分年吸收二氧化硫量，单位：kg. hm^{-2}．a^{-1}； $U_{\text{氟}}$为林分年吸收氟化物价值，单位：元．a^{-1}；　$Q_{\text{氟化物}}$为单位面积林分年吸收氟化物量，单位：kg. hm^{-2}．a^{-1}；

续表

功能类别	指标	计算公式和参数说明
净化大气环境	降低噪音	$K_{氟化物}$为氟化物治理费用，单位：元 . kg^{-1}； $U_{氮氧化物}$为年吸收氮氧化物总价值，单位：元 . a^{-1}； $K_{氮氧化物}$为氮氧化物治理费用，单位：元 . kg^{-1}； $Q_{氮氧化物}$为单位面积林分年吸收氮氧化物量，单位：kg. hm^{-2}. a^{-1}； $U_{重金属}$为林分年吸收重金属价值，单位：元 . a^{-1}； $K_{重金属}$为重金属污染治理费用，单位：元 . kg^{-1}；
	滞尘	$Q_{重金属}$为单位面积林分年吸收重金属量，单位：kg. hm^{-2}. a^{-1}； $U_{噪音}$为林分年降低噪音价值，单位：元 . a^{-1}； $K_{噪音}$为降低噪音费用，单位：元 . km^{-1}； $A_{噪音}$为森林面积折合为隔音墙的公里数，单位：km； $U_{滞尘}$为林分年滞尘价值，单位：元 . a^{-1}； $K_{滞尘}$为降尘清理费用，单位：元 . kg^{-1}； $Q_{滞尘}$为单位面积林分年滞尘量，单位：kg. hm^{-2}. a^{-1}； A 为林分面积，单位：hm^2。
森林防护	森林防护	$U_{防护}=AQ_{防护}C_{防护}$ $U_{保护}$为森林防护价值，单位：元 . a^{-1}； $Q_{保护}$为由于农田防护林、防风固沙林等森林存在增加的单位面积农作物、牧草等年产量，单位：kg. hm^{-2}. a^{-1}； $C_{保护}$为农作物、牧草等价格，单位：元 . kg^{-1}； A 为林分面积，单位：hm^2。
生物多样性保护	物种保育	$U_{生物}=S_{生}A$ $U_{生物}$为林分年物种保育价值，单位：元 . a^{-1}； $S_{生}$为单位面积年物种损失的机会成本，单位：元 . hm^{-2}. a^{-1}； A 为林分面积，单位：hm^2。
森林游憩	森林游憩	森林生态系统为人类提供休闲和娱乐场所而产生的价值，包括直接价值和间接价值。

注：本规范根据 Shannon-Wiener 指数计算物种保育价值，共划分为 7 级：当指数 1 < 时，$S_{生}$为 3000 元 . hm^{-2}. a^{-1}；当 1 ≤ 指数 < 2 时，$S_{生}$为 5000 元 . hm^{-2}. a^{-1}；当 2 ≤ 指数 < 3 时，$S_{生}$为 10000 元 . hm^{-2}. a^{-1}；当 3 ≤ 指数 < 4 时，$S_{生}$为 20000 元 . hm^{-2}. a^{-1}；当 4 ≤ 指数 < 5 时，$S_{生}$为 30000 元 . hm^{-2}. a^{-1}；当 5 ≤ 指数 < 6 时，$S_{生}$为 40000 元 . hm^{-2}. a^{-1}；当指数 ≥ 6 时，$S_{生}$为 50000 元 . hm^{-2}. a^{-1}。

附表 1

涵养水源功能评估数据汇总表

项目	单位	林分类型 1					林分类型 2					……					林分类型 n					汇总
		幼龄林	中龄林	近熟林	成熟林	过熟林	幼龄林	中龄林	近熟林	成熟林	过熟林	幼龄林	中龄林	近熟林	成熟林	过熟林	幼龄林	中龄林	近熟林	成熟林	过熟林	
林分面积	hm^2																					
年降水量	$mm.a^{-1}$																					
林分年蒸散量	$mm.a^{-1}$																					
年涵养水源量	$m^3.a^{-1}$																					
林分调节水量价值	元 $.a^{-1}$																					
林分净化水质价值	元 $.a^{-1}$																					
涵养水源总价值	元 $.a^{-1}$																					
单位面积涵养水源价值	元 $.a^{-1}$																					

注：龄级划分根据国家林业局2003年发布的《国家森林资源连续清查主要技术规定》。

附表 2

保育土壤功能评估数据汇总表

项目	单位	林分类型 1					林分类型 2					……					林分类型 n					汇总
		幼龄林	中龄林	近熟林	成熟林	过熟林	幼龄林	中龄林	近熟林	成熟林	过熟林	幼龄林	中龄林	近熟林	成熟林	过熟林	幼龄林	中龄林	近熟林	成熟林	过熟林	
林分面积	hm^2																					
林地土壤侵蚀模数	$t.hm^{-2}.a^{-1}$																					
无林地土壤侵蚀模数	$t.hm^{-2}.a^{-1}$																					

续表

项目	单位	林分类型 1					林分类型 2					……					林分类型 n					汇总
		幼龄林	中龄林	近熟林	成熟林	过熟林	幼龄林	中龄林	近熟林	成熟林	过熟林	幼龄林	中龄林	近熟林	成熟林	过熟林	幼龄林	中龄林	近熟林	成熟林	过熟林	
林地土壤容重	$t.m^{-3}$																					
林地土壤含氮量	%																					
林地土壤含磷量	%																					
林地土壤含钾量	%																					
林地土壤有机质含量	%																					
林分年固土量	$t.a^{-1}$																					
林分年固土价值	元$.a^{-1}$																					
林分年保持氮量	$t.a^{-1}$																					
林分年保持磷量	$t.a^{-1}$																					
林分年保持钾量	$t.a^{-1}$																					
林分年保持有机质量	$t.a^{-1}$																					
林分年保肥价值	元$.a^{-1}$																					
林分年保育土壤总价值	元$.a^{-1}$																					

附表 3

固碳释氧功能评估数据汇总表

项目	单位	林分类型 1					林分类型 2					……					林分类型 n					汇总
		幼龄林	中龄林	近熟林	成熟林	过熟林	幼龄林	中龄林	近熟林	成熟林	过熟林	幼龄林	中龄林	近熟林	成熟林	过熟林	幼龄林	中龄林	近熟林	成熟林	过熟林	
林分面积	hm^2																					
林分净生产力	$t. hm^{-2}. a^{-1}$																					
单位面积林分土壤年固碳量	$t. hm^{-2}. a^{-1}$																					
植被和土壤年固碳量	$t. a^{-1}$																					
植被和土壤年固碳价值	元$. a^{-1}$																					
单位面积林分年释氧量	$t. hm^{-2}a.^{-1}$																					
林分年释氧量	$t. a^{-1}$																					
林分年释氧价值	元$. a^{-1}$																					
林分年固碳释氧总价值	元$.. a^{-1}$																					

附表 4

积累营养物质功能评估数据汇总表

项目	单位	林分类型 1					林分类型 2					……					林分类型 n					汇总
		幼龄林	中龄林	近熟林	成熟林	过熟林	幼龄林	中龄林	近熟林	成熟林	过熟林	幼龄林	中龄林	近熟林	成熟林	过熟林	幼龄林	中龄林	近熟林	成熟林	过熟林	
林分面积	hm^2																					
林分净生产力	$t. hm^{-2}. a^{-1}$																					

续表

项目	单位	林分类型1					林分类型2					……					林分类型n					汇总
		幼龄林	中龄林	近熟林	成熟林	过熟林	幼龄林	中龄林	近熟林	成熟林	过熟林	幼龄林	中龄林	近熟林	成熟林	过熟林	幼龄林	中龄林	近熟林	成熟林	过熟林	
林木含氮量	%																					
林木含磷量	%																					
林木含钾量	%																					
林分年增加氮量	$t.a^{-1}$																					
林分年增加磷量	$t.a^{-1}$																					
林分年增加钾量	$t.a^{-1}$																					
积累营养物质总价值	元$.a^{-1}$																					

附录5 **净化大气环境功能评估数据汇总表**

项目	单位	林分类型1					林分类型2					……					林分类型n					汇总
		幼龄林	中龄林	近熟林	成熟林	过熟林	幼龄林	中龄林	近熟林	成熟林	过熟林	幼龄林	中龄林	近熟林	成熟林	过熟林	幼龄林	中龄林	近熟林	成熟林	过熟林	
林分面积	hm^2																					
林分负离子量浓度	个 cm^{-3}																					

续表

项目	单位	林分类型 1					林分类型 2					……					林分类型 n					汇总
		幼龄林	中龄林	近熟林	成熟林	过熟林	幼龄林	中龄林	近熟林	成熟林	过熟林	幼龄林	中龄林	近熟林	成熟林	过熟林	幼龄林	中龄林	近熟林	成熟林	过熟林	
单位面积林分年吸收二氧化硫量	$kg.\ hm^{-2}.\ a^{-1}$																					
单位面积林分年吸收氟化物量	$kg.\ hm^{-2}.\ a^{-1}$																					
单位面积林分年吸收氮氧化物量	$kg.\ hm^{-2}.\ a^{-1}$																					
单位面积林分年吸收重金属量	$kg.\ hm^{-2}.\ a^{-1}$																					
单位面积林分年滞尘量	$kg.\ hm^{-2}.\ a^{-1}$																					
林分降低噪音量	分贝																					
林分年提供负离子数	个 $.\ a^{-1}$																					
林分年提供负离子价值	元 $.\ a^{-1}$																					
林分年吸收二氧化硫量	$kg.\ a^{-1}$																					
林分年吸收二氧化硫总价值	元 $.\ a^{-1}$																					
林分年吸收氟化物量	$kg.\ a^{-1}$																					
林分年吸收氟化物价值	元 $.\ a^{-1}$																					

续表

项目	单位	林分类型 1					林分类型 2					……					林分类型 n					汇总
		幼龄林	中龄林	近熟林	成熟林	过熟林	幼龄林	中龄林	近熟林	成熟林	过熟林	幼龄林	中龄林	近熟林	成熟林	过熟林	幼龄林	中龄林	近熟林	成熟林	过熟林	
林分年吸收氮氧化物量	$kg.a^{-1}$																					
林分年吸收氮氧化物价值	元.a^{-1}																					
林分年吸收重金属量	$kg.a^{-1}$																					
林分年吸收重金属价值	元.a^{-1}																					
林分年降低噪音价值	元.a^{-1}																					
林分年滞尘量	$kg.a^{-1}$																					
林分年滞尘价值	元.a^{-1}																					
林分净化大气环境总价值	元.a^{-1}																					

附表 6 **森林防护功能评估数据汇总表**

项目	单位	林分类型 1					林分类型 2					……					林分类型 n					汇总
		幼龄林	中龄林	近熟林	成熟林	过熟龄	幼龄林	中龄林	近熟林	成熟林	过熟林	幼龄林	中龄林	近熟林	成熟林	过熟林	幼龄林	中龄林	近熟林	成熟林	过熟林	
林分面积	hm^2																					
年增加的农作物、牧草等单位面积产量	$kg.hm^{-2}.a^{-1}$																					

续表

项目	单位	林分类型 1					林分类型 2					……					林分类型 n					汇总
		幼龄林	中龄林	近熟林	成熟林	过熟龄	幼龄林	中龄林	近熟林	成熟林	过熟林	幼龄林	中龄林	近熟林	成熟林	过熟林	幼龄林	中龄林	近熟林	成熟林	过熟林	
农作物、牧草等价格	元 . kg^{-1}																					
森林防护功能	t. a^{-1}等																					
森林防护价值	元 . a^{-1}																					

附表 7　　生物多样性保护功能评估数据汇总表

项目	单位	林分类型 1					林分类型 2					……					林分类型 n					汇总
		幼龄林	中龄林	近熟林	成熟林	过熟林	幼龄林	中龄林	近熟林	成熟林	过熟林	幼龄林	中龄林	近熟林	成熟林	过熟林	幼龄林	中龄林	近熟林	成熟林	过熟林	
面积	hm^2																					
Shannon-Wiener 多样性指数																						
单位面积物种年保育价值	元 . hm^{-2}. a^{-1}																					
物种保育年总价值	元 . a^{-1}																					

附表 8　　森林游憩功能评估数据汇总表

项目	单位	1	2	……	n	汇总
森林公园和自然保护区名称						
年旅游总收入	元 . a^{-1}					
森林游憩总价值	元 . a^{-1}					

附表 9　　森林生态系统服务功能评估汇总表

项目			林分类型 1	林分类型 2	…………	林分类型 n	汇总
涵养水源	调节水量	功能（$m^3 . a^{-1}$）					
涵养水源	调节水量	价值（元 . a^{-1}）					
涵养水源	净化水质	功能（$m^3 . a^{-1}$）					
涵养水源	净化水质	价值（元 . a^{-1}）					
涵养水源	价值合计（元 . a^{-1}）						
保育土壤	固土	功能（t. a^{-1}）					
保育土壤	固土	价值（元 . a^{-1}）					
保育土壤	保肥	保持氮量（t. a^{-1}）					
保育土壤	保肥	保持磷量（t. a^{-1}）					
保育土壤	保肥	保持钾量（t. a^{-1}）					
保育土壤	保肥	保持有机质量（t. a^{-1}）					
保育土壤	保肥	价值（元 . a^{-1}）					
保育土壤	价值合计（元 . a^{-1}）						
固碳释氧	固碳	功能（t. a^{-1}）					
固碳释氧	固碳	价值（元 . a^{-1}）					
固碳释氧	释氧	功能（t. a^{-1}）					
固碳释氧	释氧	价值（元 . a^{-1}）					
固碳释氧	价值合计（元 . a^{-1}）						
积累营养物质	林木营养积累	积累氮量（t. a^{-1}）					
积累营养物质	林木营养积累	积累磷量（t. a^{-1}）					
积累营养物质	林木营养积累	积累钾量（t. a^{-1}）					
积累营养物质	价值合计（元 . a^{-1}）						

续表

项目			林分类型1	林分类型2	…………	林分类型n	汇总
净化大气环境	提供负氧离子	功能（个.a^{-1}）					
		价值（元.a^{-1}）					
	吸收污染物	功能（t.a^{-1}）					
		价值（元.a^{-1}）					
	降低噪音	功能（分贝）					
		价值（元.a^{-1}）					
	滞尘	功能（t.a^{-1}）					
		价值（元.a^{-1}）					
	价值合计（元.a^{-1}）						
森林防护	功能						
	价值（元.a^{-1}）						
生物多样性保护	价值（元.a^{-1}）						
森林游憩	价值（元.a^{-1}）						
总价值（元.a^{-1}）							
单位面积价值（元.hm^{-2}.a^{-1}）							

附表 10　森林生态系统服务功能评估社会公共数据表（推荐使用价格）

编号	名称	单位	数值	来源及依据
1	水库建设单位库容投资	元 . t^{-1}	6.1107	根据 1993～1999 年《中国水利年鉴》平均水库库容造价为 2.17 元 . t^{-1}，2005 年价格指数为 2.816，即得到单位库容造价为6.1107元 . t^{-1}。
2	水的净化费用	元 . t^{-1}	2.09	采用网格法得到 2007 年全国各大中城市的居民用水价格的平均值，为 2.09 元 . t^{-1}。
3	挖取单位面积土方费用	元 . m^{-3}	12.6	根据 2002 年黄河水利出版社出版的《中华人民共和国水利部水利建筑工程预算定额》（上册）中人工挖土方Ⅰ和Ⅱ土类每 $100m^3$ 需 42 个工时，每个人工每天 30 元计算获得。
4	磷酸二铵含氮量	%	14.0	化肥产品说明
5	磷酸二铵含磷量	%	15.01	化肥产品说明
6	氯化钾含钾量	%	50.0	化肥产品说明
7	磷酸二铵化肥价格	元 . t^{-1}	2400	采用农业部《中国农业信息网》（http：//www.agri.gov.cn）2007 年春季平均价格。
8	氯化钾化肥价格	元 . t^{-1}	2200	
9	有机质价格	元 . t^{-1}	320	
10	固碳价格	元 . t^{-1}	1200	采用瑞典的碳税率每吨 150 美元（折合人民币每吨 1200 元）。
11	制造氧气价格	元 . t^{-1}	1000	采用中华人民共和国卫生部网站（http：//www.moh.gov.cn）中 2007 年春季氧气平均价格。

续表

编号	名称	单位	数值	来源及依据
12	负离子生产费用	元.10^{-18}个$^{-1}$	5.8185	根据台州科利达电子有限公司生产的适用范围 $30m^2$（房间高 3m）、功率为 6w、负离子浓度 1000000 个.m^{-3}、使用寿命为 10 年、价格每个 65 元的 KLD－2000 型负离子发生器而推断获得，其中负离子寿命为 10 分钟，电费为每度 0.4 元。
13	二氧化硫的治理费用	元.kg^{-1}	1.20	采用国家发展与改革委员会等四部委 2003 年第 31 号令《排污费征收标准及计算方法》中北京市高硫煤二氧化硫排污费收费标准，为每 kg 1.20 元；氟化物排污费收费标准为每 kg 0.69 元；氮氧化物排污费收费标准为每 kg 0.63 元；一般性粉尘排污费收费标准为每 kg 0.15 元；铅及其化合物排污费收费标准为每 kg 30.00 元；镉及化合物排污费收费标准为每 kg 20.00 元；镍及化合物排污费收费标准为每 kg 4.62 元；锡及化合物排污费收费标准为每 kg 2.22 元。
14	氟化物治理费用	元.kg^{-1}	0.69	
15	氮氧化物治理费用	元.kg^{-1}	0.63	
16	铅及化合物污染治理费用	元.kg^{-1}	30.00	
17	镉及化合物污染治理费用	元.kg^{-1}	20.00	
18	镍及化合物污染治理费用	元.kg^{-1}	4.62	
19	锡及化合物污染治理费用	元.kg^{-1}	2.22	
20	降尘清理费用	元.kg^{-1}	0.15	
21	降低噪音费用	元.km^{-1}	400000	按 100 元.m^{-2}隔音墙（高 4m）成本计算。

林地分类

中华人民共和国林业行业标准 LY/T 1812—2009
国家林业局2009－06－18发布 2009－10－01实施

前言

本标准由国家林业局调查规划设计院提出。

本标准由国家林业局森林资源管理司归口。

本标准起草单位：国家林业局调查规划设计院。

本标准主要起草人：唐小平、陈雪峰、闫宏伟、翁国庆、周洁敏、王红春、李晖。

1 范围

本标准规定了林地类型及其定义。

本标准适用于全国范围的森林资源调查、统计、监测、规划设计和经营管理。

2 规范性引用文件

下列文件中的条款通过本标准的引用而成为本标准的条款。凡是注日期的引用文件，其随后所有的修改单（不包括勘误的内容）或修订版均不适用于本标准，然而，鼓励根据本标准达成协议的各方研究是否可使用这些文件的最新版本。凡是不注日期的引用文件，其最新版本适用于标准。

GB/T 15162 飞播造林技术规程

GB/T 15163 封山（沙）育林技术规程

GB/T 15776 造林技术规程

“国家特别规定的灌木林地”的规定（试行）（林资发〔2004〕14号）

3 术语和定义

下列术语和定义适用于本标准。

3.1

林地　forest land

用于林业生态建设和生产经营的土地和热带或亚热带潮间带的红树林地，包括郁闭度0.2以上的乔木林以及竹林、灌木林地、疏林地、采伐和火烧迹地、未成林造林地、苗圃地、森林经营单位辅助生产用地和县级以上人民政府规划的宜林地。

3.2

郁闭度　closure

林冠的垂直投影面积与林地面积之比。

3.3

灌木林覆盖度　coverage rate of shrubbery

灌木林冠垂直投影面积与林地面积的百分比。

4　林地分类原则

4.1　以林地覆盖类型分类为主、林地规划利用分类为辅。

4.2　尽量与已有林地分类兼顾、衔接。

4.3　便于林地林权管理、森林资源资产化管理和森林生态效益补偿制度实施。

5　林地分类

林地分为两级。其中一级分为8类，包括有林地、疏林地、灌木林地、未成林造林地、苗圃地、无立木林地、宜林地、辅助生产林地。有林地、灌木林地、未成林造林地、无立木林地、宜林地5个一级地类共分为13个二级地类。地类划分及其技术标准见表1。

表1　　林地分类及技术标准表

序号	地类		技术标准
	一级	二级	
一	有林地		附着有森林植被、郁闭度0.20（含）以上、连续面积0.067 hm^2（含）以上的林地
（一）		乔木林地	由乔木（含因人工栽培而矮化的）树种组成的片林或林带。其中，乔木林带行数应在2行以上且行距≤4 m或林冠冠幅水平投影宽度在10 m以上；当林带的缺损长度超过林带宽度3倍时，应视为两条林带；两平行林带的带距≤8 m时视为片林

续表

序号	地类		技术标准
	一级	二级	
(二)		竹林地	附着有胸经 2 cm 以上的竹类植物的林地
(三)		红树林地	在热带和亚热带海岸潮带或海潮能够达到的河流入海口，附着有红树科植物和其他在形态上和生态上具有相似群落特性科属植物的林地
二	疏林地		由乔木树种组成，连续面积在于 0.067 hm^2、郁闭度在 0.10～0.19 之间的林地
三	灌木林地		附着有灌木树种或因生境恶劣矮化成灌木型的乔木树种以及胸径小于 2 cm 的小杂竹丛，以经营灌木林为目的或起防护作用，连续面积大于 0.067 hm^2、覆盖度在 30% 以上的林地。其中，灌木林带行数应在 2 行以上且行距≤2 m；当林带的缺损长度超过林带宽度 3 倍时，应视为两条林带；两平等灌木林带的带距≤4 m 时视为片状灌木林
(一)		国家特别规定灌木林	符合《"国家特别规定的灌木林地"的规定》（试行）要求的灌木林地
(二)		其他灌木林	不符合《"国家特别规定的灌木林地"的规定》（试行）要求的灌木林地
四	未成林造林地		人工造林、飞播造林、封山育林后在成林年限前分别达到人工造林、飞播造林、封山育林合格标准的林地。人工造林合格标准按 GB/T 15776 的规定执行；飞播造林合格标准按 GB/T 15162 的规定执行；封山育林合格标准按 GB/T 15163 的规定执行。成林年限标准见表 2
(一)		人工造林未成林地	人工造林和飞播造林后不到成林年限（见表 2），造林成效符合下列条件之一，分布均匀，尚未郁闭但有成林希望的林地：（1）人工造林当年造林成活率为 85% 以上或保存率 80%（年均等降水量线 400 mm 以下地区当年造林成活率为 70% 或保存率为 65%）以上；（2）飞播造林后成苗调查苗木 3000 株/hm^2 以上或飞播治沙成苗 2500 株/hm^2 以上，且分布均匀

续表

序号	地类		技术标准
	一级	二级	
（二）		封育未成林地	采取封山育林或人工促进天然更新后，不超过成林年限，天然更新等级中等以上，尚未郁闭但有成林希望的林地。天然更新等级标准见表3
五	苗圃地		固定的林木、花卉育苗用地，不包括母树林、种子园、采穗圃、种质基地等种子、种条生产用地以及种子加工、储藏等设施用地
六	无立木林地		采伐、火烧后达不到疏林地标准、且还未更新造林的林地，以及造林失败等的林地
（一）		采伐迹地	采伐作业后3 a内保留木达不到疏林地标准、尚未人工更新或天然更新达不到中等等级的林地
（二）		火烧迹地	火灾后3 a内活立木达不到疏林地标准、尚来人工更新或天然更新达不到中等等级的林地
（三）		其他无立木林地	包括：（1）造林更新后，成林年限前达不到未成林造林地标准的林地；（2）造林更新到成林年限后，未达到有林地、灌木林地或疏林地标准的林地；（3）已经整地但还未造林的林地；（4）不符合上述林地区划条件，但有林地权属证明，因自然保护、科学研究等需要保留的土地
七	宜林地		县级以上人民政府规划的宜林荒山荒地、宜林沙荒地和其他宜林地
（一）		宜林荒山荒地	未达到上述有林地、疏林地、灌木林地、未成林造林地标准，规划为林地的荒山、荒（海）滩、荒沟、荒地等
（二）		宜林沙荒地	未达到上述有林地、疏林地、灌木林地、未成林造林地标准，造林可以成活，规划为林地的固定或流动沙地（丘）、有明显沙化趋势地土地等
（三）		其他宜林地	除以上两条以外的用于发展林业的其他土地

续表

序号	地类		技术标准
	一级	二级	
八	辅助生产林地		直接为林业生产服务的工程设施用地。包括：培育、生产种子、苗木的设施用地；贮存种子、苗木、木材和其他生产资料的设施用地；集材道、运材道；林业科研、试验、示范基地；野生动植物保护、护林、森林病虫害防治、森林防火、木材检疫设施用地；供水、供热、供气、通讯等基础设施用地；其他有林地权属证明的土地

表 2　　不同营造方式成林年限表

单位为年

营造方式		400 mm 年降水量以上地区				400 mm 年降水量以下地区	
		南方		北方			
		乔木	灌木	乔木	灌木	乔木	灌木
封山育林		5 ~ 8	3 ~ 6	5 ~ 10	4 ~ 6	8 ~ 15	5 ~ 8
飞播造林		5 ~ 7	4 ~ 7	5 ~ 8	5 ~ 7	7 ~ 10	5 ~ 7
人工造林	直播	3 ~ 8	2 ~ 6	4 ~ 8	3 ~ 6	4 ~ 10	4 ~ 8
	植苗、分植	2 ~ 5	2 ~ 4	2 ~ 6	2 ~ 5	3 ~ 8	3 ~ 6

注 1：成林年限确定原则为：

——商品林宜取下限，生态公益林宜取上限；

——速生树种宜取下限，慢生树种宜取上限；

——青藏高原参照北方地区；

——大苗造林、工业原料用材林各省（区、市）可自行规定。

注 2："400 mm 年降水量以下地区" 按《"国家特别规定的灌木林地" 的规定》（试行）执行。

表 3　　天然更新等级标准表

单位为株每公顷

等级	高度		
	≤30 cm	31 cm ~ 50 cm	≥51 cm
良好	> 5000	> 3000	> 2500
中等	3001 ~ 5000	1001 ~ 3000	501 ~ 2500
不良	< 3001	< 1001	< 501

注：符合一个条件即可。

后　记

为适应森林资源资产价格评估行业发展需要，提高价格评估专业人员业务水平和行为能力，更好地开展森林资源资产价格评估专业人员资格认证工作，根据《国家发展改革委价格认证中心关于印发〈价格评估专业人员资格认证暂行办法〉的通知》（发改价政审〔2012〕55号），落实价格评估专业人员资格认证培训教材编写工作研讨会精神，我们编辑了《森林资源资产价格评估相关法律法规政策选编》，作为森林资源资产价格评估专业人员资格认证培训教材之一。

本书有针对性地收录了现行的国家和部分省份涉及森林资源资产评估的法律法规和政策文件，既是价格评估专业人员培训学习的内容，也是森林资源资产价格评估人员执业过程中的重要参考工具。

本书由内蒙古自治区价格认证中心和内蒙古自治区森林资源资产评估管理中心具体组织编写，参编单位有内蒙古林业监测规划院和内蒙古第二林业监测规划院。

本书在编辑过程中，得到了国家发展改革委价格认证中心的指导及黑龙江省价格认证中心、吉林省价格认证中心、辽宁省价格认证中心、山东省价格认证中心的大力支持，在此，对提供帮助的各单位及所有同志表示衷心的感谢。

尽管本书编写人员精心设计编撰，但由于水平有限，仍可能有不完善之处，敬请读者提出宝贵意见。

本书编委会
2012年10月